루터

일러두기

1. 이 책에서 인용한 『성서』 구문은 『개역개정 성경』을 기준으로 삼았다.

2. 라틴어 Indulgentia는 면죄부와 면벌부로, 라틴어 Princeps Elector는 선제후와 선거후로 현재 혼용되고 있으나, 이 책은 복간에 의미를 두어 면죄부와 선제후로 표기했다.

이 도서의 국립중앙도서관 출판예정도서목록(CIP)은 서지정보유통지원시스템 홈페이지(http://seoji.nl.go.kr)와 국가자료공동목록시스템(http://www.nl.go.kr/kolisnet)에서 이용하실 수 있습니다.
CIP제어번호: CIP2017024923

Martin Luther

루터

| 김성식 지음 |

차례

감사의 말

『루터』는 지금으로부터 50년 전 우리의 아버지 고故 김성식(1908~1986) 교수께서 한때 고독과 격분 속에 계실 무렵 정열을 기울여 완성하신 책으로, 1967년 초판이 발행된 이후 여러 차례 중판되었습니다. 하지만 그 뒤로 반세기가 지난 지금 또 한 번 아버지의 책을 출판할 기회가 생기리라고는 미처 생각하지 못했습니다. 아버님을 기억하시는 분들이 지금도 많이 계심에 감사합니다.

이 책의 복간을 위해 세심하게 배려해주신 한울엠플러스(주) 김종수 대표님, 박행웅 고문님, 윤순현 차장님, 최진희 팀장님, 조일현 편집자, 구경표 디자이너에게도 진심으로 감사의 말을 드립니다. 이 분들의 수고가 아니었다면 『루터』를 다시 복간할 수는 없었을 것입니다.

한 권의 책을 출판한다는 것이 이토록 큰 수고를 요한다는 것을 미리 알았더라면 과연 이 일을 시작할 수 있었을까 싶습니다. 하지만 그 덕분에, 낡아버린 아버지의 책을 다시 읽어보며 아버지와의 기억을 더듬어보는 소중한 시간을 가질 수 있었습니다. 작고하실 무렵에는 어린아이들이었던 손자, 손녀들이 이제 장성해 할아버지의 책을 위해 애정을 쏟으며 애쓰던 모습들도 감사한 기억으로 가져가게 되었습니다.

　우리나라 민주주의의 발전을 위해 역사학자이자 논설가로서 시대정신을 선도하셨던 아버지, 김성식 교수의 저서『루터』가 종교개혁 500주년을 맞이해 복간된 것을 진심으로 기쁘게 생각합니다.

2017년 9월
고故 김성식 교수의 세 자녀
세창, 세영, 세옥

편집자의 말

이 책『루터』는 1967년 루터의 종교개혁 450주년을 맞아 첫 출간되었고, 그 뒤에도 몇 차례 간행된 바 있습니다. 올해 2017년은 종교개혁 500주년을 맞는 해로서 다소 예스러운 문투를 수정하고 현행 한글맞춤법과 외래어표기법을 준용해 원고를 다듬어 이렇게 다시 독자 여러분을 찾게 되었습니다.

『루터』를 집필한 고故 김성식 교수는 일본 규슈대학에서 서양사를 공부한 뒤 평양숭실학교를 거쳐 고려대학교 서양사학과에서 오래도록 교편을 잡았습니다. 고려대학교에서 정년을 맞은 뒤에도 여러 대학에서 후학을 지도하는 한편, ≪동아일보≫ 논설위원으로 활동하며 우리나라의 여론과 민주화를 선도하는 등 암울하던 군사독재 시절에 마지막 선비라 불리며 학계와 일반의 존경을 두루 받았던 분입니다. 『루터』의 복간을 통해 김성식 교수가 남긴 정신과 그의 명문名文을 다시 접할 수 있게 된 점도 뜻깊다고 할 것입니다.

독자들께서『루터』를 읽으며 다소 의아해하실 몇 가지 내용에 대해 미리 양해를 구하고자 합니다.

이 책은 1967년에 출간된 『루터』를 복간한 까닭에 언급된 학계의 연구 성과는 모두 1960년대까지의 상황을 전제로 하고 있습니다. 이후의 연구 동향은 반영되어 있지 않음을 알려드립니다.

또한 화폐의 가치 기준이 1910년대로 표기된 부분이 종종 있습니다. 이는 김성식 교수가 『루터』를 집필할 당시 1910년대 자료를 참조했기 때문입니다. 비록 시대에 뒤떨어지는 느낌이 있지만 복간이라는 점을 감안해 그대로 실었습니다. 김성식 교수가 참고한 문헌은 책의 뒷부분에 수록되어 있습니다.

500년 전 루터는 오직 『성서』를 근거로 면죄부 판매를 비판했고 기득 권력에 맞서 종교개혁을 이루어냈습니다. 그의 삶과 철학, 신앙과 개혁 정신은 오늘날 우리에게도 시사하는 바가 크다고 할 것입니다. 이 책을 통해 수백 년의 시간을 뛰어넘어 선각자의 목소리에 공명하는 경험을 누리시기 바랍니다.

책을 펴내며

　역사적 변동기를 살았던 한 명의 위대한 창조적 인간을 부각시킨다는 것은 쉬운 일이 아니다. 더구나 그 인간이 500년이라는 긴 역사의 흐름 속에서 아직도 거대한 바위처럼 우뚝 솟아 격랑과 급류에도 미동하지 않을 뿐 아니라 현재까지도 세계 각국에서 그를 여러 관점에서 조망하는 연구가 계속되고 있으니 말이다. 1967년도 『루터 연감Luther Jahrbuch』에 실린 마르틴 루터Martin Luther(1483~1546)에 대한 연구 실적을 보더라도 잡지, 연감, 전집과 선집을 비롯해 출간된 단행본과 기타 문헌이 1962~1966년 4년 동안에만 800여 종에 달하고 있다. 말하자면 루터는 과거의 인간이 아니고 오늘날까지 살아 있는 사람이라고 하겠다. 살아 있는 인간에 대해 우리가 제대로 평가할 수 없는 것처럼 루터에 대한 연구도 앞으로 어떤 방향으로 기울지 알 수 없다. 그렇기에 우리의 연구도 지극히 한 부분에 지나지 않을 것이다.

　더구나 루터는 주변적 인물이 아니고 핵심적 인간이기 때문에 항상 시공을 달리할 때마다 새로운 의미로 해석된다. 루터에게는 미래적인 천재성이 있었다고 하겠다. 그것은 두고두고 인류에게 새로운 전망이 될 것이다. 보라!'악마'라고 하며 루터를 불구대천의 원수로 알던 가톨릭도 지금은 루터를 신중히 그리고 조심스럽게 연구하고 있지 않은가?

오늘날 기독교는 세계적으로 제일 큰 종교다. 특히 서구 사회는 지금까지 기독교에 따라 형성되었고 훈육되었으며 지도되어왔다. 다시 말하면 서구 문명은 기독교를 핵심으로 하고 있다. 그리고 석학 리처드 토니Richard Tawney의 『종교와 자본주의의 발흥Religion and the Rise of Capitalism』이나 막스 베버Max Weber의 『프로테스탄티즘의 윤리와 자본주의 정신Die Protestantische Ethik und der Geist des Kapitalismus』은 근대 서구 사회의 형성에서 프로테스탄티즘을 강조하고 있거니와, 특히 에른스트 트뢸치Ernst Troeltsch는 「르네상스와 종교개혁Renaissance und Reformation」에서 종교개혁의 정신(에토스)은 근대 서구사의 최대 추진력이었다고 평가했다. 이렇게 보면 종교개혁의 주동 인물인 루터의 비중이 근대사회에 있어 크다고 하지 않을 수 없다. 그러므로 루터 → 종교개혁(프로테스탄티즘) → 근대 서구 사회 → 세계 사회(세계 문화에의 도정), 이런 식의 계보가 성립될 수 없겠는가?

종교개혁 시대는 마치 기원후에 기독교가 성립할 때와 비슷하게 과거의 문화가 무르익었고, 미래를 위한 새로운 배태가 있던 시대였다. 그러므로 1세기의 기독교와 16세기의 종교개혁은 인류의 전환점을 만들어준 위대한 역사적 사실이었다고 하겠다. 다시 말하면 우리가 기독교를 운운할 때는 그 역사적 배경이 되는 모세Moses와 예언자, 유대인과 그 이산離散, 알렉산더Alexander 대왕의 세계 정벌, 헬라Hellas 문화, 로마의 무력과 법률, 우상숭배의 쇠퇴, 새로움에 대한 갈망, 메시아 대망 등을 말하게 된다. 그리고 종교개혁이라고 하면, 그 배경이 되는 교황청의 부패, 수도원 제도와 스콜라schola 철학의 쇠퇴, 신비주의의 흥기, 문예부흥, 인쇄술 발명, 신세계 발견, 탐구적 정신의 일반화, 개인의 자유를 위한 노력, 상업과 무역에 대한 경제적 관심 등을 생각할 수 있다. 사실 이 두 시대는 창조적 음성이 들려오는 시대였다. 존 액턴 경Lord John Acton은 "사회가 급작스럽게 몰락하고 그 해체가 임박해온다는 것을 자각하면서도 관습에 지배받고 무덤에서 잠자는 주인들의 의지에 속박되어 있던 시대는 끝장을 내고 이제는 16세기가 시작되었다. 액턴은 『역사연구Historical Essays and Studies』에서 미지의 경험을 향해 자세를 바로 하고 예측할 수 없는 변화의 조망을 희망에 찬 눈으로 바라보면서"라며 16세기의 변동을 설명했다. 토니도 "학문과 과학과 발견에 따라 새로운 세계가 나타났다"라고 했고, 루터도 1622년에 "만일 그대가 과거의 연대기를 본다면 그리스도 탄생 이후 금세기와 같은 세기는 발견할 수 없을 것이다"라고 했으며, 또한 "오늘날 스무 살이 된 청년은 과거의 신학 박사 스무 명보다 더 많이 알고 있다"라고도 했다.

물론 16세기의 이런 현상은 15세기 후반부터 시작해 16세기에 들면서 무르익어 갔는데, 그때는 많은 새로운 생활에 대한 각성이 일어나고 있었다. 즉, 신생활 운동이 일고 있었던 것이다. 종교개혁 역시 이런 운동의 한 가닥에 지나지 않았으나, 그것은 이 자유분방한 시대의 키를 잡은 운동이었다는 데 의의가 있다. 모든 새로운 운동이 종교개혁이라는 물결에 합류해서 전개되었다. 이 시대에 종교개혁 운동이 관여하지 않은 다른 운동은 없었다. 1세기 예수의 기독교가 성립하면서 고대 문화는 종말을 고했다. 그 뒤에 모든 고전 문화는 기독교를 통해서만 전달되고 연구될 수 있었던 것과 마찬가지로, 루터의 종교개혁으로 지금까지의 전통적 사회, 정치, 경제, 문화, 교회 자체까지 모두가 일대 변혁Transformation을 맞게 되었다.

루터의 출현과 프로테스탄티즘의 성립은 예수의 출현이나 기독교의 성립과 비슷하다. 예수 이전에도 많은 예언자와 제사장 등 종교인이 있었으나 시대에 뒤처지고 퇴화한 유대교를 개혁하거나 변혁하지 못했다. 그런데 예수가 용기와 결단과 확신으로 율법 종교였던 당시의 유대교를 기독교로 대치시켰다. 루터가 나오기 전이나 루터가 활동하던 시기에도 많은 철학자(물론 스콜라 철학자)와 교황, 대주교, 주교, 신부가 있었으나 그들은 고착화된 가톨릭교를 바꾸지 못했다. 데시데리위스 에라스뮈스Desiderius Erasmus(1466~1536), 요하네스 로이힐린Johannes Reuchlin(1455~1522), 필리프 멜란히톤Philipp Melanchton(1497~1560), 토머스 모어Thomas More(1478~1535) 등 당대의 석학과 박학이 있었으나 그들 모두 생각만으로, 때로는 글과 말을 통해 교회의 개혁을 원했을 뿐 누구 하나 감히 교황청에 도전하고 생명을 걸면서 교회 개혁 운동에 정진하지 못했다. 역사는 박학가博學家가 만들지 못한다. 결단력이 있는 사람에게서만 역사의 회전을 기대할 수 있다. 결단은 하루, 이틀에 이루어지는 것이 아니고 오랜 영적 고민의 결과다. 루터 전후의 많은 석학과 박학은 영적 사투에서 루터보다 뒤떨어져 있었고 결단력과 용기와 확신이 박약했다. 그리하여 역사의 반환점은 루터가 차지했던 것이다.

그렇다고 해서 루터만 치켜세울 필요는 없다. 루터 외에도 많은 출중한 인사가 있었음은 물론이다. 다만 루터가 그 많은 출중한 사람 중에서 다시 출중해 새 시대의 키를 잡았을 뿐만 아니라 앞으로의 커다란 자취를 남길 수 있었다는 것뿐이다.

종교개혁은 위대한 역사적 사실이었다. 그렇기 때문에 우리는 종교개혁과 대화할 수 있는 것이다. 따라서 역사상 위대한 인물인 루터는 당시만이 아니라 오늘도 우리에게 무슨 말을 건네줄 수 있을 것 같다. 그는 우리와 대화하기를 원하고 있을 것이고, 우리는 루터에게서 새로운 의미를 얻으려고 노력할 것이다. 그런 의식 속에서 이 책은 이루어진 것이다.

1969년 1월 5일
김성식

1장

역사와 전통

루터 시대

1. 정치와 국제 관계

　루터가 종교개혁을 일으키면서 신시대의 키를 잡았다고는 하나 그 역시도 역사적 존재인 한 시대적 영향하에 있던 인물이었다. 그러므로 루터와 그의 모든 개혁 운동을 이해하는 데는 객관적인 역사적 세계를 살펴보아야 한다. 우선 당시의 독일과 서구의 정치 정세 또는 국제적 관계에 대해 설명하기로 한다.

　당시 독일은 신성로마제국으로 불리고 있었는데 명목상으로는 서구 여러 나라 위에 군림한 세계적 제국이었다. 따라서 유럽의 모든 군주는 명목상으로 신성로마제국 황제의 신하의 위치에 있었다. 그러나 실질적인 제국의 판도는 지금의 독일, 오스트리아, 체코, 유고슬라비아, 네덜란드, 이탈리아 북부에 국한되어 있었다. 제국의 세력 범위는 결혼과 상속 등으로 스페인, 나폴리, 시칠리아, 사르데냐, 헝가리 등지에 걸친 서구의 유일한 통일 제국이었다. 그러나 이 제국은 옛 로마제국의 이념을 명목상으로 지닌 것에 지나지 않았고 영국이나 프랑스 같은 나라는 제국의 지배 밖에 있는 완전한 독립국가였다. 또 독일 안의 제후들도 각기 할거해 황제의 실력이란 미미하기 짝이 없었다. 더구나 황제는 독일의 7명의 선제후選帝侯가 선출하는 존재였기 때문에 항상 제후들의 의견에 좌우되는 형편이었다. 즉, 독일의 실권은 제후들의 수중에 있었고, 황제는 국가 통일의 상징적 존재에 불과했다. 이리하여 독일은 중앙집권적 국가가 되지 못했고 지방분권을 향해 끝없이 달려갔다. 이와 대조적으로 영국, 프랑스, 스페인과 같은 나라는 중앙집권적으로 발전해 군주의 권력이 절대화되어 있었다. 여기서 우리는 루터의 종교개혁과 같은 운동이 독일에서는 성공했지만 영국, 프랑스, 스페인에서는 성공하지 못한 이유를 알 수 있다. 즉, 중앙집권적이지 않은 나라에서는 개혁 운동이 아래에서부터 일어나기 쉽고 또 거기에는 혼란과 무질서가 동반되기 쉽지만, 중앙집권적인 국가에서는 위에서부터 개혁이 시작되든가 그렇지 않으면 아래에서부터 일어난 개혁 운동이 진압되든가 했기 때문이다. 그 실례로 영국은 국왕 헨리 8세Henry VIII(재위 1509~1547)가 교회 개혁에 앞장섰고, 프랑스는 군주의 강권 탓에 개혁이 실패로 돌아갔으며, 스페인에서는 개혁 운동이 채 일어나지도 못했던 것을 볼 수 있다.

그러므로 독일에서는 어느 제후든 강력히 종교개혁 운동을 지지하면 성공할 가능성이 있었는데, 작센Sachsen의 선제후였던 현자 프리드리히Friedrich der Weise(재위 1486~1525)가 루터를 지지하면서 종교개혁은 성공할 수 있었다. 그 밖의 제후들도 함께 동조하니 제국 황제로서도 어쩔 도리가 없었다.

그뿐만 아니라 제국은 앞서 말한 것처럼 광대한 지역을 포함하고 있었기 때문에 다양한 민족으로 구성된 나라였다. 그리고 제국은 세계적 제도였으나 각 민족의 이해관계는 반드시 일치하지 않았다. 그리하여 루터의 종교개혁에 대해서도 전혀 의견이 통일되지 않은 상태였기 때문에 루터를 진압하는 데 일치단결하지 못했다. 제국은 각양각색의 300여 개 제후국[영방

(領邦)]으로 구성되어 있었고, 각 영방 간의 이해관계가 반드시 일치한 것도 아니었으며, 그 밖에 자유도시나 종교도시 등의 불일치한 정책은 루터의 종교개혁에 대해 일관적인 정책을 취할 수 없게 만들었다. 이런 배경 덕분에 종교개혁 운동은 커다란 이익을 얻을 수 있었다.

신성로마제국은 또한 열국의 각축장이기도 했다. 제위가 선거에 의해 결정되고 제국의 체제가 세계적이었기에 누구나 실력만 있으면 그 자리를 노릴 수 있었다. 1519년 황제 막시밀리안 1세Maximilian I(재위 1493~1519) 사후 후임 선거에서 합스부르크Habsburg 왕가의 카를로스 1세Carlos I(뒤에 카를 5세 칭호를 겸직)와 더불어 영국 왕 헨리 8세와 프랑스 왕 프랑수아 1세François I(재위 1515~1547)가 제위를 노리고 있었다. 사실상 돈만 있다면 누구나 7명의 선제후를 구워삶을 수 있었고, 그렇게만 되면 누구든 제위에 오를 수 있었다. 프랑스 왕은 결국 선거전에서 패한 뒤 황제 카를 5세Karl V(재위 1519~1556)와 이탈리아 북부에서 전쟁을 시작했다. 프랑스와 이탈리아의 전쟁은 1520년부터 1529년까지 9년 동안 지속되었다. 이때 영국은 대륙에 대해 세력 균형 정책을 취하기 위해 프랑스를 침범했다. 이런 싸움 때문에 카를 5세는 루터파를 전적으로 억압할 수 없는 형편에 있었다. 아마도 독일의 합스부르크 왕가와 프랑스의 발루아Valois 왕가 및 부르봉Bourbon 왕가 간의 세력 다툼은 독일의 신교도들에게는 행운의 싸움이었다고 볼 수 있다. 먼 훗날 가톨릭 국가인 프랑스가 1618년부터 1648년까지 이어진 30년전쟁 때 독일의 프로테스탄트Protestant를 도와 황제와 싸웠던 것은 프로테스탄트의 결정적 승리를 이끌었다.

이와 같은 각축전에서 교황의 태도가 모호했다는 것 역시 루터파에게 적지 않은 이점이 되었다. 즉, '신성로마'라는 말에서 보듯이 교황과 황제, 교회와 국가는 서로 합작해서 서구 기독교 사회를 건설했고 또 그것을 위해

상부상조하게 되어 있었으나, 황제의 권력이 이탈리아반도로 뻗어오는 것을 못마땅하게 생각한 교황 레오 10세Leo X(재위 1513~1521)는 1519년 황제 선거에서 내심 프랑스의 프랑수아 1세를 지지했다. 그러나 그것이 실패로 돌아가고 카를 5세가 당선되어 독일과 프랑스 간의 전운이 짙어지자 교황은 카를 5세에 대한 지지를 약속했다. 그리하여 카를 5세의 군대가 프랑스군을 격파하자 이탈리아에 대한 황제의 우세를 두려워한 나머지 교황 클레멘스 7세Clemens VII(재위 1523~1534)는 1526년 프랑스 왕과 비밀리에 약속하기를, 앞으로 프랑스가 승리하면 밀라노Milano, 피렌체Firenze 등의 이탈리아 북부 지방을 황제의 손에서 빼앗아 이탈리아에 돌려주기로 했다. 이처럼 정치적 야심을 채우기에만 급급했던 교황은 루터파 때문에 교회 자체가 붕괴되는 것을 막는 데 전력을 기울이지 못했다.

독일과 프랑스가 싸우는 동안에 설상가상으로 동쪽으로부터 오스만제국이 파죽지세로 침입했다. 이 싸움은 1526년부터 1547년까지 20년간 계속되었는데, 이 무렵이 루터주의Luthertum가 결정적으로 형성되었던 시기였다. 오스만제국군은 헝가리에 침입해 헝가리인 10만 명을 노예로 잡아갔다. 다음은 베네치아Venezia를 포위했고, 스페인을 침입했으며, 북아프리카 튀니스Tunis를 점령하는 지경에 이르렀다. 이런 장기간의 전쟁은 카를 5세뿐만 아니라 전 서구 사회를 놀라게 했고, 교황의 이교도에 대한 두려움을 더욱 높여주었다. 이런 전쟁으로 신성로마제국의 국력이 소모되었다는 것은 루터파가 살아날 길을 열어주었다고 할 수 있다.

무엇보다 독일이 세속 군주와 교황청의 알력 지대였다는 점은 종교개혁운동과 밀접히 관계되어 있었다. 교황청은 중앙집권적인 프랑스나 영국과 같은 나라에서는 제대로 세금을 거둘 수 없었으나 힘이 분산된 독일에서는 여러 제후국을 하나하나 위압하면서 독일 교회를 통해 돈을 쉽게 거둘 수 있었다. 당시 뜻있는 인사들은 로마 교황청이 독일인을 착취한다고 비판했다. 이 때문에 교황청은 일반 식자층의 반감을 샀을 뿐만 아니라 독일 제후들의 질투와 시기를 초래했다. 제후들은 자기 영내의 교회 영지를 교황청에서 빼앗아 지배하려고 했다. 자기 영토의 돈이 로마로 유출되는 현실을 그대로 묵과하기란 참으로 통분할 노릇이었다. 제후들은 교회를 향해 정치적 야심을 더욱 노골화했다. 그것은 헤센Hessen 방백方伯 필리프 1세Philipp I (1504~1567)가 작센 선제후 요한 프리드리히 1세Johann Friedrich I(재위 1532~1554)와 슈말칼덴Schmalkalden 동맹을 맺고, 동시에 프랑스 왕과 동맹을 맺어 카를 5세에 대항한 데서 찾아볼 수 있다. 이로써 프로테스탄트는 보호를 받았다. 말하자면 독일 제후는 가톨릭 교회를 후국 교회侯國敎會로 만들었다. 이런 배경 때문에 가톨릭에서는 종교개혁을 독일 제후들의 정치적 야심에 따라 이루어진 것으로 이해하고 있다.

당시의 정치적 여건으로 우리가 마지막으로 생각할 것은 종교개혁 성패의 열쇠를 쥐었다고 볼 수 있는 카를 5세의 태도다. 그는 앞서 말한 것처럼 여러 이질적인 민족을 다스려야 하는 사람이었다. 그는 네덜란드 태생으로 스페인 왕으로 있다가 황제가 된 사람이었는데, 독일에 있으면 스페인에서 내란이 일어나고, 그렇다고 스페인에 있으면 독일인이 불평하고 로마 교황청의 눈치도 살펴야 하는 등 어느 장단에 맞추어야 할지 알 수 없는 형편이었다. 그러면서 프랑스와 싸우고, 오스만제국과도 싸우고, 실로 눈코뜰 새가 없었다. 거기에 성격도 우유부단하다면 가혹한 평가겠지만 좌우간 선량한 가톨릭교도로 모든 일을 과단성 있게 처리하기보다는 서로 원만하고 무난하게 처리해가기를 원했던 사람이었다. 루터의 문제도 말썽 없이 타협하면서 해결을 지으려고 했다. 이런 성격으로 미루어보면 격동기를 맞은 제국의 황제로는 적합하지 않았던 인물인지도 모른다. 정치가가 되기에는 너무도 선량했다. 만년에는 아내를 잃고 제위 포기를 선언한 뒤 스페인에서 조용히 여생을 보냈다. 과단성 있게 일에 임했더라면 어떤 기념비적인 업적을 남겼을지 알 수 없으나, 그는 격동기에 대응할 수 있는 심정을 갖지 못했다. 그러나 루터는 격동기에 능동적이고 과단성 있게 소신을 실천해 역사에 영구적인 업적을 남겼다.

루터는 작센 후국侯國의 비텐베르크Wittenberg에서 종교개혁을 일으켰다. 비텐베르크 중심의 작센은 13세기 알브레히트 1세Albrecht I(재위 1298~1308) 때부터 세력이 커지기 시작했다. 그 뒤에 합스부르크 왕가의 왕녀와 결혼하며 지위를 향상시킨 끝에 황제 선거국으로 올라갔다. 15세기 중에 튀링겐Thüringen 지방까지 포함했고, 15세기 후반에는 프리드리히 선제후가 작센 지방을 다스리고 있었다. 프리드리히는 신앙 노선에서 반드시 루터를 따르지는 않았지만, 자신의 영민領民을 음양으로 보호해주었다. 1502년에는 비텐베르크 대학을 창설하고 독일인의 생활에서 대학의 발전과 그 영향에 대해 깊은 관심을 기울인 영주였다. 그는 종교개혁 도중에 여러 어려운 문제가 생길 때마다 현명하게 처리했기에 '현자賢者'라는 칭호를 얻기도 했다. 프리드리히 제후는 선제후였기에 그의 발언은 제국 의회에서도 비중이 컸고, 카를 5세가 제위에 당선되기 전에도 프리드리히의 뜻을 거스를 수 없을 정도로 존경받고 있었다. 프리드리히의 동생이자 후계자인 요한도 루터를 지지했으므로, 프리드리히의 조카이자 요한의 아들인 요한 프리드리히 1세 시대에 작센 지방은 루터주의가 장악하게 되었다. 비텐베르크 대학도 루터주의로 개혁되었고 루터파를 위해 진력했다. 이렇게 작센 영주들의 조력하에 종교개혁은 이루어졌다.

이상과 같이 모든 정치 정세와 국제 관계가 루터교의 성립에 유리했다고는 하나 그것은 후세 역사가들의 평가일 뿐, 정작 루터 본인은 자신의 일에 정치적 유불리를 생각하지 않았다. 객관적 정세를 판단하고 성공이냐 실패냐 따위를 따질 생각을 루터는 해본 적이 없다. 그저 자신의 양심과 소신에 비추어 부끄러움과 틀림이 없다고 확신한 데서 종교개혁을 일으켰고 완수했던 것이다. 루터의 신학적인 확신은 종교개혁의 원동력이 되었으며, 특히 프로테스탄트들은 그것을 종교개혁의 근본원리로 강조하고 있다. 그러므로 종교개혁은 어디까지나 신앙상의 문제였다. 다만 객관적 여건이 이 새로운 신앙의 빛을 꺼지지 않게 했다는 점은 기억해야 할 것이다.

2. 사회와 경제

앞에서 군사적 사건과 외교 관계로 말미암아 서구가 정치적으로 긴장이나 격동 상태에 있던 것이 루터의 종교개혁에 유리한 형세를 제공했다고 밝혔다. 이와 동시에 15세기 이후 사회와 경제의 급변은 또한 종교개혁과 밀접한 관계를 맺고 있었다고 하겠다. 그보다도 급변하는 사회와 경제생활은 루터의 개혁 운동에 적당한 지반을 마련해주었고, 루터는 그런 지반에 서서 변천하는 사회, 경제생활에 더욱 추진력을 가했던 것이다. 그렇다면 사회와 경제생활은 어떻게 변하고 있었던 것인가?

원래 중세는 변화를 싫어했던 시대다. 중세인은 영원불변, 상주常住의 세계를 찾고 있었고, 거기서 자기 영혼의 영생을 기원하고 있었다. 그러므로 변하는 현실은 가상의 세계이자 허위의 세계로 생각하고 현실 생활을 부정하는 방향으로 나아갔다. 곳곳마다 수도원과 고딕 교회당을 세워 명상과 기도하는 생활을 최고의 인생으로 여겼고, 금욕과 현실 부정을 사람들에게 가르쳤다. 그리하여 왕후장상 중에도 세속의 영화를 초개와 같이 버리고 수도원을 찾든가 또는 순례의 길에 오르든가 그렇지 않으면 일정한 기간이나마 난행고행難行苦行을 하는 사람이 많았다. 이런 생활 이념과 태도에서 기대할 것은 모든 생활의 정체와 침체뿐이었다. 이런 시대에 권력을 휘두르는 사람은 교황이었고, 로마교회는 그런 변화 없는 사회생활을 유지하기에 노력했다.

그러나 역사는 자꾸 변한다. 그것은 변화에 대한 인간의 욕망이 연속되어 있기 때문이다. 그리하여 천편일률적인 중세의 사회생활은 조만간 청산되어야 했다. 이미 군주들은 권력을 가다듬어 교황과 대립했고, 또 난동하는 제후들을 눌러 군주의 절대주의가 발전해갔으며, 상공인들도 자유롭게 무역과 제작에 열중하고 있었다. 1450년이 지나면서 유럽의 진취적 기상을 가진 모든 계급의 지도자들도 현상 유지에 불만을 품게 되었다. 이 불만이라는 감정이 하나의 힘이 되어 근대사회를 건설하게 되었다. 중세의 자급자족하던 경제생활은 생산과 분배의 증가로 사라지게 되었고, '이익'을 추구하는 새로운 경제생활은 전통적인 '정가 제도'와 '공명정대한 생활'을 유지하기 곤란하게 만들었다. 15세기 이전에 벌써 프랑스의 자크Jacques, 독일의 푸거Fugger, 이탈리아의 메디치Medici 같은 거상 가문이 나타났고, 무역에서도 집단적 경영으로 해상과 육상의 안전을 도모했으며, 조선에서도 한자Hansa 도시동맹의 조선공들이 2000톤짜리 상선을 만들었다. 선원들의 기술도 증진되었고 나침반과 천측 기구도 사용되었다. 항해술이 발전해 근해에서 원해로 나아가면서 새로운 항로와 세계가 발견되기도 했다. 바르톨로메우 디아스Bartholomeu Diaz(1450?~1500)가 1488년에 아프리카 서해안을 돌아 희망봉에 도달했고, 바스쿠 다가마Vasco da Gama(1469~1524)는 1498년 인도에 이르렀으며, 페드루 카브랄Pedro Cabral(1467?~1520)은 1500년 브라질에 도달했다. 크리스토퍼 콜럼버스Christopher Columbus(1451~1506)는 1492~1502

년간 아메리카 대륙으로 가는 길을 발견했고, 페르디난드 마젤란Ferdinand Magellan(1480~1521)은 1512년에 세계 일주 항로를 발견했다.

이쯤 상공업이 발달하고 세계가 넓어지니 사적인 우편제도도 국제화되고 상행위를 위한 인쇄된 복식부기도 1494년에 나타났다. 상공업이 활발해지면서 농산물의 생산과 유통도 증가했다. 이리하여 자본주의가 일어나게 된 것이다.

상업·공업·농업 등의 근본적 변화는 자연히 화폐 유통을 필요로 했다. 금은화폐의 유통이 증가했지만, 그보다 더 크게 성장하는 상공업에 필요한 만큼을 충당하지는 못했다. 그리하여 교환권·어음·증권 등이 사용되게 되었다. 여기에 따라 은행업도 성행했다. 기회를 엿보아 얼마든지 이익을 보려는 이른바 '자본주의 정신'이 나타났다. 그런 정신은 자본주의사회, 즉 시민사회를 이룩했다. 더구나 광업의 발달과 금은화폐의 유통은 재화의 새로운 저축 방법을 제공했고, 이로써 금융업이 더욱 발달했다. 특히 남독일에서 광업이 활발히 이루어져 1493~1520년간 은 생산량이 3만 5000킬로그램으로 전 세계 생산량의 78.5퍼센트에 이르렀다. 합스부르크 왕가가 대대로 황제의 지위를 차지할 수 있었던 것도 자기 직할 영내에 은광이 있기 때문이고, 제후 중에 작센 선제후의 지위가 높았던 것도 영내에 은광이 있던 덕분이었다. 당시 이탈리아는 금화를 주로 사용했으나, 독일이나 유럽의 다른 지역에서는 은화를 주로 쓰고 있었다. 이리하여 각국의 금융업자들은 국제적 전쟁이 있을 때마다 군주들에게 돈을 빌려주고 그 대가로 채광권이나 무역 독점권을 얻었다. 그뿐만 아니라 앞으로도 언급하겠지만 카를 5세가 신성로마제국의 황제로 당선되려고 푸거 가문에서 60만 굴덴gulden(1913년 현재 가치 기준으로 804만 달러)을 차용했는데 총선거 비용의 70퍼센트를 넘는 금액이었다. 이것은 당시 유럽의 거상들이 부린 횡포의 한 사례지만, 그들은 실로 전쟁과 평화를 마음대로 조종했다. 앞으로 언급하겠지만 종교계에서도 브란덴부르크Brandenburg의 알브레히트Albrecht가 마인츠Mainz 의 대주교 선거를 위해 푸거 가문에게서 막대한 돈을 빌리는 형편이었다.

이상과 같은 무역과 금융업의 중심지는 벨기에의 안트베르펜Antwerpen이 었다. 스페인, 포르투갈, 독일의 남서부 상인들은 1500년 전후 안트베르펜 을 근거로 활약했다. 당시 벨기에는 국제주의 정책을 취해 '모든 국민의 고 향'이 되었고, 에라스뮈스는 세계주의 정신의 대표자나 다름없었다. 안트 베르펜은 세계주의 도시였고, '안트베르펜이 번영하는 원인은 그곳에서 교 역하는 모든 사람에게 자유가 주어졌기 때문'이었다. 금융업, 상업만이 아 니라 회화의 중심지이기도 해서 알브레히트 뒤러Albrecht Dürer(1471~1528), 루 카스 크라나흐Lucas Cranach(대大크라나흐, 1472~1553) 등 거장들이 그곳을 순례했 고, 정치·종교적으로 불우한 사람들(이단자)의 피난처이기도 했다. 자유, 그 것은 도시와 시민사회를 근거로 자라났고, 또 그런 정신이 있어서 시민사 회가 건설되기도 했다. 경제사학자 리처드 토니Richard Tawney(1880~1962)는 이 런 현상을 '경제 혁명Economic Revolution'이라고 불렀다. 이런 혁명의 와중에 루터의 개혁 운동이 일어난 것이다.

여전히 관념적이던 종교 생활이 변혁되기 전에 유럽인의 경제생활에서 먼저 혁명이 일어났다. 그 결과 봉건사회는 재조정되었다. 즉, 성직자, 귀 족, 평민으로 이어지는 사회계층에 변화가 일어났다. 성직자와 귀족으로 구성된 특권적 봉건사회가 붕괴되고, 신흥 시민사회가 정치·사회적 특권 을 장악했다. 그것은 인구의 증가에서 시작되었다고 할 수 있는데, 귀족의 수는 줄든가 현상을 유지하는 정도였으나 시민과 농민의 수는 늘어갔다. 14세기나 16세기나 비슷한 인구 규모이던 지역도 있었으나, 서유럽과 중 부 유럽의 인구는 14세기 5300만 명에서 16세기 7000만 명으로 증가했고,

그중 10분의 1이 도시에서 거주했다. 당시 프랑스에 1600만 명, 독일에 1200만 명, 이탈리아에 1000만 명, 이베리아반도에 1000만 명, 영국에 400만 명의 인구가 거주하고 있었다. 16세기 파리Paris에 30만 명, 베네치아에 19만 명의 인구가 있었고, 독일에는 5000명 내지 2만 명의 인구가 있는 도시가 많았다. 루터가 대학 교육을 받았던 에르푸르트Erfurt는 당시 인구가 2만 명으로 독일 중부지방에서 제일 큰 도시였다.

이런 시민들은 군주와 결탁하고, 행정에도 관여했으며, 재력과 지력에서도 어느 사회계층보다 앞섰다. 귀족과 성직자는 실력 없는 계층으로 전락했고, 화폐가 유통되면서 농민이나 일반 평민들도 봉건적 의무를 화폐로 납부하게 되어 특권계급의 구속에서 해방되었다. 여기에 군주들이 화약을 사용하고 상비군을 편성하면서 봉건귀족들도 몰락의 과정을 밟아가고 있었다.

시민사회가 득세하면서 새로운 현상이 많이 나타났다. 우리는 특히 종교개혁과 관계되는 새로운 사회적 현상에 대해 생각하기로 한다.

우선 시민사회는 인간 생활에서 경제생활이 얼마나 중요한 것인지를 보여주었다. 사람들의 관심은 신앙에서 경제로 기울었고 경제적 이해관계가 무엇보다 우선되는 문젯거리가 되었다. 제후, 군주, 교황까지 물질적 추구에 혈안이 되었다. 교회의 탐욕이 극심해져 성직을 팔기도 하고 부정한 수단으로 돈을 거두어들이기도 했다. 여기에 대한 신도들의 반발이 종교개혁을 가능하게 한 것이고, 또 돈에 눈이 어두웠던 독일 제후들은 매년 막대한 돈이 로마로 유출되는 데 반발해 루터를 지지한 것이다.

그러나 시민사회의 성장으로 농촌은 적지 않은 피해를 입었다. 물론 영주들의 농업 개량과 증산 계획으로 농민의 생활도 처음에는 향상되었으나 상업 귀족들에 대항하기 위해 영주들은 농민을 착취할 수밖에 없었다. 그리고 상인들의 독점으로 물가가 올라 농민 생활에 커다란 위협이 되었다. 이런 정세가 제국 의회에서도 논란이 되기도 했다. 그리하여 15세기 동안 독일 서남부에서는 농민 반란이 연속으로 일어났다. 더구나 1500년은 독일 전역이 흉작이었고, 1501~1502년은 몇몇 지방에 흉년이 들었으며, 1503년에는 다시 전국적으로 추수에 실패했다. 사회는 불안해지고 불평이 도처에서 일었으며, 사회 계급적 증오와 대립의 감정이 자본가와 동업조합(길드), 부자와 빈자, 귀족과 시민 사이에 일어났다. 도둑이 횡행하고 거지 떼가 방황하며, 농촌은 피폐해지고 실업자가 증가하는, 말하자면 불평불만이 충만한 시대에 루터는 불씨를 던진 셈이다. 로마 교황청을 향해 루터가 내지른 불평불만의 소리에 불안한 사회는 확성기가 되었고, 이 확성기를 통해 루터의 말은 퍼져갔다. 만일 당시 독일이 사회 구성원 각각에게 만족스러운 사회였다면 루터의 개혁 운동은 그토록 커다란 반응을 얻지 못했을 것이다.

앞서 말한 것처럼 급변하는 사회는 개방적이다. 봉건적·계급적·금욕적인 폐쇄 사회가 개방된 자본주의 사회로 변해갔다. 중세의 폐쇄된 사회는 15세기 후반부터 앞서 안트베르펜에서 본 것처럼 세계주의적이고 개방적으로 변했다. 이런 사회를 지도하는 원리는, 물론 자유주의와 개인주의 사상이었다. 계급이나 특권보다 개인의 역량과 실력이 그 사람의 운명을 개척하게 되었고, 개성의 자유가 용인되면서 그 사람의 모든 언동은 그 '자유 인간'이 책임지게 되었다. 자신이 성공하거나 성공하지 못하는 것은 순전히 각자의 책임이 된 것이다. 이런 개인주의와 자유주의 사상은 루터의 종교개혁을 가능하게 했고, 교황이나 주교와 같은 중간적 존재 없이도 인간은 신과 직접적으로 영교靈交할 수 있다는 루터의 교리를 이해하도록 했다. 또한 현세적인 시민사회는 좀 더 자신들의 생활에 가까운 종교와 신을 원했다. 루터가 의식에서 독일어 사용을 강조하고 독일인의 정신생활에 맞도록 교리와 예배 의식을 제정할 때 그들은 여기에 호응했다.

자본주의 사회의 개인주의와 자유주의는 사회생활을 다채롭게 했을 뿐만 아니라 단일한 봉건사회를 다원 사회로 발전시켜 각양각색의 사회가 병립해 발전해가게 되었다. 상황이 이쯤 되자 단일한 봉건사회에서 자라난 로마교회가 그렇게 천편일률적인 계율로 어떻게 교세를 유지할 수 있겠는가? 하나의 가톨릭 교회도 결국 국민과 여러 사회계층에 맞게 변화해야 하지 않겠는가? 이런 생각이 당시에도 없었던 것은 아니다. 루터의 개혁 운동은 급속도로 독일 여러 지방과 다른 나라에 퍼져 울리히 츠빙글리Ulrich Zwingli(1484~1531)나 장 칼뱅Jean Calvin(1509~1564)의 개혁 운동이 일어났고, 그 뒤를 이어 여러 교파가 잇달아 생겨났다. 이렇듯 신흥 다원 사회에 어울리는 여러 종교가 성립된 것으로 미루어, 우리는 다원 사회는 다원적 종파를 요구한다는 결론을 얻게 된다. 동질적인 중세 봉건사회는 하나의 교회와 단일 교리로 만족할 수 있었지만, 이질적인 시민사회는 각계각층의 정신적 생리에 맞는 교리와 신조가 있어야 했다. 여기에 루터의 종교개혁의 사회적 바탕이 있었다. 그리고 루터 자신의 교파는 다원 사회에 걸맞은 교파가 아니었으나 다른 개혁가들이 다원적 교파를 만드는 데 선구적인 계기를 형성해주었다.

3. 정신과 문화

휴머니즘

루터 자신은 객관적 세계에 무관심했다고 하지만, 당시의 정치·사회적 환경이 그의 개혁에 퍽 유리하게 전개되었던 것과 마찬가지로, 종교개혁보다 앞선 르네상스Renaissance 시기의 정신적·문화적 배경도 루터의 무관심과 관계없이 종교개혁에 큰 도움을 주었다. 프란츠 라우Franz Lau(1907~1973)가 그의 「루터론Luther」에서 "루터를 이해하는 데는 전 유럽적 문화 운동으로서의 르네상스는 거의 관계가 없고, 또 중요하지도 않으며 …… 르네상스에서 루터를 설명하려면 …… 커다란 오류에 빠질 것"이라고 한 것이나 "시대의 위대한 문화 운동이 전혀 본질적 기여를 하지 않았다는 것은 틀림없는 일이다"라고 한 것은 루터의 신학 사상의 견지에서 말한 것이며, 루터가 수행한 개혁 운동의 전반적 과정이 시대사조와 무관했다는 뜻은 아닐 것이다. 일반 역사가들이 종교개혁을 르네상스의 연속으로 보거나 종교적인 르네상스로 생각하는 이상 당시의 정신적·문화적 배경을 무시하고는 루터와 그가 이룬 업적을 설명할 수 없다.

　르네상스는 고전의 부흥이라기보다는 '새로움'으로의 충동이자 운동이다. 이 '새로움'으로의 충동은 절대주의자와 시민사회의 성립, 신세계의 발견이나 신기구의 발명에서 찾을 수 있다. 또한 정신과 문화상의 '새로움'이나 새로운 정신과 문화를 갖고 싶은 충동과 운동이 르네상스 운동이었다. 이 운동은 물론 이탈리아에서 시작했으나 15세기 후반부터는 북유럽에서도 일어나기 시작했는데, 그 정신은 남유럽과는 대조적인 바가 있었다. 이탈리아의 르네상스 정신은 대개 세속적이고 향락적이며 외향적이었으나 북유럽, 특히 독일에서는 종교적이고 사색적이며 내향적이었다. 그것은 북유럽과 남유럽의 민족성의 차이에서 오는 것이라고 볼 수도 있겠으나 북유럽인들은 르네상스를 심각하게 체험하고 내면화해 종교개혁의 길을 열어놓았다. 고전 부흥이라 해도 이탈리아에서처럼 단순히 헬라, 로마의 고전 부흥이 아니라 『성서』에 쓰인 고전어(히브리, 헬라)의 부흥이었다. 『성서』

의 원어를 연구하고 비판하는 것은 그 진의를 더 이해할 수 있게 하며, 그것은 결국 복음주의의 새로운 신학을 창도하게 하는 것이다. 이탈리아의 고전학자들이 시민 문화를 부흥시킨 것과 대조적으로 북유럽에서는 성서 학자들이 새로운 종교개혁의 길을 열어놓았다. 이렇게 닦은 길 위로 루터 는 개혁 운동을 몰고 갔다. 그러면 어떤 점에서 루터는 르네상스의 도움을 받았다고 할 것인가?

르네상스 운동은 다채롭게 발전했으나 그것은 모두 휴머니즘에 집중되어 있었다. 휴머니즘이란 인생에 대한 태도를 가리키는 말인데, 즉 인류의 고유한 관심은 인간에게 있다는 것이요, 인간은 각자 능력에 따라 자유롭게 자연과 모든 지식을 이용하며 모든 생을 자신의 이성으로 지배해 나아간다는 뜻이다. 이런 태도에서 신대륙과 신항로가 발견되었고, 새로운 기구가 발명되었던 것이다. 그런데 당시의 인문주의자들은 휴머니즘의 모형을 헬라, 로마의 고전에서 찾았고, 그림과 조각을 통해 인간의 모습을 여실히 나타냈다. 이런 운동은 처음에는 교회와 별로 충돌할 것이 없었다. 성 아우렐리우스 아우구스티누스Aurelius Augustinus(354~430)가 고전과 교회의 결합을 이루어냈고, 또 속화된 교황들도 르네상스의 후원자가 되었기 때문이다. 그러나 인간중심주의는 모든 지식을 상대화시켰고, 또 헬라 철학은 그리스도의 화육化肉과 십자가의 이적異跡을 설명할 수 있는 근거가 없었기 때문에 휴머니즘과 교회는 조만간 충돌을 면할 수가 없었다.

휴머니즘의 고전에 대한 언어학적 연구, 비판의 자유와 학문 연구의 자유는 전통적 교회의 교리와 의식에 큰 충격을 주었다. 이 일은 처음 로렌초 발라Lorenzo Valla(1407~1457)에게서 시작되었다. 그는 고전에 대한 언어학적 연구를 계속하다가 교황청이 주장하는 「콘스탄티누스의 기진장寄進狀」이 라는 문서가 위서임을 밝혀냈다. 이 문서에는 콘스탄티누스 1세Constantinus I

(콘스탄티누스 대제, 재위 306~337)가 수도를 로마Roma에서 비잔티움Byzantium으로 옮길 때 로마를 교황에게 기증했고, 또 황제의 나병을 고쳐준 보답으로 서방 세계를 교황에게 양도했다는 내용이 적혀 있었다. 발라는 「라틴어의 우미Elegantiae linguae Latinae」를 저술하며 라틴latin어의 구조, 문법, 문장을 세밀하게 검토했다. 그 뒤 1440년에 「콘스탄티누스의 기진설에 대하여La falsa Donazione di Constantino」를 발표하고 「콘스탄티누스의 기진장」이란 문서에 도저히 용납될 수 없는 모순이 있음을 규명했다. 즉, 문서의 성립 연대와 문서에 쓰인 언어상의 차이에서 모순을 발견한 것이다. 콘스탄티누스 1세로부터 교황 실베스테르 1세Sylvester I(재위 314~335)에게 증여된 것은 4세기 초였는데, 이 문서에 사용된 라틴어는 8세기 전반의 것이었다. 그것은 교황 스테파노 2세Stephanus II(재위 752~757) 때 만들어진 위서였다. 발라의 주장에 반론을 제기하는 사람은 아무도 없었다. 발라의 논문은 울리히 폰 후텐Ulrich von Hutten(1488~1523)이 1517년에 출간했고, 루터가 20년 뒤인 1537년에 이것을 독일어로 번역했다. 발라는 교황의 허위를 공격했고 다시 『신약주석Collatio Novi Testamenti』에서 로마교회가 정본으로 인정하던 히에로니무스Hieronymus(347?~419?)가 라틴어로 번역한 『신약성서』에서 많은 오역을 지적했다. 개중에는 신앙의 근본 문제와 관계되는 오역도 있었다. 더 나아가 발라는 교부敎父들의 신앙도 의심했고, 교회가 가르치는 윤리도 배격했으며, 수도원의 금욕주의도 공격했다. 이런 일련의 사실이 교황과 교황청의 위신을 땅에 떨어뜨린 것은 물론이고, 교황에 대한 루터의 회의를 더 확실하게 했다. 발라는 그의 고발 죄 때문에 한때 나폴리Napoli로 피신까지 갔다.

북유럽에서는 이상과 같이 언어학적·비판적 고전 연구 대상을 『성서』에 두었다. 특히 이탈리아에서 등한시되고 있던 히브리bry어가 독일에서 연구되었으니 로이힐린이 대표적 학자였다. 다른 인문학자들이 헬라어(『신약성서』의 원어)를 연구하는 동안 로이힐린은 『구약성서』의 히브리어를 연구하고 『성서』를 그 원어에서 해석하고 비판해, 교회의 전통적인 해석과는 다른 방향으로 나아갔다. 그리하여 교회는 인문학자들의 저서에서 이단성이 보인다고 비판했고, 예수를 처형한 유대인과 사귄다거나 하는 이야기를 늘어놓으며 히브리어를 연구하는 학자들을 이단시했다. 특히 기독교로 개종한 유대인 광신자 요하네스 페페르코른Johannes Pfefferkorn(1469~1523)이 1509년 황제 막시밀리안 1세 앞에 직접 나타나서 모든 유대인의 저서를 소각해버려야 한다고 주장했을 때 히브리어 연구는 위태로워지기도 했다. 야코브 판 호흐스트라텐Jacob van Hoogstraten(1460~1527)을 중심으로 종교재판이 열렸다. 로이힐린은 히브리어로 된 철학과 과학 서적은 유익하다고 보았고, 『탈무드Talmud』(유대인의 법전)도 교인들에게 유익하며, 카발라kabbālāh(유대의 신비 철학)도 신학과 통하며, 『성서』의 사본, 기도서, 찬송가도 모두 필요하다고 역설했다. 전통적 보수주의 지도자들은 크게 놀라 로이힐린을 재판에 회부하려고 했으나, 교황은 그를 이단으로 규정하지 않았다. 로이힐린은 여러 저서를 발표하고 전통적 보수주의자들을 공격하고 야유했다. 그 뒤 교황은 로이힐린에게 함구령을 내렸으나 많은 인문학자들은 그를 지지했다. 이리하여 휴머니즘은 『성서』의 원어를 밝히고, 기독교의 진수를 『성서』에서 얻어야 한다는 길을 닦아놓았다. 루터가 『성서』가 유일한 신앙의 근거이자 복음주의 신앙으로 구원에 이른다고 주장하게 된 데는 그의 선배들이 남긴 휴머니즘의 도움이 컸다고 하지 않을 수 없다.

특히 루터와 초년부터 친근히 지냈고, 루터를 많이 지지했던 에라스뮈스가 당대의 박학으로 여러 저서를 통해 당대의 성직자들의 우매를 야유하고 타락을 공격한 것은 루터의 앞길을 예비한 것이라 할 수 있다. 특히 그는 벨기에의 루뱅Louvain 부근 수도원 도서관에서 앞서 발라의 『신약주석』

을 발견하고 『성서』에 사용된 원어 연구에 흥미를 갖게 된 동시에 발라의 저서를 1505년에 출간한 것은 대륙 신학자들의 관심을 모았다. 또 1510~ 1513년에 영국 케임브리지 대학에서 강의하는 동안 번역한 『신약성서』를 『신증서Novum Instrumentum omne』라는 이름으로 1516년 스위스 바젤Basel의 출판업자 요한 프로벤Johann Froben(1460~1527)이 출간한 것은 『성서』에 대한 지식을 더 넓게 만들었다. 번역된 『성서』에는 헬라어 교본과 그의 라틴어 번역과 주석이 포함되어 있었다.

에라스뮈스가 이처럼 『성서』 교본을 순화한 일은 신자 생활을 순화하는 데 커다란 도움을 주었다. 보수적 신학자들은 에라스뮈스의 번역으로 히에로니무스의 정본역定本譯이 불명예스럽게 되었다고 생각했으나, 에라스뮈스는 자신의 번역을 슬기롭게도 교황 레오 10세에게 바친 덕에 교황으로부터 크게 칭찬을 받았다. 에라스뮈스의 역본은 4판까지 거듭해 나왔고, 루터도 훗날 『신약성서』를 독일어로 번역할 때 이 역본을 사용했다.

에라스뮈스는 또한 『우신예찬Encomium Moriae』을 써서 당시 로마교회와 성직자의 타락과 무지를 냉소했다. 『율리오, 천국에서 쫓겨나다Iulius exclusus e coelis』라는 저서를 통해 세속주의자 교황 율리오 2세Julius II(재위 1503~1513)가 천당 문 앞에서 쫓겨났다는 이야기를 하며 야유했다. 하여간 독일에서 휴머니즘은 종교를 내면화시켰고, 『성서』에 대한 어학 연구를 철저히 해 많은 사람의 관심을 『성서』로 이끌었다. 요하네스 구텐베르크Johannes Gutenberg (1398?~1468)가 인쇄기를 발명하면서 이미 『성서』가 일반 대중에게 많이 보급되어 있었는데, 거기에 인문학자들의 노력으로 복음주의가 강조되어 모든 형식주의가 배격되었으며, 원시기독교의 단순한 생활이 강조되었다. 루터는 의식적 인문학자는 아니었지만, 그도 휴머니즘의 가르침처럼 형식을 배격하고 단순하고 순결한 신앙생활을 강조했으며, 또 『성서』를 언어학적으로 연구하고 역사적으로 해석했다. 그리고 히브리어와 헬라어를 연구해 『구약성서』와 『신약성서』를 독일어로 번역했다.

독일 신비주의

휴머니즘과 아울러 독일에는 또 다른 하나의 정신적 경향이 있었다. 그것은 이른바 '독일 신비주의Deutsche Mystizismus'라고 하는 신앙상의 신비적 체험을 숭상하는 경향이었다. 사실상 루터의 복음주의와 청결주의는 독일 신비주의 사상의 영향을 많이 받았는데, 특히 14세기 신비주의자들이 익명으로 저작한 저서들이 루터의 사상 형성에 많은 도움을 주었다. 루터는 그 책들을 『독일신학Theologia Germanica』이라는 이름으로 출판까지 했다. 루터는 자신의 모든 생각이 신비주의 사상과 많은 일치점이 있다는 것을 발견하고 스스로의 신념을 확고부동하게 했다. 루터와 다른 신학자들과의 상이점이라면, 다른 이들은 신학을 연구하고 해석하는 데 그쳤다면 루터는 그 이상으로 체험하고 신비적 심연에서 하나님을 발견했다고 할 수 있다. 이것은 신비주의의 길을 택한 자연적인 결과이기도 하다. 루터의 용기와 신념은 여기서 생겼고 이로써 종교개혁 운동이 일어날 수 있었다.

원래 신비주의는 철학상으로 보면 3세기 신플라톤주의에 뿌리를 두고 있었으나, 독일에서는 마이스터 에크하르트Meister Eckhart(1260?~1327)를 시초로 14~15세기에 크게 유행했는데, 중세 말기부터 스콜라 철학이 차차 붕괴되어가면서 사람들이 신앙과 철학을 통합하는 새로운 방향을 신과의 직접 합일에서 얻으려고 하는 데서 시작한 것이다. 중세 스콜라 철학은 도미니크 교단의 토마스 아퀴나스Thomas Aquinas(1225?~1274)의 이성과 신앙, 철학과 종교의 통합에서 완성되었으나 그것은 머지않아 프란체스코 교단의 학자들에 의해 와해되기 시작했다. 영국 옥스퍼드 대학 계통의 프란체스코 교단원인 로저 베이컨Roger Bacon(1214?~1294), 요하네스 스코투스Johannes Duns Scotus(1266~1308), 오컴William of Ockham(1285?~1349?) 등이 명목론nominalism을 강조하면서 실재론realism이 물러가게 되자 스콜라 철학은 존속하기 어려워졌다. 보편(가톨릭)을 강조하는 실재론은 개체를 강조하는 명목론, 즉 보편은 한갓 명목에 지나지 않고 개체만이 실재하는 것이라는 주장에 대치되고 말았다. 이런 명목론은 같은 옥스퍼드 대학의 프란체스코 교단원 존 위클리프John Wycliffe(1330?~1384)에게 계승되었고, 그것이 다시 보헤미아의 프라하 대학 교수 얀 후스Jan Huss(1372?~1415)를 거쳐 루터에까지 이르렀다. 루터는 실로 명목론자였을 뿐만 아니라 개체, 개개의 인간이 신과 지적으로 영교할 수 있다는 점을 실천한 사람이기도 했다. 명목론의 우세는 스콜라 철학의 붕괴였을 뿐만 아니라 근세의 여명을 알리는 징조였다. 이로써 개체는 실재자가 되어 존중받게 되었고, 보편(가톨릭 교회)의 중개 없이 직접 신과 통할 수 있다고 믿어지기 시작했다. 개체가 직접 신과 영교하는 길은 신비주의였고, 여기서 신앙과 철학, 계시와 이성은 융합할 수 있었다.

그런데 에크하르트에서 시작된 신비주의는 독일 서남부와 네덜란드에 확대되었는데, 그들은 모두 경건한 생활과 신과의 영교로 종교적 만족을 얻으려고 했다. 종교의식이나 실천적 행위가 아니라 신비적인 종교적 체험을 통해 신앙생활을 하려고 했다. 에크하르트는 모든 실체는 신적인 것이고, 인간의 영혼에는 신의 '불꽃'이 있다고 주장했다. 이 불꽃이야말로 모든 인간 안에 실재해 있고, 그 밖에 모든 개인적인 성격은 소극적인 것이므로 인간은 그런 성격을 제거하고 신을 자신의 영혼 안에 재생해야 하는 것이었다. 그리하여 인간은 자신 안에 내재하는 신의 지배를 받으며 그것과 충분한 영교해야 한다. 신과 더불어 움직이는 영혼은 사랑과 정의로 가득 차 있다. 교회의 의식을 따른다는 것은 다소 가치가 있을 수 있으나 신비 생활은 신과의 직접적으로 합일하게 한다. 선행으로 의로움이 있는 것이 아니고 영혼이 이미 의롭기 때문에 선행이 가능한 것이다. 가장 중요한 것은 인간의 영혼이 신과 합일하는 특권을 충분히 발휘하는 것뿐이다. 이런 에크하르트의 신비주의는 이단으로 재판을 받게 되었는데, 미결 상태에 있을 때 그는 죽었다. 그리고 교황은 그의 제자들도 모두 정죄定罪했다.

요하네스 타울러Johannes Tauler(1300~1361)는 에크하르트보다 사람들에게 더 많은 감화를 주었다. 1348~1349년에 흑사병이 유행한 뒤 그는 많은 불쌍한 사람들을 위해 설교했다. 그는 사회주의적인 신자였다. 복음주의 정신에 따라 대중에게 설교했기에 그의 평판은 널리 퍼져갔다. 그런 관계로 그의 설교집Postillen은 중세의 어느 설교집보다 프로테스탄트들에게 많이 읽혔고, 현대 교회사가敎會史家들도 타울러를 "프로테스탄트 이전의 프로테스탄트"라고 말한다. 타울러는 내면적 생명이 있는 종교를 강조했고 표면에 나타난 의식이나 행위를 비판했다. 그는 성신聖神의 역사役事를 강조했는데, 죄를 깨닫게 하고 정죄하는 것은 성신의 능력이라 했다. 성신의 감화로 변화되게 되면 그것을 개종kehr이라 했다. 그는 독일어로 설교했다. 그는 "하나님의 사랑의 불길에 녹아버리는 것", "하나님에 도취되는 것" 등의 말을 했는데 그 자신이 하나님과 합일의 경지를 체험했기 때문이다. 사람들은 금식과 기도와 철야와 그 밖의 선행을 자랑하지만, 그런 사람의 마음 가운데서 신의 비중은 낮아지게 마련이라고 했다. 그는 단순한 신앙을 강조했고 우리 자신을 신의 의지에 맡기는 것만이 우리가 할 일이라고 했다.

타울러는 모든 합법적인 직업과 노동은 고귀하며, 선하고 성실하게 일하는 것은 참 종교를 가졌다는 증거라고 했다. "길쌈하는 사람, 구두 만드는 사람, 그것은 성령의 은사"라고 했다. 루터도 직업을 신성하게 보았고, 1516년에는 타울러의 영적인 생활과 순수한 신앙의 강조를 높이 평가하는 글을 썼다. 루터는 또한 타울러로부터 건실한 신학과 복음에의 일치를 발견했다고 했다. 이런 신비주의는 앞서 말한 『독일신학』과 토마스 아 켐피스Thomas à Kempis(1380?~1471)의 『그리스도를 본받아De Imitatione Christi』에 표현되었고, 16세기에 이르러서 조르다노 브루노Giordano Bruno(1548~1600)의 범신론적 자연철학에까지 미쳤다. 이리하여 교황 교회의 의식과 같은 중개자 없이 신과 직통할 수 있는 개인적·주관적 신비주의는 루터가 뒤에 설명할 '탑의 체험Turm Erlebnis'으로 이어졌고, 그것으로 종교개혁의 정신이 확립된 것이다.

4. 로마교회

기독교의 이중주의

루터는 정치와 외교, 사회와 경제, 르네상스 운동 등에 대한 관심은 없었으나, 당시 로마교회 안팎의 제반사에 대해서는 보통 이상의 관심이 있었다. 독실한 가톨릭 신자인 그는 진심으로 교회가 바른길로 발전해가기를 원했으며 모든 사람들의 영靈의 구원 문제가 교회를 통해 원만히 해결되기를 바랐던 것이다. 남보다 교회를 더 사랑했기 때문에 교황청과 교회에 대해 자기 의견을 개진했고, 그리스도의 진리를 누구보다도 아쉬워했기 때문에 생명을 걸고 그것을 지키려고 했다. 그는 애초 로마교회를 분열시키려고 하지 않았고 변혁시키려고도 마음먹지 않았다. 다만 하나의 가톨릭 교회가 내외적으로 완전무결해 인생의 지침이 되기를 축원했고 그렇게 되기 위해 끝까지 교회 안에 남아 있으려고 했다. 그러나 역사의 물결은 끝내 루터가 교회를 분열시키는 길로 걸어가게 했고, 또 하나의 새로운 교회를 만들게 했다. 그러면 그렇게 되기까지 당시 로마교회의 실정을 검토해보아야 할 것이다.

국가나 사회의 모든 제도처럼 교회의 제도도 시공이 변하면서 역사적 변천에 따라 달라지고 개조되게 마련이다. 무슨 제도든 그것이 지속되려면 역사적 변천에 적응할 수 있어야 하고 그렇지 못할 경우에는 도태되고 만다. 그렇게 되면 그 제도는 생명을 잃고 화석의 한 지층을 이루는 것밖에 아무것도 될 것이 없다. 그러나 어떤 새로운 운동이 일어난다고 해도 그것이 계속 이어지면 이어질수록 제도화되게 마련이다. 하나의 제도를 갖지 못하면 그 운동은 곧 끊어지고 말기 때문이다. 그렇게 제도를 강화하고 이것을 고정화하게 되는데, 그 제도는 다음의 새로운 생명에 대해서는 구속물이 되고 도약의 장애물이 된다. 즉, 문제는 운동이 제도화되는 데 있는 것이 아니라 일단 제도로 성립한 뒤 그것이 새로운 내용을 용납할 수 있는 융통성이 있느냐 없느냐, 또 시대의 변천에 따라 스스로를 변모시킬 수 있는 능력이 있느냐 없느냐에 달려 있다고 하겠다. 이런 논리를 우리는 기독교에 대해서도 적용시켜보려고 한다.

원래 무슨 운동이든 처음에는 아직 일정한 형상을 갖지 않기 때문에 자유롭게 움직인다. 이와 마찬가지로 유대교에서 개신했던 기독교도 처음에는 자유롭게 움직였다. 군나르 베스틴Gunnar Westin(1890~1967)은 그의 1954년 저서 『자유교회The free church through the ages』에서 초대교회는 자유교회였다고 했다. 안디옥Antakya, 에베소Ephesus, 고린도Korinthos, 로마, 예루살렘Jerusalem 등의 교회는 모두 완전히 자유였다. 그런 교회에 모인 사람들은 예수의 말을 자유롭게 받아들이고, 자의에 따라 교회에 참여한 사람이었다. 각지의 교회는 서로 상하도 없고, 또 긴밀한 횡적 관련도 없었으며, 국가의 지배도 받지 않았다. 그들은 모두 천국의 시민politeuma을 자처했고, 각 교회는 장로, 감독, 주교 등이 다스렸다. 처음에는 성전이나 성단도 없었으며, "우리의 영혼이 하나님의 성전이고 우리의 마음속에서 하나님을 섬기는 것"으로 만족했다. 그러나 각급 교회가 발전하면서 전체 회의가 필요하게 되었고 이단설에 대해 어떤 결정이 있어야 했기에 교회 지도층의 형성이 시급해졌다. 여기서 당시 세계적 도시 로마의 감독(주교)이 자주 발언하게 되었고, 5세기에 이르러서 베드로Petrus의 전통, 로마의 위치, 유능한 감독의 출현으로 로마교회의 감독이 교황으로 자리 잡았다. 그리하여 서방 교회(로마 산하의 교회)는 로마 교황을 정점으로 하는 교직 제도가 성립되었고, 신비적인 성례전聖禮典과 독선적인 교리를 무기로 세계적 제도 중 하나인 가톨릭교를 형성할 수 있었다. 점점 더 교회는 형식화·의식화되었고 내적인 설교보다 외적인 미사에 치중했다. 교회는 스스로 의식하지 못하는 사이에 제사 종교祭司宗敎로 변해갔다. 어느덧 율법과 교리의 통일을 위주로 했던 유대교로 돌아간 것이다.

이렇게 교회가 형식화하고 고착화되면서 『성서』와 설교를 강조하는 이견(異端)이 나타났다. 이에 대해서는 앞으로 더 고찰하려고 하며 기독교가 미사 중심으로 고착화되면 될수록 설교와 복음 중심의 개혁파가 나타나게 되었으니, 초대교회에서 오늘날에 이르기까지 이율배반적인 경향이 계속되는 것이다. 이런 경향의 전형을 우리는 가톨릭과 프로테스탄트에서 찾을 수 있다. 이것을 우리는 기독교의 이중주의라고 부른다. 하나님을 믿는 두 방법이 있다는 의미인데, 하나는 장엄하고 신비스러운 미사를 통해 주로 신자들의 시각에 호소해 신앙을 기르는 방법이고, 다른 하나는 영감이 충만한 설교를 통해 주로 신자들의 청각에 호소해 신앙의 길을 닦는 방법이다. 그러므로 기독교에는 획일적이고 통일적인 가톨릭적 경향과 자유스럽고 다원적인 프로테스탄트적 경향이 언제나 있게 마련이다. 가령 개신교, 즉 프로테스탄트 안에서도 그것이 형식화하고 고착화되면, 그 안에서 반드시 그것에 반기를 들고 정신적이고 내용적인 개혁 운동이 일어날 수 있는 것이다. 그런 의미에서 현대 롤랑 바르트Roland Barthes(1915~1980), 루돌프 불트만Rudolf Bultmann(1884~1976), 폴 틸리히Paul Tillich(1889~1965) 등 많은 신학자들은 종교개혁적 신학자라고 할 수 있다.

가톨릭적인 것과 프로테스탄트적인 것, 시각적인 것과 청각적인 것, 통일적인 것과 다원적인 것, 구심적인 것과 원심적인 것, 미사주의와 설교주의, 제사주의祭司主義와 예언자의 종교 등 모든 이율배반적 이중주의가 기독교의 화석화를 막고 항상 변천하는 사회에 적응하는 종교가 되게 했다. 고대의 모든 종교(그것은 제사주의였다)가 화석의 한 층을 이룩함으로 그 종말을 고했을 때 기독교는 이중의 신앙 방법을 취했기 때문에 오늘날까지 존속해 왔다고 볼 수 있다. 물론 기독교의 이중주의는 이스라엘의 종교, 즉 유대교에서 유래한 것이다. 유대교는 제사장을 중심으로 하는 제사 종교이자 예언자의 종교였는데, 그것이 기독교에서도 사회적·역사적 변천에 따라 가톨리시즘과 프로테스탄티즘으로 나타났던 것이다.

제사 종교에 일정한 계보가 있는 것처럼 가톨릭교에도 일정한 질서와 위계가 있다. 그러나 예언자라는 인물이 계보 없이 국가나 종교가 존망지추에 이르렀을 때 홀연히 신의 소명감에 응답해 민중과 기성종교에 대해 경고의 설교를 했던 것과 마찬가지로 프로테스탄트교의 창시자들도 계보 없이 여기저기서 예언자적인 소명감에 입각해 나타나 새로운 종교를 수립했다. 이런 경향이 『신약성서』에도 나타나 있으니 유대교적인 베드로와 예언자적·복음적인 바울Paul의 사상이 각각 가톨릭과 프로테스탄트를 대표한다고 볼 수 있다. 이런 의미에서 보면 기독교에서 가톨리시즘과 프로테스탄티즘은 마치 저울의 물건과 추에 견줄 수 있다. 저울의 생명은 균형과 평균에 있으니 가톨릭과 프로테스탄트는 서로의 장단점을 보완해 기독교는 그 생명을 유지해간다고 볼 수 있다. 사실 사람의 지식은 눈과 귀로 얻어지는 것과 마찬가지로 신앙의 길도 장엄한 광경과 영적인 설교에 따라, 즉 시각과 청각에 따라 유지되어가는 것이다. 그러고 보면 가톨리시즘과 프로테스탄티즘은 기독교에서 불가결의 종파라고 하겠다. 따라서 루터의 종교개혁은 그에 앞선 이른바 여러 이단 운동과 더불어 너무나 무거웠던 가톨리시즘이라는 제사 종교의 비중에 균형을 주기 위한 운동이었다고 볼 수 있다. 그리고 비중의 차이는 가톨리시즘이나 프로테스탄티즘의 우열에 있는 것이 아니고 여러 사회·문화·역사적 조건의 변화에 따라 그 비중이 달라진다. 사회와 역사가 변천하는 동안 기독교는 스스로 부단한 개혁 운동(= 균형 운동)을 일으키게 된다. 그 때문에 우리는 기독교를 영원한 종교개혁의 종교라고 말할 수 있다.

현재 기독교 중 가톨릭적(통일적·구심적·의식적) 견지를 취하고 있는 종파는 로마 가톨릭교 외에 그리스, 발칸반도, 소아시아 등지의 그리스 정교와 북부 아프리카, 이집트, 에티오피아의 콥트교가 가장 오랜 전통을 자랑하고 있다. 루터의 종교개혁 이후에는 가톨릭에서는 프로테스탄트라고 보지만 퓨리턴Puritan적 자유교회의 견지에서는 그 지방의 가톨릭적 종파로 간주되는 독일의 루터교와 영국의 성공회聖公會, Anglicanism가 있다. 지금은 신교의 자유가 보장되어 그런 일이 없지만, 한때 국교로 행세하던 스코틀랜드의 장로교長老敎와 스위스 제네바Geneva의 칼뱅교도 가톨릭적 성격을 띠고 있었다. 원래 루터나 그 밖의 개혁가들은 모두 신의 소명감에 철저한 예언자적 풍모를 갖고 나타나 다원 사회에 적응하는 종파를 건설했다. 하지만 그 것도 세월이 지나가면서 제도화했고 예언자적인 열정도 사라져 고착화되기 시작했다. 그리하여 현대 프로테스탄티즘의 고민은 어떻게 새 시대에 적응하는 종교가 되느냐에 있으며 새로운 열정과 비전이 필요하게 되었다.

자유교회(이단) 운동

교회가 성장하는 동안 차차 정비되고 제도화될 수밖에 없다는 것은 앞서 말한 바와 같다. 이런 과정에서 교회사에서 가장 먼저 개혁을 창도한 사람은 마르키온Marcion이라 할 수 있다. 그는 139년 로마에 갔을 때 이미 기독교가 율법주의로 타락해가는 것을 느꼈다. 기독교가 구약적 신과 유대교를 본받아 제사제로 기울었다고 보았다. 사도 바울만이 복음을 이해했고 그 밖의 사람들은 제종교祭宗敎인 유대교로 전락한 사람들이라고 했다. 복음은『구약성서』의 율법과는 다르고 율법으로 떨어지는 것은 예수의 교훈에서 멀어지는 것이라고 했다. 이런 사상은 사도 바울의 계열이며, 율법주의적이고 유대교적인 사도 베드로(로마교회는 베드로의 사상을 이어받았다)의 계열과 대립하는 것이었다. 루터나 중세 바울주의 사상은 모두 사도 바울의 종교 사상을 흡수한 것이며 교회 개혁 사상의 원리가 되었다. 마르키온은 많은 추종자를 얻었고 마르키온주의를 따르는 새 교회를 세웠다. 즉, 소박한 종교 생활을 주장했고 번거로운 의식을 배격했는데, 시리아나 소아시아 지방에 퍼져 한때는 가톨릭 교회에 위협을 줄 수 있을 정도로 퍼졌다. 5세기에 로마 황제의 칙령으로 탄압을 받고 자취가 없어졌으나 8~9세기에 바울주의로 재흥되었다.

마르키온주의에서 우리가 루터의 개혁 사상과 일치하는 점을 발견한 것처럼 앞으로 나올 개혁자들의 사상에서도 거의 동일한 경향을 발견할 수 있다. 마르키온과 동시대인인 몬타누스Montanus가 주는 교훈도 마찬가지다. 그도 원시기독교의 감독 제도를 주장하고, 로마교회의 관제적·제도적 교회 만능주의를 배격했다. 그는 경건한 신앙생활과 깊은 종교적 체험을 주장하고, 당시 교회가 추구하던 현세적이고 태만한 생활에 반대했다. 사도 시대의 교회처럼 항상 성령이 충만한 성스러운 생활과 금욕적 생활을 강조했다. 또 루터에서 보는 것처럼 만인사제주의萬人司祭主義가 이미 몬타누스에게 있었는데, 그는 평신도도 세례와 성찬식에서 주교나 신부가 될 수 있다고 주장했다. 이것은 종교의식의 신부 독점주의에 대한 반발이었다. 그는 마르키온이나 루터처럼 바울을 위대한 권위자로 보았다.

교회에 대한 로마제국의 핍박이 줄어들면서 도덕적으로 교회의 기강이 해이해졌기 때문에 3세기 중반에 노바티아누스Novatianus(200?~258?)가 도덕적 엄격주의를 주장했다. 250년경 장로 노바티아누스는 로마 주교 선거에서 타락자에 대한 엄격한 규율과 신앙 포기자의 재입교에 반대하고 나섰고, 많은 사람의 지지를 얻어 로마 주교로 당선되었다. 재직하면서 소신껏 일했으나 노바티아누스의 반대자들이 대大종교 회의에서 그를 면직시켰다. 그 뒤 노바티아누스는 고대 교회의 엄숙주의를 강조하고 '순결Catharoi'한 생활을 주장했다. 여기서 나온 '카타로이'라는 말은 뒤에 카타리Cathari 운동에서 다시 나타난다. 이런 기독교의 엄숙·순결주의 운동은 아프리카, 소아시아, 콘스탄티노플Constantinople, 프랑스, 스페인, 시리아 등지에 퍼졌고, 카르타고Carthago에서는 몬타누스파와 연결되었다. 한때 로마에도 거점을 확보했는데 뒤에 차차 그 성격이 변해가면서 7세기까지 동방에서 잔존했다.

기독교는 250년 이후 평화가 지속되는 동안 널리 퍼져갔다. 그러는 동안 분파도 생기고 이설異說도 나타났다. 콘스탄티누스 1세는 그의 통일 정책에 따라 교회도 단일화하려고 313년 밀라노 칙령을 내려 기독교를 공인했다. 콘스탄티누스 1세는 가톨릭식의 교회를 원했는데, 4세기 초 카르타고 주교 도나투스Donatus(?~350)는 교회에 대한 국가의 간섭에 반대하고 자유

교회의 전통을 강조했다. 4세기 말 도나투스파는 북아프리카에 강한 자유 교회를 세웠다. 그러나 성 아우구스티누스가 북아프리카 히포 레기우스 Hippo Regius의 교회 주교가 된 뒤에 도나투스파를 설득하려다가 실패하고, 그다음에는 무력으로 탄압해야 한다고 하며 이단자 박해에 대한 이론적 근거를 제공했다. 그의 이론을 근거로 중세 교회는 이단자를 무자비하게 처벌했다. 이런 일에 대해 아우구스티누스에게 책임이 있는 것은 틀림없으나 그의 명성이 워낙 높았던 관계로 이런 대단한 잘못에 대해 사람들은 주의를 기울이지 않았다. 411년 카르타고 회의에 도나투스파 주교 279명과 가톨릭파 주교 286명이 참석해서 토론한 결과 아우구스티누스가 이겼고, 그다음 해인 412년 대법령을 공포해 도나투스파 교회를 폐쇄하고 집회 금지, 교도의 시민권 박탈, 고액의 벌금 부과 등으로 박해를 가했다. 가톨릭의 박해가 가장 심했던 곳이 바로 도나투스의 자유교회였다. 그 뒤 반달족의 침입으로 북아프리카 교회는 혼란에 빠졌고 다시 이슬람 세력에 점령당하는 신세가 되었다.

그 뒤에 로마제국의 국교가 된 가톨릭 교회는 차차 기독교를 독점하게 되었다. 특히 로마 주교 중 레오 1세Leo I(大레오, 재위 440~461)와 그레고리우스 1세Gregorius I(大그레고리우스, 재위 590~604)는 각각 초기 로마의 주교를 교황의 지위에 올리는 동시에 로마교회의 세력을 유럽 대륙에 확대시켰다. 시간이 흘러 게르만족의 이교도가 서구 전체를 점령하자 로마교회는 그들의 교화를 담당하게 되었다. 더구나 476년 로마제국이 몰락한 뒤 로마교회는 서구의 유일한 주권자이자 통일의 상징이 되었다. 기독교는 이때부터 아래에서가 아니라 위에서부터 퍼져가게 되었고, 이로써 교회는 더욱 방약무인傍若無人한 권위주의로 흘러갔다. 즉, 로마 제정 초기에는 기독교가 맨 하층 사회에서 상층 사회로 퍼져가 마침내 로마의 국교가 되었는데, 국교가 된 뒤부터 기독교는 왕후장상을 먼저 개종시키고, 그다음으로 신하들과 백성들을 강압적으로 개종시키는 방법을 취해 자의가 아니라 타의로 종교를 믿게 되었다. 그리고 교회에 대한 일반 신도들의 기부와 군주들의 보호는 교회의 권위를 더욱 높였을 뿐만 아니라 현실 생활이 부유하고 평안하게 되어 교회는 더욱 세속화의 길을 걷게 되었다. 그리고 교리를 독점하고 조금이라도 이설이 생기면 용서 없이 탄압했다.

8세기 무렵 소아시아에서는 바울주의 운동이 강하게 일어났다. 바울주의는 앞서의 마르키온주의의 부활이라고도 할 수 있는데, 사도 바울의 교훈을 따르자는 운동이었다. 그들은 거룩한 생활을 강조하고 이른바 명목상의 교도와 의식적 교회를 배격했다. 성직 제도를 반대하고 의식도 간소화하며 형식보다 내적인 생활을 강조했다. 십자가, 교회당, 성직 수여, 미사 등을 반대하고 스스로 소박한 기독교도임을 자처했다. 이 운동이 동로마 제국의 수도 콘스탄티노플까지 퍼지는 바람에 동로마 제국 황제는 이를 탄압했고, 그 뒤 바울주의 사상은 발칸반도를 거쳐 10세기에는 불가리아까지 퍼졌다.

날이 갈수록 로마교회가 도덕적·종교적으로 타락해가자 11세기에 카타리 운동이 일어났다. 이 운동의 목적은 교회를 정화하는 데 있었다. 그노시스교Gnosticism와 마니교Manichaeism의 이원주의 사상에 근거하고, 선악은 정신과 물질에 각각 근거한다고 여기며, 악의 근거인 물욕을 버리고, 가정을 떠나 전도와 경건한 생활을 강조하고, 순결한 생활을 주장했다. 카타리 운동에서 설교와 기도는 최고의 무기였다. 그들은 눈에 보이는 미사보다 영적인 세례를 유일한 성례전으로 간주하고, 인간 생활에서 정신적인 면을 강조했다. 그들은 또한 『성서』를 신앙의 근거로 삼아 이를 번역해 설교에 이용했다. 구약은 악의 힘에서 나온 것이라고 생각해 배격했으나 「시편」

과「예언서」는 높이 평가했다. 신약만이 선신善神으로부터 계시된 것이고, 그리스도는 진정한 육신을 가질 수 없는 존재였기 때문에 십자가 위에서 죽을 수 없었고, 따라서 모든 악의 근거가 되는 십자가상 성례전, 교회 건물과 장식 등은 필요 없는 것이라고 주장했다.『성서』중에「요한복음」이 가장 영적이라고 보았다. 신자는 선인perfecti(지도자) 앞에 무릎을 꿇고, 선인은 축복한다. 이런 의식에서는 오직 주기도문이 사용된다. 카타리 운동은 널리 퍼져 한때 서구인의 3분의 2가 이 세력에 속해 있었다고 한다.

로마교회의 박해는 심했다. 또한 프랑스 남부 지방에 대해 정치적 야심을 품은 프랑스 제후들은 1209년부터 1229년까지 20년간 알비파Albigenses를 토벌했다. 알비파라는 이름은 카타리 운동이 프랑스의 알비Albi 시에서 교세가 강했기 때문에 붙여진 명칭이다. 알비파는 종교재판과 철저한 탄압 속에 몰락하고 말았다.

하지만 카타리 또는 알비파의 개혁 운동은 교회 개혁 운동으로 가는 길을 닦기 시작했다. 개혁의 근거는『성서』에 두었으며 카타리와 동시대에 일어난 프랑스 남부의 발데스파Waldenses도『성서』를 신앙과 행동의 유일한 근거로 삼았다. 발데스파는 프랑스 리옹Lyon의 거상 페트루스 발데스Petrus Valdes가 1170년 무렵 설교를 시작하며 형성되었다. 그는 자기 재산을 모두 빈민을 구제하는 데 사용했고, 금욕적인 생활을 강조하며 각지를 순회했다.『성서』연구를 역설하고 번역하면서 주석도 달았다.『성서』중에서도 산상수훈山上垂訓을 신앙생활의 기준으로 삼았다. 우리는 여기서 종교개혁의 본격적인 운동이 시작되었다고도 보는데, 루터의 개혁 원리가『성서』였던 것이 이미 카타리 운동이나 발데스파의 활동에 나타나 있기 때문이다. 성서 중심주의야말로 모든 개혁자들의 창이자 방패였다.『성서』가 특히 프랑스 남부에서 널리 읽혔던 것은 이 지방이 고대로부터 소아시아[특히 갈라티아(Galatia)] 지방과 통상 관계를 맺어 당대까지 내려왔는데 그 무역로를 통해『성서』의 사본이 입수되었기 때문이다. 발데스파의 운동은 프랑스, 독일, 이탈리아로 널리 퍼져, 1211년부터 1214년 사이에 독일과 프랑스에서는 발데스파의 화형이 잇따랐으며 이탈리아에서도 순교자가 나왔다. 박해를 피하려 알프스Alps 산속으로 도피한 신자도 많았다. 독일에는 15세기 말까지, 이탈리아에는 16세기 초까지 잔존해 있었으나, 뒤에 칼뱅의 영향을 받아 발데스파의 성격도 초기와는 많이 변질되어 칼뱅파의 일부가 되었다. 베스틴에 따르면 이탈리아에는 오늘날에도 남아 있어 12세기 발데스파의 성격을 간직한 프로테스탄트 자유교회의 조직이 있다고 한다.

위클리프와 후스

그런데 14세기부터 새로운 국민적 감정이 싹트기 시작했다. 이보다 앞서 13세기부터는 게르만법이 대인법對人法에서 대지법對地法으로 바뀌게 되면서 군주는 게르만족의 왕에서 그 영토의 왕으로 변화했다. 그리하여 동일한 영토에서 군주를 중심으로 국민적 감정이 생겨나기 시작했다. 이미 영국에서는 1245년 링컨Lincoln 교회의 주교이자 옥스퍼드 대학의 총장이었던 로버트 그로스테스트Robert Grossetest(1175?~1253) 등이 교황 사절단 배척 운동을 일으켰다. 그것은 영국 교회에 대한 교황의 간섭을 배격하는 운동이었다. 프랑스에서도 국왕 필리프 4세Philippe IV(재위 1285~1314)가 교황과 과세권을 두고 싸웠고, 마침내 로마 교황청을 프랑스 남부의 아비뇽Avignon으로 옮겨 자신의 꼭두각시 교황으로 만든 아비뇽 유수(1309~1377)까지 일어났다. 사실 각국 교회로부터 거두어들이는 돈이 로마로 유출되는 데 모든 사람들은 종교적인 감정과 함께 국민적인 감정으로 못마땅하게 여겼다. 이런 감정은 다음에 나올 위클리프, 후스, 루터, 영국 성공회, 스코틀랜드 장로교 등의 개혁 종교에 충분히 포함되어 있었다. 이런 감정이 루터 시대에 무르익었고, 마침 주변 정세도 많이 변한 것이 루터의 종교개혁을 가능하게 했다고 볼 수 있다. 위클리프 시대는 교황청이 프랑스 아비뇽에 유폐되어 있었고, 또 영국과 프랑스가 백년전쟁(1337~1453)을 치르고 있던 때라 영국 교회로부터 교황청에 유출되는 돈은 프랑스 왕의 군자금으로 융통되어 영국과 싸우는 데 충당되고 있었을 것이므로 프랑스나 교황청에 대한 영국인의 감정은 더욱 좋지 않았다. 더구나 국민감정이 높아진 것은 위클리프 시대는 영문학 역사상 제프리 초서Geoffrey Chaucer(1342?~1400) 시대에 해당하는데, 그때부터 영어로 글을 쓰기 시작한 데서 연유한다. 위클리프의 영어판『성서』나 초서의『캔터베리 이야기The Canterbury Tales』는 영어 문장의 시작이라고도 할 수 있다. 이런 관계로 위클리프의 종교개혁 운동에는 국민적 감정과 국가적 관심이 짙게 배어 있었음을 알 수 있다. 더구나 이 시대에는 영국 교회에서도 반反교황 운동과 함께 반反성직자 운동Anti-Clerical Movement이 일어나 교회의 적폐에 대해 구체적 개혁을 시작한 때였기에 국가의 힘을 빌려서라도 교회를 개혁해야 한다는 생각이 일어났다.

위클리프는 옥스퍼드 대학 출신이며 또한 교수로서 프란체스코 교단의 일원이었다. 대학에서 연구하기 위해서 교회가 지급하던 봉록을 거절하고 1361년부터 1382년까지 학교에서 강의와 연구를 계속하던 그는 교황 사절과 협의하기 위해 유럽 대륙에 대표자로 건너간 적도 있었다. 그는 신학상으로나 실제상으로 누구보다도 교회의 적폐를 깊이 통찰했다. 위클리프는 '종교개혁의 샛별明星'이자 '복음주의 박사'로서 루터의 개혁 정신에 모범이 되었다.

위클리프는 여러 면에서 근대적인 사고방식을 보여주었다. 그는 옥스퍼드 대학 학생들에게 이신칭의以信得義, Justification by faith(그리스도를 향한 믿음을 통해 의인의 신분을 얻는 것)를 가르쳤으며, 「성서의 진리on the Truth of Holy Scripture」라는 글에서는 『성서』만이 모든 신앙의 근거가 되고 구원과 교리도 모두 그 안에 있다고 했다. 교리의 진부를 가릴 수 있는 원칙은 『성서』뿐이고, 교회의 모든 악은 『성서』를 무시한 데서 생긴다고 했다. 설교자는 『성서』를 연구하고 그 진리를 전파해야 한다. 위클리프는 '청빈한 교역자'를 전국에 보내 전도하게 했다. 그리고 『구약성서』와 『신약성서』도 처음으로 영어로 번역했다. 전부가 그의 손으로 번역한 것은 아니나 『신약성서』는 거의 그가 직접 번역한 것으로 많은 사람들에게 읽혔으며, 그 원본 170편이 오늘날에도 보존되어 있다.

위클리프는 신자에 대해서도 루터에 앞서 만인사제주의를 주장하고 믿음에 따라 평신도라도 영적 양식을 교도들에게 줄 수 있는 권능을 받을 수 있다고 했다. 그러나 성직자는 교황 이하 신부에 이르기까지 죄가 되는 생활을 하고 있는 한 그런 권능을 가질 수 없으며, 죄가 있는 신부로부터 참회식을 받는 것은 우스운 일이고, 하물며 그들에게서 파문破門당하는 것은 희극이라고 했다. 그러니까 성직자의 생활은 청빈해야 했다. 또한 하나님 앞에서는 만민이 평등하고 인간과 신의 중간적 존재는 필요 없다고 하며, 루터에게서 보게 되는 것처럼 개인과 신의 직접적 영교를 주장했다.

위클리프는 『교회론De Ecclesia』에서 신자는 신의 예정된 자이고 교회는 그리스도의 몸이라 했고, 교회의 머리는 그리스도 외에 아무도 없다고 했다. 또 '면죄부'에 대해서도, 사람은 누구나 하나님의 은총으로 의로움을 얻게 되는 것이며 자기 공로로 되는 것은 아니라고 했다. 교황청의 면죄부처럼 돈으로 면죄되거나 의로움을 살 수는 없으며 하나님만이 죄를 사해줄 수 있고 자신의 고행으로 얻어지는 것은 아니라고 했다. 이런 사상이 바로 루터의 사상이기도 했다.

권위에 대해서도 위클리프는 그것이 종교적이든 세속적이든 간에 하나님의 은총 안에서 권위가 있는 것이지 은총이 없으면 그런 권위는 무가치한 것이라고 하면서, 군주나 교황의 절대 권위를 배격했다. 이로써 위클리프는 군주나 교황으로부터 위험인물로 지목되었다. 위클리프는 당시 교회의 세속적 권위를 배격하고 교회 내부의 개혁을 주장해 그런 개혁을 위해 국가의 힘이 필요하다고 했다. 그리고 교회에 바치는 재산에 대해서도 국가가 통제해야 한다고 주장했다.

이상과 같은 위클리프의 개혁 사상을 따르는 사람을 롤라즈Lollards라고 하는데, 가라지라는 뜻이다. "사람들이 잘 때에 그 원수가 와서 곡식 가운데 가라지를 덧뿌리고 갔다"라는 「마태복음」 13장 25절에 나오는 말이다. 그들도 위클리프처럼 『성서』가 유일한 신앙의 근거이고, 화체설化體說과 교회의 세속권을 반대했고 특히 성상 숭배를 공격했다. 이 운동은 런던London, 옥스퍼드Oxford, 브리스톨Bristol, 동앵글리아East Angleia 지방에 퍼졌고, 종교개혁 시대에 이르기까지 그 추종자들은 화형을 당했다. 때로는 탄압에 맞서 반란도 일으켰고, 지하에서 운동을 지속하기도 했다. 그리하여 16세기 영국에서 종교개혁이 가능해질 수 있는 분위기를 만들어주었고, 그들의 운동으로 새로운 신앙의 길이 있다는 것을 사람들에게 일깨워주었다. 이 운동은 뒤에 보헤미아Bohemia(현재의 체코 서부)의 프라하 대학으로 전파되었는데, 그것은 영국 왕 리처드 2세Richard II(재위 1377~1399)의 왕비가 보헤미아의 왕녀 앤Anne이었기에 당시 보헤미아 학생들이 옥스퍼드 대학으로 많이 유학을 오게 되었고 자연히 위클리프의 운동에 동조하게 되었기 때문이다.

위클리프 운동은 근대적이고 합리적인 교회 개혁 운동이었으나 그것이 보헤미아로 전파된 뒤에는 독일인과 체코인 간의 민족적 대립으로 번졌다.

프라하 대학은 신성로마제국에서 가장 오래된(1346년 창립) 대학이었으므로 체코 학생 외에 독일이나 폴란드 학생들도 유학하고 있었는데, 그중 특히 독일 학생들과 체코 학생들 간의 알력이 자주 발생했다. 이런 환경에서 위클리프 사상이 전해지자 후스는 프라하 대학에서 이 사상을 전파했다. 후스도 위클리프처럼 성서주의Bibliolatry자였으며, 교회는 예정된 자들의 집단이고 교회의 머리는 그리스도라고 주장했다. 후스의 추종자는 증가했다. 체코 학생들은 후스를 지지했고 독일 학생들은 반대했다. 이 개혁 운동을 놓고 두 민족은 대립했고 급기야 보헤미아 민족주의 운동으로까지 발전했다. 후스는 콘스탄츠Konstanz 공의회(1414~1418)에서 이단으로 규정되고 1415년 화형당했으나 그의 추종자들은 비밀결사를 조직하고, 반反로마교회적인 퓨리턴적 비합작 노선을 끝끝내 지켜나갔다. 보헤미아 교회는 모두가 교황에 항거했고 1467년에는 형제단unitas fratrum을 결성하면서 독자적인 길로 나아갔다. 위클리프의 영향을 받은 페트르 헬치츠키Petr Chelčický(1390~1460)는 형제단을 조직하는 데 공로가 컸고, 그 뒤에 루카시 프라주스키Lukáš Pražský (1460~1528)라는 위대한 지도자가 나타나 후스의 사상을 계승했다. 루카스는 성찬식에 대한 이 형제단의 교리를 루터에게 가르쳤고 루터 시대의 다른 개혁가들도 후스파와 접촉하려고 했다. 그리고 1521년 이 형제단의 한 사람인 미하엘 바이스Michael Weiss(1480~1534)는 독일의 종교개혁가들을 찾아가 그들의 교리문답집을 전하기도 했다. 이 형제단의 청빈과 평신도의 정의 및 평화주의 주장은 많은 공명자共鳴者를 얻었고, 경건한 생활과 엄숙한 신앙을 강조해 종교와 교회의 청결을 도모했다. 루터가 이 형제단으로부터 영향을 받았던 것은 두말할 필요도 없다. 먼 훗날의 일이지만 니콜라우스 친첸도르프Nicolaus Zinzendorf(1700~1760)의 '모라비아 교도'도 이 형제단의 부활이었다.

이상으로 고착화되어가는 교회에 대해 개혁을 시도한 많은 개혁가를 대강 살펴보았다. 그들 간의 공통점은 자유주의 신앙, 사도 바울에 대한 존경, 율법의 배격, 소박한 생활을 강조, 의식보다 복음을 강조, 도덕적 엄숙주의, 성찬식보다 그 정신을 강조, 『성서』의 중시, 국민적 감정 등을 들 수 있다. 그런 공통적 정신이 루터 시대에 와서 성공한 것은 객관적 상황이 그것을 받아들일 수 있도록 성숙한 데 한 원인이 있다고 하겠다. 말하자면 위클리프가 불을 질러놓았고, 후스가 여기에 새로 석탄을 집어넣은 격이며, 루터는 개혁의 불길을 사방으로 뒤흔들어놓았다고 할 수 있다. 그러므로 아돌프 하르나크Adolf Harnack(1851~1930)가 말한 것처럼 프로테스탄티즘은 과거의 개혁 운동의 연속이었고, 루터는 개혁의 길을 여러 갈래로 터놓은 사람이었다. 종교개혁은 일시적으로 일어난 현상이 아니라 앞으로도 계속해서 일어나게 되어 있다. 그것이 기독교가 시공을 달리하면서도 존재할 수 있게 하는 바탕인 것이다.

교회의 세속화

앞서 우리는 기독교를 영원한 개혁의 종교라 했다. 초대교회 시대부터 한편으로 제도화해가는 동시에 다른 한편으로는 그 제도화한 교회에 항의하며 개혁을 주장하는 운동(이른바 이단 운동)이 병행되어왔다는 것도 말했다. 이제 루터 시대에 이르러 종교개혁은 중대한 의미를 띠고 역사의 지평선 위에 나타났다. 역사적으로 보면 루터의 개혁 운동도 앞서의 개혁 운동의 한 부분으로 볼 수 있겠으나, 루터의 개혁은 매우 큰 근대사적 계기를 포함하고 있기 때문에 좀 더 높이 평가된다. 과연 로마교회는 근대사에 역행하는 요소를 많이 지녀, 종교로서 개혁될 수밖에 없도록 영적인 고갈 상태에 빠져 있던 것인가? 루터의 개혁 운동을 부각시키기 위해 로마교회와 교황

제도Papacy에 대해 좀 더 구체적인 설명이 필요하다고 본다.

로마의 성 베드로San Pietro in Vaticano 대성당의 대大돔에는 "너는 베드로다 TV ES PETRVS"라는 글이 새겨져 있어 누구나 볼 수 있다. 그것은 로마교회가 사도 베드로(반석이라는 의미) 위에 세워졌다는 뜻이다. 베드로는 예수의 수제 자이며 예수는 그에게 천국의 열쇠를 맡겼다고 하니, 이로써 로마교회는 다른 어느 교회보다 우위에 있으며, 로마교회의 주교는 베드로의 법통을 이어받은 사람이니 지상에서 그리스도의 유일한 대리자인 셈이다. 여기서 부터 로마교회는 기독교를 독점하기 시작했다.

베드로가 로마에 처음 교회를 세웠느냐에 대해서는 아무런 증거가 없 다. 마가Mark나 누가Luke가 기록한 복음서에도 로마에 교회가 세워졌다는 이야기가 없고 「사도행전」에도 없다. 사도 바울의 「로마서」에 54~55년 무렵의 기록이 있으니 그때쯤일 것이나 누가 세웠는지는 문서에 없다. 문 제는 그 사실의 진부眞否보다 세웠다는 사실을(5세기 히에로니무스의 문서에 베드로 가 로마에서 죽었다는 기록이 있다) 믿었다는 것 자체에 의미가 있다. 이 믿음에서 로마교회는 다른 교회에 비해 권위를 가지게 된다. 그러나 이것은 관념상 의 문제이며, 이에 더해 그런 관념을 뒷받침해주는 유력한 역사적 사실이 차례차례 나타나 그것들이 교황 제도를 뒷받침해주었다.

원래 초대교회는 326년의 니케아Nicaea 공의회 때 예루살렘, 카이사레아 Caesarea, 알렉산드리아Alexandria, 안디옥, 콘스탄티노플, 로마의 6대 관구가 있어 각각 그 부근의 지방 교회를 다스렸다. 그 뒤 카이사레아 관구가 없어 지면서 나머지 5대 관구가 각각 지방 교회를 다스렸다. 그리고 381년 콘 스탄티노플 공의회 때 로마는 처음으로 다른 관구와 동격이 되었고 451년 칼케돈Chalcedon 공의회 때가 되자 비로소 신新로마는 옛 로마의 수위권首位權 을 향유하게 되었다. 이렇게 될 수 있었던 것은 로마의 주교 레오 1세가 해당 회의를 소집하고 베드로의 우위론을 내세워 비로소 로마 주교의 지위가 향상된 것이었다. 그리하여 455년에 황제 발렌티니아누스 3세Valentinianus III(재위 425~455)는 칙령을 내려 모든 서방 교회의 주교는 로마의 주교, 즉 로마 교황에게 복종하라고 했다.

로마교회의 주교가 로마교회 또는 가톨릭 교회의 교황이 된 데는 베드로의 전통보다 다른 이유가 있다. 즉, 레오 1세는 훈족의 왕 아틸라Attila와 담판해 로마를 방어했으며 그레고리우스 1세의 서구 게르만족의 개종 사업, 이슬람교도들이 콘스탄티노플 교회를 제외하고 관구 교회(아시아, 아프리카)를 모조리 파괴했다는 것 등으로 자연히 로마의 교회가 상대적으로 향상된 지위를 얻게 되었고, 그 주교(감독)가 로마교회의 교황이 되게 했다. 베드로의 후광 없이도 유능한 교황이 로마에 있는 교회에서 많이 나와 그들의 무거운 발언이 공의회 때마다 지도적 역할을 했던 것이 교황 제도의 근본적 밑받침이 되었다고 할 수 있다. 물론 콘스탄티노플 교회는 이를 인정하지 않았고 오히려 교회 통치에서 로마교회와 서로 우위를 다투고 있었다. 그러나 동서 교회가 1054년에 분열한 뒤 서방의 모든 교회에 대한 로마 교황의 지위는 굳어졌고(그러므로 루터는 교황 제도의 역사는 400년 정도라고 했다), 1453년 이슬람 세력이 콘스탄티노플 교회를 점령하자 로마교회와 교황은 명실공히 그리스도 교회의 대표자가 되었다. 하나의 로마 가톨릭 교회가 서방에서 완전히 성립되었던 것이다. 그러나 이것은 중세 봉건적 단일 사회에 적합한 단일 교회였고, 다원 사회에는 적용되지 못하는 교회였다. 그리하여 로마교회(가톨릭 교회)는 발전하는 사회에 역행하는 교회가 되고 말았으니 문제는 교회가 다원화 사회를 억제할 수 있느냐, 그렇지 않으면 사회가 교회를 다원화시켜야 하느냐에 있었다.

로마교회는 로마를 비롯해 그 주변에 막대한 토지 재산이 있었는데, 그것에 대한 문서상의 근거가 앞서 말한 「콘스탄티누스의 기진장」이다. 뒤에 발라가 이 문서가 위서인 것을 밝혀냈다는 이야기는 앞서 말했다. 그때까지 교황은 로마의 정치적 통치권을 주장하면서 세속사에 깊이 관여하고 있었다. 이리하여 교황이 이탈리아 전역에 대한 현실적 지배권을 주장해왔던 것이다. 이런 세속적 관심은 교황청의 종교적 열정을 소멸시켰고 성직자의 영적 생활에 커다란 유혹이 되었다. 여기서 성직자들의 도덕적 타락이 비롯되었고, 그것이 또한 종교개혁의 한 목표가 되었다.

교황 제도의 확립에서 가장 공헌이 컸던 사람은 레오 1세, 그레고리우스 1세, 그레고리우스 7세Gregorius VII (재위 1073~1085), 인노켄티우스 3세Innocentius III (재위 1198~1216)라고 할 수 있다. 레오 1세는 교황권을 확립했고, 그레고리우스 1세는 서구 게르만족 세계를 개종시켰으며, 그레고리우스 7세와 인노켄티우스 3세는 교황권을 제도화했고 교황의 권한이 군주보다 우위에 있음을 실증한 사람들이었다. 말하자면 그레고리우스 7세에서 인노켄티우스 3세에 이르는 시대는 교황권과 로마교회의 절정기였다고 하겠다. 레오 1세와 그레고리우스 1세는 로마교회가 서구 사회에 깊이 뿌리박게 했는데, 이제 그레고리우스 7세와 인노켄티우스 3세는 서구 제국을 지배하고 통제하는 데 성공했다. 이 시기에 로마교회는 실질적으로 천하를 호령했다. 로마교회의 타락이나 부패는 여기서부터 시작되는 것이며 신앙보다는 세속화의 길로 줄달음치게 되었다. 천하에 로마 교황 이상의 권력을 가진 자가 없었으니 교황은 로마교회를 통해 많은 독선적 처사를 저지르게 되었다. 교황과 교회는 인민(사회)의 편에 서서 정의의 대변자가 되고 군주(국가)의 횡포를 막아야 했는데 되레 세속적 관심으로 신앙의 길을 어지럽혔다. 이제 우리는 그레고리우스 7세의 정책에서 교황과 교회가 어떤 방향으로 나갔는지를 더듬어보아야 할 것이다.

그레고리우스 7세는 원래 로마 명문가의 후예이며 이재에 밝고 정치적 역량이 풍부했던 중세 위인 중 한 사람이다. 그가 교황에 당선된 뒤 로마 교황의 종교적·정치적 의의에 대해 다음과 같은 교서를 내렸다.

우선 교회에서 교황의 권한은 절대적임을 선언했다.
① 로마 교황만이 정히 세계적이다.
② 교황만이 주교를 임면할 수 있다.
③ 교황이 파문한 사람과 같이 있어서는 안 된다.
④ 교황만이 때에 따라 신법을 제정할 수 있고, 새로운 회의를 소집할 수 있다.
⑤ 교황이 임명한 성직자는 다른 사람의 명령으로 움직여서는 안 된다.
⑥ 누구나 교황의 명령을 취소할 수 없다.
⑦ 공의회를 소집하지 않고도 교황은 주교를 임면할 수 있다.
⑧ 교황의 공적 승인이 있기까지 어느 서책이나 권위를 갖지 못한다.
⑨ 교황이 황좌Ex cathedra에서 말할 때는 오류가 없다.

다음은 정치적 성격을 띤 내용이다.
① 교황만이 제권帝權의 기장記章을 사용한다.
② 교황만이 그의 발에 제후들의 키스를 받을 수 있다.
③ 교황의 존칭은 유일무비唯一無比다.
④ 교황은 황제를 파면할 수 있다.
⑤ 교황을 재판할 자는 없다.
⑥ 교황청에 호소하는 사람은 누구나 정죄할 수 없다.
⑦ 교황은 폭군에 대한 충성에서 그 백성들을 해제할 수 있다.

이러고 보면 천하의 제일인자는 교황이요 제왕도 어쩔 수 없이 이 앞에 자복雌伏해야 하는 것이었다. 그리하여 그레고리우스 7세는 영국의 정복왕 윌리엄 1세William I(재위 1066~1087)를 지도하려고 시도했고, 신성로마제국의 하인리히 4세Heinrich IV(재위 1057~1106)를 파문함으로써 일시적으로 황제를 굴복시키기도 했다. 그리고 추기경 제도를 만들어 교황의 선거권을 황제로부터 빼앗았다. 그것은 오토 1세Otto I(오토 대제, 재위 936~973) 이후 신성로마제국의 황제들은 자신의 의중에 있는 인물이 교황이 되게 했는데, 그레고리우스 7세는 교황의 독립권을 세운 것이다. 이리하여 교황당과 황제당이 생겨 서로 싸우게 되었다. 그레고리우스 7세는 또한 교황사절단을 만들어 교황의 교서와 서신을 제왕과 교회에 전달하게 했는데, 이때부터 교황청의 대사 제도가 생겼다. 대사는 교황의 파문권을 갖고 있었다.

그레고리우스 7세가 강화한 교황의 권위는 인노켄티우스 3세에 이르러 절정기에 달했다. 인노켄티우스 3세는 이탈리아 태생이나, 파리 대학에서 철학과 신학을 공부하고 볼로냐 대학에서 교회법과 로마법을 공부한 정치적으로 유능한 교황이었다. 그는 1215년 영국의 왕 존John(재위 1199~1216)을 굴복시켜 전 영국에 대한 통치권을 쥐었고, 프랑스 필리프 2세Philip II(재위 1180~1223)가 덴마크 여왕과 혼사를 취소하도록 했으며, 제4차 십자군을 일으켜 콘스탄티노플을 함락하고 거기에 라틴 제국을 세웠고, 황제 오토 4세 Otto IV(재위 1209~1215)에 항거하는 슈바벤Schwaben 지방을 지지했으며 오토 4세를 파문해 퇴위시켰다.

인노켄티우스 3세는 제4차 라테란Lateran 공의회를 개최하고 70명의 총대주교와 대주교, 400명의 주교, 800명의 수도원장과 부원장, 기타 서구 각국의 왕과 도시 대표자를 참가시켰다. 이 회의에서 성찬의 화체설을 교리로 정하고, 신자는 1년에 한 번씩 자기 죄를 고백해야 하며, 부활주일에는 성찬식에 참여해야 한다고 했다. 여기서 미사의 권위가 생겼다.

이 시기에 성찬식이 강화되었고, 의식을 거행해주지 않는 정지停止와 파문의 위세가 극심해졌다. 가령 1208년 영국은 국가 전체가 정지하에 있기도 했다. 교회법이 강화되어 결혼, 상속, 이혼, 유언 등을 관할하게 되었고, 따라서 교회 법정은 독립적으로 운영되었으며 성직자의 특권은 이만저만한 것이 아니었다. 이렇게 법적 개념으로 교황청이 되고 보니 교황청은 초신정국가超神政國家가 되고 말았다. 신은 살아 있는 역사 속이 아니라 고착화된 의식 속에 갇혀 있게 되었다. 그 의식을 집행할 수 있는 사람만이 신을 독점하고 신의 후광을 빌려 사람들의 정신과 영혼을 좌우했다. 신에 대한 자유스러운 직접적인 신앙은 의식과 중보자仲保者 예수 그리스도에 의해 제한된 간접적인 신앙으로 떨어지고 말았다. 이런 때에 불량한 교황, 주교, 신부가 나타날 경우 교회와 신앙은 여지없이 타락하게 마련이다.

사실 인노켄티우스 3세처럼 성聖·속俗 양쪽에 군림할 수 있는 유능한 교황이 계속해서 나타났다면 몰라도 그렇지 못한 경우에는 교황청의 권위는 무너질 수밖에 없다. 교황청의 위신이 결정적으로 추락하게 된 것은 교황의 아비뇽 유수와 물욕 때문이었다. 교회나 성직자의 모든 도덕적 타락은 여기에 근원하고 있었다. 이제 교황이 프랑스 왕의 꼭두각시 교황이 되고 말았으니 위신은 땅에 떨어졌고 한번 떨어진 위신은 걷잡을 수 없는 상태에까지 이르고 말았다. 이때부터 교황청의 물욕은 날로 극심해졌다. 교황으로서 할 일이란 돈을 긁어모으는 일밖에 없었다. 로마를 비롯한 교황령을 잃고 프랑스 남부의 한 모퉁이에 유폐되고 말았으니 교황 요한 22세 Joannes XXII(재위 1316~1334)는 재정 문제를 해결하기 위해 새로운 과세를 창안했다. 제왕들 중에는 교황에 항거하는 경우도 있었으나, 로마교회 안에서 교황의 권한은 절대적이었으며 교회 성직자에게는 교황을 누를 아무런 힘이 없었다. 그리하여 교황은 교회에서 돈을 거두어들일 때 어떤 명목이나 명분을 고심할 필요가 없었다.

우선 인노켄티우스 3세는 십자군 비용에 충당하기 위해 전 교회에 과세했다. 서구의 각 교회에서 바친 막대한 돈이 교황청으로 흘러들어 갔다. 교황은 돈에 대한 욕심을 더 강하게 가지게 되어 탐욕은 논의 잡초처럼 그저 자랄 뿐이었다. 성직자의 취임 첫 1년간의 봉급은 교황청으로 들어갔다. 요한 22세는 여기에 더해 승진금昇進金을 만들었다. 높은 성직자가 죽으면 차례로 한 계급씩 직위가 올라가게 되는데, 그렇게 승진한 뒤에 1년간의 봉급은 교황청 재무부로 들어가게 했다. 추천, 회개, 면죄부 등 가지각색의 세금 종목은 요한 22세 때인 1331년에 415종이나 되었다. 그리하여 연간 수입이 당시로서는 엄청난 22만 8000플로린이 되었고, 14세기 중반에는 33만 5000플로린으로 증가했다. 당시 위클리프가 아비뇽을 방문하고 나서 "소돔과 고모라"라고 야유한 정황을 알 수 있다.

이런 상태에서 벗어나기 위해 여러 차례 공의회가 열렸다. 그중에 콘스탄츠 공의회는 파리, 옥스퍼드, 프라하 등의 대학교수들의 총의에 따라 교회 혁신을 위해 열렸는데 거기에 참집한 제후 기사가 2만 1783명, 교회 지도자가 947명, 37개 대학의 교수가 2000명, 그 밖에 이 회의를 구경하기 위해 콘스탄츠로 몰려온 인원을 포함해 전부 7만 2000명이나 되었다. 후스를 이단으로 규탄하는 한편, 세 명의 교황을 모조리 제거하고 새 교황으로 마르티누스 5세Martinus V(재위 1417~1431)를 선출해 교황을 일원화했다. 그때 세 교황 중 하나인 피사Pisa계 요한 23세Joannes XXIII(재위1410~1415)는 신분이 해적이었다는 것이 밝혀졌고, 도망치다가 잡혀 감옥에 갇혔다가 면직되었다. 이 회의는 교회의 적폐를 개혁하지는 못했으나 교회의 문제는 공의회에서 결정할 것을 결의했다. 다음의 1431년 바젤 공의회에서는 교황권을 제한하는 법규를 통과시켰고 교황청의 물욕을 억제하는 법을 설정했으나 뒤에 교황은 이 모든 결정을 무시하고, 교황이 공의회도 거부할 수 있도록 교서를 내려서 교황청의 타락은 일증월가日增月加해 그 시정을 기약할 수 없게 되었다.

로마 교황의 타락은 르네상스 교황으로 알려져 있던 니콜라우스 5세Nicolaus V(재위 1447~1455)에서 시작해 레오 10세에 이르러 절정에 달했다. 교황청의 세속화는 르네상스의 영향이 컸다. 니콜라우스 5세는 바티칸을 신축하고 많은 방을 만들었으며 있는 힘을 다해 로마를 호화롭게 만들면서 "눈에 보이는 위대한 것을 통해 신앙의 약점은 강화된다"라고까지 말했다. 다음 칼리스투스 3세Calixtus III(재위 1455~1458)와 비오 2세Pius II(재위 1458~1464)부터 교황청은 사양길을 달리기 시작했다. 비오 2세는 황제의 비서였으므로 교황의 자격조차 없었던 인물이고, 그다음 교황인 바오로 2세Paulus II(재위 1464~1471)는 베네치아의 탐욕스러운 상인이자 이기주의자였으며 세속 추구자였다. 비인도적인 그는 커다란 수박 두 개를 먹고 졸도해 죽은 것이 그의 생애에서 절정이라고 할 만한 일이었다. 다음 교황 식스투스 4세Sixtus IV(재위 1471~1484)는 메디치가의 로렌초Lorenzo(1449~1492) 암살 음모에 가담하기도 했고, 스페인의 유대인들을 종교재판에 걸어 박해하는 것을 승인하기도 했다. 그때 유대인은 노인·청년·아이 할 것 없이 수백 명이 살해되었고 남은 자는 다른 곳으로 이주하지도 못하게 되었다. 이런 타락이 알렉상드르 6세Alexander VI(재위 1492~1503)에서 레오 10세에 이르러 절정에 달했다. 알렉상드르 6세는 뇌물로 교황에 당선된 인물이다. 그는 교황의 세속권을 강화했으며, 다음 교황 율리오 2세는 교황보다 정치인이나 군 지휘관에 더 적합한 인물로 직접 군대를 거느리고 로마로 진군하기도 했다. 다음 레오 10세는 종교보다는 이교의 문화인 헬라, 로마 문학의 부흥에 관심이 더 많았던 인물이다. 레오 10세는 "하나님이 우리에게 주신 이상 우리는 교황권을 한껏 누리자"라고까지 말했다고 한다. 그의 생애는 지극히 화려했다. 그는 39명의 추기경에게 막대한 돈이 보장되는 수입원을 주었고 그의 수입은 더 말할 것 없이 높았다. 그는 꺼리는 것이 아무것도 없었다. 사냥, 음악 감상, 비성직자적 연극, 화려한 연회, 싸움판, 괴상한 잡담 …… 무엇이나 닥치는 대로 했다. 그 자신이 수도사라는 생각을 까마득히 잊고 살았다.

이렇게 교황들이 타락했으니 추기경들은 교황을 본받았고, 따라서 그들도 무지하고 속되며 부도덕했다. 겉으로는 독신생활을 한다고 했지만 부정과 불결이 그들의 몸에 배어 있었다. 성직위 매매와 족벌주의는 예사로운 일이 되었고, 주교 자리는 신앙 여부는 논외이고 군주나 귀족의 자제들이 독점하게 되었다. 주교가 동시에 두 곳 이상의 주교구를 갖기도 했는데, 예컨대 영국의 토머스 울지Thomas Wolsey(1475?~1530)는 추기경이자 대주교이고 재상이었다. 수도원의 기강도 해이해져 무지와 미신이 충만했다.

이제 우리는 로마 교황의 타락의 예를 에라스뮈스의 「율리오, 천국에서 쫓겨나다」라는 글에서 찾아보자. 에라스뮈스는 율리오 2세가 군 지휘관이 되어 로마로 행군하는 것을 보고 다음과 같이 썼다.

교황 율리오 2세는 죽어 천당 문 앞에 다다랐다. 천당의 수문장 베드로는 천당 문을 열어주지 않았다. 율리오 2세는 문을 열어달라고 했다. 이때 베드로는 '믿음의 열쇠'로 문을 열라고 하니 그런 소리를 나는 재세(在世) 때 듣지 못했노라고 대답했다. 그러나 베드로는 문을 열어주지 않았다. 율리오는 화가 나서 베드로에게 파문을 내리며 문을 열라고 위협했다. 그러나 베드로는 자기 생존 시에 그런 것을 알지 못했다고 말했다.

이 이야기는 에라스뮈스가 율리오 2세와 베드로 두 사람을 병행해 대조시키며 두 사람의 신앙 해석이 그만큼 서로 달랐다는 것을 풍자한 이야기다. 베드로의 '믿음의 열쇠'는 예수 시대에는 베드로나 아는 말이었고, 파문은 로마 교황이나 아는 무기였던 것이다. 베드로의 전통을 이어간다는 교황이 반석과 같은 베드로의 믿음을 몰라볼 지경까지 세속화되었다는 뜻이다. 세속화된 교황이 정신을 못 차리면 나중에 더 큰 재판에서 망하게 되는 것이니, 루터의 개혁이 있을 때 교황은 완전히 세속에 눈이 어두워 있었다. 루터의 종교개혁이 없었다면 그들의 영적 혼수상태가 언제까지 계속되었을지 알 수 없는 일이다.

2장

루터의 수업

1483~1517

1. 루터의 수학

가정환경

앞서 우리는 서구 사회가 15세기 후반부터 여러 면에서 크게 변해가고 있었다는 것을 생각해보았다. 거기에 대해 로마교회는 중세적 미몽에서 깨어나지 못했고, 새 시대에 능동적으로 적응하지 못해 신앙은 더욱 미신적으로 기울어갔다. 내세 추구를 믿음의 유일한 목표로 삼았기 때문에 발밑의 세상이 어떻게 빨리 변천해가고 있느냐에 대해서는 정신을 차리지 못했다. 다만 르네상스 교황 레오 10세에게서 볼 수 있는 것처럼 세속욕에 대해서는 속인들과 똑같은 생각을 가지고 있을 뿐이었다. 신앙생활은 변하지 않았는데 사회생활은 변해가고 있었으니, 이 지점에서 전통적 교회를 개혁해야 한다는 요청이 나온 것이다. 이때 종교개혁의 문을 열어놓은 사람이 다름 아닌 가톨릭 교회의 독실한 수도사 루터였다. 그는 많은 비난과 격려, 적대와 우호 속에서 위대한 역사적 세력을 만들어냈다. 이제 우리는 그렇게 되기까지의 루터의 출생과 수학修學에 대해 먼저 알아보기로 한다.

루터의 선조에 대해서는 사료의 부족으로 알 길이 없다. 루터Luther라는 가문의 명칭도 초기 기록에는 Luther, Ludher, Luder, Lutter 등 여러 이름으로 되어 있어 모호한 점이 많다. 그러나 그의 선조는 독일 중앙부를 동남으로 갈라놓은 튀링겐 삼림지대 서북쪽 경사지에 살고 있던 완강하고 용기 있는 튀링겐족의 혈통을 받은 사람이라는 것은 분명하다. 선사시대에는 독일 서부로부터 프랑켄족의 침입이 있었으나 튀링겐족과 혼혈되고 말았다. 이 주민들의 성격은 알파인alpine형(고산지대인)으로 완강한 체구와 갈색의 눈동자와 머리털을 가진 힘 있고 탄력성 있는 민족이었다. 이런 성격은 종교개혁 시대에도 유전되어 있었는데, 우리는 그것을 프로테스탄트의 슈말칼덴 동맹이 튀링겐 삼림지대에서 가톨릭 군주와 싸우던 항거 정신에서 찾아볼 수 있다. 이런 성격은 매우 독일적이기도 하다. 이로써 루터의 가계는 순수 독일인의 혈통을 지녔음을 알 수 있고, 게르하르트 리히터Gerhard Richter (1932~)는 루터를 "영원한 독일인Der ewige Deutsche"이라고도 했다.

루터의 조상들은 대대로 튀링겐 서쪽 뫼라Möhra에 살고 있었다. 루터도 1521년 보름스Worms 제국 의회에 불려 갔다가 돌아오는 길에 뫼라에 들러 많은 친척과 조상 어른들을 만났다고 했으니, 아마도 루터 씨족의 본고장이 뫼라였을지도 모른다. 그런데 우리가 유의해야 할 것은 이 튀링겐 일대의 농민들은 15세기 말기까지 독일 서남부 농민들이 당하고 있던 영주들의 수탈로부터 벗어나 있었다는 사실이다. 그것은 작센 선제후의 유화 정치 덕분에 농촌이 상당한 자치를 누리고 있었기 때문이다. 루터의 가정도 비굴한 농민이 아니라 가난하지만 그 나름대로 자유를 누리는 농가였다. 가족은 많고 따라서 생활은 고단할 수밖에 없었다. 더구나 당시 관습에 따르면 농토는 분할될 수가 없고 가산은 모두 막내에게 상속되었기 때문에 그 밖의 자식들은 각자 알아서 생업을 찾아나서야 했다. 루터의 아버지 그로스한스Gross-Hans도 4형제 중 장자여서 뫼라에서는 성공하기 어려울 것 같아 고향을 떠나 다른 곳에서 자활의 길을 개척했다. 그즈음 뫼라 지방에는 처음으로 구리 광산업이 알려졌다. 그는 아이제나흐Eisenach 부근의 마르가레테 린데만Margarete Lindemann이라는 정숙한 여인을 아내로 맞이했다. 이 젊은 부부는 결혼한 지 얼마 뒤에 생활 터전을 뫼라에서 동북쪽으로 100마일쯤 떨어진 아이슬레벤Eisleben으로 정했다. 그곳은 인구 3000여 명 정도의 소도시로 훗날 다시 이주한 만스펠트Mansfeld와 더불어 구리 광산지대였다. 루터의 아버지는 아마도 광산업으로 생업을 바꾸기로 결정했던 모양이다. 루터의 숙부 클라인한스Klein-Hans도 아이슬레벤 건너편의 광산지대로 이사했다. 루터의 아버지는 그곳의 광산에서 노동했다. 그때 루터가 출생했는데 때는 1483년 2월 10일 월요일이었다. 루터의 출생에 대해서는 다른 설도 없지 않으나 대체로 이 날짜가 근거가 있다고 본다. 태어난 다음 날 관례에 따라 유아세례를 받고 이름을 마르틴이라고 했는데, 그것은 그날이 프랑스 남부 갈리아 지방에 처음 수도원을 세운 '성 마르틴의 날'이었기 때문에 그 이름을 딴 것이다. 이로써 성 마르틴이 프랑스의 수호성인이 된 것처럼 루터 역시 태어날 때부터 프로테스탄트의 수호자가 될 운명을 지니게 되었던 것인지도 알 수 없다.

루터가 출생한 다음 해에 루터 일가는 아이슬레벤에서 그리 멀지 않은 만스펠트로 이사했다. 이곳 역시 구리 광산지대였는데 아마도 아이슬레벤보다는 사정이 나았던 모양이다. 거기서도 루터의 아버지는 광산에서 일했고 어머니는 땔나무를 구하려고 산으로 가야 하는 구차한 살림이었다. 그 당시 만스펠트는 북부 튀링겐 광업의 중심지였고 또한 독일 남부에서 북부의 발트Balt 해안으로 통하는 교통의 요지이기도 해서, 많은 여행자가 통과하는 도시였다. 루터의 아버지는 굳은 의지와 성실성으로 얼마 뒤에는 자수성가해 루터가 만스펠트 초등학교Trivial Schule에 입학할 무렵에는 어느 정도 재산도 모을 수 있었다. 원래는 가난한 집안이었지만 새로 일어나기 시작한 가정이었으므로 루터도 그런 흥기하는 분위기 속에서 자라났다. 이런 점에서 역사가들은 루터를 두고 시민계급·중산계급의 아들이라고 했고, 종교개혁도 결국 시민 정신의 발로라고 말한다. 그 뒤에 루터의 아버지는 만스펠트의 존경받는 시민이 되었고, 1491년에는 정원이 네 명인 시 평의원市評議員으로 당선되기도 했다. 1502년부터는 광산을 차용해 직접 운영했고, 1506년에는 다른 사람과 공동으로 여러 광산과 제련소를 경영하기도 했다. 아마도 사업을 위해 루터의 아버지는 쉽게 돈을 빌릴 수 있었던 모양이다. 당시에는 누구나 제련소를 갖추고 있으면 구리 광산을 경영하기가 용이했다.

어린 시절 루터는 부모로부터 엄격한 가정교육을 받았다. 공부를 게을리하거나 도덕적 잘못이 있을 때는 용서 없이 꾸지람을 들었는데, 이런 시련이 훗날 루터가 정신적 격동기를 넉넉히 이겨나가게 한 원동력이 되었다. 당시 아이들은 종아리를 맞는 것이 보통이었지만, 루터에게는 그것이 매사에 두려운 마음을 갖게 하는 성격이 형성되는 계기가 되었다. 훗날 루터의 고집이 강했던 것을 보아 어렸을 때 부모로부터 유달리 매를 맞았을 것이고, 루터의 말을 들어보아도 그 때문에 겁쟁이가 될 지경이었다고 하니 이런 일들이 그에게 하나님을 두려워하는 심정을 길러주었을 것이다. 아이들은 무조건 복종해야 한다는 것이 루터를 훈육한 아버지의 지론이었고 『성서』의 명령이라고 생각한 것 같다. 루터의 첫 번째 미사 집전을 축하하러 찾아온 아버지 앞에서 루터가 머리에 쓴 쓰개를 벗으려는 것을 동료들이 막자 완강한 광산주인 루터의 아버지가 곧바로 "너희들, 부모를 공경하라는 『성서』의 말씀을 못 읽었느냐?"라고 말했다는 일화도 있다. 그 뒤 성인이 된 루터는 자식에 대한 부모들의 엄벌주의를 달갑지 않게 생각했으나, 한편으로 야생적인 충동과 난폭한 성격을 고치는 데는 엄벌이 더없이 효과적이라는 것도 인정한 모양이다. 루터는 평생을 두고 질서와 권위를 높였고 억누를 수 없는 자기감정에 대해 여러 차례 유감의 뜻을 밝히기도 했다.

또 한 가지 우리가 루터의 유년 시절에 대해 생각할 것은 당시의 정신적 환경이다. 중세 말기에 이르기까지 독일 중부지방에는 미신과 소박한 종교적 감정이 서로 얽혀 있어서 자라는 어린이들의 정신적인 면에 적지 않은 영향을 주었다. 루터도 어렸을 때 부모로부터 원시 게르만족의 신화를 들었는데, 그 물활론物活論은 훗날에 이르기까지 루터의 설교나 『탁상담화Tischreden』에 엿보이고 있다. 루터는 한때 악마가 이 세상 어디에나 있고 사람이나 짐승 심지어 음식에까지 그 마력을 던져 괴롭힌다고 믿었다. 루터의 유년 시절 그의 어머니는 이웃 마녀에게 단단히 홀려 있었다. 루터의 동생이 죽었을 때도 그것이 마녀의 소행이라고 믿었다. 루터도 『탁상담화』에 "악마가 병으로 우리를 괴롭힌다"라고 썼고, 또 "악마가 이 세상의 왕자이기 때문에 우리는 그의 나라를 통과해야 하는데, 그는 틀림없이 우리에게 통행세를 징수하려고 할 것이며, 또한 여러 질병으로 우리 몸을 해치려고 할 것입니다"라고 썼다. 『성서』에 쓰인 대로 병자는 악마에게 들린 것이라 믿었고, 의사는 병의 자연적인 원인만 고쳐줄 뿐이며 악마가 그 자연적 원인을 일으켜 병이 나게 하는 것은 모르고 있다고 했다. 물이나 수풀에도 귀신이 있다고 믿어 못에 돌을 던지면 폭풍이 일어난다고 생각했다.

이와 같은 소박한 정령론Animism은 뒤에 루터의 신학을 통해 수정되었다. 모든 마술은 하나님이 명령만 내리면 사라질 것이고, 우리의 미래는 하나님만이 알고 때가 오면 그가 우리에게 미래를 보여줄 것이라고 하면서도, 역시 당대의 사람들처럼 점성가가 말하는 재난설을 믿었다. 어렸을 때는 아버지로부터 광산 갱내에 들어가면 지령地靈이 나타난다는 말도 들었다. 이런 분위기 속에서 자란 루터의 눈에는 성모마리아나 성인들의 성상이 기적적일 만큼 생기 있게 느껴졌을 것이고, 거기에 대한 존경과 친근감도 더해졌을 것이다. 먼 훗날 루터가 교황청에 항거하며 싸울 때도 성인들을 통해 나타나는 기사이적奇事異跡을 믿고 있었다. 성인에 의한 기적을 전혀 믿지 않기까지는 더 많은 세월이 흘러야 했다. 그러나 루터가 어렸을 때 들었던 귀신에 대한 이야기는 그가 육체적·감정적 위기일 때 여러 환상으로 나타났으며 그럴 때마다 신의 도움과 보호를 더욱 강구하곤 했다.

만스펠트 시대

이런 정신적 환경 속에서 루터는 만스펠트에서 초등교육을 받았다. 만스펠트는 안할트Anhalt 백작의 거대한 성곽이 있고, 중앙에는 성 게오르크Georgs 교회가 있어 제법 역사적인 분위기가 있는 소도시였다. 루터는 17세에 학교에 갔다고 하나 여러 기록을 살펴보면 좀 더 일찍부터 학교에 갔을 것이고 더구나 루터 가정의 오랜 친구 외믈러Oemler라는 사람이 루터를 따라 학교에 왕래했다고 하니 네다섯 살부터 학교에 나갔을 것으로 보고 있다. 그것은 그만큼 루터의 지력 형성이 일렀다는 뜻이기도 하다.

만스펠트 초등학교는 14세기 중엽 이후 독일 여러 도시에 생겨난 초등 수준의 학교였는데, 법률가나 성직자로 만들려는 시민들의 자제들을 모아 대학에 보낼 준비를 하는 학교였다. 라틴어를 주로 가르쳤으며 진부한 교수 방법과 생기 없는 테마로 일관했기에 루터는 1524년 어린 시절을 회상하며 교육이란 단지 법이나 성직을 위한 것이 아니라 생명을 훈련하는 것이 되어야 한다고 말하기도 했다.

만스펠트 초등학교는 그 당시의 학교들이 다 그러했듯이 엄벌주의 일변도의 교육을 했다. 피나는 채찍질이 훈육의 유일한 수단이고 방법이었다. 발로 차고 머리털을 낚아채며 손이나 책으로 뺨을 후려갈기는 것은 보통이었다. 원래 인문주의의 개혁 운동이 일어나기 전까지는 학교교육도 수도원과 마찬가지로 일종의 시련의 과정이었다. 냉한冷寒을 참아야 했고 금욕과 인내와 순종을 최대의 미덕으로 생각하는 교육이었기 때문에 어려서부터 때리고 윽박질러 반항 의식을 말살시키고 유순한 인간을 만드는 데 온갖 힘을 기울였다. 루터는 라틴어 문법 준비가 되어 있지 않아서 어느 날은 하루 동안 열다섯 번이나 벌을 받기도 했다. 학부모의 불평이 없지 않았으나 그런 학생은 내보내도 좋다는 것이 교육 당국의 태도였다. 이런 교육과정에서 훗날 루터가 느낀 것은 로마교회 안에서와 마찬가지로 학칙의 횡포가 있을 뿐 복음적인 따뜻한 선도가 없었다는 점이다.

앞서도 잠깐 말한 것처럼 만스펠트 초등학교에서는 세 가지 과목을 가르쳤다. 즉, 문법, 논리, 수사학인데 대학에 들어가기 위해서는 꼭 배워야 하는 과목이었다. 그러나 논리나 수사학은 대학에서 더 깊게 배워야 하는 과목이었기 때문에, 이런 학교에서는 주로 라틴어를 다루었다. 과정은 세 학급 또는 세 그룹으로 나누어 라틴어와 교회 의식에 관한 것을 철저히 가르쳤다. 첫째 학급에서는 기초적 라틴어를 배우게 되는데, 그 교본Fibula에는 십계명, 사도신경, 주기도문, 조석 기도문, 마리아 찬가, 고백 등이 들어 있었다. 그러니까 기초적 라틴어 교본을 배움으로써 신자로서 기본적인 소양을 쌓는 셈이었다. 둘째 학급에서는 아엘리우스 도나투스Aelius Donatus가 쓴 라틴어 교본을 배웠다. 도나투스는 4세기 중반의 로마의 문법학자였는데, 그의 『문법론Ars Maior·Ars Minor』은 널리 교본으로 사용되었고 루터도 그를 두고 "위대한 문법가"라고 찬탄했다. 이 과정에서 교회 예배식과 라틴어 기본 문법을 모두 배우게 되었다. 마지막인 셋째 학급에서는 알렉상드르Alexander de Villa Dei가 쓴 교본을 배우게 되는데 상급 라틴 문법과 구문을 가르쳤다. 여기에 『성서』의 「시편」 서간 복음서에 관한 해석도 가르쳤다.

다만 수업할 때 교본은 선생이나 가지고 있을 뿐 학생들은 그것을 고생스럽게 필기하고 암송하는 수밖에 없었다. 이런 교육하에서 루터의 기억력은 비상하게 발달하게 되었고, 그 덕분에 훗날 참고 문헌의 쪽수까지 지적하며 강의할 수 있었다. 그는 오컴, 아우구스티누스, 페트루스 롬바르두스Petrus Lombardus(1100~1160) 등의 저자와 쪽수까지 줄줄 외울 수 있었다.

문법과 함께 그것의 응용을 위해 수사학의 일부인 작문과 서간문 작성법도 배웠다. 교본으로 디오니시우스 카토Dionysius Cato의 『대구Disticha Catonis』, 『이솝Aesop 우화』, 아니키우스 보이티우스Anicius Boethius(480?~524)의 『철학의 위안De Consolatione Philosophiae』 등이 사용되었다. 그 밖에 4학의 일부인 음악도 배워 교회에서 찬가도 불렀고 뒤에 루터 자신이 작곡할 수 있는 기초를 여기서 닦은 셈이 된다. 루터는 노래를 잘 불러 카니발이나 크리스마스 때 친구들과 같이 만스펠트 거리를 노래하면서 돌아다니기도 했다. 이리하여 루터는 만스펠트에서 7~8년간(1488~1496) 라틴어를 전수한 셈이 된다.

마그데부르크 시대

초등교육을 마친 루터는 좀 더 높은 교육을 받기 위해 1496년 만스펠트의 동북쪽으로 30마일쯤 떨어진 마그데부르크Magdeburg로 유학길을 떠났다. 마그데부르크는 엘베Elbe강가에 있는 무역의 중요한 도시였을 뿐만 아니라 이른바 '소小로마'라고 이름 붙을 정도의 종교도시이기도 했다. 대주교구인 성당을 비롯해 크고 작은 무수한 교회의 높은 탑이 하늘을 향해 치솟아 있었다. 성인들의 유물도 많이 보관되어 있는 곳으로, 여러 성인의 날 행사가 진행되어 소년 루터에게 깊은 인상을 주기도 한 곳이다. 루터는 '신학문'을 따라 표랑하는 학생 같은 모습으로 마그데부르크로 간 것이 아니라 아버지의 자산도 상당했던 터이고 아버지의 사업과 관련 있는 인근의 연장자 한스 라이네케Hans Reinecke의 인도로 간 것이었다. 그곳에서는 만스펠트 출신으로 이 도시의 대주교구 직원으로 있던 파울 모스하우어Paul Mosshauer의 호의로 커다란 도움을 얻을 수 있었다. 그는 보호자가 되어 자주 루터에게 식사를 제공했다. 이만하면 당시 학생으로서 좋은 환경이었다고 하겠다.

하여간 루터는 독일의 수천 개 소도시 중에 1464년 기준으로 인구 1만 2000명, 주변의 인구까지 합치면 3만 명에 가까운 도시 마그데부르크로 유학하게 된 것이다. 거기는 누구나 다 알고 있는 평판이 좋은 문법학교가 있었다. 루터 자신은 만년에 '형제단Null Brueder' 학교를 다녔다고 회상했으나 아마도 성당 학교Dom Schule였을 것이다. 왜냐하면 형제단은 학교를 갖고 있지 못했고, 다만 단원 중 서너 명이 성당 학교에서 가르치고 있었을 뿐이었다. 루터는 성당 학교를 형제단의 학교로 오인했던 모양이다.

루터가 형제단과 관계가 있고 그들과 공동생활을 했다는 사실은 그의 종교적 수양에서 어떤 결정적인 계기를 만들었을 것이라고 짐작하게 한다. 이 형제단은 네덜란드 데벤터르Deventer라는 곳에 헤이르트 흐로테Gerhard Groote(1340~1384)가 세운 교단이었는데 반半수도원식의 공동생활을 영위하는 단체였다. 에라스뮈스도 학생 시절에 데벤터르의 형제단에서 생활했다. 이런 형제단이 베스트팔렌Westfalen의 뮌스터Münster와 작센 저지대에도 세워졌다. 그리고 마그데부르크 서쪽의 힐데스하임Hildesheim에도 있었는데 마그데부르크의 형제단은 그곳에서 갈라져 세워진 것이다. 이 형제단은 경건한 신앙생활을 주장하며 소박한 생활과 『성서』 읽기를 강조하는 한편 가난한 학생들을 모아 기숙하게 하면서 그들을 도와줄 뿐만 아니라 어린 학생들의 도덕 생활에도 잘못됨이 없도록 주의를 기울이고 있었다. 더구나 마그데부르크의 형제단 건물이 성당 가까이에 있었던 관계로, 루터는 적어도 마그데부르크에 있는 시기 중 어느 정도는 이 형제단의 숙소에서 지냈던 것으로 생각된다. 거기에는 루터의 스승이 되는 사람이 있어 학교나 숙소에서 루터를 지도했다. 그리고 학생들은 집이 아무리 부유한 경우라고 해도 당시의 일반 풍조에 따라 '동냥 학생' 노릇을 했는데, 루터 역시 이 집, 저 집을 돌며 문전 구걸을 하며 학생 시절을 보냈다. 그것은 종교상의 하나의 시련 과정이기도 했다.

비록 짧은 기간이나마 루터가 형제단과 관계가 있었다는 것은 앞서 말한 것처럼 루터의 종교적 성장에 커다란 영향을 주었으리라고 짐작된다. 루터는 여기서 경건한 신도들과 접촉했다. 먼 훗날에도 루터는 이곳 단원들의 크리스천의 자유와 사도적 생활의 산 증거를 말하고 다녔다. 이 형제단이라는 교단은 무슨 서약이 필요 없었고 또 그들의 목적이 기도와 명상을 일삼는 전통적인 수도원의 이상도 아니었으나, 그들은 실제적으로 젊은이들의 몸과 도덕에 잘못됨이 없도록 도와주는 일을 했다. 그들과 매일같이 만나 이야기하는 동안에 루터의 종교적 마음도 더욱 굳세게 자라났고 그들의 『성서』 탐독과 경건한 마음의 자세는 어린 루터에게 커다란 감명을 주었다. 그 밖에도 이 도시에 종교적 유물이 많았던 것도 루터의 종교심을 더욱 길러주었고, 루터가 30년 뒤에 남긴 회상에서 보는 것처럼, 그는 영주 가문 출신의 한 귀인이 구걸하는 배낭을 지고 피골이 상접해 거의 죽은 자와 같은 걸음걸이로 거리를 걸어오는 것을 보았을 때 깊이 감동했고 세속 생활을 한다는 것이 얼마나 부끄러운 일인지도 깨달았다. 귀인이 난행고행하며 스스로를 희생하고 있다는 사실이 훗날 루터가 수도원에 들어가게 하는 동기를 만들어주었는지도 모른다.

하여간 루터는 마그데부르크에서 『성서』를 처음 읽게 되었고 또 성가도 많이 배웠으며 종교적 정신을 배양할 수 있었다. 이런 학습은 루터가 종교개혁가로서 마땅히 지니고 있어야 할 소양이기도 했다.

아이제나흐 시대

루터의 부모는 루터를 마그데부르크에서 아이제나흐로 보냈다. 거기서 루터는 라틴어를 완전히 습득했다. 깊은 통찰력으로 표현에 능란한 재능을 가졌던 루터는 웅변, 시문, 수사학에서 발군의 성적을 올렸다. 4년 뒤인 1501년에는 대학에 들어갈 모든 준비가 다 되었다. 그러나 루터의 학문보다 그의 종교적 마음이 향상된 것이 종교개혁과 밀접한 관계가 있다. 라틴어의 완전한 습득은 교부들의 저서와 『성서』를 읽고 그 안에 담긴 진리를 파악하는 데 중요한 무기였음이 틀림없다. 하지만 종교개혁은 루터의 굳은 신념과 결단에서 시작된 것이고, 그것들은 루터의 종교적 심정의 향상에서 비롯된 것이다. 그렇기 때문에 아이제나흐도 마그데부르크와 마찬가지로 종교적 분위기를 간직한 도시라는 데 주목해야 할 것이다.

루터는 1498년에 아이제나흐로 갔는데, 훗날 이곳을 "나의 사랑하는 아이제나흐"라고 부를 정도로 루터에게 정이 들게 되는 도시다. 그 당시 인구 2100명 정도의 아이제나흐는 튀링겐의 주요 도시 중 하나였다. 튀링겐 방백의 거대한 성이 있고, 각 도시 간의 교차점인 동시에 남북 무역로의 요충이기도 했다. 이곳에서 루터는 3~4년을 지냈다.

마그데부르크처럼 이곳도 루터에게는 경건한 종교적 분위기에 가득 찬 도시로 생각되었다. 그뿐만 아니라 중세 이후 계속 바뀌어온 여러 영주의 거성居城이기도 했고 여러 가인歌人과 음유시인이 지나던 곳이기도 했다. 중세의 유명한 서정 시인이자 가인인 발터 폰 데어 포겔바이데Walther von der Vogelweide(1170?~1230?)도 한두 번 지나갔던 유서 깊은 곳이었다. 더구나 13세기 초기에 이곳 방백에게 시집온 헝가리 출신의 엘리자베스Elizabeth의 경건한 자선사업은 사람들의 머릿속에 아름다운 기억으로 남아 있어 루터에게도 커다란 감동을 주었다. 역대 영주들도 종교 사업에 진력했기 때문에 아이제나흐의 경제는 침체했지만 교회와 수도원은 번창해서 각 지방으로부터 많은 성직자와 수도사가 몰려와 루터는 이곳을 "성직자들의 소굴"이라고 불렀다. 특히 루터가 사귄 인물 중 마리아 성당의 대리 주교 요한 브라운Johann Braun은 인기 있던 신뢰할 만한 훌륭한 사람이었고, 루터는 "경건하고 내가 가장 존경하는 사람"이라고 말했다. 그 밖에도 신앙이 돈독한 많은 사람들로부터 감화를 받았다. 하지만 무엇보다 루터가 깊은 감명을 받은 것은 앞서 말한 엘리자베스에 관한 이야기였다. 아이제나흐의 수호성인이 된 그녀는 가난하고 병든 사람을 구제하는 데 피로를 몰랐던 사람이다. 그녀의 동상은 여러 세기를 내려오면서 시민들의 존경과 사랑을 받았다. 매년 그녀의 유골이 바르트부르크Wartburg 산성에서 시내로 옮겨와 사람들의 경배를 받을 때마다 소년 루터는 그녀가 병자를 도와주고 가난한 자에게 자선을 베풀던 이야기, 그녀의 안수로 병을 고쳤다는 이야기를 들으며 마음에 무한한 감명을 새겼다. 그녀에 대한 아름다운 이야기는 프로테스탄티즘 500년이 지난 오늘날에도 아직 튀링겐 지방과 헤센의 주민들 간에 전해 내려온다. 어린 루터에게 엘리자베스의 생사는 마치 기적처럼 빛났던 것이다.

루터는 많은 존경하는 선배와 스승을 아이제나흐에서 사귀었다. 먼 훗날 루터는 프리드리히 선제후에게 그런 연로한 인사들에게 연금을 드리라고 알선하기도 했다. 특히 코다Cotta나 솰버Schalber 같은 고귀한 가문과 사귀

고 거기 드나드는 많은 현인들과 담화하고 식사를 같이 할 수 있었다는 것
도 루터에게는 잊을 수 없는 기억이다. 그런 가문에 드나드는 손님 중 한 사
람이 앞서 말한 마리아 성당의 대리 주교 브라운이었는데, 그는 더욱 루터
에게 종교적 분위기를 조성해주어서 훗날 루터가 아우구스티누스 수도원
에 들어가게끔 심신을 가다듬을 계기를 마련해주었다.

루터는 아이제나흐에서도 한때 동냥 학생 노릇을 했는데, 경제적으로
윤택했던 루터가 어째서 그런 걸식 행각을 했겠느냐 하는 식으로 학자들
사이에서도 여러 의견이 분분하나 앞서도 지적한 것처럼 당시에는 표랑학
생漂浪學生이라는 전통이 있어서 부유층 학생들도 한두 번은 경험하는 일이
었다. 더구나 루터는 노래를 잘하는 터라 문전걸식을 위해서는 매우 좋은
조건을 갖추고 있었다. 루터 자신이 1530년 '교육의 의무에 관한Eine Predigt,
daß man Kinder zur Schule halten solle' 설교에서 다음과 같이 말했다.

> 교황도 한때는 학생이었다는 것, 그러므로 하나님의 사랑을 위해 적은 빵을 구하
> 려고 문전 구걸하는 학생들을 경멸스럽게 여기지 마라. 가난한 학생들이 당신네
> 문전에서 노래하거든 「시편」에 말한 것처럼 훌륭한 왕후장상의 소리로 들어라.
> 나 자신도 그런 동냥 학생이 되었던 것이고, 내 사랑하는 아이제나흐에서 문전걸
> 식을 했던 적이 있다.

이런 표랑학생 생활도 루터에게는 잊을 수 없는 기억이었다. 먼 훗날
1817년 10월 루터의 종교개혁 300주년과 라이프치히Leipzig 해방 전승 4주
년[1813년 10월 나폴레옹 1세(Napoléon I)를 격파한 일] 기념을 겸한 축제가 루터와 유서
깊은 다른 도시들을 제치고 아이제나흐에서 거행되었다는 사실도 루터가
이 도시를 특히 사랑했고 정이 많았기 때문이다. 종교개혁 시기에 루터가

보름스 제국 의회에서 돌아오는 길에 일부러 이 도시의 뒷산을 지나친 일도 있었다.

에르푸르트 대학 시대

아이제나흐에서 에르푸르트 대학에 진학한 것은 1501년 루터가 18세가 되던 해 5월이었다. 당시에는 보통 13~15세에 대학에 진학할 수 있었기에 대학 초년생으로서는 좀 늦은 편이었으나 그간 루터는 대학 준비가 필요 없을 정도로 공부했다. 에르푸르트 대학은 1379년에 설립되어(1816년에 폐교) 당시 독일에서는 1347년에 설립된 프라하 대학과 1365년에 설립된 빈 대학 다음으로 오래된 대학이었다. 루터는 "Martinus Ludher ex Mansfeld (만스펠트의 마르틴 루터)"라는 이름으로 문과에 등록했다.

에르푸르트는 인구 2만 명 정도의 아담하고 고풍스러우며 부유한 도시였다. 도로포장도 꽤 잘되어 있었고 큰 상점도 즐비한 세계주의적인 도시였다. 동시에 비어홀과 매춘부도 있어 대단히 부도덕한 도시라는 인상도 풍겼다. 그리하여 현대 학자 중 하인리히 데니플레Heinrich Denifle(1844~1905)나 하르트만 그리자르Hartmann Grisar(1845~1932) 같은 사람들은 루터가 이곳에서 부도덕한 생활을 보냈을 것이고, 양심에 가책을 받아 수도원에 들어갔을 것이라고 주장했다. 그런 반면 에르푸르트는 종교 목적으로 사용하는 건물도 100여 채에 달하는 등 종교적 분위기도 농후한 도시였다. 이 도시는 마인츠 대주교구의 관할하에 있었고 교회로부터 부과되는 세금도 많았던 곳이다. 이 때문에 도시의 산업과 무역은 큰 타격을 받았고 에르푸르트는 오랫동안 자치를 위해 마인츠에 항거해왔다. 이제 우리는 루터의 에르푸르트 대학 생활에 대해 이야기해보기로 한다.

에르푸르트 대학이 총장을 선출하고 완전히 자리를 잡게 된 때는 설립하고 13년이 지난 1392년이었는데 그때 학생 수가 523명이었다. 루터가 입학하기 전까지는 매년 신입생이 324명, 루터가 이곳에서 가르치던 시기에는 등록된 학생 수가 2000명 정도 되었다. 루터가 입학할 때 총장은 요도쿠스 트루트페터Jodocus Trutfetter(1460~1519)였고, 루터는 신입생 38번으로 등록되었다. 총장 취임식과 입학식 등의 대학 행사는 성당에서 거행했는데 루터는 입학 지원자로서 라틴어로 장황하게 서약을 치러야 했다. 하나님과 『성서』 앞에서 총장과 교칙에 복종할 것과 대학 안팎에서 일어나는 싸움을 멀리할 것 등을 서약했다. 이런 의식을 통해 루터는 부모나 선생의 지도에서 떠나 학원의 한 구성원이 되는 것이었다. 이 학원의 권위는 교황이 보장하고 있었다. 그런데 에르푸르트 대학은 설립 초기부터 국민Nation별·지역별 학생단이 없었고 모든 신입생은 기숙생bursa이 되었다. 당시 파리 대학 등 다른 대학의 경우 국민별·지역별 학생단이 있어 서로 싸워 학원이 소란한 때가 많았다. 물론 특수한 사정이 있으면 하숙도 할 수 있었다. 루터는 성 게오르크 기숙생이 되었다. 당시 대학 안에는 여러 기숙사(지금의 칼리지 개념)가 있었는데, 각 기숙사는 대학과는 별도의 규칙이 있었고 또 부속 예배당도 있었다. 루터는 신입생Beanus으로서 모든 고통을 참아야 했다. 중세 대학에서는 고참 학생이 신입생을 학대하는 풍습이 있었고, 학교 당국도 이것을 묵인해주었다. 이런 일을 통해 대학 신입생들은 과거의 생활 방식을 청산하고 새롭게 칼리지 맨이 되는 것이다. 루터는 훗날 쓰라린 신입생 시절을 회상하면서, 그때의 고통이야말로 인생의 불행과 고난과 징벌의 상징이었다고 했다.

루터의 대학 생활은 시대가 시대였던 만큼 엄격했다. 기숙사 생활도 일정한 사칙術則하에 운영되었고, 수업과 학위 획득에서도 관용이 전혀 없는 과정을 밟아야 했다. 그래서 이런 루터의 대학 생활 중에 무슨 부도덕한 행위가 있었겠는가라고 하며 극구 변호하는 오토 셸Otto Scheel(1876~1954), 하인리히 뵈머Heinrich Böhmer(1869~1927), 앙리 스트롤Henri Strohl(1874~1959) 같은 학자들도 있다.

중세 대학과 마찬가지로 루터 시대의 대학도 세상과 개인의 자유에서 완전히 격리되어 있었다. 원래 대학은 성직자 양성을 목적으로 세워진 것인데 루터 시대는 반드시 그런 것은 아니었으나 그래도 대학생은 준성직자(예비 성직자) 대우를 받아 모든 세속적 법률의 간섭에서 제외되었다. 그것은 대학생이 군주보다 교황의 지배하에 있었기 때문이다. 겨울에도 난방장치가 없었고, 문자 그대로 금욕적인 생활의 연속이었다. 이런 격리 속에서 대학은 모든 독자적인 법과 제도를 통해 운영되었다. 그래서 대학을 '국가 안의 국가'라고도 했다. 루터의 수도원 생활도 이런 대학 생활에서 어느 정도 준비가 되었을지도 모른다.

우선 사칙을 보면 루터의 학사B.A.에서 석사M.A. 과정의 생활을 알 수 있는데 루터가 있던 게오르크 기숙사의 사칙은 소실되어 알 길이 없고, 다만 루터가 어느 정도 생활했던 '하늘 문Himmelspforte'이라는 기숙사의 규칙이 남아 있어 그때의 생활을 짐작할 수 있다. 당시 전 유럽의 대학 사칙은 대동소이했으므로 에르푸르트 대학 기숙사의 생활도 다른 대학 신학생의 생활과 비슷했을 것이다. 기상은 오전 네 시, 취침은 오후 여덟 시, 이렇게 보면 낮 시간이 길고 잠자는 시간은 불과 여덟 시간밖에 되지 않는다. 외출할 때는 허리까지 내려오는 가운 토가Toga를 입어 학생의 품위와 대학의 전통을 나타낸다. 식사할 때는 『성서』의 성구나 설교집의 문구를 읽었는데 루터는 그것을 읽는 학생으로 자주 지명되었다. 학생들은 또한 1년에 네 번씩 고해를 해야 했다.

여성과 관련해서는 중세 대학의 전통을 그대로 이어받아 대학생은 좀체 여성과 접촉하기 어려웠다. 중세 대학 교내에는 여성과 개$\dagger$는 출입 금지였다. '하늘 문' 사칙을 보아도 결혼이나 특수한 경우에만 총장의 허가를 받아 여성과 접촉할 수 있었다. 학생들이 재봉이나 세탁이 필요할 때는 대학의 남성 고용원이 옷을 가지고 지정된 장소에 가면 거기서 세탁하는 여인이 옷을 가져간다. 취침 시간 이후의 외출은 특별히 허가를 받아야 했고 나갈 때는 사무실에서 제등提燈을 가지고 나갔다가 돌아올 때 그것을 사무실에 돌려주면서 본인 여부를 확인받아야 했다. 그리고 자주 드나드는 곳을 명시해야 했다. 이리하여 불규칙한 행동은 가치 없는 생활이라는 인식을 스스로 깊이 새기도록 했다. 어려운 금욕적인 생활 속에도 한 가닥의 위안은 있는 법이다. 그것은 학생들이 맥주를 마실 수 있다는 점이었다. 그러나 그것도 일정한 한도가 있었고 이따금 축제일에 폭음할 때도 있었으나 상습적으로 마실 수는 없었다. 기숙사에는 학생들을 위한 맥주 저장고가 따로 있었기 때문에 학생들 마음대로 마실 수도 없었다. 간혹 학생들은 거리로 나가 술집에서 술을 마시다가 시민들과 싸우기도 했는데 1510년 학생과 시민(용병이 응원)과의 싸움은 종당에는 성난 시민들이 대학에 몰려들어 많은 도서를 파괴하는 데까지 이르기도 했다. 이런 싸움을 타운Town과 가운Gown과의 싸움이라고도 불렀다.

지금까지 설명한 규칙은 기숙생들의 사생활에 관한 것이었고, 교육과정에 관한 교칙도 대단히 엄중했다. 대학에 들어가면 문과에서부터 마스터Master라고 불리는 지도 선생(문과 또는 교양학과 선생)이 모든 것을 지도했다. 공부는 여름에는 여섯 시, 겨울에는 일곱 시에 시작했다. 처음에는 복습과 토론을 진행하고 다음에는 강의를 계속한다. 점심 뒤에도 같은 식이다. 방학은 짧아서 여름방학의 경우 한 달 정도였다. 학생들은 예닐곱 명씩 그룹이 되어 한 방에서 한 마스터의 보호와 감독을 받았다. 마스터의 허락이나 추천 없이는 시험도 치르지 못하고 학위도 얻을 수 없게 된다. 학생들과 지도 선생 간의 밀접하고 계속적인 접촉은 학생들의 면학이나 도덕 생활의 완성을 위해 중요한 처사였다고 할 수 있다. 학생들에 대한 엄중한 간섭은 차차 고개를 들기 시작한 전 서구적인 사치 생활에 대한 경계이기도 했다. 가령 마스터가 성실하지 못한 학생이 학위를 얻도록 추천한 경우 상당한 징계를 받게 되고 같은 실수를 다시 저질렀을 때는 해당 학과의 교수 지위도 위태로워졌다.

루터는 학사 과정을 1501년 5월부터 1502년 11월까지 18개월 만에 끝냈다. 그동안 루터는 규칙적인 강의를 듣고 이것을 정확히 기억해야 했다. 그것을 위해서는 세상 걱정도 잊어야 했다. 그는 57명 중 30등으로 졸업했고 곧 석사과정에 들어가 1505년 2월 졸업했는데, 그때는 17명 중 2등으로 졸업했다. 루터는 마스터로부터 학문과 도덕 생활을 훌륭히 해냈다는 추천도 받았으며 학사나 석사과정을 수월하고 빨리 마쳤다. 이로써 루터는 문과(교양학과) 교수 자격을 얻었다.

루터는 재학할 때 동급생에게서 '박학의 철학자'라는 별명을 얻을 정도로 열심히 공부했고 에르푸르트 대학 교수회에서도 높이 평가받아 곧 비텐베르크 대학으로 추천되었다. 이런 사실을 근거로 대학 시절에 루터가 부도덕한 생활을 보내지 않았다고 말하는 학자도 있다.

멜란히톤은 루터의 대학 시절 면학 태도에 대해 문학 과목에는 상당한 소양을 쌓았으나 그 밖의 교육은 충분히 받지 못했다고 했다. 생활 규범을 익히기 위해 마르쿠스 키케로Marcus Cicero(B.C. 106~B.C. 43), 푸블리우스 베르길리우스Publius Vergilius(B.C. 70~B.C. 19), 티투스 리비우스Titus Livius(B.C. 59?~A.D. 17)의 작품을 읽었고, 기억력이 좋아 중요한 문구는 줄줄 외울 정도였다고 했다. 그리고 루터는 학사 학위를 받은 뒤 3학, 즉 문법, 논리, 수사학을 철저히 공부했고 또한 자연철학도 이수했다. 이로써 지식을 얻는 방법과 사상을 표현하는 기술을 배웠다. 아리스토텔레스Aristoteles(B.C. 384~B.C. 322)의 논리학에서는 변증법을 배웠다.

자연과학은 이른바 4학, 즉 음악, 천문, 산술, 기하였는데 아리스토텔레스의 물리학과 유클리드Euclid Alexandreiae(B.C. 330~B.C. 275)의 기하학 저서가 교재로 사용되었다. 그중에서도 음악은 루터가 가장 자신 있어 하는 과목이었다. 아리스토텔레스의 논리학은 루터에게 생각을 지배하고 움직이는 기본 법칙을 제공했다.

루터는 대학 시절에 또한 인문주의의 영향을 어느 정도 받았음이 분명하다. 그러나 그가 이탈리아에서 일어나고 있던 인문주의를 알았는지는 의문이다. 콘라트 무트Konrad Muth(1470~1526) 같은 사람이 이탈리아에서 갓 돌아왔지만, 그는 루터가 수도원에 들어간 뒤에야 에르푸르트 대학 강단에 섰던 것이다. 크리스토프 폰 롬멜Christoph von Rommel(1781~1859)이나 한스 폰 슈베르트Hans von Schubert(1859~1931)에 따르면 루터는 대학 시절에는 헬라어나 히브리어도 몰랐다고 한다. 비텐베르크 대학에서 1513~1516년 동안「로마서」나「시편」을 강의할 때까지도 주로 라틴어판 『성서』에 의존했다. 그렇다고 해서 에르푸르트 대학에 인문주의적인 경향이 없었다는 말은 아니다. 수많은 인문주의자들이 대학을 왕래했고, 요한 피스토리우스Johann Pistorius(1504~1583)나 훗날 루터의 반대자가 된 예로메 엠저Jerome Emser(1477~1527)도 루터가 재학할 때 강의했을 것이다. 그들의 영향을 받은 교수들도 있었다. 사실 철학과에도 '스콜라적 인문주의' 분위기가 있었는데 루터의 지도 교수였던 트루트페터나 아르놀트 폰 우징겐Arnold von Usingen(1464~1532)도 그러했다. 그들은 자신들의 학설을 뒷받침할 때 고전을 자주 원용援用했다. 그러나 그때까지는 인문주의자와 스콜라 철학자 간의 구별이 없었기에 그들은 모두 전통적 스콜라 철학자라고 할 수밖에 없었다. 그러나 에르 푸르트 대학 신학과의 철학적 견지는 '현대주의'였다. 지금까지는 성 아퀴 나스에서 시작한 '구식 방법Via Antiqua'이 한창이었으나, 앞으로는 '현대적 방법Via Modrna'이 새로운 철학적 경향이 될 참이었다. '구식 방법'은 아퀴나 스의『신학대전Summa Theologica』에 근거해, 인간의 이성은 신앙의 영역에서 도 인간을 도와줄 수 있다는 이른바 헬라 철학과 기독교 계시 간의 조화를 도모하는 방법이었다. 그러나 오컴과 그의 추종자들인 피에르 다이리Pierre d'Ailly(1351~1420)나 가브리엘 비엘Gabriel Biel(1425~1495)은 아퀴나스와는 반대로 현대적 방법에 따라 인간의 이성은 신앙의 영역에서 이용될 수 없다고 주 장했다. 철학도 두 영역으로 구분하고 신앙에는 계시가 유일한 지도자가 되나 세상사에는 이성이 충분히 이용되어야 한다고 했다. 트루트페터나 우징겐은 모두 현대적 방법을 취했고 오컴의 계통을 밟았다. 오컴은 '명목 론자'였고 신앙과 이성을 구별하는 사람이었다. 우징겐은 신앙은『성서』 가 참된 진리로 인도해준다고 주장하면서 루터의 '오직 성서만이'란 사상 에 깊은 영향을 주었다. 그리고 신학적으로 아리스토텔레스를 배격했다. 트루트페터나 우징겐 두 사람은 에르푸르트 대학에서 루터의 철학적 사고 에 커다란 영향을 주었다. 이것이 루터가 훗날 로마와 충돌했을 때 "나는 오컴의 도당"이라고 자랑스럽게 이야기했던 배경이다. "오컴의 도당"이라 는 말은 루터 자신이 명목론자라는 뜻이었는데 14세기 스콜라 철학 사상 에서 나온 것이다. '보편' 또는 '일반개념'이 있느냐(실재론), 그렇지 않으면 명목에 지나지 않고(명목론) 참으로 실재하는 것은 개체뿐이 아니냐? 이런 명제를 두고 여러 세기 동안 싸워 많은 이론異論이 처형되었다. 헤이스팅스 래시돌Hastings Rashdall(1858~1924)의 말을 빌리면 인류 사상사에서 가장 중대 한 의의가 있는 구절이라 할 수 있다. 개체가 실재하고 보편, 전체는 명목에 지나지 않는다면 그것은 실로 로마 가톨릭 교회의 존재 이유에 관여되는 것이기에 명목론자는 이단이라며 처벌되기 일쑤였다.

그러나 루터 시대에 이르러서 사람들은 스콜라 철학의 관념성에서 벗어나 좀 더 구체적인 방향으로 사고를 돌리기 시작했다. 개체주의 사상이 대두해 지성인과 시민이 개인주의 사상을 고취하는 데 이르렀으며, 그것은 정치와 사회생활에서 구체적으로 나타나기 시작했다. 그리하여 가톨릭보다 지방적 감정이 자라났고 자기 영토와 교회에 대한 생각과 관심이 더해졌다. 이것은 명목론의 승리로 돌려야 하는데, 트루트페터가 '현대주의의 왕자'가 되어 에르푸르트 대학의 학생들에게 커다란 영향을 주면서 학교에 오컴의 전통을 쌓고, 루터의 대학 시절에 '현대적 방법'이 우세해졌던 것과 일치하는 흐름이다. 트루트페터나 우징겐 같은 교수들은 루터가 스콜라 철학을 넘어 현대주의라는 가시밭길로 걸어가게 했다. 그리하여 이성과 계시, 신앙의 차이는 루터에게 영속적인 결과를 남겼다. 루터는 에르푸르트 대학에서 종교개혁의 논리적 근거를 '현대적 방법'과 '명목론'에서 얻었다고 할 것이다.

이 밖에 루터는 대학 시절에 음악을 열심히 공부했다. 루터는 노래도 불렀고 현악기도 능숙하게 다루었다. 음악은 슬픔과 사념을 막고 악마의 공격에 대한 철저한 무기로 하나님이 주신 고귀한 선물이라고 했다. 그는 시인이자 음악가이며 신학자이기도 했는데, 모두 에르푸르트 대학에서 닦은 것이다.

그러나 루터는 석사 학위를 얻은 뒤에 곧 부모의 소원대로 법률 공부를 시작했다. 당시에는 법률·신학·철학·의학은 모두 석사과정을 밟은 뒤에 공부했다. 루터는 『로마법 대전Corpus Juris Civilis』을 사서 열심히 보았다. 그러나 1505년 3월 시작한 법학 공부를 루터는 곧 집어치우고 그해 7월 수도원으로 들어가게 되었으니, 여기서 루터의 생애는 또 한 번의 고비, 말하자면 시련의 고비를 넘겨야만 했다.

2. 루터의 시련

아우구스티누스 수도원을 찾아

루터는 왜 법률 공부를 포기하고 수도원에 들어갔을까? 에르프트르 대학은 법률학으로도 이름이 높았던 모양이고, 또 법률과를 졸업하면 시의 참사參事나 제후의 성에서 법률고문이 될 수도 있는데 말이다. 당시 귀족이 아닌 일반 시민이 고위직에 오르는 유일한 길은 대학 과정을 마치는 것뿐이었다. 이것 없이 출세는 성·속 모두 생각할 수가 없었다. 이제 루터는 우수한 성적으로 교양학부 과정을 4년 만에 마치고 장차 출세의 길이 트이게 되었는데 무슨 곡절이 있어 부모를 실망시키고 친구를 놀라게 하며 자신을 괴롭히는 수도원에 들어갔는가?

루터가 에르푸르트에 있는 아우구스티누스 교단의 한 수도원에 들어가게 된 이유나 동기에 대해서는 여러 가지로 설명되어왔다. 대체로 외부적인 자극이나 내심의 고민이라는 두 가지 방향으로 해석하는 경향이다. 거기에 대해서는 나중에 다시 언급하기로 하고, 먼저 우리는 당시 사람들의 종교적 실정을 알아보아야겠다. 당시의 종교적 분위기하에서 루터의 개인적 적성을 파악하고, 다시 루터의 안팎에서 일어난 사태를 관련시켜 그가 수도원에 들어가게 된 사연을 알아보기로 한다.

오래전부터 루터 당대에 이르도록 독일인은 자기부정의 인생관을 가지고 살아왔다. 이미 8세기 전후에 신플라톤주의가 유입되어 육체를 부정하는 길을 가르쳐주었고, 그것은 다시 수도원주의 정신의 흥기를 도와주었다. 아타나시우스Athanasius(293?~373)나 성 아우구스티누스, 기타 교부들도 수도원의 신비적 생각에 사로잡혀 그들과 그들의 후계들이 인간의 의지를 비이성적인 것에 봉사하게 했다. 이리하여 독일 민족은 성인 숭배를 하고 기사이적을 믿으며 성골과 성상을 숭배하게 되었다. 더구나 로마교회는 이 신흥 독일 민족을 정신적·육체적으로 철두철미하게 짓눌러 다스려왔다. 그러기 위한 유효적절한 하나의 제도로 수도원이 발전했다. 사람들은 반인반신 주교 앞에서 두려워 떨고 죄에 눌려 모든 것을 의지하려고 했다. 육체의 즐거움은 악마적인 것이라 생각하고 그리스도의 이름으로 허황된 십자군에 가담했으며, 자신은 짐승과 같은 우리에서 살면서 중세의 화려하고 장엄한 성당을 짓는 데는 우마牛馬처럼 노역했다. 무엇보다 마그데부르크에서 루터 자신이 본 것처럼 빌헬름 안할트Wilhelm Anhalt 공이 피골이 상접한 채로 맨발로 구걸하는 등 난행고행할 정도였으니 수도원에 들어가는 것이 당시 기준으로는 전혀 이상한 일이 아니었다. 왜냐하면 당시 특수 상인이나 무역업자, 일부 정치인을 제외하면 사람들은 대개 현세보다 내세에 더 많이 관심을 기울이고 있었기 때문이다. 그것은 중세의 종교가 가르친 것이며, 사람들이 공포(지옥)와 소망(천당) 사이를 왕래하게 하면서 교회 안에서 떠나지 못하게 했다. 사람들이 지옥이라는 곳을 너무도 등한했기 때문에, 공포심을 불러일으키기 위해 지옥에는 유황불이 이글이글 타오른다고 교회는 가르쳤다. 또 교회는 지옥에 갈 공포에 낙심한 사람들을 위해 연옥煉獄이라는 곳을 설정하고 지옥에 갈 정도로 나쁜 짓을 하지 않았거나, 천당에 갈 정도로 좋은 일을 하지 못한 자에게 소망을 주었다. 그리고 또 면죄부를 통해 공포심이 완화되도록 했다.

이런 정신적 분위기 속에서는 루터처럼 민감하게 감동을 받기 쉬운 사람은 정신적 실의와 득의의 소용돌이에 말려들기 쉬웠다. 루터도 당시 학생들이 가졌던 기질이나 생각과 별로 다를 것이 없었으나, 다만 그의 감동성과 격동성은 특출했고, 그러므로 그의 정신적 동요는 평생토록 멎지 않았다. 루터는 수도원에 들어가기 반년 전에 그 이유는 확실하지 않으나 매우 커다란 실의에 빠졌는데, 이것은 그가 수도원에 들어가게 된 상황을 설명해주는 것이기도 하다.

더구나 종교적 신념이 두터운 인간에게는 육체의 향락보다 영혼의 구원 문제가 더 중요했고 잠깐 동안의 이쪽 생보다 영원한 저쪽 생이 더 귀중했기 때문에 영의 구원을 위하는 일이라면 무엇이나 할 만한 정신적 상태에 있었다. 더구나 세상은 곧 끝난다는 것, 다만 시토 교단Cisterciens[프랑스 시토(citeaux)에 세운 수도단으로 가장 경건한 교단이었다]을 위해 연기되고 있는 것뿐이라고 생각했다. 그들에게 하나님은 엄격한 분이며 그리스도는 가장 냉혹한 심판관이었다. 이제 그리스도는 천사들에게 최후 심판의 나팔을 불라고 명령하는데, 자비의 어머니 마리아Maria가 자기 아들의 발아래 엎드려 "적어도 나의 벗들 시토 교단이 준비되기까지" 잠시 기다려달라고 탄원한다. 이때 악마는 자신의 손에 들어 있는 많은 영을 훔쳐간 성 베네딕트(수도원의 창시자다. 그 덕분에 많은 영이 구원을 얻게 되니 악마는 화가 날 수밖에 없었다. 그리고 시토 교단은 베네딕트 교단의 일파다)를 원망한다. 누구나 영의 구원을 위해서는 수도사의 쓰개(수도복에 달린 머리를 덮는 것)를 쓰고 있어야 한다. 그래야만 죽어서 천당에 가는 특혜를 받는 것이다. 그런데 한번은 시토 교단의 한 사람이 고열에 허덕이다가 수도복을 벗어 던지고 죽었다. 그는 천당 문밖에서 수도복을 벗고 죽었다고 해서 성 베네딕트에게 거절을 당한다. 그는 다만 창틈으로 천당 안을 들여다보며 자기 선배들의 즐거운 생활을 엿볼 뿐이었다. 그때 한 선배가 나와 중재를 한 결과 성 베네딕트는 그 망자에게 집행유예를 내려 세상에 가서 수도복을 입고 오게 했다.

물론 이런 황당무계한 이야기를 신학자들은 반대했지만, 그것은 대단히 경건한 이야기였으며 또 일반인들은 그런 이야기를 믿었다. 루터도 그러했고, 성 토마스도 수도사가 쓰개를 쓰는 것은 제2의 세례라고도 했다. 루터는 앞서 말한 안할트 공의 고행을 두고 "그를 보면서 자신의 육신을 위해 사는 생활을 부끄럽게 여기지 않을 사람은 없을 것이다"라고 말했다.

루터는 이런 외부적 사태에 대해 크게 감동했고 열렬하게 신앙을 불태웠다. 루터는 자신의 영을 구원하기 위해 수도원에 들어갔고, 같은 이유로 수도원을 뛰쳐나와 로마교회와 결별하게 되었다.

지금까지 우리는 루터 시대의 수도원 사상과 루터의 남다른 성정을 살펴보았다. 이런 이유들이 스물두 살의 청년 루터를 수도원에 들어가게 만든 하나의 내적 동기가 되었는지는 알 수 없다. 여기에 어떤 외부의 충격적인 사실이 겹쳤던 것은 아닐까? 이에 대해 우리는 다음과 같은 사실을 말할 수 있다.

루터가 수도원으로 들어가게 된 외부의 충격적인 사건으로 세 가지를 들 수 있다. 그중 하나는 루터가 고향으로 돌아가던 길에 몸에 지녔던 칼에 다리를 찔려 출혈이 심하자 마리아에게 구원을 호소했던 일, 다음은 한 학우의 급작스러운 죽음으로 충격을 받은 일, 끝으로 루터 자신이 말한 것처럼 방학에 고향에 갔다가 에르푸르트로 돌아오던 중 슈토테른하임Stotternheim 노상에서 뇌성벽력을 만난 일이다. 이 중 마지막 경우는 1505년 7월 2일 루터가 대학생 가운을 입고 슈토테른하임 촌락 교외에 이르렀을 때 갑자기 먹구름이 몰려와 소나기가 퍼붓고 벼락이 치기 시작하자 땅 위에 엎드렸다가 겨우 일어나면서 "오, 성 아나Anne여, 도와주소서. 저는 수도사가 되겠나이다"라고 서약을 한 사건이다. 이 일화를 다마스쿠스Damascus 도상에서 있었던 사도 바울에 비유해 설명하려는 사람도 있다. 그 당시 사람들은 벼락이나 기타 예기치 않았던 재난을 당할 때 그것을 자신에 대한 하나님의 진노로 생각했는데 루터 역시 그런 생각을 했을지도 모른다는 것이다.

이런 객관적 사실과 앞서의 루터의 종교적 교양과 성격, 학창 시절의 생활 등을 근거로 루터 연구가들은 대개 그의 수도사가 된 동기를 대체로 다음의 세 가지 경우로 생각하고 있다.

첫째는 지금까지 전통적으로 내려왔던 생각인데, 루터가 학창 시절에 저지른 불륜을 속죄하기 위해 수도원에 들어갔다는 생각이다(Denifle, Grisar, Febvre 등). 이런 견해는 오늘날에는 거의 부정되고 있다. 둘째로는 1883년 루터 탄생 400년 기념 이후에 등장한 말하자면 수정파라고 할 수 있는 이들의 주장이다(Koehler, Ficker 등). 당시 독일의 황제도 루터의 사료 수집을 적극적으로 지원했고 루터의 집은 '국립 루터 박물관'이 되었는데, 이런 루터사 재건 분위기와 함께 등장한 견해다. 그것은 슈토테른하임 노상에서의 순간적이고 자발적이며 전혀 예기하지 않았던 서약을 중요시하는 파다. 루터 자신이 1521년에 「수도원 서약에 대하여De votis monasticis」라는 글에서 "하늘로부터의 두려운 소명에 의해서"라고 쓰고 있다. 그리고 1519년 대학 동숙생 코르투스 루베아누스Cortus Rubeanus가 루터에게 보낸 편지에 "하나님의 섭리는 당시 부모를 뵙고 돌아오는 도중 바울이 당했던 것처럼 번개로 당신을 에르푸르트 시외에서 땅에 엎드리게 한 것이다"라는 문구는 루터가 수도사가 된 일을 번개와 관련시켜 생각하게 한다. 루터 역시 1593년에 "뒤에 나는 수도원에 들어가기로 서약한 것을 후회했다"라고 한 말이나, 멜란히톤에게 "공포의 순간에 결정했고 그것은 자발적이 결정이 아니었다"라고 한 말 등은 수정파의 주장을 뒷받침해주는 자료가 되었다.

좀 더 현대적인 해석은 앙리 스트롤, 하인리히 뵈머, 한스 폰 슈베르트,

카를 홀Karl Holl(1866~1926), 페르디난트 카텐부시Ferdinand Kattenbusch(1851~1935) 등 루터 전기 작가들의 주장이다. 이들은 수정파의 의견에 동의하면서 그 이상으로 루터가 이미 수도사가 될 정신적 준비가 되어 있었다고 주장한 다. 그들은 현대 심리학을 적용하면서 단순히 낙뢰를 접하고 수도원에 들어갔다고 보기는 어렵다고 주장한다. 스트롤은 『1515년까지의 루터의 종교의식의 발전L'évolution religieuse de Luther jusqu'en 1515』에서 "번개는 다만 그가 마음에 준비하고 있던 것을 깨우쳤을 뿐"이라고 했다. 사실 루터가 남긴 기록으로 보아도 그는 이미 수도원에 들어가기 전부터 구원 문제를 깊이 생각하고 있었다. 1534년 설교에서 루터는 "오! 너는 언제 경건해지고 하나님의 은총을 얻을 수 있게 되느냐? 그런 생각이 내가 수도원에 들어가게 만들었다"라고 했다. 뵈머는 『청년 루터Der junge Luther』에서 다음과 같은 대표적인 현대적 해석을 내리고 있다.

오랫동안 여러 의심과 반성으로 생긴 내적 투쟁에 따라 그때까지 준비되어왔던 결단이 그 위대한 긴장된 순간에 갑자기 폭발한 것이라고 생각함이 옳을 것이다. 왜냐하면 루터와 같은 위인은 오랜 고투 끝에서만 그런 돌연한 결단을 내릴 수 있는 사람이기 때문이다.…… 그러므로 우리는 루터가 이미 내심으로 수도사의 길을 걷고 있었을 것으로 본다. 벼락의 그 히스테릭한 순간의 공포는 다만 수도원에 들어가겠다는 결단을 촉진시켰을 뿐이다. 그러므로 이 순간이 그가 수도원에 들어갈 마음을 만들어준 것은 아니다.

이리하여 루터는 수도원에 들어가기 전날 친구들과 만찬을 나누며 "당신들은 오늘을 마지막으로 나를 보고 앞으로는 절대로 보지 못할 것"이라는 말을 남기고 친우들의 전송을 받으며 에르푸르트에 있는 아우구스티누스 수도원에 들어갔다. 때는 1505년 7월 17일 성 알렉시스Alexis 축제일이었다. 이 수도원은 루터가 다닌 대학원 건물 부근에 있어서 루터가 예전부터 알고 있던 곳이었다. 그러나 수도원의 문과 높은 담은 마치 고도와 같이 바깥세상과 격리된 곳이었고, 한번 서약하고 들어가면 밝은 생의 환희를 영영 맛볼 수 없는 곳이었다. 루터가 들어갈 당시 수도원 건물은 시내에 있었고, 수입 재산도 풍부했으며, 신참자를 제외하고 70명 이상의 단원이 거주하고 있었다. 이 수도원은 탁발수도회Bettelorden의 일파로 13세기 수도원 개혁 운동이 일던 시기인 1287년 이탈리아에서 창설되었다.

아우구스티누스 교단은 프란체스코나 도미니크 교단과 함께 학문 연구로 에르푸르트에서 이름이 높았다. 내적으로 엄격한 수도 생활을 하는 동시에 에르푸르트 대학에 교수를 공급하고 시市교회에 설교자를 보내는 등 영향력이 큰 교단이었다. 더구나 훗날 루터를 도와준 요한 폰 슈타우피츠 Johann von Staupitz(1468~1524)가, 1503~1520년 이 교단의 독일 총책임자가 되었다는 것은 루터의 신앙, 신학 연구, 대학에서의 강의와 종교개혁을 위해 퍽 다행스러운 일이었다.

루터는 우선 신참자로서의 의식을 치르고 새로운 생활을 시작했다. 많은 수도사들이 모인 부속 예배당의 성단 앞에 엎드려 수도원 부원장이 외는 한마디 한마디에 귀를 기울이고 서약하는 것이었다.

"그대의 소원은 무엇인가?"라고 부원장이 묻는다. "하나님의 은혜와 자비를!"이라고 루터가 대답한다. 그리고 루터는 일어선다. 부원장은 다시 루터에게 독신인지, 노예인지, 성병에 걸렸는지 등을 묻는다. 루터는 모두 아니라고 부정한다. 그다음으로 부원장이 수도 생활의 여러 어려운 점에 대해 말한다.

자기 의지의 포기, 조악한 옷과 음식, 철야 기도, 주간 노동, 육신에 대한 무자비한 자학, 가난의 치욕, 걸식의 수치, 금식에 따르는 허약, 세속으로부터의 이탈 등 모든 자기부정의 훈련의 어려움을 설명하고 그래도 이런 고행을 견딜 각오가 되어 있느냐고 루터에게 묻는다. 그러면 루터는 "하나님의 도움으로"라고 대답한다. 그 뒤 합창이 울려 퍼지고 삭발의 순서가 이어진다. 이어서 세속의 옷은 벗어버리고 견습 수도복으로 바꾸어 입는다. 그런 다음 부원장은 기도문을 외운다.

오, 주여! 저희의 진정한 소원을 들으시고 당신의 종에게 축복을 내리소서! 그는 주의 이름으로 수도복을 입었나이다. 당신의 도우심으로 그가 당신의 교회 안에서 충성되게 하시며 우리 주 예수그리스도를 통해 영생을 얻도록 하소서, 아멘.

마지막 성가 속에서 루터는 다시 두 팔을 십자형으로 뻗치고 엎드린다. 부원장은 다시 경계하는 말을 루터에게 전한다.

주님의 옷으로 그대는 새사람이 되고 진리의 의로움과 거룩함으로 창조되었도다. 시작보다도 끝까지 참고 나가는 자가 구원을 받게 되느니라.

루터가 입은 것을 수도사복Moenchsgewand이라고 하는데 긴 백색 옷 위에 검은 망토를 걸친 복장이다. 가죽띠를 두르고 머리는 십자가상의 예수의 가시관 형상으로 꼭대기만 깎고 그 위에 카페Kappe를 쓴다. 이제 루터는 예수 그리스도의 싸우는 병사가 되는 것이다.

루터의 방은 단칸방이었다. 그 안에는 책상 하나와 의자, 짚으로 만든 침대뿐이었고 방 안의 장식은 엄금되어 있다. 들창도 하나뿐이고 난로도 없었다. 밤에 옷도 벗을 수 없고 카페는 늘 쓰고 있어야 했다. 이런 방에서 기거하며 루터는 1년간의 고된 견습 기간을 겪어내야 했다.

우선 루터는 언행의 풍습을 배운다. 성가를 부를 때나 방 안에서나 공동 작업장에서나 일체의 대화는 금지되었다. 수도사다운 태도를 배우고 표정으로 말하는 법을 배워야 했다. 제스처로 자기 의사를 표시하는 법을 배워 교제에 필요한 모든 언어를 대신하는 것이었다. 제스처 대화법을 다 배운 뒤에 루터는 귀엣말로 의사표시를 할 수 있게 된다. 그러나 대개의 경우 입은 다물고 있어야 했다. 일주일에 적어도 한 번씩 고해를 해야 했고, 금요일에는 전원이 모인 가운데서 파계한 수도사의 고해를 들어야 했다. 모든 견습 수도사는 앉고 일어서고 걷고 먹고 마시는 것 등에 대한 규율을 배워야 했다. 길을 걸을 때는 눈을 내리뜨고 「아베 마리아Ave Maria」를 외어야 한다.

천편일률적인 일과에 쫓겨야 했던 루터는 완전히 외부 세계를 잊어버리게 되었다. 시간이 있어 바깥세상 생각이 날 무렵에는 교단의 수호자 아우구스티누스의 생애와 업적에 관한 설교를 듣는다. 하루에 두 끼를 먹고 일주일에 2~3일 금식도 했다. 종교적 축제일에는 더욱 자기부정의 생활이 요구되었고, 강림절降臨節과 사순절四旬節 기간에는 고기나 계란이 없는 한 가지 식사만 해야 했다.

루터는 『성서』의 사본을 얻어 열심히 읽고 암기했다. 아우구스티누스 수도단은 이미 13세기부터 '열심히 읽고 듣고 연구할 것'을 강조해왔던 곳이었다. 그리하여 루터는 『성서』의 문구를 암송하면서 그 장절까지 기억할 정도가 되었다. 이런 과정을 거쳐 루터는 1506년에 견습 기간 1년을 수료하게 되었다.

영적 투쟁

견습 기간을 지낸 루터는 그 뒤 본격적인 공부와 또 영의 구원 문제를 파고들기 시작했다. 아우구스티누스 수도원 수도사 중에는 에르푸르트 대학의 신학 대학원 정교수가 있었고, 일반 수도사들도 대학에서 청강하는 것이 허락되었으며, 또한 수도원에서도 강의가 진행되었기 때문에, 파고드는 성격의 소유자인 루터가 공부하기에 더할 나위 없이 좋은 환경이었다. 또 루터와 같은 수도사들은 세속에 관심이 없었기 때문에 일반적인 세속 학생들보다 학위도 빨리 얻을 수 있었다.

루터는 우선 비엘의 『미사예전Canon Missae』을 연구했다. 루터는 이 책을 통해 미사의 신비 속으로 들어갔다. 미사의 집전자인 성직자의 사명도 높이 평가하게 되었고 미사의 기적도 믿게 되었다. 이 책을 통해 루터는 교황 제도를 열렬히 지지하게 되었다.

다음 해인 1507년에는 사제가 되었고, 루터의 첫 번째 미사 집전 축하식에는 만스펠트에 있는 아버지와 친척들이 참석했다. 그 당시 상당히 부유했던 그의 부친은 마부와 수행원 20명을 대동했고, 돌아갈 때는 수도원에 300달러(1913년 현재 가치 기준) 정도의 기부금을 내놓았다.

사제가 된 뒤에 루터는 본격적으로 신학 연구를 시작했다. 그는 강렬한 학구심에 불타 휴식을 모르는 연구를 계속했다. 루터가 박사 학위를 얻기 위해서는 다음의 네 단계를 통과해야 했다.

첫 번째로 기초적 『성서』 강의 자격Billicus, 두 번째로 중세 학문의 술어 습득 자격Formatus, 세 번째로 롬바르두스의 『명제집Sententiarum libri quatuor』 강의 자격Sententiarius, 네 번째로 정규 신학 교수 자격Licentiatus이 그러했다.

루터는 1507~1509년간에 첫 번째 단계의 학위를 얻기 위해 공부하다가 1508년에 비텐베르크 대학에서 도덕·철학 강의를 위촉받았다. 한편으로 자기 연구는 계속하면서 부차적으로『성서』강의도 했다. 차차 이런 강의에 자신을 얻은 루터는 1509년에 세 번째 단계인『명제집』을 강의하는 자격을 얻었다. 그렇게 에르푸르트 대학에 초빙되어『명제집』을 강의했다.

루터는 1510년부터 1511년 사이에 수개월간의 로마 여행을 마친 뒤 비텐베르크 대학에 다시 초청되었다. 아우구스티누스 수도원의 대감독 슈타우피츠는 루터에게 기대를 걸고 장차 자신의 계승자로 삼으려고 했다. 그러기 위해 루터가 신학 박사와 설교자가 되기를 바랐다. 설교자가 되는 일은 슈타우피츠의 재량에 속했으나 박사 학위는 대학만이 수여할 수 있었기 때문에 루터는 계속 신학을 연구해 1512년 10월 18일, 5년간의 수업 끝에 드디어 신학 박사 학위를 획득했다.

루터는 수도원 생활에서 부과된 모든 임무를 다하는 한편, 신학 연구에도 몰두해 학위를 받을 때까지 부단한 영적 투쟁을 이어갔다. 어쩌면 그의 학구열은 영적 투쟁, 즉 영의 구원 문제에 해답을 얻으려는 몸부림이었는지도 모른다. 우리는 어떻게 하면 우리의 영을 구원의 길로 인도할 수 있을까? 아무리 교회나 수도원이 요구하는 규율을 지키고 스스로의 육신을 부정하는 생활을 강행했지만 마음의 만족은 얻을 수가 없었다. 그는 신학 박사과정을 이수하는 동안 중세철학을 많이 읽고 또 연구했다. 그럼으로써 중세의 모든 사상을 체득할 수 있었다. 그러나 중세의 스콜라 철학은 영에 대한 구원의 방법을 제시해주지 못했다. 로마를 순례하는 것에서 새로운 희망을 품었던 루터는 오히려 영의 구원에 대한 전통적인 사고에 회의를 품게 되었다. 훗날 수도사 시대를 회상하며 "나는 항상 슬펐다", "나는 우울한 상태에 있었다", "나는 세상에서 제일 비참한 인간이었다"라고 할 만큼 온갖 정성을 기울여 하나님의 은혜에 참여한 사람만이 지닐 수 있는 마음의 평화와 안정을 얻으려고 했다. 그는 20년 동안의 긴 수도사 생활을 통해 기도식에 한 번도 빠진 적이 없었고, 학과 과정에도 지나칠 정도로 열의를 다해 참여했다. 짧게는 1주에서 길게는 2~3주를 계속 일했고 어떤 때는 방문을 걸어 잠그고 침식을 잊고 공부했다. 이렇게 육신을 혹사한 결과 의식이 몽롱해지는 경험까지 했는데, 루터는 이것을 하나님의 뜻이라 생각했다. 불면과 단식은 루터의 기력을 더욱 쇠약하게 했으며, 그즈음에 피골이 상접한 그의 초상화가 이를 잘 설명해준다.

루터는 왜 수도원에서 난행고행을 자초했나? 그것은 1537년 설교에서 말한 것처럼 하나님을 발견하려고 했기 때문이다. 스스로를 학대해 수도원 생활에 복종시킴으로써 하나님의 은혜에 참여하려는 이유 때문이었다. 그러나 그가 발견한 것은 무엇인가? 여전히 자신은 죄 가운데 있다는 사실뿐이다. 이런 체험은 세례를 받으면 모든 죄의 사함을 받는다는 교리와 어긋나는 것이었다. 훗날 루터는 "세례를 받고 서약을 했다고 하나 그것은 전혀 소용이 없는 일이었다"라고 심회를 토로하고 있다.

수도원에서 먹고 마시는 것은 풍족했다. 그러나 마음의 고통과 순난(殉難)으로 괴로웠다. 영의 고민은 제일 큰 아픔이었다. 그리스도라는 이름을 생각만 해도 두려웠다. 그리스도와 십자가상을 볼 때 그리스도는 내게 번개처럼 보였다. 나는 수도원에 있을 때 돈이나 재물이나 여자를 생각해본 적이 없다. 나의 마음은 어떻게 하면 내가 하나님의 은총을 입을 수 있을까 하고 떨며 생각했다. 나는 믿음에서 떠나 있었고; 나의 선행으로 그리스도의 은총을 다시 얻으려고 했으나, 하나님께 죄를 범했다는 생각밖에 아무것도 믿을 수가 없었다.

이것이 루터의 고민이었다. 루터는 가톨릭 학자들이 자주 말하는 여성 관계에 대해 『탁상담화』에서 다음과 같이 말했다.

나는 수도사가 된 뒤에 여자를 본 적이 없다. 나는 여자의 고해를 (비텐베르크에서) 세 번 받았으나 그들의 얼굴은 본 적이 없다. 수도사 시절에 나는 그저 많은 정욕을 느끼지 않았다. 다만 생리적으로 오는 유정(遺精)의 경험은 있었다.

루터는 설교에서 그에게 노한 하나님을 은혜의 하나님이 되게 하는 것이 그가 영적 투쟁을 하는 이유라고 밝혔다.

나는 항상 꿈과 우상숭배에서 헤어나지 못했다. 나는 그리스도를 어떤 화가가 그린 것처럼 무지개 위에 앉은 엄하고 두려운 판관으로밖에는 생각하지 않았기 때문이다. 그래서 나는 중도자로서 마리아, 성인, 또 나 자신의 선행과 믿음의 공덕을 찾았다. 이런 것은 돈이나 어떤 소유를 위해서가 아니고 하나님 자신을 위해서였다. 그러나 어떤 것은 허위의 종교요, 우상숭배였다. 왜냐하면 나는 그리스도를 몰랐고, 내가 이 모든 일을 하는 데 그리스도 안에서 그를 통해서 하려고 하지 않았기 때문이다.

이렇게 보면 루터는 내적으로 완전히 파괴된 인간이었다고도 할 수 있다. 당시 생각으로 영의 구원을 위해서는 수도원에 들어가 수도사가 되는 것이 최상이었는데, 루터는 수도사 생활을 하는 동안에 마음의 평안과 평화를 얻지 못하고 분노와 질투와 시기의 감정에, 때로는 심지어 성욕조차 느껴보는 매우 불안하고 어지러운 상태에 있었던 것이다. 더욱이 성 아우구스티누스의 예정설을 믿고 있던 루터는 혹시 자신이 멸망할 예정에 놓인 것이 아닌가 여겨 남모르게 고민했을 테니 말이다. "불안은 나를 절망의 길로 몰아넣는다. 죽음 외에 나에게 남겨진 것은 아무것도 없다"라고 루터는 말했다. 이런 불안은 예정에 대한 불안이었다. 중세의 구원 사상은 로마교회가 가르치는 모든 규율을 엄수하고 칠성례전七聖禮典을 통해야만 얻어지는 것이었다. 그것은 그리스도와 직접 부딪쳐서 구원에 이른다는 개념이 아니고, 어떤 중간자를 설정한 뒤 그것을 통해서만 구원을 얻을 수 있다는 생각이었다. 그리하여 중세 시대 사람들은 교회가 요구하는 금식, 시혜, 순례, 걸식, 자학 등 온갖 난행을 다 실행했다. 루터 시대의 사람들도 그렇게 함으로써 자기만족을 얻었다. 수도사나 수도녀도 물론이었다. 모두 잘되어가는 줄로만 알고 자신들이 하는 일에 반성하지도 않고 의심하지도 않았다. 로마교회는 하나님의 은혜의 중계자라고 생각했고 교회밖에는 구원이 없다고 생각했다. 사제제주의Priestertum는 중세 교회의 무기였다. 하나님의 은혜는 교회와 사제가 독점하다시피 했다. 그리하여 1439년 피렌체 공의회는 칠성례전을 통해서만 구원에 이른다고 결정했던 것이다. 모든 판단은 사제가 좌우했고, '사제의 사제'인 교황은 구원과 멸망을 판가름하는 절대권자가 되었다.

그런데 사제가 되고 성례전을 집전할 수 있었던 루터가 어째서 고민을 했을까? 다른 사람들은 교회의 규율에 따라 생활함으로써 모든 것이 옳게 된다고 생각했을 때 루터는 왜 로마교회가 가르치는 구원 문제에 대해 의심을 품고 고민을 하게 되었는가 말이다. 가톨릭 학자 데니플레나 그의 제자 그리자르처럼 루터가 영적 투쟁을 하지 않았고, 설령 했다고 하더라도 너무 과장되어 있어 로마교회가 잘못한 것이 아니라 루터가 수도원 서약을 파기한 것이 잘못이라고 주장한다면 그뿐이다. 하지만 적어도 루터의 고백과 그의 초상화에 나타난 수척한 모습은 그가 누구보다도 영적으로 고민하고 있었다는 것을 증명해준다. 그렇다면 그는 왜 유독 영적 고민을 자초했던 것인가? 종교를 항상 개인적 체험으로 보는 독일인의 심정을 가졌기 때문에 루터는 제도화한 로마교회를 의심하고 고민했던 것인가? 직접 하나님 앞으로 나아가 대결하려는 심정을 가졌기 때문에 성례전에 대해 불만을 느꼈던 것인가? 루터의 내면적 고민과 파국에 대해 무엇을 말함으로써 그 원인을 설명할 수 있을 것인가? 그것은 에릭 에릭슨Erik Erikson(1902~1994)의 주장대로 종교의 문제를 떠나 의학적·정신병리학적으로 설명되어야 할 성질의 것인가? 정신병자가 말하듯 루터는 과연 선천적으로 정신병자였는가? 즉, 수도원에서 루터가 느낀 불안을 이상심리의 징후로 해석해야 옳을 것인가?

이것은 루터가 사제가 되고 첫 미사를 집전할 때 나타난 일이다. 1507년 5월 2일의 일로, 이때가 루터가 영적 공격Anfechtung을 받았던 시기다. 루터가 성단 앞으로 나아가 "살아 계시고 참되시고 영원하신 하나님께 바치나이다"라는 미사의 서구를 외기 시작했을 때 정작 자신은 공포의 습격을 받았던 것이다.

당시의 모습을 루터는 다음과 같이 회상했다. "세속의 군주 앞에 나가서도 벌벌 떠는 인간이 어찌 전능하신 그에게 말할 수 있을 것인가?" 거룩하신 주 앞에서 감히 눈을 뜨고 두 팔을 쳐들고 있는 자신을 의심했다. 비참하고 보잘것없는 티끌이자, 재灰이며, 죄로 가득 찬 자신이 감히 성단 앞에 나가서 '이것을 원하옵니다, 저것을 주시옵소서'라고 말할 수 있다는 것인가? 이런 두려움에 사로잡힌 루터는 가까스로 몸을 가누며 겨우 미사 집전을 끝냈다. 이때의 감정은 온통 의심·혼란·고통·떨림·공포·절망·황량·자포자기였는데, 루터는 그런 감정의 전격Blitzkrieg을 받았다고 한다.

이런 느낌이나 피격은 순수한 종교적 심정을 가진 사람만이 느낄 수 있는 상태다. 죄 많고 보잘것없는 인간이 감히 성단에 나가서 주제넘게 신을 욕되게 하는 행위를 저질렀다고 생각할 때의 느낌은 모름지기 루터의 느낌과 같을 것이다. 성체가 봉행될 때 루터는 공포에 사로잡혔고 그때의 하나님은 감히 우러러볼 수 없는 두려운 하나님이었다. 이런 순박한 원시적인 종교적 느낌을 정신병적으로 해석한다면 그 해석하는 사람의 신앙은 이미 화석이 되어 있다는 증거라고 할 수 있다. 생명이 있는 믿음은 감동하게 마련이고, 자신이 부족할 때는 심판의 두려움을 느끼게 되는 것이다.

그러니까 부족하고 보잘것없는 자신을 어떻게 구원의 길로 가게 할 수 있을지가 루터가 절실하게 고민한 문제였다. 그러나 사탄이 '하나님은 죄인의 적이다. 너는 죄인이다. 그러니까 하나님은 너의 적이다'고 유혹할 때 거기에 현혹되면 영혼이 구원받기란 절망적인 일이 된다. 왜냐하면 그런 하나님은 엄벌하는 하나님, 저주하는 하나님으로밖에 해석할 수 없고 인간의 원수로서의 하나님 외에는 무엇도 아닌 것이 된다. 반면에 하나님은 죄인의 죄를 미워하고 그것을 제거하기 위해 그리스도가 되셨다는 생각에 이르렀을 때 루터의 구원은 성취될 수 있었다. 그리하여 루터는 슈타우피츠 앞에서 고해할 때 "그대는 어리석은 사람이다. 하나님이 그대에게 노하시는 것이 아니고 그대가 하나님께 노하고 있다"라는 스승의 말을 듣고 비로소 영의 구원 가능성을 깨달았다. 이것은 루터가 "의인은 믿음으로 산다"라는 복음의 빛을 발견하기 전에 들은 위대한 말이었다고 『탁상담화』에서도 밝혔다.

루터의 고민과 불안은 1514년 가을로 추정되는 그의 '탑의 체험'을 얻을 때까지 계속된 것으로 보인다. 그때까지 루터의 신앙은 중세 종교의 상황에서 크게 벗어나지 못하고 있었다. 중세 교회는 현세보다 내세에 치중하고 있었기 때문에 사후에 있을 영의 구원 문제가 제일 중대한 일이었다. 그것은 죽은 자의 종교이며, 미사는 산 자보다도 죽은 자를 위해 더 많이 행해졌다. 루터도 그런 사후를 위한 신앙에 갇혀 있었고 그의 말대로 우상적으로 하나님을 믿었던 것이다. 망자의 종교는 두려운 하나님, 심판과 책벌의 하나님, 공포의 하나님을 숭배하는 것이다. 죽은 자의 종교의 극치는 지금 살아 있는 자도 죽었으면 하는 생각까지 들게 하는 것이다. 루터는 로마를 순례할 때 '열광적 성자처럼so ein toller Heiliger' 성골에 대한 전통적 신앙과 순교자의 기적을 확신하며 교회, 납골소, 카타콤catacomb(초기 기독교 시대의 비밀 지하묘지) 등을 두루두루 찾아다녔다. 그때 루터의 머릿속에는 '내 부모가 죽었더라면 이처럼 거룩한 곳(로마)에 왔을 때 미사를 드려 그들의 영을 연옥에서 구원할 수 있었을 텐데'라는 생각마저 떠올랐던 것이다.

그러나 종교는 산 자의 종교가 되어야 죽은 자의 종교도 되는 것이다. 루터의 생각이 중세 신앙에서 벗어나지 못하는 한, 산 자의 종교는 기대할 것이 없었고 그 마음은 여전히 괴로움과 불안의 사슬 속에서 애타고 있을 뿐이었다. 제도화·형식화된 교회와 종교적 정열이 없는 성직자들은 살아 있는 자의 심령의 괴로움과 불안을 풀어줄 수 없었다. 루터는 교회의 계율을 엄수했다. 그러나 자신의 괴로움과 불안은 더욱더 쌓여갔다. 그가 복음에서 새 종교를 발견할 때까지 그의 하나님은 멀고 먼 곳에 있었다. 하나님을 가까이 모실 수 있을 때 마음의 평화와 안정이 오는 법이다. 그런데 죄 많고 부족한 인간이 어떻게 하나님께 접근할 수 있을 것인가? 이런 심정으로 루터는 로마 순례의 여정에 올랐다.

로마 순례

루터가 로마로 여행을 떠난 표면상의 이유는 독일 아우구스티누스 수도원의 계율 엄수와 통일 문제에 대해 바티칸의 의견을 듣고 오겠다는 것이었다(그 뒤에 교황청은 루터 일행에게 계율 준수와 통일에 동의했으나 아우구스티누스 수도원의 각 지구장들의 의견 불일치로 실패했다). 루터는 다른 수도사 안톤 크레시Anton Kresz와 함께 로마로 떠났다. 그러나 여러 해 뒤에 루터가 말한 것처럼 그는 로마에서 평생 지은 죄에 대한 이른바 공공 총고해General Beichte를 위해 로마 여행을 수락했던 것이다. 그러므로 루터의 로마 여행은 단지 여행만이 아니라 신앙을 위한 순례이기도 했다. 기쁨과 기대와 감격 어린 마음을 품고 로마로 순례의 길을 떠났던 것이다.

루터의 로마 순례를 알아보기에 앞서 우리가 생각할 것은 그의 로마 여행에는 많은 전설이 깃들어 있다는 점이다. 그것은 루터의 로마 여행기가 20년 뒤인 1530년대에 와서야 세상에 알려졌기 때문이다. 또한 로마 체류 기간이 불과 한 달 정도였으니 이 짧은 기간에 로마의 전통을 다 알아낼 수 있었을까 하는 의문이 들기도 한다. 하여간 오늘날 우리는 루터의 로마 순례에 관한 이야기를 다음과 같이 파악할 수 있다.

루터와 동행인 수도사 두 사람은 서로 앞서고 뒤따르며(나란히 가지 않는다) 로마로 떠났다. 때는 1510년 11월 중순 가을철이었다. 도보로 40일간이니 6주가 걸리는 셈이다. 당시 로마로 가는 순례로는 두 갈래가 있었는데 하나는 스위스에서 알프스산맥을 넘어 이탈리아 밀라노를 경유해 로마로 가는 길이었고, 다른 하나는 현재의 오스트리아 티롤Tirol에서 알프스산맥을 넘어 이탈리아 베로나Verona를 경유해 로마로 가는 길이었다. 루터 일행은 에르푸르트 → 뉘른베르크Nürnberg → 울름Ulm → 슈바벤 → 스위스 → 밀라노 → 피렌체 → 시에나Siena → 로마로 이어지는 전자의 행로를 택했다.

도중에 경치 좋은 곳도 많이 보았으나 루터는 이런 자연미를 그대로 느끼지는 못했다. 모든 것이 수도사의 눈에는 종교적인 감정을 북돋워주었다. 가을철이라 열매가 익는 것을 보면『성서』에 나오는 추수할 일을 생각했고, 올리브를 보면 「시편」을 떠올렸다. 그리고 들르는 곳곳마다 사람들의 행동과 수도원의 형편을 주의 깊게 관찰했다. 가는 곳마다 아우구스티누스 수도원이 있었기 때문에 그들의 여행은 조금도 불편함이 없었고 되레 융숭한 대접을 받았다. 포Po강가에 있는 베네딕트 수도원은 연간 수입이 72만 달러(1913년 현재 가치 기준)에 이르는 부유한 수도원이었는데, 이곳에서 "광영스러운" 대접을 받았다. 이탈리아 미사서의 각양각색의 언어에 놀란 루터는 밀라노에서 미사 전례를 외울 수 없었는데, 이런 경험을 통해 그는 민족 감정을 깨달았을 것이다. 루터는 다른 아무것도 믿으려 하지 않았고, 오직 자신의 눈에 보인 대로 판단하려고 했다.

이윽고 루터는 로마를 바라볼 수 있는 지점에 이르렀다. 아마도 몬테 마리노Monte Marino였을 것이다. 12월 말에 카시아 가도Via Cassia에 들어섰을 때였다. 멀리 교회 탑이 여기저기 솟은 영원의 도시가 모습을 드러냈다. 그때 루터는 너무나 감격해 땅 위에 엎드려 두 손을 쳐들고 "오! 거룩한 로마여, 거룩한 순교자의 피로 적신 거룩한 곳이여!"라고 부르짖었다.

앞서 루터는 수도사의 눈으로 모든 것을 보았다고 했다. 로마는 그에게 과연 만족을 줄 수 있었을까? 루터는 우선 이탈리아인들이 종교에 무관심한 경우가 많다고 느꼈다. 이탈리아인들은 북유럽 사람들처럼 교회를 비판하거나 공격하지는 않았지만, 진실한 기독교인을 바보로 취급한다는 인상을 받았다. 이탈리아는 이교 문화Paganism가 강한 곳이었다. 종교에 지극히 냉담한 민족에게 교회는 그저 무해무독한 장식물에 지나지 않았고 일상의 다반사 중 하나라는 의미밖에 갖지 못했다. 루터가 로마에 있는 교회나 수도원에 종교적 열정이 없는 데 실망한 것도 그 때문이다. 만년에 루터는 그런 이탈리아인을 이해할 수 없었다고 고백했다. 루터 일행은 로마에 있는 아우구스티누스 수도원[산타 마리아 델 포폴로(St. Maria del popolo) 성당]에서 한 달간 체류하며 로마를 구경했다. 루터는 그때의 경험을 훗날 설교나 담화에서 말했던 것이다.

루터 방문 당시 로마는 조용하고 죽은 듯한 도시였다. 거리는 아우렐리아누스Aurelianus(재위 270~275) 황제 때 만들어진 담으로 둘러싸여 있어 그 이상 발전하지 않은 황폐한 도시였다. 도시의 인구는 약 4만 명으로 여기저기 흩어져 있었고, 독일 도시에서 볼 수 있는 활기찬 모습은 찾을 수 없었다. 동쪽 시외에는 삼림이 우거져 사슴과 토끼가 추기경들의 사냥감이 되기도 했고, 도시 중심지Forum에는 소나 염소가 매여 있었다. 인구밀도가 높은 고古로마 자리에는 약 2000명의 시민이 살았다. 그중 5분의 1이 수도사와 수도녀였다. 특히 오래된 수도원이나 성당이 포도밭이나 다른 전답 위에 솟아 있는 광경은 루터에게는 퍽이나 인상적이었다.

그 당시는 성 베드로 대성당조차 아직 설계 단계를 벗어나지 못하고 있던 때다. 결국 루터가 본 로마는 황폐한 거리와 70동의 수도원, 기타 기증 교회, 추기경이 기거하는 성채들뿐이었다. 유대인이 시내에 거주하는 것은 자유였으나 의사를 제외하고는 모두 황적색 망토를 입게 해 쉽게 구별할 수 있었다. 독일인이 운영하는 상점이나 술집도 있었고, 당시 유명한 거상이었던 푸거 가문이나 벨저Welser 가문의 사무소도 있었다.

얼핏 보면 로마는 종교도시인 듯했다. 그러나 옛날 총대주교 교회였던 성 마리아 대성당Santa Maria Maggiore이나 성 요한 대성당San Giovanni in Laterano 등도 정기적인 예배조차 드리지 못하는 형편이었다. 설교도 강림절과 사순절에 국한되어 있었고, 부활제 날의 미사에도 태만했으며, 설령 미사가 있다고 해도 탁발 수도사가 집전하고 있었다. 신부들의 설교는 전대미문의 내용인가 하면 많은 신부들이 미사를 집전할 때 그 말의 뜻도 모르고 중얼거리는 것이 신앙심 깊은 사람들의 마음을 상하게 했다. 어떤 신부는 술과 떡을 들고 "떡은 그리스도의 살이요, 술은 피"라고 외어야 할 것을 "그대는 떡이요 언제든지 떡일 것이요, 그대는 술이니 언제든지 술일 것"이라고 말하는 지경이었다.

부르군트Burgund의 제독 필리프Philiph라는 사람은 1509년 로마를 방문하고 "모든 기독교 세계를 위해서 교회법을 제정하는 그들보다 이교도들이 더 깨끗하고 죄 없이 생활한다"라고 기록했다. 로마 신부들의 관심은 돈에만 있다고 했는데 동시대에 로마를 방문한 에라스뮈스도 미사 도중 "그리스도와 사도들에게 더러운 불경스러운 말"을 함부로 지껄이는 사람들을 보았다고 했다. 루터도 비슷한 느낌을 로마를 방문할 때 받았다. 로마 신부들이 짓고 있는 종교적으로 무감각한 표정은 성스러운 마음과 많은 기대를 품고 로마를 순례하는 사람들의 믿음의 반향을 일으키지 못했다.

수도원도 기울기 시작하고 있었다. 베네딕트계의 20개 수도원 중 제대로 운영되는 곳은 얼마 되지 않았고, 여자 수도원도 대부분 잡담 처소로 전락하고 있었다. 그런 수도원은 1545년 이후 트렌토Trento 공의회에서 폐쇄령을 받았다. 물론 프란체스코와 도미니크 교단의 수도원은 상황이 좋은 편이었고 아우구스티누스계 수도원도 여러 교황의 지지를 받았다. 그러나 로마의 수도원은 퇴락의 길을 걷고 있었다. 무엇보다 루터를 슬프게 한 것은 로마 성직자들의 낭비와 경박과 부도덕이었다. 돈과 사치스러운 생활은 사도들의 청빈과 자기희생을 말살하고 있었다. 예컨대 교황 율리오 2세의 궁정은 세속적인 화려했으며, 당시 교황은 영토를 확대하기 위해 프랑스와 싸우고 있었다. 그 전의 교황 알렉상드르 6세에게는 상상하지도 못할 범죄 사실이 있다는 말도 돌았다. 그 내용을 요약하면 알렉산드르 6세는 유대인이고 무신론자였으며, 많은 첩과 자녀가 있었고 뇌물로 교황이 되었으며, 그의 아들 체사레 보르자Cesare Borgia(1475~1507)는 근친상간자였다는 내용이다. 그들의 도덕적 부패와 종교적 타락상은 루터의 진심에서 우러나오는 참회와는 너무 동떨어진 모습이라 루터는 크게 실망했다.

이런 상황을 보면서도 루터는 깊은 신앙심과 경건한 태도로 로마의 성적

聖蹟을 순례했다. 그 당시 일반적인 순례 코스는 우선 로마 서남부의 아피아 가도Via Appia를 따라 카타콤을 구경하고 성 베드로 대성당에 간다. 여기서 저녁 성찬식에 참여하고, 다음으로 모든 성인의 유해 사이를 지나 교황청 정원으로 흘러드는 물을 마신다. 루터는 라테라노Lateran관(이전의 교황관, 지금은 박물관) 북쪽에 있는 '거룩한 계단Scala Sancta' 28계단을 오른다. 그것은 빌라도Pontior Pilatos가 올려다 보이는 곳에 있던 예수가 밟으며 올랐다고 하는 계단이었다. 이 계단을 하나하나 올라가면서 '우리 하나님Pater Noster'으로 시작되는 주기도문을 외우고 계단에 키스한다. 그렇게 마지막 계단까지 다 올라가면 자신이 염원하는 조상의 영혼이 연옥에서 구출되는 것이다. 루터도 자기 할아버지의 명복을 빌며 올라갔다. 그러나 맨 마지막 계단에 서서 루터는 탄식했다. '정말 그렇게 된다고 어찌 알 수 있을까?'

로마에는 수많은 성단이 있어 거기서 한 번만 미사를 올려도 연옥에서 영혼이 풀려난다고 주장했다. 8만 명의 순교자와 46명의 교황이 묻힌 산 세바스티아노San Sebastiano 성당도 찾았다. 성 바오로 대성당San Paolo fuori le Mura에서 바울과 베드로의 신체의 일부를 모셨던 곳도 보았다. 베들레헴Bethlehem의 '300명의 아이들'이 묻힌 곳도 보았고, 바울이 찼던 쇠사슬도 보았으며, 사도의 설교단도 보았다. 예수의 발자국이 새겨진 돌, 예수가 쓴 가시관의 가시 11개, 입에 넣었던 스펀지, 각종 십자가, 성모마리아의 성유聖油와 머리털 등을 루터는 낱낱이 보았다.

이런 것보다 더 굉장한 유물이 성 베드로 대성당과 성 요한 대성당에 많이 있었다. 바울의 목을 자른 십자가 모양의 검, 사도 요한의 무덤, 그가 밧모Patmos에서 미사를 드릴 때 사용했던 테이블과 외투, 5000명을 먹인 떡 다섯 개 중 남은 두 조각, 모세의 타고 남은 가시덤불 두 개비와 막대, 예수의 만찬 테이블 등이었다. 성 베드로 대성당 입구에는 예수를 배신한 이스가리웃 유다Iscariot Judas의 은전 등이 있었는데, 누구나 한 번만 보아도 1만 4000년 동안의 죄의 형벌에서 벗어난다는 것이었다. 성 베드로가 로마에서 처음 미사를 드린 예배당을 순례하면 7000년 동안 사면받는다. 황금문 부근의 담에는 예수의 무덤 입구를 막았던 돌이 있고, 성 베드로 대성당 안에는 유다가 목매달고 죽은 밧줄이 있다. 탑 부근의 담에는 베드로와 바울의 유해가 있다는 것을 표지한 두 개의 은 십자가가 있는데, 이 십자가에 키스할 수 있는 사람은 1만 7000년 동안 죄의 사함을 받는다. 그러나 그 모든 유물 중에 사건 발생 당시의 것은 거의 없었다. 그런데도 루터는 모두 진짜로 보았다. 특히 훗날에 이르기까지 루터에게 깊은 인상을 남긴 것은 유다가 목매달았던 굵은 밧줄이었다.

로마에는 독일 교회가 있었는데 주로 독일인이 모이는 곳이었다. 이 교회에서 루터는 교황청의 여러 추잡한 이야기를 들었다. 특히 앞서 말한 교황 알렉상드르 6세의 탈선행위와 현재 교황 율리오 2세의 괴팍한 성격에 관한 것이었다. 율리오 2세는 새벽 2시에 일어나 다섯 시간 동안 일하고 나머지 시간에는 세속 군주와 만나 전쟁, 건축, 화폐 주조 등을 논의한다는 것이다. 그 밖에 교황청과 푸거 가문 간의 지저분한 관계, 로마 상류사회의 무법, 살인, 부정 등의 소식은 모두 아니마 성당St. Maria dell' Anima이라고 불리던 그곳의 독일 교회에서 들었다.

루터가 느낀 로마의 인상은 당시 사람들의 그것과 크게 다르지 않았다. 그러나 로마에 대해 낙담했어도 루터의 가톨릭 교회에 대한 충성심이나 교황을 향한 복종심에는 추호의 동요도 없었고, 독실하고 경건한 수도사인 그를 변심시키지는 못했다. 그의 로마에 대한 존경과 신앙심은 너무나 압도적이어서 다른 생각이 머리에 들어갈 수 없었다. "로마는 일찍이 성도聖都였는데 지금은 제일의 악의 도시"라는 말이나 "교황청은 악마의 제도" 또는 "교황은 반反그리스도"라고 한 루터의 말은 모두 그가 종교개혁을 시작한 이후의 발언이었다. 그때는 너무 맹종했다고 루터는 고백했다. 과거의 나빴던 로마에 대한 인상은 그의 종교개혁에 대한 확신을 더욱 굳혔고, "만일 지옥이 있다면 로마는 그 위에 세워졌을 것"이라고 하면서 로마와 갈라지게 되었다. 그러나 라우는 루터가 종교개혁자가 된 것은 내적 투쟁의 결과이지 교회의 폐단에 대한 분노 때문은 아니라고 주장했다.

루터는 1511년 1월 말부터 2월 초 사이에 로마를 떠났다. 4월 초 에르푸르트로 돌아갈 때는 앞서 로마로 갈 때와 다른 경로를 택했다. 로마 → 피렌체 → 볼로냐Bologna → 베로나 → 알프스산맥 → 인스브루크Innsbruck → 아우크스부르크Augsburg → 뉘른베르크 → 에르푸르트로 향하는 길이었다. 로마에 대한 인상은 루터의 의심과 불안을 조금도 풀어주지 못한 채 사라졌다. 그는 스스로 『성서』를 깊이 파고들면서 새로운 구원의 빛을 발견했고, 그때에 이르러 로마에서 받은 인상은 그의 종교개혁에 대한 확신을 뒷받침해주었다.

3. 루터의 체험: 탑의 체험

비텐베르크 대학

로마에서 돌아온 루터는 1511년 8월부터 1512년 5월 사이에 비텐베르크로 두 번째 이주를 했다. 이곳에서 루터는 후반생을 보냈으며, 새로운 종교개혁 운동도 여기서 일으킴으로써 비텐베르크는 제2의 베들레헴과 같은 의의를 보유하게 되었다. 그는 비텐베르크에서 아우구스티누스 수도원의 부원장이자 설교자, 대학의 성서 교수로 크게 활약하며 자신은 물론이고 벽지의 이 작은 도시를 유명하게 만들었고 모든 새로운 사조의 원천이 되게 했다. 루터의 재능과 모든 정신적 체험은 비텐베르크 대학을 중심으로 이룩되었다. 이제 우리는 그의 활동 무대인 비텐베르크 대학에 대해 좀 더 알아보기로 한다.

비텐베르크는 그 연원을 로마 시대로까지 올라갈 수 있으나 도시로서 규모를 갖춘 것은 1174년 무렵으로 추정된다. 그때 슬라브족이 많이 거주하던 곳을 독일 기사단이 평정했고, 그 뒤 작센 지방으로 편입되었다. 루터가 정주할 즈음만 해도 이곳은 모래와 돌이 많은 황량한 고장이었던 것 같다. 작센의 프리드리히 일가의 성과 성교회Schloss Kirche가 우람차게 솟아 있었으며 화가 대★크라나흐의 저택과 프란체스코 교단의 수도원과 교회당이 있었다. 이곳의 인구는 1500년부터 1550년까지 2146~2453명으로 추산되었다. 당시 비텐베르크의 인구를 다른 도시와 비교해보면 다음과 같다.

프라이부르크 Freiburg(1474)	5000명 정도
라이프치히 Leipzig(1474)	4000명 정도
드레스덴 Dresden(1474)	3200명 정도
마이센 Meissen(1481)	2000명 정도
아이슬레벤 Eisleben(1433~1595)	4000~9500명 정도
토르가우 Torgau(1505~1535)	2462~3500명 정도
나움부르크 Naumburg(1517)	5000명 정도
비텐베르크 Wittenberg(1500~1550)	2146~2453명 정도

이 자료로 알 수 있듯이 비교적 소도시였던 비텐베르크는 1502년에 대학이 설립되면서부터 새롭게 정신적·종교적 풍토가 생성되기 시작했다.

원래 선제후국이던 작센 지방은 형 에른스트Ernst(재위 1464~1486)와 동생 알브레히트Albrecht der Beherzte(재위 1472~1500)가 공동으로 다스리다가 1485년에 분할되었다. 영지가 나뉘면서 라이프치히 대학(1409년 창립)이 알브레히트계 Albertinische Linie로 넘어가자 에른스트계Ernestinische Linie의 프리드리히 선제후는 1502년에 새로 비텐베르크에 대학을 설립하고 자신의 영지에서 문화를 창달하려고 했다. 프리드리히는 독일에서 대학의 의의를 누구보다 높이 평가한 영주였다. 자신의 지방에 대학을 보유한다는 것은 무한한 광영인 동시에 영방의 지위를 높이는 일이라고 생각했다.

당시 대학 건물은 여기저기 흩어져 있었고, 오늘날 대학처럼 한 캠퍼스에 모여 있지 않았다. 대학의 건물과 건물 사이에는 민가가 들어찼고 그 때문에 학생(가운)과 시민(타운)과의 충돌도 자주 일어났다. 대학 설립 초창기에는 성교회의 일부와 아우구스티누스 수도원이 교실 겸 기숙사로 사용되었다. 1503년 선제후는 처음으로 '다스 알테 콜레기움Das Alte Collegium'이라는 건물을 세웠고, 1509년에는 '콜레기움 프리데리치Collegium Friederici'라는 큰 건물도 지어주었다. 그 뒤 1541년에는 멜란히톤 기념관도 세워 대학 건물로 사용했다. 특히 아우구스티누스 수도원은 루터가 비텐베르크에서 처음 설교한 곳이며 요한 테첼Johann Tetzel(1465?~1519)의 면죄부 판매를 공격한 곳이기도 했는데, 그런 장소가 대학 교실로 사용된 것은 자못 의미 있는 일이었다. 또한 성교회 안에는 성물이 많았는데 1518년에는 1만 7443점이나 있어 전 독일에서 유명한 곳이 되었다. 그리하여 많은 신자가 이 성당에와서 기도하며 죄의 사함을 받으려고 했다. 『성물지聖物誌, Heiligthumsbuch』에는 루터가 로마에서 본 것, 예컨대 세례 요한의 옷, 예루살렘을 향해 곡할때 예수가 디디고 섰던 돌, 갈보리Calvary산 위의 돌, 마리아의 옷, 예수의 상의, 모세의 가시덤불, 가시관의 가시, 유대 헤롯Herod(재위 B.C. 73?~B.C. 4) 왕이 죽인 2세 이하 남자아이들의 유골 등도 있었다.

비텐베르크 대학의 가장 큰 자랑거리는 도서관이었다. 궁중 도서와 수도원 장서가 모두 대학의 도서가 되었고, 1514년에 선제후는 훌륭한 도서관을 지어주었다. 그때 장서가 모두 3132권이었는데, 1508년 영국 캔터베리Canterbury 도서관의 소장 도서가 2000권이었다는 점이 좋은 비교가 된다. 어니스트 슈위버트Ernest Schwiebert(1931~2015)에 따르면 비텐베르크 대학의 도서는 신학 1040권, 철학 964권, 법학 562권, 의학 545권, 음악 21권으로 대부분 신학이나 철학 서적이었다. 중요한 사료와 사본은 쇠줄로 매어두었으며[지금도 영국 옥스퍼드 대학 보들리언(Bodleian) 도서관에서는 쇠줄에 매인 귀서가 있다], 고사본 1756권은 따로 큰 방에 보관했다. 그 뒤 르네상스의 영향으로 헬라·라틴·히브리 고어 연구가 성해지자 고서 수집도 늘어갔고, 선제후는 라이프치히 시장에서 연간 세 번 도서를 구입하도록 했다. 매년 100굴덴(1913년 현재 가치 기준으로 1340달러)이 도서 구입에 할당되었다. 당시에 그만한 도서 규모라면 교수들이 참고하기에 부족함이 없었다고 한다.

사실 대학이나 도서관은 프리드리히 선제후의 사유물이나 다름없었고 그 때문에 선제후는 아낌없이 자신의 막대한 재산을 쏟아부어 대학을 세웠던 것이다. 훌륭한 경력의 박사를 초빙하고 그들의 유익한 권고를 받아들였다. 그의 후계자 요한 프리드리히 선제후도 자신의 성안에 도서관을 새로 만들고 교수들, 특히 멜란히톤의 권유에 따라 처음에는 주로 신학 관련 도서를 구입한 데 이어 각종 서적을 사들였다. 독일 안에서 구하기 어려운 책은 이탈리아 베네치아에까지 가서 구해왔다. 궁정 신부 게오르크 스팔라틴George Spalatin(1484~1545)은 베네치아에서 헬라·히브리어 고古사본을 구입해와 훗날 루터의 『성서』 번역에 커다란 도움을 주었다. 이 성내 도서관은 대학생과 교수들에게 아낌없이 개방되었다. 요한 프리드리히 선제후는 대학의 제2의 건설자로서 대학과 도서관 확충을 위해 노력했다.

이렇게 보면 에른스트계의 작센 통치자들은 문화 방면에 남달리 큰 관심을 쏟고 있었던 것 같다. 종교개혁 이후 요한 프리드리히 선제후는 루터 편에 섰는데, 1547년에 일어난 슈말칼덴 전쟁에서 카를 5세의 군대에 패하면서 비텐베르크 지방을 상실하고 말았다. 그 뒤 황제 편에서 싸웠던 알브레히트계의 모리츠Moritz(재위 1541~1553)가 선제후가 되었고 비텐베르크를 지배하게 되었다. 요한 프리드리히는 도서관의 도서는 자신의 사유물이므로 영토나 대학 건물과는 달리 모리츠에게 넘겨줄 수 없다고 주장하면서 도서관원 루카스 에덴베르거Lucas Edenberger(1505~1548)에게 분부해 자신의 새로운 거성居城이 있는 바이마르Weimar로 옮기도록 했다. 그리고 요한 프리드리히는 1549년 바이마르에서 가까운 예나Jena에 대학을 세우고 비텐베르크에 있던 도서를 전부 예나 대학의 도서로 삼았다. 그 뒤 비텐베르크 대학의 학문은 점점 쇠퇴했고 결국 1817년 할레 대학에 합병되었다. 하지만 예나 대학은 18세기 말부터 19세기 초까지 독일 문화의 중심지가 되어 '제2의 아테네'라고 불렸으며, 독일 문학에서 낭만주의의 발상지이기도 하고, 나폴레옹 1세에 항쟁한 독일 민족주의와 학생운동의 본고장이 되기도 했다. 그때 작센의 영주 카를 아우구스트Karl August(재위 1758~1815)는 당대 독일의 석학 요한 헤르더Johann Herder(1744~1803), 요한 피히테Johann Fichte(1762~1814) 등을 예나 대학에 모셨고, 요한 볼프강 폰 괴테Johann Wolfgang von Goethe(1749~1832), 프리드리히 실러Friedrich Schiller(1759~1805) 등의 문인을 바이마르 궁전의 귀빈으로 초청하기도 했다. 이런 관계로 작센 지방은 16세기에는 종교개혁으로, 19세기에는 낭만주의와 민족주의로 독일 문화와 정치상에 커다란 공적을 남겼다. 그 중심에 비텐베르크 대학과 예나 대학이었음은 물론이다.

당시 그 밖의 대학과 마찬가지로 비텐베르크 대학도 여러 특혜와 특권을 누리고 있었다. 대학은 다만 작센 선제후의 지배만 받는 독립된 기관이었다. 관리라고 할지라도 대학의 허락 없이 교내나 기숙사에 함부로 들어갈 수 없었다. 교수들은 잠재적 시민Potentia Cives으로 모든 평민적 의무에서 면제되었고 보수도 후해 풍족한 생활을 할 수 있어 사회에서 존경을 받았다. 학생 대부분은 작센 지방 출신이었고, 교과과정은 대학의 교양학부를 거쳐 대학원에서 신학·법학·의학을 전공하게 되어 있었다. 말하자면 칼리지 네 개로 대학이 구성된 셈이다. 총장은 대학 교수회에서 선출하기도 했고, 유명 대학에서 서로 교대로 하기도 했다. 1502년부터 1546년 사이에 재직한 84명의 총장은 신학과 21명, 법률과 21명, 의학과 17명, 교양학과 17명이 각각 임명되었다. 그러나 학업에 대한 책임은 네 개 칼리지의 장들이 맡아 수행했다. 루터는 1535년부터 1546년 사이에 신학과 학과장을 지내기도 했다.

당시의 교수 총원은 37명이었다. 그중 교양학과 21명, 법률과(로마·교회법) 8명, 의학과 3명, 신학과는 5명뿐이었다. 슈위버트에 따르면 1518년 루터가 대학 개혁의 책임을 맡은 뒤 강좌를 담당하는 정교수가 22명으로 줄었는데, 신학과 4명(3명 박사), 의학과 3명(2명 박사), 법률과 4명(2명 박사), 교양학과 11명(학위 미상)이었다.

대학의 기금은 영주의 알선으로 성교회와 작센 영토 안의 지명 수도원에서 지급받은 현금이나 현물로 충당했다. 가령 1536년의 1년 총수입은 5만 9073달러였고 총예산은 5만 5440달러(1913년 현재 가치 기준)였으며 남는 금액은 비상금으로 충당되었다.

교수들의 봉급이 넉넉했다는 것은 앞서 말한 바와 같다. 특히 종교개혁을 성공적으로 진행했던 루터의 연봉은 4020달러(1913년 현재 가치 기준)나 되었다. 멜란히톤의 연봉도 루터와 같았는데, 당시 일반 관리의 봉급이 대개

1000달러 미만이었던 것을 미루어보면 상당한 고액이었음을 알 수 있다.

성서적 인문주의

1512년 봄 또는 여름(아니면 1511년 9월일 수도 있다)의 어느 날 수도원 정원의 배나무 아래에서 깊은 사색에 잠겼던 슈타우피츠는 루터에게 "선생(마스터), 신학 박사 학위를 받도록 하시오. 앞으로 할 일이 생길 것이오"라고 말했다. 이 조언은 20년이나 지나서도 루터에게 생생히 기억되는 말이 되었다. 슈타우피츠가 루터의 장래성을 간파하고 그가 학위를 받으면 장차 자신의 후계자로 삼으려는 생각에서 나온 말이었다. 수도원 운영도 맡기고, 대학에서 『성서』 강의와 시교회에서 설교도 시키려는 목적에서였다.

보통 신학 박사 학위를 받는 데는 모교 에르푸르트 대학에서는 10년, 하이델베르크 대학에서는 12년, 파리 대학에서는 그보다 몇 년이 더 걸리는 매우 힘든 과정이었다. 더구나 에르푸르트 대학에서는 50세가 넘어야 학위를 받을 수 있었다. 그러나 비텐베르크는 신설 대학인데다 종교인에게는 좀 관대해서 안드레아스 카를슈타트Andreas Karlstadt(1486~1541)처럼 5년 만에 학위를 얻는 경우도 있었다. 참고로 카를슈타트는 처음에는 루터에 동조해 함께한 인물인데 나중에는 행동이 점차 과격해지며 갈라섰다.

루터는 이미 에르푸르트 대학에서 박사과정의 세 번째 단계는 마쳐놓았기에 네 번째 단계인 정규 신학대학 교수 자격Licencia magistrandi in Theologia과 박사를 얻는 일만 남아 있었다. 그는 열심히 공부해 1512년 10월 4일 정교수 자격을 얻었고 신학 박사 학위도 같은 달 19일에 얻었다. 이 두 학위를 위해 각각 엄숙한 대학의 의식을 치러야 했다. 신학 정교수 자격을 받을 때 후보자는 대학에 충성하고, 이단설을 말하지 않으며, 로마교회에 복종한다는 등의 긴 서약을 해야 했다. 루터의 박사 학위 수여식은 좀 더 화려한 의식과 함께 진행되었다. 교수, 학생, 귀빈도 참석했는데, 사회는 당시 신학과 학과장 카를슈타트가 맡았다. 첫날 저녁은 여러 교수와 귀빈이 박사 후보자와 학사 또는 석사의 토론을 듣는다. 다음 학위 수여식 날에는 종소리가 울리면 모두 '만성 교회萬聖敎會'에 모인다. 여기서는 후보자가 신학과 학과장과 신학과에 복종할 것과 대학의 번영을 위해 노력할 것, 다른 대학에서 학위를 받지 않을 것, 허위를 피하고 대학과 교회의 모든 풍습과 제도를 보전할 것 등의 긴 서약을 한다. 그 뒤 박사 권위의 상징인 『성서』와 가락지를 받는다. 루터는 그 가락지를 평생 끼고 있었고 오늘날까지도 브라운슈바이크Braunschweig 박물관에 보관되어 있다. 루터는 나흘 뒤에 신학과와 그 법규에 충성할 것을 서약하고 대학 평의회 입회를 허락받았다. 행사 비용은 대개 후보자가 지불하는데, 적지 않은 금액이어서 슈타우피츠는 프리드리히 선제후에게 부탁해 지불하도록 했다.

슈타우피츠는 루터가 종교에 너무 어렵게 접근한다고 생각했다. 루터의 지나친 고해와 고행은 루터 자신의 정신과 육신을 끝없는 피로와 절망으로 몰아넣었다. 그리하여 루터라는 인간에게서 도덕적 진지성, 종교적 예민성, 그 밖의 많은 천품을 발견한 슈타우피츠는 지나친 신앙에서 오는 루터의 종교적 병을 고쳐주기 위해 그를 설교자이자 교사, 병든 영의 상담자가 되게 하려고 했다. 롤런드 베인턴Roland Bainton(1894~1984)에 따르면, 루터의 본성이 건전하다고 확신했던 슈타우피츠는 남을 가르치고 설교하며 괴로운 사람의 상담자가 되면 루터 자신의 병도 고쳐질 것으로 여겼다고 한다. 그리하여 루터가 대학에서 정규 교수를 하게 될 때 슈타우피츠는 자신의 성서 강좌를 루터에게 위임했던 것이다. 참회와 고행으로 풀 수 없었던 불안과 공포를 학구 생활을 통해 해결해야 했던 루터는 고행을 계속하며 『성서』 연구에 몰두했다.

여기서 우리는 인문주의적『성서』연구에 대해 좀 알아보아야겠다. 왜냐하면 루터는 성서 연구에서 인문주의적 방법을 취했기 때문이다. 인문주의, 즉 휴머니즘은 북유럽에서는 종교적인 쪽으로 발전해 원시기독교에 대한 향수를 느끼게 했고 성서학자들이 초대교회 부흥운동을 일으키게 했다. 그리하여 성서적 인문주의 또는 인문주의적『성서』연구가 독일의 대학을 중심으로 일어나게 되었고, 루터도 그 길을 걸어 끝내는 종교개혁 운동의 터전을 닦아놓았던 것이다.

그러면 어떤 점에서 북유럽의 성서적 인문주의가 종교개혁의 길을 닦았던 것인가? 먼저 생각할 점은 인문주의 자체가 고대로의 향수·복귀였다는 것이다. 성서적 인문주의는 원시기독교로의 복귀를 의미하는 것이었다. 그것은 문학상의 인문주의가 헬라, 로마의 고전에 향수를 느꼈던 이유와 같다. 이런 향수, 복귀, 복고적 감정은 예수 그리스도가 가르쳤던 복음으로 학자들의 관심이 돌아가게 했다. 그 복음을 알아내려고 인문주의자(북유럽의 인문주의자들은 모두 성서적 인문주의자였다)들은『성서』의 원어를 연구하기 시작했다. 하이델베르크 대학의 로돌푸스 아그리콜라Rudolphus Agricola(1443?~1485)는 히브리어와 헬라어를 연구했고, 로이힐린은 문법과 사전을 겸한『히브리어 초보De Rudimentis Hebraicis』를 저술했다. 에라스뮈스는 헬라어판『신약성서』를 출판했다. 발라의 저서도 후텐이 독일에서 출판했다. 이런 인문주의자들은 루터가『성서』의 원어에 접근하게 도왔고, 루터는 교회의 전통을 넘어 기독교의 진수를 직접『성서』에서 얻을 수 있었다. 1511년만 해도 루터는 헬라어나 히브리어에 대해 아는 것이 적었다. 1512년부터 1513년까지는 강의에서 주석하는 것도 곤혹스러워했으며, 이런 상태가 몇 년 더 지속되었다. 그러다가 1517년부터 1518년에 걸쳐 헬라어와 히브리어에 통달하게 되었고, 그 뒤 1521년에서 1522년에는『신약성서』를 독일어로 번역까지 했던 것이다. 다시 말하면 로이힐린의 히브리어와 에라스뮈스의 헬라어『신약성서』번역은 루터가『성서』번역만이 아니라 그 내용을 원형에서 체험할 수 있게 해주었다.

인문주의는 또한 당대 로마교회와 교리를 비판하면서 가톨릭의 충복인 루터를 깨우치기 시작했다. 에라스뮈스가 저술한『율리오, 천국에서 쫓겨나다』,『우신예찬』,『성서주석Novum Instrumentum omne』등은 가톨릭 세계의 기초가 되는 스콜라 철학을 밑바닥부터 흔들어놓았고 수도원 제도를 공격했다. 그리고 에라스뮈스는 우리 생활에서 기독교는 좀 더 도덕적이고 인도주의적이며 비非도그마적이어야 한다며 그리스도의 윤리적이고 정신적인 면을 강조했다. 그리하여 그는 자신의 헬라어『신약성서』「마태복음」11장 30절의 "내 멍에는 쉽고 내 짐은 가벼움이라"라는 말에 다음과 같은 주석을 달았다.

> 사람이 자신이 지고 있는 짐 외에 다른 쓸데없는 짐을 지우지만 않는다면 그리스도의 멍에는 쉽고 짐은 가벼울 것이다. 그리스도는 우리에게 서로 사랑하는 것 외에 명령할 것이 없고 가볍게 하고 쉽게 해주는 사람이 없는 것과 같이 비통한 것은 없다.…… 그리스도께서 우리에게 전하신 믿음은 얼마나 순수하고 단순했는지!…… 성례전 자체는 인간을 구원하기 위해 둔 것인데 그것은 돈과 허영을 위해, 무지한 자를 억누르기 위해 남용되고 있다.…… 신부들은 성직자의 사명을 다하기보다는 아리스토텔레스(스콜라 철학)의 연구에 정신이 없고 설교단으로부터는 복음의 소리가 들려오지 않고, 설교는 면죄부를 파는 사람이 독점해 돈을 거두는 이야기로 행해져서 그리스도의 교리는 무시와 압도를 당한다.

같은 인문주의자 무트는 어떤 서한에서 다음과 같이 말했다.

진정한 그리스도는 인간이 아니라 정령이며 혼이다. 그것은 우리 손으로 만지고 잴 수 있도록 외양으로 자신을 나타내는 것이 아니다. 사람의 영혼을 밝게 하는 하나님의 법칙은 두 개의 원점을 갖고 있는데, 하나는 하나님을 사랑하는 것이고 다른 하나는 자기 몸처럼 이웃을 사랑하는 것이다. 이 법칙이 우리가 천당에 들게 한다.

로이힐린도 내적이고 정신적인 것을 강조했으며, 야코브 빔펠링Jakob Wimpfeling(1450~1528)은 『성서』와 원시기독교의 이해를 중시하면서 교회 개혁의 필요를 느꼈다. 그리고 독일의 돈이 로마로 유출되는 데 반대했다. 루터가 1513년 가을부터 대학에서 「시편」을 강의할 때 대본으로 쓴 프랑스 인문주의자 자크 르페브르 데타플Jacques Lefèvre d'Etaples(1450?~1537)의 『다섯 언어로 된 시편집Psalterium quintuplex: gallicum, romanum, hebraicum, vêtus, conciliatum』(1509)은 당대까지 가장 훌륭한 교재이자 주석서였다. 이 책에서 르페브르는 인간의 공적을 믿는 데 강력히 비난했다. 성례전에 대해서도 비판적이었고 뜻도 모르고 외우는 신부들을 공격했다.

성서적 인문주의자들은 앞서 로이힐린에서 본 것처럼 신앙과 학문 연구의 자유를 강조했고 진노·공포·의의 하나님으로부터 자애·친근·은혜의 하나님을 발견했다. 특히 르페브르의 「시편」 주석은 루터가 「시편」의 예언적 성격을 발견하게 했고, 다윗David을 통해 그리스도가 말한 것이라고 생각하게 만들었다. 「시편」의 하나님은 사랑과 은혜와 자비의 하나님이었고, 다윗은 어린아이와 같은 심정으로 그런 하나님께 자기 모두를 맡겼던 것이다.

슈베르트는 성서적 인문주의가 루터의 '믿음의 의義'를 발견하는 데 전혀 기여하지 못했다고 했다. 그러나 루터가 훗날 말한 것처럼 바울의 '하나님의 의義'는 그저 암시하는 정도였고, 1520년에 이르기까지 충분히 몰랐던 것이다. 성서적 인문주의자들 또한 바울의 참뜻을 얻지 못했다. 그러나 그들이 수행한 고전어 연구 덕분에 루터는『성서』연구에 깊이 파고들 수 있었고 성서적 인문주의의 길을 걷게 되었다. 거기서 루터는 원시기독교의 정신을 재발견하고 이를 다시 포착했다. 이로부터 루터는 로마교회가 어떤 점에서 초대 교부들의 신앙에서 떨어져 나갔는지를 알게 되었다. '신의' 는 어디까지나 루터의 내적 체험에 속하는 일일 것이나, 거기까지의 안내자는 성서적 인문주의였다고 하겠다.

설교자 루터

슈타우피츠의 권유에 따라 1512년부터 설교자와 교수를 겸하게 된 루터는 수도원과 비텐베르크 시교회에서 자주 설교하는 한편, 대학에 출강하는 다망한 생활을 하게 되었다. 경건한 수도사로서 영육靈肉으로 난행고행을 하던 루터가 그 뒤부터는 설교와 강의 준비에 온갖 정열을 다 기울였다. 그 덕분에 훗날 루터는 명강의자와 명설교자의 명예를 얻게 되었다.

그 당시에 독일에서 대중의 신망을 얻는 가장 빠른 길은 유능한 설교자가 되는 것이었다(Suso, Tauler, Eckhart, Albertus, Magnus 등). 많은 사람들이 설교로 명성을 날렸다. 인쇄기가 발명된 뒤부터는 설교집이 출간되기도 했다. 로마와는 달리 독일 교회는 연중 설교를 했다. 미사는 주로 신부가 집전했고, 설교는 주로 탁발 수도사들이 담당했다. 설교자는『성서』에 관한 정확한 지식과 그 응용에 대해 정식 훈련 과정을 이수해야 했고, 설교단 위에서는 중요한 우화를 능숙하게 구사할 줄 알며 말투도 유창해야 했다. 그리고 정통 신앙에 굳건해야 함은 말할 것도 없었다.

일단 일에 부닥치자 루터는 자신이 맡은 일에 흥미를 느꼈다. 루터의 청중은 좋은 반응을 보여주었고, 그도 온갖 정열을 다 기울여 설교했다. 수도원의 비좁은 강당에서 같은 수도사 동료에게 설교할 때 비텐베르크 시민과 공무원이 청중 틈에 끼어 있음을 발견했다. 루터는 1년 남짓 교구의 시교회에 나가 많은 청중 앞에서 설교하게 되었다. 청중이 늘면서 수도원 강당으로는 공간이 부족했던 데다가 교구 신부의 와병으로 시교회인 성 마리아 교회의 설교자 자리가 공석이었기 때문이다. 루터는 2년 전에 슈타우피츠에게서 설교하라는 권유를 받고 주저했던 자신을 까마득히 잊은 채 열심히 준비하고 정열적으로 설교했다. 루터의 깊숙한 눈, 불꽃이 튀는 안광, 맑고 투철한 음성, 유쾌한 음색, 낭랑한 바리톤의 음향, 극적인 화술과 몸짓, 무엇보다도 자기 설교에 대한 확신 등은 청중이 커다란 감동을 느끼며 그의 설교를 듣게 이끌었다. 루터의 설교를 듣는 청중은 당연히 점점 더 많아졌다. 그는 한 주일에도 여러 차례 설교를 했고, 한 해 동안 170번이나 설교한 적도 있었다.

루터는 처음에는 라틴어로, 얼마 뒤에는 독일어로 설교했다. 시민이나 공무원은 라틴어를 충분히 이해할 수 없었기 때문이다(오늘날 전해지는 루터의 설교집은 독일어를 다시 라틴어로 옮겨 적은 것이다. 루터 자신이 쓴 것은 1514년 봄 순교자에 대한 설교 초고뿐이며, 나머지는 다른 사람이 필기한 것이다). 설교 내용은 『성서』에 나오는 비유적인 이야기를 현실 생활에 적용해 청중이 『성서』의 내용을 알게 하는 것이었다. 때로는 성직자의 물질적 탐욕을 공격하기도 했고, 자신의 직책에 게으르고 세속적 욕망에 정신이 팔려 있는 상태를 시정할 것을 호소하기도 했다. 설교는 언제나 영적인 말로 끝을 맺었다. 1515년 5월 1일, 고타Gotha에서 아우구스티누스 수도원 지역 회의가 열렸을 때 루터는 자신의 동적이고 격렬한 성격을 잘 보여주는 설교를 했다. 그때 루터는 대학이나 수도원에서의 수도 생활의 타락상을 맹렬히 비난했다. 라틴어로 표현하기 어려운 말은 독일어로 대신했다. 우리는 여기서 당시 수도원 제도가 수도사들에게 너무나 지나친 압박과 금욕을 강요했기 때문에 생긴 신경질적인 역현상에 주의할 필요가 있다.

이런 설교 과정에서 자신은 의식하지 못했지만 루터의 교회 개혁 사상이 자라나고 있었음을 알 수 있고, 또 루터 나름대로 신학이 형성되어갔음을 이해할 수 있다. 이처럼 루터는 그가 자신 있어 한 성공적인 설교를 통해 훗날의 결정적인 시기를 위한 결단력을 키워가고 있었다.

탑의 체험

루터는 설교와 마찬가지로 비텐베르크 대학의 교수직도 처음에는 주저했으나, 결국에는 슈타우피츠의 권유에 따라 스승의 뒤를 이어 『성서』강의를 맡았다. 이것도 설교할 때와 마찬가지로 온갖 정성과 정열을 기울였기 때문에 곧 그는 성서학 교수로서 자신감도 얻을 수 있었다. 비텐베르크 대학에서 한 루터의 강의는 다음과 같이 순서를 매길 수 있다. 1512년부터 1546년까지 16개 강좌를 맡았고 대개 일주일에 두 번 정도 강의했다.

1512~1513년   「창세기」강의

1513~1515년   「시편」강의

1515~1516년   「로마서」강의

1516~1517년   「갈라디아서」강의

1517~1518년   「히브리서」강의

이 시기야말로 루터가 유명한 '탑의 체험', '탑의 발견Tower Discovery', 또는 '복음적 경험Evangelical Experience'을 얻은 시기였다. 대학에서의 강의는 루터가 수도 생활에 기울이던 고행의 정열을 학구에 쏟아부을 수 있는 계기가 되었다. 그는 밤낮을 가리지 않고 노력했다. 수도원에서도 얻지 못한 구원의 빛을 대학 강의를 준비하면서 얻을 줄은 루터 자신도 몰랐으리라. 그것은 자학보다는 학구 생활에서 새로운 빛을 찾을 수 있을 것이라는 슈타우피츠의 예견이 적중한 셈이다.

슈위버트에 따르면 루터의 '탑의 체험'은 1514년 가을 「시편」 강의 중에 발생한 일이다. 루터는 젊음의 정열과 힘을 기울여 「시편」의 주석에 임하고 있었다. 그는 "내가 「시편」 한 구절을 해석하기 위해 얼마나 맹렬히 노력했는지 아마 당신들은 모를 것입니다"라고 술회했다. 루터는 앞서 말한 것처럼 르페브르의 『다섯 언어로 된 시편집』을 강의 대본으로 삼았고 그 밖의 사람들의 주석도 이용할 수 있는 데까지 이용했다.

만반의 준비를 갖춘 뒤에 8월 중순부터 수도원 소강당에서 학생, 교단원, 신학과의 동료 교수들인 카를슈타트, 니콜라우스 폰 암스도르프Nicolaus von Amsdorf(1483~1565) 등과 마테우스 베스카우Matthäus Beskau(1480~1533) 총장, 일반 교수들, 프리드리히 선제후, 궁정 관리들이 청강하는 가운데 루터는 아침 7시부터 강의를 시작했다. 교수법은 통상 유행하던 대로 한 절, 한 절 짧게 끊어 설명하는 것인데, 처음에는 글자를 해석Glossae하고, 그다음은 내용의 의미를 설명Scholia하는 것이었다. 「로마서」를 강의할 때는 교수법도 향상되었는데, 본문은 대부분 문법적·역사적인 방법으로 해석하고 설명은 거의 영적인 측면에서 했다. 「갈라디아서」를 강의할 때는 글자를 하나하나 따르는 축자逐字 해석과 내용 해석을 하지 않고, 『성서』 안의 4중의 의미(즉, 우화·비유·유추·내세론)도 문자적이며 영적으로만 해석했다. 강의 마지막에는 전체를 요약했다. 강의가 급하게 진행될 때면 독일어를 쓰기도 했다.

루터는 수도원 탑 안의 서재에서 강의를 준비했다. 매일 일과를 준비하는 동안 루터는 세 번째 종교적 체험을 겪었다. 슈토테른하임 노상에서의 벼락, 미사를 드릴 때 십자가 위의 그리스도상 앞에서의 충격에 이어 이번에는 탑 안의 서재에서 지극히 조용한 중에 복음의 진리를 발견하게 되었다. 이 경험을 루터의 '탑의 체험' 또는 '탑의 발견'이라 한다. 루터는 전처럼 서재에서 「시편」 강의안을 준비하고 있었다. 루터가 「시편」 22편에 이르렀을 때 거기서 예언자적 성격을 발견했다. 이 22편은 다윗을 통해 그리스도가 하신 말씀이 아니겠는가 하고 루터는 생각했다.

> 나의 하나님, 나의 하나님, 어찌하여 나를 버리셨나이까?……

이 「시편」 22편 1절의 말은 마치 「마태복음」 27장 46절에 나오는 예수의 절규를 예언한 것이나 다름없었다.

> 엘리, 엘리, 라마 사박다니(Eloi, Eloi, lama sabachthani)?
> (나의 하나님, 나의 하나님, 어찌하여 나를 버리셨나이까?)

루터는 비유적으로 이 말을 생각했다. 그리스도를 비유해서 다윗이 노래한 것이라고 생각했다. 그렇다면 그리스도는 왜 스스로를 버렸고 또 하나님으로부터 버림을 받았던 것인가? 무슨 이유로 십자가 위에서 운명하지 않으면 안 되었던 것인가? 그리스도의 고난과 루터 자신의 영적 고민과 육체적 고행과는 전혀 연관성이 없는 일인가? 루터 자신은 약하고 더럽고 죄 많은 인간이니 응분의 시련이 있어야 마땅하겠지만, 그리스도는 아무런 죄 없이 어째서 십자가의 고난을 받아야 했다는 말인가? 죗값으로 죽어야 할 인간이 있는데 왜 죄 없는 그리스도가 죽었던 것인가? 여기에 대한 대답은, 그리스도는 우리의 죄를 대신해서 죽임을 당하기 위해 우리와 같은 인간이 되었다가 십자가 위에서 죽임을 당한 것이라고밖에 할 수 없다. 그것은 그리스도 자신이 희생해서 하나님의 진노를 풀어준 것이 아니라 하나님 자신이 그리스도의 죽음을 통해 인간과 화해하는 길을 도모한 것이다. 죄인을 엄벌하는 하나님은 또한 죄인을 구원하고자 하는 하나님이기도 하다. 그리스도는 십자가 위에서 죽었지만 하나님은 다시 그를 살리셨다. 이 사실은 우리 인간도 '하나님의 의Justitia Dei'로 다시 구원을 얻게 된다는 것을 보여준다. 우리가 죄를 용서함받고 죽으면 그리스도와 같이 다시 살아나는 것이다. 루터는 「시편」 31편을 보았다.

주여, 나는 당신께 의지하나이다. 영원히 나를 부끄럽지 않게 해주시고, 당신의 의로 나를 도와주소서.……

이 하나님의 의라는 말에 루터는 충격을 받았다. 그때는 1513년이었는데 뵈머 같은 학자는 이 충격에서 루터의 체험을 유추하기도 한다. 그러나 「시편」 71편에도 같은 말이 나온다.

주여, 나는 당신께 의지하나이다. 영원히 나를 부끄럽지 않게 해주소서. 당신의 의로 나를 도와주시고 나를 구원해주소서.……

아마도 이 「시편」 71편은 1514년 가을에 이르러 강의했을 것인데, 그때 이르러서 비로소 하나님의 의를 깨달았을 것이고 루터 자신도 훗날 말한 것처럼 하나님의 의와 「로마서」 1장 17절 "의인은 믿음으로 말미암아 살리라"라는 사도 바울의 말을 깨달았던 것이다. 이때 하나님의 의는 죄인을 벌하는 정의의 하나님인 동시에 나와 우리를 구원해주시는 은혜의 하나님으로 이해되었다. 정의의 신은 은혜의 신도 되는 것이다. 그리스도를 십자가 위에서 버리신 신은 그를 다시 살려 승천하게 하는 신도 되는 것이다. 인간을 구원하기 위해 그리스도를 십자가 위에서 버리시고 다시 그를 살펴 구원하신 하나님의 은혜를 믿는 자는 의로움을 받을 것이다. 루터는 인문주의자들과 뜻을 같이했기 때문에 바울의 헬라어 '의'라는 말에 두 가지 뜻이 있다는 것을 비로소 알았다. 하나는 정의Justice요, 다른 하나는 의롭다고 (사죄)하는 것Justification이었다. 하나님은 죄인을 정죄하는 의로움의 신인 동시에 죄를 용서하고 그 죄인이 그리스도를 믿어 의롭게 되게 하는 신이기도 하다.

하나님이 그리스도를 통해 인간을 구원하고자 한다는 것을 믿는 것, 그것은 인간 자신의 공덕이 아니라 하나님의 은혜의 선물이다. 우리가 그리스도를 구세주로 믿는 것도 하나님의 의로 되는 것이기 때문에 우리가 믿는 것이 아니라 하나님이 믿게 하시는 것이다. 그러므로 의로움의 결과가 믿음이 아니라 믿음의 결과가 의롭다는 것을 깨닫게 된다. 만일 의인은 믿음으로 살고 신의 의로움은 모든 신자를 구원하는 데 있다고 한다면, 이것은 우리의 의가 아니라 하나님의 은혜인 것이다. 우리는 수동적으로 은혜를 받는 것이지 우리의 공덕으로 은혜를 받는 것은 아니라고 생각했다.

나의 영혼은 기뻐 뛰었다. 하나님의 의로 우리는 의롭다 함을 얻고, 그리스도를 통해 구원을 얻게 되기에, 성령은 이 탑 안에서 내게 『성서』의 뜻을 밝혀주었다.

루터는 「로마서」 1장 17절을 다시 읽었다.

보라, 그의 마음은 교만하며 그 속에서 정직하지 못하나 의인은 그의 믿음으로

말미암아 살리라[「하박국서(Habakuk)」 2장 4절 인용].

이 말의 뜻은 이제 명확해졌다. 하나님의 의는 우리 인간을 구원하기 위
해 우리에게 주신 의로움이요, 우리는 신앙에 따라 의롭게 되고 의롭게 됨
으로써 다시 신앙에 이른다는 뜻이다.

이런 하나님의 의에 대한 새로운 해석은 바울의 가르침이었다. 루터는
사도 바울에게 무한히 감사했다. 바울은 성서의 열쇠인 하나님의 의를 발
견했다. 이것은 루터의 말처럼 깊은 종교적 체험 없이는 얻을 수 없는 것이
었다. 영적 고통과 정신적 투쟁 없이는 하나님의 말씀을 파악하지 못한다
고 했다. 죽음을 주는 동시에 구원을 주고 정죄하는 동시에 사죄하고 엄벌
하는 동시에 은혜를 주는 이런 하나님은 철학으로는 이해하기 불가능하고,
오직 영적인 고민을 통과한 사람만이 알게 된다. 여기서 신앙과 이성이 갈
라지고 중세 스콜라 철학은 그 종말을 고하게 되었던 것이다.

신新신학

하나님의 의로 나를 도와주시고 구원해주소서.……

다윗의 이 말에서 영감을 얻은 루터는 사도 바울의 모든 말을 깨닫게 되
었다. 목수의 아들이 가르친 복음은, 복음을 믿는 자에게는 구원을 얻게 하
는 하나님의 능력이 되고, 그 외의 믿음은 없다는 것이 「로마서」 1장 16절
의 진의인 것을 알았다. 「로마서」 4장 3절의 "아브라함이 하나님을 믿으
매, 그것이 그에게 의로 여겨진 바 되었느니라", 같은 책 4장 5절의 "경건하

지 아니한 자를 의롭다 하시는 이를 믿는 자에게는 그의 믿음을 의로 여기시느니라". 바울의 「로마서」는 이제 그 뜻이 명백해졌다.

루터의 탑의 체험은 하나님에 대한 관념에 커다란 변화를 가져왔다. 정의의 하나님에서 자비와 은혜의 하나님이 되었다. 『구약성서』의 신은 인간에게서 멀리 떨어져 있어 성례전을 통해서만 가까이할 수 있었기 때문에 성례전의 신비주의에 더 의존적이었다. 그것은 인간의 공덕을 요구했다. 그러나 『신약성서』의 신은 엄한 재판관이 아니라 자비로운 아버지였고, 그 근본은 사랑이었다. 무한히 세상을 사랑하는 하나님, 그 사랑은 인간의 이해를 뛰어넘은 사랑이었다. 사도 바울의 하나님은 사람이 은혜에 참여할 가치가 있도록 스스로 증명하기를 기다리는 하나님이 아니라 하나님 자신이 인간에게 다가와 그가 죄인이자 버림받은 사람이라는 것을 자각시키는 하나님이었다. 이 하나님은 죄 가운데 있는 인간을 영생으로 인도하는 하나님이었다. 그리스도도 인간의 육체 속에 자신의 성전을 만들었다고 했다. 이제 하나님은 인간으로부터 먼 곳에 있는 존재가 아니다. 그리스도는 내 안에 계시고 나도 그리스도 안에서 산다는 바울의 신비주의는 루터 종교관의 기본이 되었다. 누구나 하나님의 성전이 된 뒤에야 하나님의 의롭다 하심을 받는 자가 되는 것이다.

복음의 열쇠는 무엇인가? 그것은 그리스도의 속죄의 은총을 믿는 모든 사람을 용서한다는 하나님의 약속이다. 하나님이 진노하시는 것도 궁극적으로는 사람들을 악에서 구원하기 위한 목적 때문이다. 이리하여 루터는 미사의 중세적 사상 대신 개인의 양심적 종교Gewissens Religion를 세울 수 있었다. 이 양심적 종교에서 개인은 직접 신과 접촉할 수 있게 된다. "의인은 믿음으로 산다"의 뜻이 명백해졌다.

1515년 여름 「시편」 강의가 끝날 무렵 루터는 『성서』의 뜻을 이해하게 된 데 대단히 기뻐했다. 사람의 내적 변화는 그 개인의 공적이 아니라 하나님의 사랑이라고 생각했다. 스콜라 신학에서는 자크라멘트Sakrament, 즉 성례전이 중심이 되었는데, 루터의 신新신학에서는 복음이 중심이 되었다. 인간을 구원하시려는 하나님의 의로움은 복음에, 그리스도의 십자가를 통해 나타났다. 그것을 믿으면 의로움을 받게 되고, 의로움을 받는 것은 완전히 하나님이 베푸는 은혜와 자비에 참여한다는 의미다. 이렇게 되면서 루터는 모든 직업은 상하 귀천의 구별이 없으며, 누구나 자기 직업beruf, calling에 충실히 산다면 신부의 삶과 같아진다고 생각했고, 교회도 외형적인 제도가 아니라 영적인 몸으로 보게 되었다. 영적인 결합체로서 교회 개념은 「시편」과 「로마서」를 강의하는 중에 형성되었고, 1517년부터 1521년까지의 수난기에는 로마교회의 성직자 계급제도를 버려야 한다는 생각에 이르게 되었다.

1515년 무렵 비텐베르크 대학에서 루터의 인기는 절정에 달했다. 그가 믿음의 의를 발견한 뒤 복음 중심의 신신학은 점차 비텐베르크 대학의 중심 학문이 되었다. 궁정 신부 스팔라틴, 루터의 헬라어 지도 교수였던 요한 랑Johann Lang, 그리고 루터는 새로운 성서적 인문주의에 입각해 비텐베르크 대학을 중심으로 종교 혁신의 길을 닦아나갔다. 루터 이전까지만 해도 비텐베르크 대학에는 스콜라 철학이 사상적 주류를 이루고 있었다.

루터는 제자인 바르톨로메우스 베른하르디Bartholomaeus Bernhardi(1487~1551)가 신학 학위Sententiarius를 얻기 위한 공개 토론에서 자신의 신신학을 가르쳐 상대를 압도하게 했다. 베른하르디는 죄와 은혜에 대해 스승 루터가 가르친 대로 토론해 교수들의 깊은 주의를 끌었다. 반대파의 토마스주의자Thomist들은 교수든 학생이든 모두 루터의 신신학을 이해하고 루터의 지지자가 되기도 했다. 1517년 9월 또 다른 토론에서 루터는 자신의 제자가 하나님과의 관계에서 인간의 마음의 진정한 내적 태도가 중요하다는 것을 역설하도록 해 동료 교수 암스도르프가 성서적 인문주의자이자 자신의 지지자로 만들었다. 암스도르프는 훗날 루터파 교회 목사로 루터의 진정한 벗이 되었다. 그뿐만 아니라 법학 교수 예로메 슈르프Jerome Schurff(1481~1554), 요한 슈베르트페거Johann Schwertfeger(1488~1524)나 헬라어와 히브리어 교수 틸로니우스 필림누스Thiloninus Philymnus(1485~1522)도 루터에 동조했다.

이렇게 동조하는 교수가 날로 늘어가고 학생들 사이에서 신망이 두터워지자 루터는 가톨릭 신학의 왕좌를 차지하고 있던 아리스토텔레스를 없애버릴 것을 결심했다. 아리스토텔레스의 철학이 계시(신앙)와 이성을 조화시켜 형성되었다는 스콜라 철학은 참된 신앙의 길을 저해한다고 루터는 굳게 믿고 있었다. 루터의 제자 프란츠 귄터Franz Günther(?~1528)는 1517년 9월 4일의 토론에서 다음과 같은 결론을 내렸다.

> 아리스토텔레스의 철학이 아니면 신학자가 못 된다는 것은 거짓말이다. 아리스토텔레스가 없어지지 않으면 신학자가 될 수 없다는 반대 의견은 참되다. 왜냐하면 신학에 대해서 아리스토텔레스는 마치 광명에 대한 암흑과 같고, 그의 윤리학은 하나님의 은혜에 가장 악한 적이기 때문이다.

사실 신학만이 아니라 중세 때는 무릇 모든 학문의 척도가 아리스토텔레스의 철학이었다. 그만큼 그의 철학은 권위가 있었다. 이런 아리스토텔레스에 대해 루터는 16세기에 공격을 가하기 시작했고, 이는 17세기에 들어서면서 비로소 신지식인들의 호응을 얻게 되었다. 이리하여 2000년간 진리의 척도가 되어왔던 아리스토텔레스의 철학은 드디어 루터로부터 도전을 받게 된 것이다. 20세기의 석학 버트런드 러셀Bertrand Russell(1872~1970)도 그의 『서양철학사A History of Western Philosophy』에서 아리스토텔레스를 두고 "인류 문명 진보에 중대한 장해"가 되었다고 했다.

그러면서 아리스토텔레스와 그의 명제집 강의는 대학에서 인기가 폭락했고, 『성서』나 성 아우구스티누스의 신학 강의가 학생들의 관심을 모으기 시작했다. 이러한 경향은 대학의 교과과정마저 바꾸기에 이르렀다. 스팔라틴, 랑, 루터는 프리드리히 선제후에게 자신들의 뜻을 진언했다. 곧 루터는 승인을 얻어 대학의 교과과정 개정을 앞장서서 지휘했다. 그 결과 비텐베르크 대학의 교과과정에 성서적 인문주의가 포함되었다. 아리스토텔레스의 재래식 수업은 배제되고, 헬라어, 히브리어, 라틴어와 같은 고전어가 강화되었다. 학생들은 이제 스콜라 철학 대신 하나님의 순수한 복음만 들으려고 했다. 1518년에 교과과정이 근본적으로 개정되었고 아리스토텔레스의 형이상학이나 논리학도 인문주의적 방법으로 가르쳤다. 헬라어와 히브리어 교수로 멜란히톤이 초청되었다. 멜란히톤은 에라스뮈스 다음가는 당대 최고 수준의 헬라어 학자였다. 21세에 비텐베르크 대학의 교수가 된 그는 루터의 가장 열렬한 지지자였으며, 훗날 루터의 장례식에서 유명한 추도사를 남긴 학자였다.

멜란히톤은 '청년을 위한 연구 과정의 개선'이라는 취임 연설을 했다. 그는 연설에서 로마 이후 당대에 이르기까지 문명이 스콜라 철학 탓에 부패하고 말았다며 비판하면서, 고전어 연구만이 학문의 진정한 열쇠이자 『성서』 연구의 진정한 배경을 제공해준다고 역설했다. 이 연설은 교수들에게 깊은 인상을 주었다. 루터는 "멜란히톤이 있는 한 다른 헬라어 교수는 필요 없다", "보기에는 아이 같지만 지식과 재능은 우리 나이 또래다"라는 평을 남겼다. 그때 루터는 35세였고 멜란히톤은 21세였다.

종교개혁을 시작한 뒤인 1520년부터 아리스토텔레스의 논리학과 형이

상학 강의는 폐지되었다. 다만 성직자들의 웅변술을 위해 그의 논리학, 수사학, 시학 강의는 계속 유지되었다. 교회법도 폐지되고 로마법을 가르쳤으며 초급 학년에서 라틴어, 헬라어, 히브리어를 철저히 가르쳤다. 멜란히톤이나 루터의 강의 시간에는 거의 전교생이 청강했다. 루터는 대학의 중심적인 지도 인물이 되었고, 많은 외부 인사들도 루터의 강의가 『성서』의 진실을 말해준다고 믿었다. 토머스 블라러Thomas Blarer(1499~1567) 같은 사람은 루터를 "하나님의 사자"라 불렀고, 펠릭스 울스체니우스Felix Ulscenius 같은 사람은 루터와 동시대에 태어난 것을 자랑으로 여긴다고 했다.

이렇게 루터는 비텐베르크 대학을 완전히 석권했다. 외부 인사들로부터도 많은 지지를 얻었기에 루터가 성城교회의 문에 자신의 소신을 95개조로 정리한 두루마리를 붙였을 때 대학 전체가 그를 지지했다. 루터 혼자만이 아니라 대학 전체가 한데 뭉쳐 테첼의 면죄부 판매를 반대했다. 교황청과 작센 궁중에 의혹의 검은 구름이 덮여 루터의 지위가 위태롭게 되었을 때도 대학 전체가 루터를 지지했다. 비텐베르크 대학은 종교개혁의 본고장이 되었고 서구 근대사의 여명을 가장 먼저 맞이한 곳이 되었다. 루터와 대학은 혼연일체가 되어 중세를 타파하고 근세를 향한 역사의 키를 힘껏 돌려세웠다.

3장

세기의 대결

1517~1519

1. 95개조 논제

면죄부

루터가 대학에서 「시편」, 「로마서」, 「갈라디아서」, 「히브리서」 등을 강의하며 '하나님의 의'와 "의인은 믿음으로 산다"라는 뜻을 체험하고 신신학의 연구 업적을 쌓아올리고 있을 때 뜻하지 않은 사태가 발생했다. 도미니크 교단의 수도사 테첼이 마인츠 대주교 알브레히트의 명령을 받아 면죄부를 팔기 시작한 것이다. 사도 바울이 그리스도의 복음을 통해 유대교의 율법에 해방되었던 것처럼 '하나님의 의, 즉 우리를 구원하고자 노력하시는 은혜'를 체험함으로써 로마교회가 강조하는 인간의 공덕이 무의미하다는 것을 깨달은 루터로서는 면죄부 판매를 그대로 보고만 있을 수 없었다. 루터는 양심의 소리에 면죄부 판매에 대해 자신의 소신을 95개조에 나누어 발표했다. 이 일은 다시 교회 혁신 운동의 길을 트는 계기가 되었다.

여기서 면죄부란 무슨 제도이며, 테첼이 팔고 있던 면죄부는 어떤 성격을 띠고 있었는지 잠깐 알아보자. '면죄부'라는 말은 라틴어 Indulgentia에서 유래한 표현인데 본래의 뜻은 '형벌의 사면'이다. 그것이 교회에서는 회개를 한다든가 교회나 자선 기관에 돈을 내는 조건으로 죄에 대한 현세적 처벌을 면제해준다는 뜻으로 해석되었다. 그러니까 죄 자체에 대한 내세적 처벌을 사면해준다는 뜻은 아니었다. 당시의 게르만족 사회에서도 범죄에 대한 처벌을 면제받기 위해 돈을 내는 풍습이 있었고, 교회로서도 피를 흘리는 복수보다 변상금을 내게 하는 데 오히려 찬성해왔는데, 그것이 교회 범죄자에 대해 잘못 적용되었던 것이다. 면죄부를 처음 도입한 사람은 영국 캔터베리 대주교 시어도어Theodore(재임 668~690)라고 하며, 뒤에 유럽 대륙으로 퍼져나가 12~13세기 십자군 시대에 더욱 유행하게 되었다.

이슬람교는 이교도와 싸우다 죽으면 곧 천국에 간다고 믿었으나 기독교는 충분한 참회가 없으면 천국에 못 간다고 가르쳤다. 그러나 십자군 시대에 교황은 십자군을 동원하기 위해 이슬람교도와 싸워 죽은 사람은 모든 죄를 용서받는다고 말했다. 그다음에는 연옥에서 고생하는 죄가 사해진다는 뜻으로 면죄부를 팔았고, 육체가 약해 십자군에 가담하지 못하는 사람을 상대로 면죄부를 팔았다. 교황 인노켄티우스 3세 시대에는 교회에 돈만 바치면 십자군이 가지는 면죄부만큼의 이익을 얻게 된다고 했다.

그런데 십자군 원정이 실패하면서 수입이 줄어들자 교황청은 새로운 자원 염출을 위해 면죄부를 판매하기 했다. 교황 보니파티우스 8세Bonifatius VIII(재위 1294~1303)는 100년마다 지내는 대사년大赦年[유대교의 희년(禧年)에서 영향받은 기독교의 성년(聖年)]을 정하고, 유럽 각국의 신도들이 로마의 성 베드로 무덤을 참배·순례하고 봉헌을 하게 했다. 이 행사는 1300년에 처음 시작했는데, 베드로의 무덤에 바치는 돈이 얼마나 많았는지 두 사람의 수금인들이 그 돈을 거두는 데 눈코 뜰 새가 없었다고 한다. 교황청은 일약 큰돈을 안아보게 된 셈이고, 이 일은 그들의 탐욕을 자극해 그 뒤로는 별의별 면죄부를 다 연구해서 내놓게 되었다. 우선 대사년의 주기를 100년에서 50년, 그러다가 33년으로 줄이고 다시 25년까지 내려갔다. 기간이 짧을수록 교황청의 금고는 충실해져 가는 것이었다. 13세기 말에는 면죄부 기록장에 교황의 사인과 도장을 찍어 면죄부를 사는 사람이 자기 죄가 사해지는 것을 직접 눈으로 보게 했다. 또 재미있는 예로 '버터 증서Butter Brief'라는 면죄부가 있었는데, 이 증서만 있으면 금식·정진하는 기간에도 버터·달걀·치즈·우유를 먹어도 된다고 했다. 1476년 교황 식스투스 4세는 연옥에 있는 망자를 위해 면죄부 담당 부서를 신설하고 완전 대사면의 면죄부를 팔았는데, 그것을 사면 죽은 자의 잠재적 죄可能的 罪(우리가 모르는 죄)까지 모두 사함을 받게 된다고 주장했다.

원래 죄의 사함이란 첫째, 마음의 진실한 회개, 둘째, 고해사告解師 앞에서의 고백, 셋째, 선행으로 얻어지는 것이다. 스콜라 철학자 중에는 면죄부를 사는 것으로 선행을 대신할 수 있다고 주장하는 사람도 없지는 않았으나, 교회법에는 그런 것이 규정되어 있지 않았고 많은 신학자들은 죽은 자의 친척이 면죄부를 산다고 해서 교황이 망자의 혼을 연옥에서 불러내 천국에 보낼 능력이 있는지 의심했다. 그러나 제도화된 면죄부는 사악한 상인들이 무지한 대중을 속이는 방법이 되었고 로마로 돈을 모아 보내는 효과적인 수단이 되었다.

본디 면죄부 자체로는 그리 나쁜 것은 아니었으나 도가 지나치면 많은 폐단이 생기게 마련이다. 비록 교황의 절대권의 그늘 아래서 판매할 수 있었다고 해도, 언젠가는 자멸에 이르게 될 뿐이다. 그것이 바로 테첼의 면죄부 판매에서 시작된 것이다.

마인츠 대주교

앞에서 마인츠 대주교의 명에 따라 테첼이 면죄부를 팔고 있다고 했다. 그 이유는 다음과 같다. 1513년 독일에서는 마침 3대 주교구의 주교 자리가 공석이었는데, 대주교구인 마그데부르크와 마인츠, 주교구인 할버슈타트Halberstadt였다. 그중 마인츠 교구는 전임 대주교 우리엘 폰 게밍겐Uriel von Gemmingen(1468~1514)의 사망으로 공석이 되었는데, 주교 공석 사태가 근래 10년 동안 네 번째나 반복되는 일이었고, 또 마인츠 대주교가 되는 데는 막대한 금전이 필요했기에 사람들의 걱정거리가 되었다. 이때 브란덴부르크의 호엔촐레른Hohenzollern 가문의 선제후 요아킴 1세Joachim I(재위 1499~1535)는 어떤 희생을 치르더라도 자신의 동생 알브레히트가 세 개 주교구의 자리를 모두 차지하게 하려고 마음먹었다. 당시 한 사람이 한 개 교회 이상의 자리를 차지하는 것은 위법이었고, 또 알브레히트는 23세이기 때문에 주교로서 연령도 미달이었다. 하지만 이러한 자연적·법적 장애도 교황청이 요구하는 돈만 내면 모두 해결되는 문제였다.

이때 교황청에서는 율리오 2세가 1506년부터 성 베드로 대성당을 짓기 시작했는데 매년 막대한 돈이 들었다[이 성당은 1626년에 완공되었는데 모두 4600만 스쿠디(scudi)가 소요되었다]. 돈이 필요한 교황청은 레오 10세 때 알브레히트가 마그데부르크 대주교와 할버슈타트 주교가 되는 조건으로 약 2만 5000달러(1913년 현재 가치 기준)를 요구했다. 교황으로서는 알브레히트가 주교가 되는 규율에 저촉되는 것을 사면해준다는 의미에서 이러한 돈을 요구한 것이다. 알브레히트는 거기에 응해 쉽게 두 주교 자리를 차지했다.

그러나 마인츠 대주교구는 신성로마제국 황제를 선출하는 선제후이자 전 독일의 수석 주교의 지위에 있었으므로 이런 유리한 자리를 다투는 후보자는 알브레히트 외에도 많았다. 경쟁자가 많을수록 교황청이 요구하는 돈의 액수는 올라가게 마련이었다. 알브레히트는 교황청에 51만 6690달러를 내기로 하고 마인츠 대주교의 자리를 얻었다. 그 돈은 푸거 가문이 대신 지불하고 교황청은 면죄부 판매권을 마인츠 대주교에게 넘겨 푸거 가문에게 진 빚을 갚도록 했다. 또 그렇게 할 수 있다는 다짐을 교황청으로부터 받고 푸거는 돈을 빌려주었다.

푸거 가문은 당대 유럽 제일의 거상으로 역대 교황과 제왕에게 돈을 빌려주고 그 대가로 많은 특권을 얻어 치부했다. 당시 모든 전쟁과 평화가 푸거 가문의 이해관계에 따라 조정되었다. 특히 교황 알렉상드르 6세 시대부터 푸거 가문은 면죄부 대금을 미리 지불한 뒤 면죄부가 팔리면 그 판매 대금이 푸거 가문의 금고로 들어가는 식으로 돈을 벌었다. 일이 이쯤 되고 보니 교황 레오 10세는 현금으로 당장 12만 달러를 요구하고 나머지는 팔리는 대로 받기로 했다. 거두어들이는 돈의 절반은 푸거 가문으로, 나머지는 성 베드로 대성당 건조와 교황의 비용으로 충당하는 것이었다.

이번 면죄부는 선사자先死者까지 포함해 완전 사면의 효력이 있다고 판매원들은 설명했다. 첫째, 연옥에 있는 자라도 완전 사면된다. 둘째, 이번 면죄부를 구매하면 중죄라도 사면할 수 있는 권능을 가진 참회 청문자聽聞者를 택할 수 있다. 셋째, 이미 죽은 자라도 이 세상에서 하는 미사에 참여할 수 있다. 넷째, 살아 있을 때 극한의 범죄를 저지르지 않은 이상 연옥에 있는 영혼이 해야 할 모든 선행도 면제된다는 것이었다.

테첼은 1504년 이래 푸거와 로마를 위해 면죄부를 팔아왔다. 이 방면에서는 가장 유능했던 사람으로 자신은 성 베드로가 복음을 통해 구원한 것보다 더 많은 영혼을 면죄부를 통해 구원했다고 말하고 다녔다. 이 말은 당대의 교회사가 프리드리히 미코니우스Friedrich Myconius(1491~1546)가 직접 듣고 그의 『종교 개혁사Historia Reformationis』에 기록한 것이다. 테첼은 몸이 크고 웅변가이며 눈치가 빠르고 쉽게 흥분하는 인물이었다. 거리 한복판에 모닥불을 피워놓고 마치 자신이 종교재판장이라도 되는 양 공갈과 위협적인 언사를 써서 교양 있는 사람들도 두려움을 느꼈다. 말하자면 테첼은 면죄부를 사는 사람들의 심리를 잘 파악하고 있었다고 하겠다.

테첼은 작센 영토 안에는 들어가지 못하게 되어 있었으므로 그 인근에서 면죄부를 팔았다. 그곳은 비텐베르크에서 멀지 않았던 곳이므로 비텐베르크 시민들도 그리로 달려가 테첼의 설교를 듣고 면죄부를 샀다. 테첼이 도착하기 전에 먼저 판매 대리인이 가서 면죄부의 일인당 금액에 따라 시민을 여러 층으로 나누어둔다. 그때의 면죄부 값은 시민의 신분이나 계급에 따라 달라졌다(1굴덴은 1913년 현재 가치 기준으로 13.4달러다).

왕·대주교·주교	금화 25굴덴(335.0달러)
백작	금화 10굴덴(134.0달러)
사업가	금화 3~6굴덴(40.2~80.4달러)
동업조합원	금화 1굴덴(13.4달러)
빈자	금화 0.5굴덴(6.7달러)

당시 면죄부는 누구나 존중히 여겨 판매원은 교황의 교서를 벨벳velvet 이나 황금 보자기에 싸서 운반했다. 많은 시민들은 남녀노소는 물론이고 신부, 수도사, 교사도 면죄부 판매원을 깃발과 제등提燈 을 갖추어 맞이했다. 거리의 종이 울리고 교회당 안으로 들어갈 때는 오르간이 울려 퍼졌다. 교회 중앙에 적십자가가 세워지고 그 위에 교황의 교서가 걸렸다. 누구나 이런 분위기에서는 하나님을 맞이하는 느낌을 받게 된다. 테첼은 이런 축제기분 속에서 의기양양하게 면죄부를 판매한 것이다.

테첼은 면죄부를 판매하기 전에 우선 그것을 사도록 분위기를 만들었다. 처음에는 지옥에 관해 설교한다. 유황불이 이글이글 타올라 영혼이 죽지도 못하고 살지도 못하며 고생하는 광경을 그럴듯하게 이야기한다. 다음은 연옥에 대해 설교한다. 이 부분에서 청중의 조상의 영혼이 고생하는 모습을 장광설로 늘어놓는다. 조상들이 남겨준 유산으로 편안히 살면서 연옥에서 고생하는 조상의 영혼의 구원할 면죄부를 사는 데는 그렇게 인색할 수 있느냐며 공박한다. 다음은 천당에 대해 설교한다. 있는 언변을 다해 구원을 받은 자와 영원한 형벌을 받은 자를 대조해 설명한다. 이렇게 해서 청중이 어쩔 수 없이 면죄부를 사게끔 만들어놓는다. 교회 안에서 판매할 경우에는 테첼은 성단 뒤의 난간에 서 있고 시민들은 줄을 지어 선다. 각각 해당하는 분류표에 이름을 말하고 면죄부를 사가는 것이다.

이런 기만적인 면죄부 판매 방법에 대해 중세 말기부터 지식인 사이에 적지 않게 논의되어왔고, 루터도 1516년 10월 31일 만성절에 성교회에서 설교하는 중에 면죄부 판매에 대해 조심스럽게 비판을 가했다. 사람의 마음을 유혹하는 면죄부 판매에 남달리 깊은 관심을 보였고, 참회는 마음에서 우러나오는 것이어야 하는데 형벌에 대한 이기적인 공포심에서 참회하는 것은 하나님이 미워하시는 바라고 했다. 그해 겨울에 루터는 다시 면죄부 문제를 깊이 생각했고, 다음 해인 1517년 2월 24일 교구 교회에서 십계명을 강론할 때 비텐베르크 시민에게 엄숙히 경고했다. 면죄부 판매는 죄를 조장하는 일이며 그리스도의 십자가를 추방하는 것이라고 했다.

오오! 위태로운 세대여! 잠자는 교역자여! 우리는 어떻게 평안할 수 있을까?

루터의 설교는 참으로 내적인 투쟁에서 우러나오는 음성이었다. 많은 사람이 면죄부에 대해 보고 듣고 생각했지만, 오직 루터만이 스스로 가진 내적 심각성으로 사물의 근본으로 파고 들어가 결국은 면죄부가 참된 신앙을 타락시키는 결과를 가져온다는 결론에 도달했다.

　루터는 알브레히트 대주교의 면죄부 판매 취지서를 보고 '그리스도가 나를 구원했는데 면죄부란 것이 다 무엇이냐?'라고 분개했다. 루터를 더욱 놀라게 한 것은 아우구스티누스 교단원들조차 면죄부를 산 뒤에 "이제는 되었다"라고 하면서 그들의 잘못된 생활을 고치려고 하지 않는다는 것이었다. 루터는 잘못된 생활을 고치지 않으면 고해를 해도 죄를 사해줄 수 없다고 했다. 단원들은 테첼에게 가서 해석을 구했고 테첼은 루터에게 분개했으나 루터는 자기 양심의 소리를 거부할 수 없었다. 그에게는 흔들리지 않는 신념이 있었다. 면죄부는 그리스도를 발견하는 데 장애물이며, 더구나 인간이 만든 방법으로 인간이 구원받는다는 생각은 기독교를 위태롭게 한다고 생각했다. 루터의 '양심 종교'는 영혼의 변화를 추구했고, 그것은 그리스도를 통해 하나님의 의로움을 얻는 것이며, 그리하여 하나님과 더불어 사는 것이라고 가르쳤다. 그러나 테첼은 수익이 많으면 많을수록 엉터리 설교를 떠벌였다.

　루터는 테첼이 비텐베르크 근방을 떠난 뒤 면죄부 판매인에게 준 알브레히트 대주교의 공문을 보았다. 이것을 본 뒤 루터는 면죄부에 대해 공동보조를 취하기 위해 동료 교수들과 의논하게 되었다. 이미 슈타우피츠로부터는 면죄부 제도의 해악에 관해 논쟁하라는 부탁도 받았고, 또 프리드리히 선제후나 알브레히트계의 작센 공작 게오르크Georg(1471~1539)가 자신들 지방에서 면죄부 판매를 금지하고 있었다는 소식도 들었으므로 이제 루터는 더욱 면죄부에 항거하겠다는 결심을 굳힐 수 있었다.

95개조 논제

때는 1517년 10월 31일, 마침 만성절 전날이라 비텐베르크에는 순례자 무리로 붐비고 있었다. 35세의 한 젊은 수도사가 교수 가운을 걸치고 아우구스티누스 수도원에서 나와 거리로 들어섰다. 그는 지극히 심중한 걸음 걸이로 조수를 데리고 거리로 나선 것이다. 그는 군중을 헤쳐가면서 많은 학생과 교수의 인사를 받았다. 깊게 주름이 잡히는 조각 같은 여윈 얼굴, 누가 보아도 많은 정신적·육체적 고심을 겪은 사람이라는 것을 알 수 있었다. 그는 빠른 걸음으로 군중 속을 헤쳐 나왔다. 자세는 뒤로 젖혀질 정도로 곧았고 깊고 쏘아보는 듯한 눈은 깊은 감정과 진실한 목적을 지닌 사람의 눈이었다. 그의 굳건한 자세는 굽힐 줄 모르는 의지를 상징하고 있었고 스스로도 제어하기 힘든 용기와 굳은 신념을 나타내고 있었다. 이 사람이 바로 루터였고, 그의 조수는 요한 슈나이더Johann Schneider(1494~1566)였다.

거리는 다음 날 성교회에서 전시할 예정인 1000여 점의 성물을 참배하면서 축복을 얻으려는 사람들로 붐비고 있었다. 두 사람은 시장을 지나 성교회로 가는 길목에 다다랐다. 아름다운 고딕 교회의 입구를 지나 교회 북문에 다다른 루터는 가운 소매에서 문서 두루마리를 하나 꺼내 나무 문의 흑판에 못질을 하기 시작했다. 이 나무 문은 대학이나 관공서에서 무슨 일을 통고할 때 게시용으로 쓰는 것이었는데, 여기에 루터는 면죄부에 관한 자신의 의견을 95개조로 나누어 게시했다. 시간은 정확히 정오를 가리키고 있었다. 이로써 종교개혁의 길이 열리게 되었다.

하나님이 때가 이르렀다고 생각하실 때까지 나는 완전히 세상과 격리되어 있었다. 때가 되면서 융커(Junker, 지주 귀족) 테첼은 면죄부로 나를 분개시켰고, 슈타우피츠 박사는 내가 교황에게 항거하도록 박차를 가해주었다.

이때를 두고 훗날 루터는 이렇게 회고했는데, 그가 수도원을 뛰쳐나온 것은 테첼 때문이며, 교황에게 항거할 수 있었던 것은 슈타우피츠의 도움 덕분이었다는 뜻이다. 그것은 다시 루터가 수행한 종교개혁의 동기였다고도 할 수 있다. 실로 루터는 예루살렘 성전에서 장사하는 사람들을 내쫓으며 새로운 복음을 전파하기 시작한 예수처럼 교회에서 면죄부를 파는 것에 반대해 종교개혁을 일으킨 것이다.

어떤 학문적 토론이 필요할 때는 게시판에 자신의 의견을 담은 문서를 붙이는 것이 당시 관례였는데, 이에 따라 루터도 자신의 소견을 그런 방법으로 발표한 것이었다. 그는 서문에서 진리를 밝히려는 목적과 염원으로 95개조의 의견을 발표하는 것이니 다 같이 토론해보자고 썼고, 만일 참여하지 못할 경우 서신을 통해서라도 진지하게 토론하자고 했다. 글의 제목은 '면죄부의 공덕을 설명하기 위한 토론'이었다. 토론에 사용된 언어는 물론 라틴어였다. 그러나 앞서 루터의 면죄부에 관한 설교가 프리드리히 선제후의 기분을 다소 상하게 했고, 이제 또 소극적인 태도로나마 면죄부에 반대한다는 의견을 표시하게 되자 선제후의 생각은 더욱 어지러워졌을 것이다. 루터 자신도 그것을 알고 있었다. 왜냐하면 면죄부 판매는 프리드리히 선제후의 세입에 직결되는 문제였기 때문이다. 선제후는 그 돈으로 성당, 수도원, 병원을 세웠고, 엘베강의 다리도 개수했으며, 비텐베르크 대학 경비로도 사용했다. 그러나 루터는 자기 양심의 소리에 귀를 기울였고, 그가 책임진 교구 사람들이 영원한 행복을 얻도록 노력하는 사제라는 자각을 새롭게 했기에 성교회나 대학의 경영과 관계없이 인간의 영혼을 타락시키는 면죄부 판매를 비판하지 않을 수 없었다. 하지만 이때까지는 훗날 『독일 크리스천 귀족에게 보내는 글An den christlichen Adel deutscher Nation』에서 종교개혁에 지지를 호소한 것과 같은 수준의 생각은 아직 없었고 순전히 자신의 신앙적 양심에 입각해서 95개조를 발표한 것이었다. 그러나 이것은 보통의 토론상 명제와는 달랐다. 이 95개조를 쓸 때 루터의 정신 상태는 대단히 격분해 있었고, 95개조는 토론을 위한 명제라기보다는 면죄부에 대한 그의 엄중한 항의를 포함하고 있었다. 루터 자신에게는 그런 의식이 없었지만 95개조 논제의 핵심은 1조에 요약되어 있다고 하겠다.

우리의 주이자 스승이신 예수 그리스도가 "회개하라"(「마태복음」 4 : 7)라고 말씀하실 때, 그것은 신자들의 일생은 회개의 생활이 되어야 한다는 것을 뜻하신 것이다.

신자들의 전 생애는 끊임없는 회개와 통회의 생활이다. 그것은 부단히 긴장된 신앙을 요구하는 것이며, 일시적이나마 안일과 해이가 있을 수 없다. 사제의 직권으로 수행되는 성례전에서 죄의 사함을 받았다고 안심해서는 안 되며(2조), 면죄부 몇 장을 샀다고 해서 내 죄가 용서받았을 뿐만 아니라 죽은 자의 죄까지 연옥에서 구원받았다고 생각해서도 안 된다는 뜻이었다. 더구나 회개라고 해서 내적인 면만 생각해서도 안 된다. 외적으로 여러 면에서 정욕을 억누르며 난행고행하는 표적도 있어야 하는 것이다(3조).

그러면 누가 죄벌을 사해줄 수 있는가? 누구나 신 앞에 공손히 머리 숙이고 뉘우치는 자는 하나님의 용서를 받게 된다. 그러므로 교황은 하나님이 죄를 사했다는 것을 선언하거나 보증하는 것 외에 어떤 죄라도 사할 권한이 없다(6조). 교황은 그의 직권이나 교회법의 권위로 할 수 있는 것 외에 어떤 죄든 용서할 힘이나 의지를 가지고 있지 않다(5조). 그러므로 교황이 "모든 죄의 완전한 사면"이라고 말할 때는 모든 죄를 용서한다는 뜻이 아니라 단지 교황 자신이 부과한 죄만을 용서한다는 의미다(20조). 그러므로 교회법은 살아 있는 사람에게만 부과되는 것이며 죽음에 처해 있는 사람에게는 필요가 없다. 죽는 자는 죽음으로써 모든 교회법에서 해방되며 자유로워진다(8조, 13조). 교황의 권한도 이 세상에서 행사되는 것이며 연옥에서는 어떤 형벌이나 죄도 사할 수 없다(22조). 사람이 자신이 한 참회의 진실성에 대해서도 확실하지 않은데 하물며 그가 죄를 완전히 사면받았는지를 어떻게 밝힐 수 있겠는가?(30조) 교황이 천국의 열쇠를 가졌다고 하는데(있을 수 없는 주장이다), 죽은 자의 영혼들을 위해 대신 기도해줌으로써 그들의 사죄를 보증해주는 일은 좋은 일이다(26조). 다만 성직자의 기도에 대한 하나님의 응답도 전적으로 하나님의 자유의사에 속하는 일이다(28조).

다음으로 루터는 면죄부와 그와 관련된 모든 사상에 대해 부정하는 의견을 제시했다. 그가 단언하기를 면죄부는 저주받은 것이라고 했다. 면죄부로 자신이 구원을 얻는다고 믿는 사람이나 그렇다고 가르치는 사람은 영원히 저주받는다고 했다(32조). 연옥의 벌도 용서해준다는 면죄부의 판매가 교회 안에 들어오게 된 것은 주교들이 잠자고 있을 때 뿌려진 가라지 씨(「마태복음」 13 : 25)와 같은 것이라고 주장했다(11조). 누구나 진심으로 자기 죄를 통회하는 사람은 면죄부 없이도 죄의 사함을 받고 진정한 신자는 죽든지 살든지 면죄부 없이도 그리스도나 교회의 모든 영적 은혜에 참여하는 것이다(36~37조). 만일 우리가 진정으로 회개한다면 어떤 형벌이라도 자진해서 받아야 하는 것인데, 면죄부 따위로 쉽게 죄의 사함이 된다면 사람들은 형벌을 두려워하지 않게 되고 안이한 신앙을 가지게 된다(40조).

그렇다고 해서 루터가 면죄부를 전적으로 부인한 것은 아니다. 다만 거룩한 목적에서 벗어나 탐욕을 만족시키기 위해 남용되고 있다고 지적했을 뿐이다. 성 베드로 대성당을 짓기 위해 독일 교회의 돈을 거두어가고, 마인츠 대주교가 거두는 돈도 결국 교황청으로 들어가는 현상을 비난한 것이다. 돈이 연보의 궤 안에서 딸랑 소리를 낼 때는 탐욕과 이득이 늘어날 뿐이고, 돈 소리가 나자마자 영혼이 연옥에서 뛰쳐나온다는 말은 사람의 생각이지 하나님의 뜻이 아니라고 했다(27~28조). 면죄부가 연옥에 대해 효험이 있다고 해도 모든 영혼이 연옥에서 구원받기 원하는지를 누가 알 것인가?(29조) 면죄부가 가장 큰 은총이라 할 때 그것은 이익을 증가시키는 한에서만 사실이며 나머지는 모두 허위다(67조). 면죄부를 통해 하나님과 연간과 화해가 성립하는 것도 아니고, 자신의 구원도 얻지 못하며 다만 물질의 탐욕만 조장할 뿐이다. 성 베드로 대성당을 짓는 일도 생각하면 우스운 일이다. 세상에 누구보다도 제일 큰 부자인 교황이 어째서 자기 돈은 한푼도 내지 않은 채 가난한 신자들의 돈만으로 성당을 지으려는 것인가?(86조)

우리는 면죄부를 사는 것보다 그 돈으로 가난한 사람을 구제해주어야 한다(43조). 가난한 사람을 보고 그대로 지나치면서 면죄부를 사는 사람은 교황의 면죄를 얻는 것이 아니라 하나님의 진노를 사게 되기 때문이다(45조). 돈의 여유가 있거든 면죄부를 사는 데 낭비하지 말고 자신의 가족을 위해 저축할 의무나 다하라(46조). 만일 면죄부 설교자에게 돈을 빼앗긴 사람이 있다면 교황은 베드로 성당을 팔아서, 그리고 교황 자신의 돈이라도 내놓아 빼앗긴 사람에게 갚아주어야 옳을 것이다(51조).

면죄부가 교회를 타락하게 하고 교황과 일부 주교의 욕심을 만족시켜주고 있을 뿐만 아니라 실로 그것은 한 사람, 한 사람의 신앙을 타락시키는 것이라고 하면서 루터는 강력히 면죄부 판매에 반대했다. 면죄부에 의존하는 것은 스스로를 속이는 일이다. 교회마다 면죄부를 사라는 설교 때문에 하나님의 말씀이 가려지고 있다(53조). 그것은 하나님의 말씀에 부정을 행하는 것이 아닌가(54조)? 교회의 참보배 Der Schatz Der Kirche는 면죄부가 아니라 하나님의 영광과 은혜로 준 복음이다(62조). 그러므로 면죄부를 팔려고 설교하는 자에게 대항하는 자는 복이 있을 것이며, 어떤 방법으로든 면죄부의 판매를 방해하는 자보다 그것을 구실로 거룩한 사랑과 진리를 방해하는 자, 즉 면죄부 판매자에게 교황은 더 큰 격분을 느껴야 한다(72~74조). 그리고 면죄부 판매 설교를 그대로 묵인해 청중이 그리로 쏠리게 된다면 그 책임은 해당 교구의 주교, 신부, 신학자들에게 돌아가는 것이다(80조). 하나님의 의는 복음에 나타났고 그것을 믿는 자를 하나님은 의롭다고 했는데 이제 무슨 면죄부가 필요하다는 말인가? 개개의 인간과 신과의 관계가 면죄부나 성직자의 권위에 방해받아서는 안 된다. 우리의 유일한 구원의 길은 복음뿐이다. 결국 루터의 말은 교황은 이 세상에서 자신에게 주어진 권한만 행사해야 한다는 것이었다. 그리고 성직자는 물욕을 버리고 경건한 신앙심을 가져야 한다고 주장했다.

루터의 이와 같은 95개조 항의는 테첼의 면죄부 판매에 커다란 지장을 초래했다. 브란덴부르크 지방에서의 면죄부 판매는 목표액의 5분의 1에도 못 미쳤다. 교황은 처음에는 한낱 어느 수도사의 의견으로 치부하고 대수롭게 여기지 않았으나 예상 수입에 어려움이 생기자 루터의 문제를 깊이 생각하게 되었다. 또한 일반 민중도 면죄부와 관련해 깊이 반성하게 되었고 푸거 가문은 양심상 반동하지 않았다. 사태가 이에 이르자 프리드리히 선제후도 내심 당황했으나 관망하는 태도로 일관했다.

전파와 반응

루터는 자신의 95개조 논제를 일반에게 알리려는 생각은 없었으나, 다만 알아야 할 사람에게는 사본을 보내주기로 했다. 루터는 그날로 마인츠 대주교 알브레히트와 수도원 및 대학의 교회 측 직접 감독자인 브란덴부르크 주교 히에로니무스 슐츠Hieronymus Schulz(1460~1522)에게 95개조 논제의 사본과 편지를 보냈다. 그 밖에도 비텐베르크의 신부들과 몇몇 교역자에게도 보냈을 것으로 짐작된다. 루터 자신의 생각과는 달리 그의 95개조 논제는 입에서 입으로 전해져 불과 2주일 만에 전 독일에 퍼졌고, 한 달 뒤에는 전 유럽이 알게 되었다. 그 결과 뜻하지 않았던 종교개혁의 기운이 차차 익어가게 되었다. 기름에 불을 댕긴 셈이었다.

루터는 우선 면죄부의 장본인 알브레히트 대주교에게 간곡한 내용의 글을 보냈다. 지극히 공손하게, 그리고 대주교의 체면에 누가 되지 않도록 길을 터놓으면서 진심으로 탄원했다. 다음의 편지는 면죄부에 대한 루터의 의견이 요약된 것이라고 하겠다.

그리스도 안의 아버지요, 고명하신 대공 전하, 이 세상의 보잘것없는 제가 감히 전하께 몇 말씀 드리는 것을 허물치 마소서.……

지금이야말로 전하께서 사태를 주시할 때인 줄로 아옵니다. 저는 더는 침묵을 지킬 수가 없습니다. 두려움과 떨림으로 저희들은 저희들의 구원을 위해 힘써야 하겠습니다. 면죄부는 구원을 보증할 수 없고 다만 외면적인 교회법에 저촉되는 형벌을 사면해주는 것뿐입니다. 경건과 자선은 면죄부보다 한없이 낫습니다. 그리스도는 면죄부를 설교하라고 명하지 않으셨습니다. 다만 복음의 설교를 명하셨습니다. 이제 주교가 면죄부 장사를 제외하고는 사람들에게 복음을 전할 수 없다고 한다면 얼마나 두렵고 위험한 노릇입니까. 전하의 양해와 승낙 없이 면죄부 판매인에게 주신 훈령 중에는 면죄부는 하나님께 대한 인간의 화해와 또한 연옥을 텅 비게 만드는 하나님의 무한한 은사라고 했습니다. 거기는 통회도 필요 없다고 선언되어 있었습니다. 고명하신 대공 전하, 누가 일어나 이 훈령서를 논박하며 전하를 욕되게 하지 않기 위해 이 훈령을 전적으로 금지하시라고, 우리 주 예수 그리스도의 이름으로 전하께 탄원 못한다면 저는 어떻게 하랍니까? 전하를 욕되게 하는 것을 저는 두려워합니다. 무슨 일이 곧 일어날 것같이 걱정되옵니다. 원컨대 저의 충성스러운 진언을 들어주시옵소서.

이 편지에서 루터는 알브레히트 대주교가 면죄부 판매를 중지하고 판매인을 파면시키면 문제가 해결되는 것으로 생각하고 있었다. 다만 이렇게 되면 알브레히트가 푸거 가문에게 진 빚은 상환하는 것이 불가능해진다. 알브레히트는 루터가 보내온 95개조 논제를 몇몇 사람에게 보여주었고 또 마인츠 대학 교수들과 의논했다. 마인츠 대학 교수들의 일치된 의견은 루터의 95개조 논제는 "교황청과 교황의 권한을 제한하는 것이며, 로마교회로부터 축복과 존경을 받은 많은 박사들의 일반적으로 승인된 저서와 일치하지 않는다"라는 것이었다. 그리고 몇 가지 의견이 나왔다. 첫째, 한 개인의 의견을 높이는 것보다 교황의 권위와 권력을 강화하는 것이 더 현명하고 안전하다. 둘째, 하나님이 교황에게 최고의 가능적 권한을 주었기 때문에 교황권을 높이는 것이 의무라고 생각한다. 셋째, 교황 니콜라우스 5세는 교회법으로 "교황의 권한이나 판단에 대해 토론이나 비판하는 것을 금했기 때문"에 논제 자체를 시인하거나 거부하는 것은 현명한 일도 아니고 편의한 일도 아니니, 차라리 이 문제를 지혜와 권력의 근원인 교황에게 맡기는 것이 현명하다고 했다. 교황청의 고유한 권위와 교회법에 따라 교황이 95개조 논제를 면밀히 검토해보게 하는 것이 좋다는 의견이었다. 이리하여 알브레히트는 95개조 논제를 로마로 전송했다.

한편 테첼은 그 나름대로 도미니크 교단을 통해 루터를 억눌러보려고 했다. 도미니크 교단의 한 수도원장은 아우구스티누스 수도원을 찾아가서 수도사들을 위협했다. 그러나 그런 위협에 쉽사리 넘어갈 루터가 아니었다. 1518년 1월 작센 지방의 도미니크 교단의 집회가 프랑크푸르트Frankfurt

의 오데르Oder강에서 있었을 때 테첼은 신학 박사 학위를 받았다. 300명의
단원 앞에서 콘라트 코흐Konrad Koch[1465~1531, 보통 콘라트 빔피나(Konrad Wimpina)로
알려져 있다] 박사가 초안한 106개조의 반反95개조 논제를 근거로 루터를 반
박하면서 그의 의기를 끊으려고 했다. 그리고 106개조를 인쇄해 비텐베르
크 대학의 학생들이 사서 볼 수 있도록 했다. 그러나 학생들은 사거나 강제
로 빼앗아 루터에게는 알리지도 않고 거리에서 태워버렸다. 그들은 이제
구식 방식에 의한 연구에는 흥미를 잃었고 오직『성서』읽기를 좋아했다.
학생들은 구경꾼들에게 그것을 보이고 설명한 뒤 선제후나 시 의회, 학교
의 학과장이나 교수들에게는 알리지도 않고 모두 태워버렸다. 루터는 이
런 사태를 깨닫자 학생들이 테첼에게 준 모욕이 결국 자신에게 돌아올 것
이라고 불쾌해했다. 테첼 주변의 사람들이 이런 사실을 침소봉대할 것이
라고 루터는 걱정했다.

이보다 앞서 브란덴부르크 주교는 레닌Lehnin 수도원의 수석 원장을 루
터에게 보내 당분간 침묵을 지킬 것을 권유했다. 루터 역시 일개 수도사인
자신에게 그렇게 거물급 원장이 찾아왔다는 데 매우 송구해하던 차였는데,
학생들의 행동으로 모든 타협의 가능성이 수포로 돌아가고 만 것이다.

그런데 도미니크 교단의 프랑크푸르트 회합은 그저 말하는 데서 그치지
않았다. 루터가 새 교리를 만들고 이단의 죄를 범하고 있다면서 한 달 안에
화형당할 것이라고 설교했다. 도미니크 교단은 프란체스코 교단과는 달리
정통 신학을 고수하며 이단 운동 박멸에 나선 교단이었고, 교황청과 가까
운 도미니크 교단원도 많아 로마에서 영향력도 컸기 때문에 정말 루터의
불행이 눈앞에 다가오는 것 같았다. 한편 프리드리히 선제후는 루터를 직
접 만나지는 않았으나 궁정 신부 스팔라틴을 통해 저간의 소식을 들어 알
고 있었고, 루터의 안위에 대해서도 영주로서 남달리 걱정하고 있었다.

이런 사태가 벌어지는 때에도 로마 교황청은 곧장 결단을 내리지 않았다. 그보다 앞서 교황 레오 10세는 아우구스티누스 교단의 총장 가브리엘 델라 볼타Gabriele della Volta(1468~1537)가 독일의 아우구스티누스 교단의 총책임자 슈타우피츠와 만나 아우구스티누스 교단 내부에서 루터 문제의 해결을 시도했다. 그러나 슈타우피츠는 루터의 지지자였으므로 사태의 추이를 루터에게 귀띔해주었다. 슈타우피츠는 "예수 그리스도 외에는 누구도 의지해서는 안 되며, 자신의 기도·공적·선행 등에 의지할 수 없다. 왜냐하면 우리의 노력으로 구원받는 것이 아니라 하나님의 자비로 구원을 얻게 되기 때문"이라고 루터에게 가르쳤다. 슈타우피츠는 끝까지 루터를 지지했고 자신이 관여한 것은 명성을 위해서가 아니며 또한 불명에 때문에 중지할 수도 없다고 했다.

루터는 다만 스콜라 철학적인 것을 공격했을 뿐이며, 그런 비판은 당시 누구나 하고 있던 것이라고 지적했다. 스콜라 철학자들도 서로 논박했는데 루터라고 그들을 시비하지 못할 이유가 무엇인가? 당시 루터의 생각은 대략 이러했다.

이렇게 교황청도 사태 수습을 질질 끄는 바람에 루터의 일은 더욱 발전했으며, 그의 신신학은 전염병처럼 널리 퍼져갔다. 만일 교황청이 95개조 논제를 발표했을 그때 즉각 강압적인 방법을 취했다면 일은 쉽게 해결되었을지도 모른다. 그러나 우물쭈물하는 사이에 이미 5개월이라는 세월이 흘러버렸으니, 루터의 사태는 갈 데까지 다 간 셈이다. 로마 교황이 결단을 주저한 것은 루터의 개혁 운동에 결정적인 기회를 제공한 셈이 된다.

2. 음모와 헌책

하이델베르크 회합

본래 루터는 공개 토론을 위해 95개조를 제시했던 것인데 정작 공개 토론은 없었고, 루터보다 그 주변에 있던 사람들의 찬반 대립 탓에 마지막에는 뜻하지 않은 종교개혁으로까지 문제가 확대되었다. 그것은 루터 자신보다 객관적 조건에 의해 그렇게 될 수밖에 없었던 것이다.

처음에 교황 레오 10세는 테첼이 보내온 루터의 95개조를 보고 그저 가볍게 넘겨버렸다. '루터라는 술 취한 독일인이 무슨 말을 하고 있는데 술이 깨면 달리 생각할 것이 아닌가', '탁발 수도사 마르틴은 재간 있는 놈이야, 한번 떠들썩하면 유명해지고 또 그렇게 되는 것을 다른 수도사들은 부러워하거든' 정도로만 생각했다. 그러나 루터의 공격을 직접 받고 있던 테첼은 루터를 화형에 처하고 그 남은 재를 물 위에 뿌려야 한다고 위협했다. 또 많은 보수적 스콜라 철학자들도 그들의 사상적 조상인 아리스토텔레스와 아퀴나스를 공격하는 루터의 신학에 의아함과 반발심을 드러냈다. 그런가 하면 다른 한편에서는 생각하지도 않았던 사람들이 루터의 95개조를 인쇄해 눈에 띄기 쉬운 담벼락, 모퉁이, 나뭇등걸 등에 붙여놓았고, 또 독일어로 번역해 널리 전파시켰다. 마치 천사가 메신저가 되어 온 국민에게 전하는 것처럼 루터의 소식은 급속도로 퍼져나갔다. 면죄부 때문에 독일의 돈이 로마로 유출되는 것을 못마땅하게 여기던 영주나 사업가는 루터를 은근히 지지했다. 또한 조상의 영혼을 위해 없는 돈을 마련해서 면죄부를 사던 서민들은 잠시 손을 멈추고 반성의 기회를 가졌고, 농노 상태에서 헤어나지 못하던 농민들은 루터에게서 새로운 항거 정신을 배우기 시작했다. 이런 세간의 반응은 종교개혁의 분위기를 더욱 조성시켰다.

다만 이런 반응은 루터로서는 전혀 기대 밖의 일이었다. 그는 교회에 충성했고 교황을 교회 통일의 상징이라고 확신했으며, 자기 서약에 대한 복종심에 전혀 변함이 없었다. 다만 자신의 95개조에 대해 반대 의견이 일어나는 것을 보며 자기 의견을 좀 더 구체적으로 일반에 알릴 필요성을 느꼈을 뿐이다. 그래서 루터는 1518년 4월 25일, 하이델베르크Heidelberg에서 열린 아우구스티누스 수도원 위원회에서 자신의 신의를 말할 수 있었다.

이보다 앞서 루터가 하이델베르크로 여행을 떠나려 할 때 많은 친지들이 그를 말렸다. 도중에 암살당할지도 모르고 그렇지 않더라도 반대파들로부터의 어떤 봉변이 있을지 모르니 그만두는 것이 좋겠다고 극구 만류했다. 그러나 신념이 굳건한 루터는 동료 레온하르트 바이어Leonhard Beier와 함께 4월 21일 비텐베르크를 떠났다. 프리드리히 선제후는 루터가 통과해야 할 라이프치히, 코부르크Coburg, 뷔르츠부르크Würzburg 등 지방 영주에게 보일 소개장과 편지를 써주어 여행의 안전을 도모했고, 또 슈타우피츠에게는 모든 회합을 신속히 처리할 것과 루터가 필요 이상으로 그곳에 오래 머무르지 않도록 따로 지시했다. 루터의 여행은 유쾌했던 모양이다. 여행 중에 루터가 스팔라틴 궁정 신부에게 쓴 편지에 자신이 도보로 여행하는 것은 자기 죄에 대한 속죄를 뜻하는 것이라며, 자신은 면죄부를 살 필요가 없어졌다는 등의 말까지 할 정도로 여유가 있었다. 가는 곳마다 융숭한 대접을 받았는데, 특히 뷔르츠부르크에서는 로렌츠 폰 비브라Lorenz von Bibra(1459~1519) 주교에게서 극진한 대접을 받았다. 로렌츠 주교는 1519년 죽음 직전에 프리드리히 선제후에게, 이 선량한 교수(루터)를 끝까지 보호해 몸에 상함이 없도록 하라는 부탁을 남기기도 했다.

회의의 사회자 슈타우피츠는 루터에게 아우구스티누스 교단 사람들에게 비텐베르크 대학의 신신학을 알려주라고 부탁하면서, 토론에서는 충돌할 가능성이 많은 면죄부나 그 관련자 테첼에 대한 이야기는 피하고 '원죄', '은혜', '자유의지', '신앙' 등에 관해서만 다루도록 배려했다. 그러나 이 같은 주제에 대한 루터의 복음적인 해석조차 아리스토텔레스와 스콜라 철학을 향한 논란으로 간주되었다.

하이델베르크 대학의 교수들은 루터의 신신학을 접하며 놀라워했다. 뢰벤슈타인Loewenstein이라는 어떤 성급한 강사는 "만일 농민들이 네 소리를 들었다면 네게 돌을 던졌을 것"이라고 말했으나, 전반적으로는 루터에 대한 예의와 존경을 잃지 않았다. 당시 비텐베르크 대학에 재학 중이던 볼프강Wolfgang(1494~1558) 궁중백작Pfalzgraf이 1518년 5월 1일 프리드리히 선제후에게 보낸 편지를 통해 그간의 경과를 알아볼 수 있다.

그(루터)는 이번 토론에서 아주 잘했기 때문에 각하의 대학도 적지 않은 칭찬을 들었습니다. 그리고 많은 학식 있는 사람들의 갈채를 받았습니다. 이 소식을 각하께 숨길 수가 없으며 우리는 항상 각하를 도와드릴 준비를 하고 있습니다.

같은 날에 당시 도미니크 교단의 수도사였고 뒤에 루터파가 된 마르틴 부처Martin Butzer(1491~1551)는 토론회에서 루터를 처음으로 접하고 그 인상을 다음과 같이 적어 스위스 바젤의 베아투스 레나누스Beatus Rhenanus(1485~1547)에게 보냈다.

나는 당신에게 우리 하이델베르크 대학 교수가 아닌 어떤 한 신학자에 관해 말씀드리려고 합니다. 그는 지난 수삼 일 전부터 우리에게 알려진 사람이고, 궤변 학자(스콜라)와 아리스토텔레스의 구속에서 벌써 이탈한 사람이며, 『성서』에 충실한 사람이고, 옛날 신학자와 우리 대학에 대해 의심을 품고 있는 사람입니다. 그는 정면으로 우리 교수들에게 반대했습니다. 우리에게 스코투스나 타르타레투스(Tartaretus)가 낯익은 것처럼 그는 히에로니무스나 아우구스티누스 또는 그런 부류의 저작에 통달했습니다. 그는 마르틴 루터입니다. 우리가 지금까지 믿고 있던 면죄부를 저주하는 사람입니다. 그는 이 아우구스티누스 교단 전체회의에서 예를 따라 토론했습니다. 그는 모순되는 점을 제시하고 일반이 따라갈 수 없는 데까지 논급했을 뿐만 아니라 이단적인 점까지 보여주었습니다.……

마르틴 루터. 그에 대해 우리 쪽의 주요 교수들이 모든 힘을 다해 논박했으나 교수들의 책략은 한 치라도 루터를 그의 제의에서 물러서게 하지 못했습니다. 루터의 대답은 말할 수 없이 친절했고 상대의 이론을 참을성 있게 듣는 그는 비할 데 없는 사람이었습니다. 루터의 설명에는 스코투스가 아니라 바울의 총명이 있었다는 것을 당신도 인정하실 것입니다. 그의 간명하고 현명한 답변, 그 모두가 『성서』에서 원용되었기에 청중의 찬탄을 쉽게 얻을 수 있었습니다.

다음 날 나는 개인적으로 그 사람과 만나 아주 친근하게 담화했습니다. 저녁을 같이 하면서 유쾌한 말보다 교리에 관해 많은 말을 나누었습니다. 그는 내가 묻는 말에 명료하게 대답했습니다. 그는 모든 점에서 에라스뮈스와 일치했는데, 다만 조금 다른 점은 에라스뮈스가 어물어물 암시하는 정도로 그칠 때 루터는 탁털어놓고 자유롭게 가르치는 데 있었습니다.

루터는 회합이 끝나는 대로 귀로에 올랐다. 돌아갈 때는 마차를 타고 유쾌하게 여행했다. 도중에 에르푸르트에 들러 옛 스승인 트루트페터를 찾았으나 만나지 못했다. 루터는 스승이 자신의 성서적 인문주의를 싫어하기 때문에 고의로 만남을 꺼렸다고 생각했다. 이 일은 그가 로마교회 안에서의 개혁은 결국 젊은 세대가 이루어내야 한다는 확신을 굳히게 하는 계기가 되었다.

파문이라는 것

일이 이쯤 되고 보면 비록 루터가 교황청으로부터 어떤 처벌도 받지 않았다 해도 조만간 무슨 일이 있으리라고 누구나 생각하게 되었다. 그리하여 비텐베르크 거리는 술렁대기 시작했다. 하이델베르크 회합은 교황청에서 보면 아무런 이득을 얻지 못한 것이었고 루터의 명망은 한층 올라간 셈이니, 루터에게 엄한 제재를 내릴 것은 뻔한 노릇이었다. 루터는 로마가 적극적인 행동을 취하기에 앞서 그들의 세력을 겪는 데 선수를 쳐야겠다고 생각했다. 그러기 위해서는 당시 로마 교황의 무기였던 파문의 의미를 신도들에게 정확히 알려주어야 했다. 중세 이후 당시까지만 해도 로마 교황은 '파문Excommunication'과 '정지Interdict'라는 두 권력을 소유하고 그것을 종횡무진으로 행사했다. 파문을 받은 사람은 교회의 모든 의식에서 배제되고 교회로부터 '추방Kirchenbann'당하게 된다. 그런 사람은 사회적으로도 일반 신도와 교제할 수 없을 뿐만 아니라 그의 영혼도 구원받지 못하게 된다. 정지를 받은 개인이나 집단은 일정한 기간 동안 모든 종교적 의식이 금지된다. 그것은 영혼의 구원 문제와 직결되는 것이었다.

이런 파문이나 정지는 이단자나 죄인에 한해 행사되었는데, 이제는 돈을 거두어들이는 방법으로 전용되고 있었다. 생각이 많고 할 말이 태산 같으며, 한번 행동하고 싶지만 교황청이 내리는 파문과 정지가 무서워 사람들은 그저 속으로만 앓고 있었다. 파문을 당하면 지옥에 간다고 생각했기에 당시 사람들에게 교황의 파문은 가장 무서운 형벌이었다. 그리하여 바른 생각이나 말 한마디 못하고 살아온 신도들에게 파문과 그에 따른 교회로부터의 추방에 관해 루터가 설교했다.

루터는 하이델베르크에서 돌아온 5월 16일 일요일 시교회에서 '파문의 효능에 대한 설교Sermo de virtute Excommunicationis'를 했다. 당시 교황은 이기적이고 정치적인 목적을 달성하기 위해 독일에서 파문과 정지를 남용하고 있었는데, 루터의 이런 설교는 청중에게 커다란 충격을 주었다. 루터는 파문의 진정한 뜻을 일반에게 알려야 할 의무를 느꼈다.

이 설교에서 루터는 신도와 교회의 관계를 이중으로 설명했다. 즉, 내적·외적인 두 관계에 대해 말했다. 외적인 관계는 신자들이 성례식과 모든 외적 교회 활동에 참여하는 것인데, 이것에 대해서만 추방은 효력이 있다. 그러나 개인과 신과의 내적인 관계는 믿음과 소망과 사랑에 근거하고 있기에 인간이 손댈 수 없는 일이다. 신과 개인과의 관계는 이미 신으로부터 모든 처리가 결정되기 때문에 사람의 힘으로는 어쩔 도리가 없다. 하나님 자신만이 이 관계를 끊을 수도 있고 이을 수도 있는 것이므로, 추방은 내적인 관계와는 아무런 상관이 없다고 주장했다.

같은 이치로 파문에 대해서도 두 가지 의미가 있다고 주장했다. 즉, 정당한 파문과 정당하지 않은 파문의 두 종류가 있다는 것이었다. 정당한 파문은 교회의 은혜에 불참하고 악한 길에서 헤어나지 못하는, 도저히 시정될 수 없는 죄인에게 내리는 책벌이다. 이런 경우에도 교회가 내리는 파문은 다만 그런 사실이 그 사람에게 있다는 것을 세상에 알리고 교회의 은혜에서 끊어버리는 방법으로 그가 다시 회개하고 바른길을 가도록 유도하는 데 목적이 있을 뿐, 신과의 내적인 관계에는 아무런 효력이 없다. 신과의 내적인 관계를 끊는 것은 오로지 신의 뜻으로만 가능한 일이다. 우리는 신의 뜻을 모르니 파문한다고 그 사람과 신과의 관계가 끊어졌다고 볼 수는 없다. 옳지 못한 파문이란 다만 외적인 관계를 끊는 것인데 종교상의 이유가 아닌 이유로 파문을 받을 경우에는 그의 신앙을 시험해보려는 뜻에서 옳지 못한 파문을 받게 된다. 부당한 파문일지라도 그런 파문은 그의 영혼을 해치지는 않으며 오히려 신앙 정신을 더욱 자라게 한다고 했다.

이러고 보면 파문, 즉 교회로부터 '추방'이라는 것도 외형적이며, 신과 인간과의 근본적인 관계에는 오직 신의 뜻만 능력이 있을 뿐이고, 교황의 어떤 파문도 효력을 잃게 된다.

루터는 더 나아가 적극적으로 의와 진리를 추구하라고 설교했다. 비록 부당한 파문을 당하고 죽을 때 임종의 성례전을 받지 못하더라도 의와 진리만 고수하면 그만이라고 말했다. 의인으로 죽는 사람은 비록 파문당해 죽더라도 죄가 있지 않다. 비록 그의 시체가 발굴되어 강물에 던져지는 한이 있더라도 진정한 회개와 겸손의 자세를 유지하면 된다고 가르쳤다.

이런 설교는 전류처럼 루터의 지지자는 물론이요, 루터의 적의 손을 타고 퍼져갔다. 비텐베르크 시민은 자신들의 유능한 신학자 루터의 설교를 들으면서 개혁 운동의 암흑기에 그들의 지도자를 따르는 길을 준비하게 되었다. 그러는 동시에 도미니크 교단원들은 루터의 설교를 발췌해 고의로 곡해해 선전했다. 루터의 처지는 더욱 혼란스러워졌다. 루터는 도미니크 교단의 흑색선전에 대항하기 위해 8월 말에 자신의 설교를 인쇄하기에 이르렀다. 훗날 많은 사람들이 루터를 지지하게 된 것은 파문의 무력無力이 폭로된 데서 하나의 원인을 발견할 수 있다.

이보다 앞서 루터에 대한 비판과 공격이 일어나자 루터는 이 모든 분규를 로마에 호소해 결말을 지으려고 했다. 더구나 앞으로 일대 논쟁을 벌이게 될 에크가 「오벨리스키obelisci」('칼끝'이라는 뜻으로 인신공격을 의미한다)라는 글을 써 보내자 루터도 「아스테리스키asterisci」('설명'이라는 뜻으로 변명과 반박을 의미한다)라는 글을 보냈으나 결국에는 교황이 옳고 그름을 판단하는 수밖에 없기 때문이었다. 이를 놓고 보아도 당시 로마 교황에 대한 루터의 복종심에는 아무런 변함이 없었음을 알 수 있다.

루터는 교황에게 자신의 95개조에 관한 설명서를 보냈다. 그것은 「면죄부 공덕에 관한 해답Resolutiones disputationum de indulgentiarum virtute」이라는 글이 있었는데 슈타우피츠를 통해 로마로 보냈다. 그것은 1518년 5월에 쓰였으나, 로마에 도착한 것은 그해 6월 하순 무렵이었다. 이 글 속에서 루터는 95개조를 교황청에 항거하는 글이라고 그의 훼방꾼들이 곡해해 선전하고 있으나, 그 자신은 충실한 가톨릭의 구성원이라고 강조하고 있다. 그러나 루터의 「면죄부 공덕에 관한 해답」을 자세히 검토해보면 그는 당시 교회의 경계선을 훨씬 벗어나고 있었다. 여기서 루터는 『성서』 외에 어떤 권위도 인정하지 않는다고 했고, 바울에 따라 "모든 것을 증거한다"라며 자신의 생각을 밝혔다. 공의회나 교황도 오류를 범할 수 있다고 보았고 교황의 권한이 연옥에 미친다면 주교나 신부도 그럴 것이라고 말했다. 영혼을 연옥에서 구출시킬 수 있는 권한을 무엇으로 증명할 것인지 물으면서 복음을 강조하는 것도 빼놓지 않았다. 그리고 살리든 죽이든 부르든 시인하든 간에 루터는 교황의 음성을 그리스도의 음성으로 듣겠다고 했고, 만일 죽음을 준다면 달게 받겠다고까지 했다.

그러나 그간 도미니크 교단의 신학자 실베스테르 프리에리아스Sylvester Prierias(1456~1527)가 쓴 95개조를 논박한 책자 탓에 루터에 대한 교황청의 태도는 악화되어 있었다. 루터는 다시 자신의 지론을 되풀이하면서 신학상의 토론이 어째서 이단이 되느냐고 따지기도 했고, 그의 비판은 신앙의 결여에 대한 것이며, 또한 초대 로마교회의 신앙에 대한 오해에 반대하는 것이라고 했다. 학술적인 토론을 이단으로 보는 것은 부당하다고 루터는 생각했다.

도미니크 교단의 음모

루터가 쉽사리 굴복할 인간이 아니라는 것을 안 도미니크 교단에서는 그를 궁지에 몰아넣기 위해 음모를 꾸몄는데, 이것이 바로 '드레스덴의 만찬' 사건이다. 그들은 이미 루터의 글을 곡해해 선전하는 식으로 황제와 제후들에게 루터에 대한 나쁜 선입관을 갖게 한 적이 있다. 1518년 7월 25일 루터가 드레스덴의 아우구스티누스 수도원을 방문하자 그들은 기회를 놓칠세라 설교자로 루터를 초청했다. 루터의 설교는 알브레히트계인 작센 영주 게오르크 공의 성교회에서 있었는데, 분위기는 대단히 쌀쌀했고 청중의 반응은 적의에 찬 것이었다. 그때의 설교 내용은 전해지지 않아 알 길이 없으나 설교가 끝난 뒤 만찬에서 루터가 내놓은 별생각 없는 자유스러운 이야기가 결국 말썽을 일으켰다. 이 만찬회는 과거에 에르푸르트 대학에서 교수를 지냈고, 그 당시에는 게오르크 공의 궁정 신부로 있던 엠저의 주재로 열렸다.

만찬 중에 루터의 솔직한 의견을 듣기 위해 라이프치히 대학의 토마스주의자 요한 쿠스베르트 폰 바이세슈타트Johann Kusswert von Weissestadt가 루터와 대화에 나섰다. 화제가 면죄부와 파문, 아리스토텔레스와 토마스 신학으로 옮겨가자 점차 열기를 띠었고 루터는 하지 않아도 될 말까지 쏟아놓았다. 그는 이제 교황의 추방도 무섭지 않다는 것, 자신은 죽기를 각오하고 있다는 말까지 했다. 그러나 이것은 도미니크 교단의 음모에 완전히 말려들어 간 것이었다. 밖에는 도미니크 교단원이 많이 엿듣고 있었다는 것을 루터는 뒤늦게야 알았다. 도미니크 교단은 고의로 루터의 말을 곡해해 누구나 루터를 오해하기 쉽게 문서를 작성했다. 바이세슈타트의 위문서는 아우크스부르크 제국 의회에도 나돌았다. 아우크스부르크에 주재하는 추기경 토머스 카예탄Thomas Cajetan(1469~1534)은 이 위문서로 황제를 움직였다. 황제 역시 교황 레오 10세에게 루터의 활동이 위험하다는 것, 파문에 대한 루터의 교황권 이론이 많은 동조자를 얻고 있다는 것, 그래서 루터에게 어떤 실질적인 제재를 가해야 한다는 내용의 문서를 전달했다.

황제가 보낸 서신에는 바이세슈타트의 위문서도 동봉되었는데 교황청은 그것에 깊은 인상을 받았다. 이제 루터는 어느 때보다도 어려운 고비에 다다랐다. 모두 교회법에 따라 루터를 처벌해야 한다고 생각했다. 1518년 8월 7일에 로마 교황청으로부터의 60일 안으로 그의 이단설을 취소하기 위해 로마로 오라는 소환장이 루터에게 전해졌다. 하지만 루터는 프리드리히 선제후의 법정에서 재판을 받기를 원했다. 선제후도 그렇게 되도록 제국 의회가 움직여줄 것이라고 믿었다. 그때만 해도 루터는 자신에 대한 음모가 어떻게 행해지는지조차 모르고 있었다. 교황청의 물욕에 대한 루터의 비난과 또 그를 곡해하는 위문서 탓에 루터의 처지가 변명하기 어려운 궁지에 몰린 것은 누구나 다 아는 사실이었다.

프리드리히 선제후가 황제 막시밀리안 1세를 움직여 루터의 재판이 독일의 법정에서 열리게 되자 교황청은 1518년 8월 23일 급사急使를 보내 추기경 카예탄에게 이단의 진부를 판가름 짓는 권한을 부여했다. 또한 이단자는 타인의 습격을 받을 위험성이 있으니 루터를 보호할 것도 아울러 지시했다. 루터가 과거에 한 주장을 취소하면 방면할 것이고 그렇지 않으면 엄중하게 조처하도록 했다. 루터의 추종자들에 대한 체포령도 내려졌다. 교황청은 프리드리히 선제후에게도 편지를 보내 카예탄이 하는 일에 협조를 부탁했다.

불법의 아들 수도사 마르틴 루터 …… 그의 수의와 직책을 망각하고 …… 하나님의 교회 안에서 죄스럽게도 오만불손하게 행동하며, 그대의 보호하에 있으면서 어느 권위나 비난도 두려워하지 않고……

이 밖에 교황 레오 10세는 비텐베르크의 아우구스티누스 교단에도 편지를 보내 새로 임명된 아우구스티누스 교단의 총장 볼타가 루터를 침묵시키도록 지시했다. 그러나 아우구스티누스 독일 교단의 책임자 슈타우피츠가 루터를 지지하고 있어 루터의 재판은 작센 지방의 책임자 게르하르트 헤커 Gerhard Hecker(1470~1538)에게 맡겼다. 헤커는 루터에 대해 슈타우피츠와는 의견이 다른 인물이었다. 로마교회는 헤커에게 '가장 저주받을 교회 분열자' 루터를 지체하지 말고 체포해 쇠사슬로 묶고 손과 발목에 쇠고랑을 채워 감옥에 가두라고 했다. 사도적 권위로 루터를 벌할 것이며 교황의 이름으로 파문권과 정지권도 헤커에게 준다고 했다.

이제 카예탄과 헤커가 루터의 체포권을 갖게 되었고 독일의 황제와 제후들도 지지하고 있으니 루터는 살아남을 길이 없어 보였다. 그러나 수도원에서 영적 투쟁을 통해 얻은 확신은 더욱 굳어만 갔다. 자신은 전 세계를 상대로 싸우는 『성서』속 인물 예레미야Jeremiah와 같다고 생각했다. 사방에서 루터를 위협하면 할수록 그는 더욱 담대해졌다. 자신은 지금 가진 것이 없으니 도대체 잃을 것이라고는 아무것도 없다고 했다. 루터의 쇠잔한 육체를 그들이 어떻게 다루든 그것은 관심 밖의 일이었다. 수 시간 안에 죽는다고 해도 상관없고 옛날의 사도들처럼 언제 죽어도 좋다고 생각했다. 친구들로부터 격려 편지도 받았고 낯선 사람들로부터도 동정과 위로의 편지가 그에게 날아들었다.

추기경 카예탄

독일 안의 루터 지지자는 교황이 생각한 것보다 훨씬 많았다. 그것은 교황의 비위를 건드리지 않기 위해 교황청에 보고하는 사람들이 허위 보고를 했기 때문이다. 더구나 일개 수도사의 제의가 그렇게 큰 반향을 일으키리라고는 보고하는 이들조차도 미처 깨닫지 못했을 수 있다. 설령 알고 있었다고 해도 우선 교황이 안심하도록 장담하고 막후에서 자신들의 힘으로 루터를 침묵시켜 교황청의 신임을 얻으려는 사람들도 있었다.

이러는 사이에 루터의 지지자는 날로 늘어만 갔다. 개혁의 방법에는 이견이 있었으나 독일 교회의 개혁에 대한 국민의 소원과 희망은 일치했으며 인문주의자들도 루터의 동정에 지대한 관심을 기울이고 있었다. 독일 제후들과 기사들도 기회만 있으면 로마의 질곡에서 벗어나고 싶은 심사였으므로 모두 루터를 지지하는 쪽으로 기울었다.

더구나 루터 문제가 제대로 해결될 수 없었던 것은 신성로마제국 황제가 아무리 교황을 도와주려고 해도 제국 의회의 동의를 얻어야 했고, 또 교황과 황제가 루터를 압박하려면 프리드리히 선제후의 협조가 없이는 불가능했기 때문이다. 말하자면 의회가 동의하지 않으면 아무것도 할 수 없는 것이 신성로마제국 황제의 지위였고, 선제후의 승낙 없이는 루터도 처벌할 수 없었던 것이다. 특히 프리드리히 선제후는 7명의 선제후 중에서도 중요한 지위에 있었는데, 예컨대 프리드리히는 황제 막시밀리안 1세가 죽으면 새 황제가 선출되기 전까지 동부 독일의 대리 통치자Reichs Vrikar가 되는 위치에 있었다. 그리하여 로마 교황도 선제후를 달래기 위해 있는 방법을 다 쓰기도 했다. 그리고 당시 황제 막시밀리안 1세는 자신이 죽은 뒤에 손자인 스페인의 카를로스 1세(나중의 신성로마제국 황제 카를 5세)를 황제로 선출시키기 위한 사전 공작에 온통 마음이 쏠려 있어, 루터 문제나 오스만제국 원정군의 문제는 가볍게 생각하고 있었다. 그때 교황은 오스만제국의 침입을 막기 위해 제국 의회에 원조를 청하고 있던 중이었다. 그리고 막시밀리안 1세와는 달리 다음 황제는 유럽의 세력 균형을 깨뜨린다는 이유로 젊은 카를로스 1세에 반대하고 있었다.

현명한 프리드리히 선제후는 자신이 취할 태도를 정하는 데 매우 신중했다. 그는 루터와 직접 대면한 일은 없었고, 다만 스팔라틴 궁정 신부와 법률고문, 루터의 저서를 통해 루터를 알고 있었을 뿐이었다. 또 당분간은 루터와 일부러라도 만날 생각이 없었다. 사태가 어떻게 진전될지 알 수 없는 상황에서 섣불리 루터 문제에 말려들어 갈 필요는 없다고 생각했다. 다만 자신의 영민領民을 로마로 보내고 싶지 않았고, 또 루터의 신신학이 어떻게 전개되는지 보고 싶었으며, 심중으로는 그를 보호해주고 싶은 마음이 있었다. 그리하여 국내외적으로 미묘한 관계에 있던 프리드리히 선제후는 루터의 문제를 정치적으로 해결하고자 했다.

당시 막시밀리안 1세는 그의 손자 카를로스 1세의 제위 계승에 대해 프리드리히 선제후의 동의가 필요한 터였으므로 그의 비위를 거스를 듯한 루터 문제에 강압적으로 나올 수 없었다. 또 교황은 교황대로 카를로스 1세를 반대하기 위해, 그리고 오스만제국 원정에 대한 제국 의회의 동의를 얻기 위해 프리드리히 선제후의 비위를 맞추어야 할 형편이었다. 이런 사정을 누구보다도 프리드리히 선제후는 잘 알고 있었다. 그는 이 기회에 루터를 중립적인 독일 법정에서 심사하기로 작정했다. 그는 자기 대학의 유능한 인재를 불공정한 재판에 넘겨 희생시키고 싶지 않았다.

선제후는 우선 교황의 대사인 추기경 카예탄에게 루터 문제를 독일 법정에서 중립적으로 다룰 것을 제의했다. 그때 카예탄은 아우크스부르크에 주재했고, 오스만제국과의 전쟁을 수행하기 위해 제국 의회에서 활약하던 교황의 대표자였으므로 그로서는 이 제의가 오히려 다행스러웠다. 카예탄은 자신이 루터와 자연스러운 분위기 속에서 회견할 것이라고 선제후에게 즉시 회보했다. 사실 카예탄도 여기저기서 루터에 관한 불확실한 정보를 듣고 있던 터이므로 교황 대사의 책임상으로도 자신이 직접 루터의 증언을 들어보아야 할 상황이었다. 그는 항간에서 생각하는 것처럼 그렇게 편견이 있는 인간은 아니었다. 그가 만년에『성서』연구에 몰두하고 문법적으로『성서』를 정확히 해석하려고 노력한 점, 히브리어와 헬라어 학자들로부터 많은 조력을 받은 점 등은 아마도 루터와 회견한 뒤 그에게서 영향을 받은 결과로 생각되고 있다. 다만 그는 철저한 토마스주의자였고 도미니크 교단원으로 학문과 도덕 생활에서는 훌륭했으나 너무 과장되고 허식을 좋아하는 결함이 있었다.

루터와의 회견을 앞둔 카예탄은 로마로 서신을 띄워 루터에 대해 교황청이 좀 더 타협적인 모습을 보여달라고 부탁했다. 그러기 위해 자신이 먼저 루터의 증언을 듣겠노라고 첨언했다.

이 문제에 대해 여러 정치성을 고려한 교황청은 곧 카예탄의 의견에 따랐다. 교황은 이미 빈틈없는 프리드리히 선제후를 달래기 위해 두 가지 방법을 강구하고 있던 터였다. 하나는 비텐베르크 성교회가 면죄부를 팔 수 있게 하는 것이었고, 다른 하나는 사순절에 기독교 국왕이나 제후에게 교황이 축복으로 주는 '금장미Golden Roes' 훈장을 선제후에게 보내는 것이었다. 그러나 카예탄의 글을 본 교황은 1518년 9월 11일에 일단 모든 계획을 보류하고 루터의 로마 소환도 정지시켰다. 그리고 카예탄에게 전권을 주되, 다만 어떤 논쟁에서든 루터와 토론하지 말 것을 명령했다.

루터는 9월 26일 비텐베르크를 떠나 아우크스부르크에 있는 카예탄에게 갔다. 이때 루터의 동행은 전에 하이델베르크에 갈 때 함께했던 바이어와 다른 한 친구 벤제슬라우스 링크Wenzeslaus Linck(1483~1547)였다. 여행길은 선제후의 배려로 안전했으나 그래도 어떤 돌발 사태가 벌어질지 알 수 없었다. 더구나 선제후의 막후 외교나 교황청이 소환을 취소한 이유를 전해 듣지 못한 루터로서는 앞일을 전혀 예측할 수 없었다. 가는 길에 바이마르에 들렀을 때는 선제후를 만나 그 앞에서 설교를 하고 싶었으나, 영주는 루터를 만나주지 않았다. 프리드리히는 루터의 모든 일을 배후에서 도와주었다. 그렇게 앞길을 예측할 수 없었던 루터에게 이번 여행은 괴로운 것이었다. 루터는 몇 번이고 '너는 죽지 않으면 아니 된다'라는 말을 되풀이했다. 그는 모든 것에 회한을 느꼈다. '내 부모에게 이게 무슨 꼴이냐?'라고 슬퍼했다. 그의 눈앞에는 자신이 화형당하는 모습이 떠올랐다. 그럴 때마다 그는 몸에서 느꼈다. 이제 산다고 해도 3개월 정도밖에 되지 않을 것이라고 생각했다. 그러고 보니 황제의 안전보장도 없이(이와 관련해서는 선제후와 황제가 서로 약속하는 정도였고 루터는 아무것도 모른 채 비텐베르크를 출발한 것이다) 떠난 것을 후회도 해보았다. 그래서 많은 친구들이 루터에게 그냥 되돌아오라고 권하기도 했다. 바이마르의 아우구스티누스 수도원 수석 수도사도 루터가 계략에 빠져간다고 경고했고, 루터가 아우크스부르크에서 화형당할 것이라고 말하는 사람도 있었다. 여행길 중에 보낸 루터의 편지를 보아도 마음 약한 많은 신자들이 루터에게 카예탄 앞으로 가지 말라고 권했다는 것이다. 실로 앞일이 암담하기 그지없었다. 그러나 루터는 주의 뜻에 따르기로 결심했고 어떤 재판이라도 받으려고 마음먹었다. "주의 뜻대로 하옵소서.…… 사람은 거짓될 수 있으나 하나님은 진실하시다"가 루터의 확신이었고, 이것은 그의 전 생애를 통해 변하지 않은 신조이기도 했다.

　루터 일행은 10월 7일에 아우크스부르크에 도착했다. 정신적 고통과 위장병으로 말할 수 없이 피로했던 그를 카르멜Carmel 교단의 수석 수도사 요하네스 프로슈Johannes Frosch가 따뜻이 맞아주었다. 아우크스부르크 평의원 콘라트 포이팅거Konrad Peutinger(1465~1547) 박사도 친절히 영접해주었고, 카예탄과 회견할 때 예의에 어긋나는 일이 없도록 루터를 도와주기 위해 이미 선제후가 파견한 법률고문 두 사람도 루터 일행을 반가이 맞아주었다. 그 밖에도 이 용감하고 진실한 수도사를 향해 많은 시민이 열렬히 환영하는 모습에 루터 자신도 놀라고 말았다. 한편 정치적 식견이 있는 사람은 카예탄을 너무 믿지 말라고 권고하기도 했다. 루터는 황제의 안전보장이 카예탄에게 전달될 때까지 며칠 동안 그를 찾지 않았다. 그것은 선제후가 법률 고문들을 통해 그렇게 하라고 지시했기 때문이다. 그동안 링크를 통해 카예탄에게 도착 사실을 알렸다. 카예탄은 세라 롱가Serra Longa라는 사람을 루터에게 보내 양자 회담을 하기 전에 루터의 소신을 철회시키려고 했다. 루터는 롱가에게서 카예탄과 회견해도 토론은 하지 못할 것이라는 소식을 듣고 실망했다. 하여간 루터는 추기경이 루터 자신의 잘못을 지적해주기를 바란다고 말했다.

루터의 안전보장에 관한 황제의 칙서가 10월 11일 카예탄에게 전달되었다. 이 칙서는 루터에 대한 어떤 난폭한 행동도 금지하고 있었다. 루터는 다음 날인 12일에 카예탄을 찾았다. 루터는 아주 겸허한 태도로 추기경 앞에 부복하고 일찍 배알하지 못한 이유를 사실대로 설명했다. 모든 것의 관용과 또 잘못된 점을 지적해줄 것을 간청하기도 했다. 그리고 루터는 다시 교황에게 모든 것을 바치고 교황이 원하는 것을 지지하겠다고 호소했다. 또한 대학의 관례에 따라 토론하기를 원하며, 『성서』에 근거한 충분한 이유를 제시해주면 언제든 자기 이론을 버리겠다고 호소했다. 이런 루터를 카예탄도 친절히 대해줄 수밖에 없었다. 카예탄으로서도 평화적으로 루터를 설득시킬 수만 있다면 교황청과 선제후 양쪽에 모두 체면을 세우는 더할 수 없이 좋은 결과가 되기 때문이다. 그러나 카예탄에게 맡겨진 임무는 9월 11일에 교황이 분부한 대로 루터에게 그저 그의 말과 글을 취소하라고 요구하는 것뿐이었고, 그 밖에 어떤 문제에 대해서도 토론할 수 없었다. 이 점은 루터에게도 유감스러운 일이었다. 루터는 할 수 있는 대로 토론을 통해, 또『성서』의 빛에 비추어 자기주장의 오류가 지적되기를 바라고 있었다. 설사 카예탄이 루터와 토론하고 싶었다고 해도 로마교회의 전통을 지키려는 그는 성서를 근거로 자기주장을 펴는 루터와 맞설 수 없었을 것이다. 만일 맞섰다가 성서적 견지에서 나오는 루터의 주장이 세상에 공개적으로 알려지는 날에는 로마교회의 교리에 커다란 위협이 될 것이 뻔했다. 그리하여 카예탄은 로마교회가 지시한 대로 루터가 새 교리를 가르치는 것은 잘못된 일이라며 루터의 주장을 취소시키려고만 들었다. 하지만 양심에 잘못된 것이 없다고 확신하는 이상 루터는 자신의 주장을 철회할 수 없었다.

루터는 자신의 잘못이 무엇이냐고 추기경에게 물었다. 추기경은 루터가 교회의 보배와 참회의 성례전을 부정하는 것이 잘못이라고 지적했다. 그리스도는 고난과 죽음으로 교회를 위해 무한한 보배를 하늘에 얹어놓았고, 마리아와 여러 성인들이 그 위에 보배를 더 쌓아가고 있다. 이 보배는 베드로의 '천국의 열쇠'를 통해 인계되었고, 다시 베드로의 후계자들에게 인계된 것이다. 교황이 발행하는 면죄부는 교회의 보배이며, 그것은 신자들을 일시적 형벌에서 구출한다. 이 같은 면죄부를 반대하는 것은 교회의 보배를 부정하는 것이라고 했다. 또한 참회의 성례전에 대해서도 루터는 신앙이 참회의 요소이며 믿음 없는 참회 의식은 쓸데없다고 하는데 그것은『성서』나 교회의 가르침에 어긋날 뿐만 아니라, 죄인을 항상 불확실한 상태에 두게 놓이게 한다. 즉, 참회의 표적으로 교회가 베푸는 여러 의식을 통해 죄의 사함을 받았다는 표적을 눈으로 보게 해야 일반 신자들의 신앙이 더욱 두터워질 것이라고 했다.

그러나 루터는 공의회나 교황에게도 잘못된 점이 있다고 했다. 교황의 시조 베드로도 사도 바울로부터 책망받은 일이 있다고 「갈라디아서」 2장

11절을 원용해 반론을 폈다. 어떤 교황이나 공의회도 『성서』 위에 있을 수는 없다는 것이다. 교황의 무오류나 공의회의 결의가 『성서』 이상의 권리를 가졌다고 주장하면 할수록 카예탄과 루터가 화해할 길은 없어졌다. 카예탄은 루터가 교회법에 대해 자신보다 많이 알고 있으며, 그가 영적 고투를 통해 『성서』와 교부들의 저서를 더 깊이 검토했다는 것을 알았다. 또한 루터가 아우크스부르크에 온 것도 자기주장을 늘어놓기보다 그의 주장에서 무엇이 잘못인지 알고자 왔다는 것도 깨달았다. 그러나 카예탄은 루터와 토론할 수가 없었다. 루터는 프라이부르크·루뱅Louvain·파리 대학 등에 문의하자고 제의했다. 하지만 카예탄은 그저 루터에게 그의 주장을 철회하라고 되풀이할 뿐이었다. 루터는 토론하지 못하겠으면 그 대신 자신의 의견을 서면으로 적어 내겠다고 했다. 카예탄은 주저했지만, 슈타우피츠의 권유로 그렇게 하기로 했다. 슈타우피츠는 루터를 도와주기 위해 그곳에 와 있었다.

루터는 확실한 말로 교황도 잘못될 수 있고 또 잘못되어 있으며 모든 교황청의 칙서는 『성서』의 빛에 비추어 평가해야 한다고 분명히 말했다. 또 1431년에 열린 바젤 공의회에서 공의회가 교황보다 우위에 있음을 결정했다고 말했다. 믿음의 의로움이 복음의 근본이며, 믿음이 없는 참회 성례식은 아무 소용이 없는 것이고, 그래도 성찬식에 참여하는 것은 영원한 지옥의 길로 가는 짓이라고 했다. 개인의 양심만이 신앙의 최고 지침이자 권위이기 때문에 루터는 사람보다 신에게 복종한다고 끝을 맺으면서, 끝으로 추기경의 자비를 탄원했다. 카예탄은 화가 나서 "나가라! 철회하지 않겠거든 다시 오지 말아라!"라고 소리를 버럭 질렀다. 그리고 루터의 서면을 다른 서류와 함께 로마로 보내겠다고 했다.

카예탄은 다시 슈타우피츠를 붙들고 루터를 달래보라고 했다. 슈타우피츠는 카예탄에게 "당신은 왜 설득을 못 시키는가"라고 반문하니 카예탄의 대답이, 자신은 쏘아보는 듯한 눈과 이상한 착상이 줄줄 흘러나오는 머리를 가진 짐승 같은 사람하고는 더는 이야기할 수 없었다고 했다. 링크나 슈타우피츠는 루터가 양심의 가책을 받을 것이 뻔한데 철회하라고 권유할 수 없었다. 이로써 루터와 추기경 사이에 진행된 사흘간의 회담은 완전히 결렬되고 말았다.

이러는 동안에 아우크스부르크에서는 머지않아 루터와 슈타우피츠가 체포될 것이라는 소문이 떠돌았다. 링크와 슈타우피츠는 카예탄에게 인사도 없이 아우크스부르크를 떠났다. 슈타우피츠는 떠나기 전에 루터를 아우구스티누스 수도원 서약에서 사면해주었다. 그리하여 루터는 이 교단에 복종하는 의무에서 해방되어 행동의 자유를 얻게 되었다. 아울러 아우구스티누스 수도원도 루터 때문에 입을지 모르는 피해를 면하게 되었다.

루터는 며칠간 더 묵으며 로마를 향한 자신의 호소를 은혜로 받아달라고 추기경에게 탄원했다. 그러다가 링크나 슈타우피츠가 이미 아우크스부르크를 떠났다는 소식을 듣고 크게 당황했다. 선제후의 법률고문들도 불안해졌다. 10월 20일 밤, 시성당의 보좌 신부인 아이텔한스 랑겐만텔Eitelhans Langenmantel(1480~1528)은 자는 루터를 깨워 격려하고 소小성문으로 인도해 이미 대기하고 있던 마부의 말에 오르게 했다. 루터는 곧 마부복으로 갈아입었다. 꿈같은 탈출이었다. 탈출하기 전에 교황 레오 10세에게 보내는 자신의 95개조 해설문을 써서 카예탄에게 전하도록 동료 바이어에게 부탁했으나 바이어 역시 두려워 그것을 공증인에게 주었다. 공증인도 카예탄을 만나기가 두려워 그것을 성당 문에 매달아놓았다.

급작스럽게 탈출한 루터는 뉘른베르크에 도착해서야 슈타우피츠와 그의 일행을 만났다. 그리고 10월 31일에 비텐베르크로 돌아왔다. 이날은 루터의 95개조가 발표된 지 꼭 일주년이 되는 날이었다. 그날 아침 루터는 비텐베르크 근처의 켐베르크Kemberg에서 아침 미사를 올렸다.

그동안 카예탄은 10월 25일 면죄부에 관련해 루터의 이단적인 점을 로마에 보고했다. 로마는 이것을 교서로 만들어 1518년 11월 9일부로 카를 폰 밀티츠Karl von Miltitz(1490~1529) 편에 독일로 보냈다. 첫째, 교황은 그리스도와 모든 성인들의 다대한 공적을 통해 죄인의 일시적 형벌을 사면할 권력이 있다. 둘째, 교황은 특별한 면죄부를 통해 하늘의 보배를 죽은 자나 산 자의 이익을 위해 내릴 수 있다. 셋째, 면죄부는 구매 가격과 구매자의 정신 상태에 따라 전부 또는 부분적으로 사면될 수 있다. 넷째, 이 교령을 어기면 파문이다.

그러나 루터는 이에 아랑곳없이 비텐베르크 대학에서 강의를 계속했다. 1518년 8월 25일에 비텐베르크로 부임한 멜란히톤의 강의와 마찬가지로 루터의 강의실도 학생들로 들어찼다. 종교개혁의 정신은 루터의 강의실에서 자라나기 시작했다.

프리드리히 선제후의 현책

루터는 자신의 양심에 충실했을 뿐 세상 물정에는 어두웠던 사람이다. 또한 자신의 신앙이 시대적 환경에 어떤 영향을 주는지도 의식하지 못했다. 루터의 모든 언동이 전통적 교회의 개혁으로 향하고 있다는 것도 스스로는 의식하지 못했다. 다만 우리가 객관적으로 관찰할 때 종교개혁의 정신적 바탕이 루터와 함께 자라나고 있었음은 확실하다.

그러나 루터의 신신학에 대한 도미니크 교단과 로마 교황청의 음모와 압박, 그에 맞선 비텐베르크 대학 사회와 여러 정세 판단에서 슬기로웠던 프리드리히 선제후의 처사, 거기에 루터의 굽힘 없는 신앙 노선은 세기의 대전환인 종교개혁 운동의 배경이 되었다. 이제 우리는 아우크스부르크 회담 이후 가장 중요한 결단의 시기에서 루터의 영주이자 제국의 선제후였던 프리드리히의 행동을 살펴보려고 한다.

　아우크스부르크 회담 이후 온다 간다는 말 없이 떠난 슈타우피츠, 링크, 루터 탓에 추기경 카예탄의 기분이 불쾌했으리라는 것은 상상하고도 남는다. 비텐베르크와 선제후의 성에는 일종의 공포 분위기가 자리 잡았다. 언제 교황의 '파문'이나 '정지'가 내릴지 알 수 없는 상황이었다. 드디어 로마로부터의 서신이 작센 지방으로 날아들기 시작했다. 10월 24일에는 알브레히트계 작센 영주이자 선제후의 사촌 게오르크 공에게 '지옥의 아들' 루터를 처치하는 데 선제후를 도우라는 교황의 글이 전해졌다. 또 같은 날에 프리드리히 선제후에게 두터운 신임을 받던 스팔라틴 궁정 신부에게도 선제후를 도와 적당히 모든 일을 처리하라는 글이 날아들었다. 밀티츠를 통해 금장미 훈장을 선물로 선제후에게 보낸다는 것과 또 스팔라틴의 분별 있는 권고로 '사탄의 아들' 루터를 회개시킨다면 선제후와 그 선조의 땅은 명예를 더럽히지 않을 것이라는 다분히 아첨 투의 글도 보냈다. 그다음으로 선제후에게도 글을 보냈다. "우리의 고귀한 선물, 비밀의 뜻이 있는, 그리고 올해에 작센 가문의 가장 훌륭한 장식물로서" 금장미를 밀티츠를 통해 보낸다고 했다. 그리고 교회와 교황청에 반대하고 악한 교리로 대중을 물들게 하는 용감무쌍한 루터를 억제해달라고 부탁했다. 또 선제후의 법률고문 데겐하르트 페핑거Degenhart Pfäffinger(1471~1519)에게도 레오 10세와 훗날 클레멘스 7세가 되는 메디치 추기경이 글을 보내왔다. 역시 아첨하는 문구로 밀티츠를 도와 선제후를 움직이라고 요구했다. 그 밖에 비텐베르크 시장과 평의원 앞으로도 교황의 서신이 전달되었다. 모두 로마의 이익을 위해 힘써달라는 부탁이었다.

또 한편 카예탄 추기경은 루터와 회견한 결과를 선제후에게 보냈다. 루터의 언동으로 보아 이단이 틀림없고 따라서 타협이 불가능하니 루터를 로마로 보내든가 작센 지방에서 추방하든가 둘 중에 하나를 택하라고 했다. 그러나 선제후와 루터의 관계에 대해서는 구체적인 증거가 없었다. 선제후는 루터의 신신학에 동조한 바도 없었고, 있었다고 해도 자신이 소유한 대학의 유능한 교수를 자기편에서 애호해준 정도에 지나지 않았다. 루터의 면회 요청도 거절할 정도로 물적인 증거는 없었다. 또 루터도 자신의 어려운 처지를 선제후에게 전적으로 의지할 마음이 없었다. 루터와 선제후 양자 모두 자유스러운 처지에서 각자의 일을 처리할 수 있었다.

프리드리히 선제후는 카예탄의 서신을 받자 루터에게 아우크스부르크 회담의 경과를 물어왔다. 루터는 11월 21일 관련 내용을 쓴 서신을 선제후에게 바쳤다. 즉, 카예탄은 자신(루터)을 중상하는 위문서를 그대로 믿고 있다는 것,『성서』에 배치되는 교황의 칙서를 최종의 증언으로 받아들일 수 없었다는 것, 사제직은 베드로 외의 신자에게 주어졌다는 것, 테첼의 연옥구원설을 반대했다는 것, 자신의 잘못이『성서』에 따라 지적되기를 바랐는데 카예탄은『성서』의 내용은 한 마디도 언급하지 않았다는 것, 자신은 기성 교회를 공격한 것이 아니라 교황의 칙서와 면죄부에 관해 공개적으로 토론하고 싶었다는 것, 자신의 이론을 결코 이단으로 생각하지 않는다는 것, 중립적이고 공정한 대학에 문의해 자기 신학을 판단하게 하려고 노력했다는 것, 카예탄은 도미니크 교단의 책략으로 불공정한 판단을 하고 있다는 것, 끝으로 인사도 없이 아우크스부르크를 떠난 이유는 두 번 다시 오지 말라는 카예탄의 노발 때문이었다는 것 등이 편지의 요지였다. 선제후는 루터의 글을 보고 착잡한 기분에 잠겼다.

이러는 동안 비텐베르크 대학의 사람들은 로마교회가 루터를 체포할 것이라는 두려움에 사로잡혔고, 루터도 자신의 주장을 철회하지 않는 이상 위험한 고비에 다다랐다고 자각했다. 어떤 사람은 루터에게 프랑스나 보헤미아로 도망가라고 권했다. 그러나 루터는 자신의 운명을 선제후에게 맡기는 것이 정당한 판결을 받는 길이라고 생각했다.

프리드리히 선제후는 그간 유지해온 모호한 태도에 종지부를 찍고 결단을 내릴 시기에 이르렀다고 생각했다. 그리하여 선제후는 마지막으로 비텐베르크 대학 전체의 의견을 듣기로 했다. 루터에 대한 대학의 총의總意는 자신과 자신의 궁정에 커다란 영향을 주는 것이라고 믿었기 때문이다. 프리드리히 선제후의 요청으로 대학 교수단이 1518년 11월 22일에 선제후에게 바친 진정서의 전문은 다음과 같다.

우리 주 예수의 은혜와 평화와 보호하심이 항상 계시옵기를 축원하나이다. 지존하시고 자비하신 군주여! 존경하는 마르틴 루터 선생(문학과 신학의 선생이자 정규 강사, 존귀하고 숭앙하는 분). 그는 신들의 동료이온데 이미 교황의 수중에도 전달되고 또 폐하께서도 지금 아시고 계실 그의 어떤 논문 때문에 사도 성 토마스 교회의 수석 장로인 카예탄이 루터를 로마로 압송하든가 아니면 이 지방에서 추방할 계획을 세우고 있다고 신들에게 알려왔습니다. 그는 모든 공개 토론에 자신이 직접 나가 답변했고 사사로운 토의는 서신으로 답변했다고 알려주었습니다. 또한 그는 자신의 잘못이 『성서』나 교부들의 저서를 통해 지적되기를 기대하고 있었고, 그런 근거에 비추어서 자신에게 잘못이 발견된다면 인정할 수 있다고 했습니다. 그러나 아직까지 그는 아무런 회답을 받지 못했다고 하며 되레 자기 저서 속의 잘못을 철회하라고 거칠게 문책만 당했다고 합니다. 그러나 그가 교회로 돌아올 수 있도록 목자의 대우를 그에게 주었어야 했을 것이 아닙니까. 왜냐하면 때를 얻든지 못 얻든지 간에 원하는 사람이나 원하지 않는 사람에게 말씀을 가르치라고 했기 때문입니다[저자 주: 「디모데(Timotheos) 후서」 4장 참조]. 그리하여 그는 신들에게 와서 한 가지 탄원을 했사온데(그것을 신들은 승낙했습니다), 즉 신들이 폐하께 부탁해달라는 것, 그는 겸손하게 탄원하기를 폐하께서 적당하다고 보시는 데까지 높은 사절이나 교황께 글을 보내서 그를 위해 조정해달라는 것입니다. 그리하여 여러 이유를 말하고 전거(典據)를 들어 그의 잘못을 스스로 고치고 자신의 주장을 철회할 수 있도록 그의 저서 중에 잘못된 점이나 기사가 있으면 지적해주실 수 있게 해달라는 것입니다. 그는 죄가 될 만한 문장이 무엇인지 지시받지 못했기에 어느 문장이 죄가 되는지 알지 못하고 있습니다.

그리고 초대교회의 관례와 교부들의 선례는 판단을 위해 많은 기준을 줄 것입니다. 왜냐하면 이유를 말하고 인증 전거를 제시한 뒤에야 로마도 그(루터)의 주장을 취소하라고 요구할 수 있을 것이기 때문입니다. 단지 단정이나 인간의 힘으로 다른 사람의 주의나 주장을 정죄할 수는 없습니다.

그러므로 오! 지존하신 군주여, 그의 탄원을 참되다고 믿으시고 한 정의의 인간의 탄원이 거절당하는 경우에 이르지 않기 위해 신들은 이 사건을 폐하께서 직접 교황청과 교황에 제출하시는 것이 좋으리라고 생각합니다. 이 사건을 다른 경로로 처리하시는 것은 현명하지 못한 일일 것입니다. 끝으로 덧붙여 말씀드리는 것은 만일 그가 이단적인 교리를 가르쳤다면 신들이 먼저 그를 추방했을 것입니다. 왜냐하면 신들은 로마교회의 의결 외에 아무 권위도 인정하지 않기 때문입니다. 그러하옵기에 하나님의 은혜와 폐하의 진념에 따라 오! 지존하신 군주여, 신들은 폐하께서 앞으로 더는 괴로움을 받지 않으시기를 원하는 마음에서 이 가장 가치 있는 탄원서를 드리는 바입니다. 그리고 신들이 모두 아는 것처럼 신들의 감독 없이 그(루터)는 가장 겸허하고 경건한 태도로 로마교회를 숭경해왔기 때문에 특별히 폐하의 도우심을 원하는 바입니다. 또 이 사람의 탄원은 그의 저서가 진리를 표시한 것이기에 무시받아서는 안 되는 것이 아니라, 특히 그가 잘못되었을지도 모른다는 것을 거부하지 않기에 그 사람의 내적 빛에(그의 글에 따르면 그의 빛이 암흑에 가려져 있다고 합니다) 맡기는 것이 가치 있다고 봅니다. 실로 그는 빛을 발견하고 진리를 증명함으로써 그가 암흑에서 벗어나고 더 큰 혼란에 빠지지 않도록 그 자신이 값있고 정당하게 고려되기를 바라고 있을 뿐입니다. 그가 이런 주장을 하는 것은 교황 레오 10세가 그에게 내리리라고 생각되는 어떤 처벌이 무서워서 그러는 것이 아닙니다. 되레 그가 두려워하는 것은 그가 교회의 이름으로 어떤 면에서 과오를 범했는지 깨닫기만 한다면 전적으로 포기하고 말 교리의 가르침에서 사악을(특히 그것이 거룩한 교회의 이름하에 범해지는) 추구했을지도 모른다는 점입니다. 주 예수의 보호하심이 폐하를 통해 신들과 온 교회에 영원히 계시기를, 아멘. 1518년 11월 22일.

비텐베르크 대학 총장, 교수, 박사가

선제후 존하께

이 진정서의 내용도 내용이지만, 이 글을 비텐베르크 대학의 어느 교수가 작성한 것이 아니라 바로 루터 자신이 썼다는 점에서 더욱 흥미로운 일이 되었다.

루터의 사정을 들은 비텐베르크 대학의 총장이자 루터의 제자이기도 했던 베른하르디가 그 누구보다 루터 자신이 진정서를 쓰는 편이 좋겠다고 판단해 루터가 쓴 것이다. 거기에 대학의 모든 교수가 서명해 선제후에게 바쳤다.

프리드리히 선제후는 이 진정서를 보고 결단을 내릴 수 있었다. 이 말은 곧 선제후가 로마교회에 대해 결단을 내리도록 루터가 이끈 것이라고 할 수 있다. 루터는 또한 충성스럽게도 선제후의 보호를 전적으로 신뢰했다.

그리하여 루터는 선제후의 지시에 따르게 되었고 선제후도 적극적으로 루터 문제를 자신이 직접 단호히 처리해가게 되었다.

그러나 사태는 더욱 급박해지는 것 같았다. 루터는 자신 때문에 선제후에게 어려운 일이 생기면 안 된다고 생각했다. 그는 비텐베르크를 언제라도 깨끗이 떠날 수 있도록 준비하고 있었다. 마치 아브라함Abraham처럼 루터는 스팔라틴에게 글을 보냈다. "나는 어디로 가는지 알 수 없습니다. 또는 차라리 나는 어디로 가는지 알고 있다고 하겠습니다. 왜냐하면 하나님은 어느 곳에나 계시니까요." 그는 하나님의 보호를 믿기에 절대로 하나님을 의심하지 않았다. 사람을 믿었다면 루터는 이미 미칠 지경이었을 것이다. 그러나 그는 자신이 하는 일에서 조금이라도 하나님에 대한 죄의식을 느끼지 않았기 때문에 절대적으로 신을 신뢰할 수 있었다. 그런데도 루터는 비텐베르크를 떠나야 하겠다는 선제후의 글을 11월 28일에 받았다. 루터는 다시 볼 수 없을지도 모르는 동료 수도사들과 전별의 만찬회를 가졌다. 모두가 눈물을 흘렸다. 그것은 12월 1일 저녁이었다. 이때 프리드리히 선제후로부터 다시 통첩이 있을 때까지 그대로 비텐베르크에 머물러 있으라는 메시지가 전해졌다. 만찬에 참여했던 사람들은 모두 당혹해했다.

선제후는 며칠 동안 루터 문제를 놓고 여러 각도에서 검토했다. 슈타우피츠나 스팔라틴의 의견이 힘이 되었던 것은 물론이고, 루터의 변함없는 확신과 비텐베르크 대학 교수들의 진정서가 선제후가 책략을 세우는 데 커다랗게 작용했다. 선제후는 루터에게 프레치Pretzsch 부근에 있는 리히텐베르크Richtenberg 성에서 만나자는 전갈을 보내왔다.

선제후와 루터의 면담은 아마 12월 3일부터 6일 사이에 있었을 것으로 짐작된다. 이 면담에서 루터는 비로소 자신의 사태가 어떻게 진전되어왔는지 처음으로 알았다. 그리고 교황의 파문이 닥쳐올 것이 분명한데, 그때까지 루터는 비텐베르크에 있다가 파문장이 전해지면 곧바로 숨어버리기로 약속했다.

루터와 면담한 뒤에 선제후는 카예탄 추기경에게 회답을 보냈다. 로마로 루터를 보내든지 작센 지방에서 추방하든지 둘 중 하나를 하라는 요구에 대한 회신이었다.

선제후는 사태를 여러 각도에서 분석하고 일단 자신의 소신이 서면 단호하게 실천하는 위인이었다. 그의 행동은 심사숙고한 뒤에 취하는 것이었으므로 절대로 경솔하지 않았다. 그리고 한번 결정한 사항은 결코 변경하지 않았다. 그는 교회는 개혁되어야 하고 루터는 능히 그것을 감당해나갈 인물이라고 보았다. 그의 신앙은 독실한 가톨릭이면서도 루터의 복음적 신앙을 지지했다. 루터도 먼 훗날 선제후의 장례식에서 설교할 때 선제후는 그의 영을 구원하기 위해 복음으로부터 충분한 빛을 받았을 것이라고 했다. 선제후는 12월 8일에 카예탄에게 보내는 회신을 완성했다. 그는 사무국에서 마련한 초안을 거의 20번 이상 다시 읽고 수정했다. 문구는 보기 좋게 외교적으로 썼지만 선제후의 결의는 충분히 표현되었다. 프리드리히 선제후는 루터의 95개조 논제에 관해 대학에서 토론을 하지 못했기 때문에 루터가 자신에게서 잘못된 점을 발견할 수 없었다는 것을 거듭 강조했다. 선제후는 또한 자신의 궁중과 영지와 대학 안에 교양 있는 사람이 많지만, 루터를 두고 경건하지 못한 교리를 가르치는 비非기독교인이라거나 이단이라고 생각하는 사람은 하나도 없다고 주장했다. 다만 루터가 면죄부의 판매를 배격한 바람에 금전상으로 손해를 본 이들만이 그를 이단이라 여길 뿐이라고 했다.

그리고 선제후가 카예탄에게 확언하기를 자신은 기독교인 군주로서 가장 적합하다고 생각되는 대로 사건을 처리하는 것이 엄숙한 소원이며, 자신은 양심이 명하는 대로 자신의 백성(루터)에게 충고하겠다고 했다. 또한 선제후는 자신이 루터의 굴복이나 추방에 동의하지 않는다고 해서 로마가 자신을 위협하는 일은 없었으면 한다고 했다. 만일 루터가 이단이었다면 벌써 비텐베르크 대학에서 추방당했을 것 아닌가? 비텐베르크 대학에는 그런 것을 분간할 수 있는 많은 교수와 박사가 있다. 공평하고 유능한 사람들이 루터를 이단이라고 증명하기 전에는 그를 이단으로 볼 수 없다고 했다. 그리고 선제후 역시 루터를 로마에 굴복시키든가 또는 자신의 영지에서 추방하는 과오를 범할 수 없다고 명확히 다짐했다. 프리드리히 선제후의 이런 굳센 결의와 태도는 앞으로의 종교개혁에서 한편으로는 황제나 교황의 압력을 둔화시키는 동시에, 다른 한편으로는 루터와 그의 추종자를 격려하는 힘이 되었다. 실제로 프리드리히 선제후가 카예탄에게 보낸 완강한 거절문 때문에 신성로마제국 황제나 교황은 루터 문제를 2년 반이나 끌다가 파문하게 되었다. 루터 자신은 그 거절문을 보고 가슴이 미어지도록 감격했다.

앞서 루터에 대한 선제후의 모호한 태도가 로마에게 일말의 희망을 주어 교황청이 루터를 탄압하기까지 1년 이상의 시간을 허비하게 만들었다는 점을 말했다. 그 덕분에 개혁의 발판이 마련되었는데, 이제 선제후의 단호한 결정으로 종교개혁은 더욱 큰 추진력을 얻게 되었다.

3. 세기의 대결: 라이프치히 토론

밀티츠의 외교

『성서』에 근거해 면죄부의 부당성을 공격한 루터를 이단자라고 몰던 도미니크 교단원들은 이제 그들의 지존인 교황의 권위에 도전하는 용감무쌍한 루터를 발견하게 되었다. 만약 면죄부에 관해 루터의 의견을 들어주었다면 교회나 교황의 주변에 회오리바람이 불어닥칠 리도 만무했을 것이다. 하지만 눈앞의 탐욕에 눈이 가려졌던 그들은 성인聖人 교황을 속인俗人 교황으로 전락시켰고, 일개 수도자의 언설에 집착하며 갈팡질팡하게 되었다. 1000여 년간 서구 사회를 지배하던 병든 거인은 이제 건강한 복음적 정신의 소유자이며 무명의 수도사인 35세의 루터 앞에서 그 허약함을 드러내게 되었다.

교황은 1518년 11월 9일에 면죄부에 관한 교서Cum Postquam를 내림으로써 그것의 논쟁점을 어느 정도 명확히 가려놓았다. 면죄부는 형벌에만 적용되고 죄에는 효력이 없으며, 죄의 사면은 오직 참회의 성례전을 통해서만 가능하다고 선언했다. 면죄부는 지옥의 영원한 고통이 아닌 지상과 연옥에서의 일시적 형벌을 경감해주는 것이라고 했다. 그리고 교황은 지상에서 자신이 부과한 형벌에 대해서는 사면의 권력으로 완전한 사법권을 행사하지만, 연옥의 형벌에 대해서는 탄원함으로써 그리스도와 성인들의 남餘는 공덕의 보배로 하나님께 호소할 수 있을 뿐이라고 했다. 이렇게 보면 앞서보다 면죄부의 효력도 훨씬 감소되었고 교황의 연옥에 대한 권능도 단지 탄원 수준으로 후퇴하고 말았다. 그러나 이 정도 조치로는 이미 교회 개혁을 향해 달리기 시작한 루터의 속도를 늦출 수 없었다.

교황은 다시 작센 출신인 독일인 밀티츠를 독일로 보내 최후의 타협을 시도했다. 당시 교황은 독일을 둘러싼 각종 정치적 문제, 가령 오스만제국 원정을 위한 세금 징수, 독일 제후와 국민의 불만, 신성로마제국 황제의 후계 문제 등으로 유화책을 취하지 않을 수 없었기 때문이다. 마침 밀티츠가 작센 출신이라는 점에 착안해 교황은 그를 독일로 보낸 것이다. 이보다 앞서 밀티츠가 독일로 교황의 금장미를 가지고 온다는 소문이 돌자 비텐베르크 대학 교수들은 밀티츠가 선제후를 속여 넘기지나 않을까 염려해 그가 작센 궁정에 도달하기 전인 1518년 9월 25일에 밀티츠에게 편지를 띄웠다. 편지에는 "루터는 대학의 위대하고 저명한 교수이며 그가 비기독교적인 과오를 범했다면 우리나 선제후가 먼저 추방했을 것이 아니겠는가, 레오 10세의 개인 시종 밀티츠가 충분히 교황과 타협을 지어줄 것으로 안다"라고 썼다. 마지막에는 심리적 효과를 노리기 위해 그가 독일인이라는 점을 내세웠다.

그런고로 원하옵기에 독일인은 독일인을 버리지 않는다는 것을 조국에 보여주시오. 특히 재난을 당하고 있을 때 말이오. 만일에 이 사람(루터)이 완전하고 경건하고 박학자라는 것을 교황께서 아시게 되면 앞일은 대단히 좋아질 줄로 아오.

직위로만 보면 밀티츠는 카예탄의 아래에 있는 사람이었지만 자신이 루터와 교황의 타협을 성공시키는 날에는 그 공적이 높이 평가될 것을 기대하고 있었다. 그가 11월 말에 작센 궁정의 법률고문 페핑거를 만났을 때 자신이 로마에서 인기가 있다는 것, 레오 10세는 도미니크 교단원을 그리 좋아하지 않는다는 것, 테첼의 지나친 면죄부 판매에 염증을 느끼고 "더러운 자식Schweinhund"이라고 했다는 것 등을 이야기하며 자신이 넉넉히 양자의 화해를 이룰 수 있다고 자랑했다.

한편 루터는 이런 소식을 친구 크리스토프 쇼이를Christoph Scheurl(1481~1542)을 통해 낱낱이 알고 있었다. 쇼이를은 밀티츠를 뉘른베르크에서 만났다. 그는 루터가 보름스에서 황제와 만나게 된다는 것, 그것에 앞서 우선 밀티츠와 루터가 면담하게 된다는 것을 일일이 알려주었다.

그런데 이보다 앞서 밀티츠는 조심성 있게 루터에 대한 독일인의 지지를 알아보았다. 그가 독일 남부에 들어섰을 때 루터와 그의 교리를 지지하는 여론과 감정이 비상하다는 것을 알았다. 네 명 중 셋은 루터 편에 섰다고 했다. 밀티츠는 나중에 루터와 면담할 때 자신에게 2만 5000명의 병사가 주어진다고 해도 루터를 압송할 수 있다는 장담은 하지 못하겠다는 말을 건네기도 했다. 그는 프리드리히 선제후, 스팔라틴, 페핑거, 비텐베르크 시장과 호위병장, 그 밖의 도시 시장에게 줄 많은 소개장을 들고 독일에 갔으나 절대로 일을 함부로 진행하지 않았다. 그는 지극히 외교적이고 은근한 태도로 임했다. 더구나 형편을 보아 가며 금장미를 주어야 할 것이므로 루터에 대해 적대감을 표시할 수도 없었다.

밀티츠는 1518년 12월 28일 알텐베르크Altenberg의 이궁離宮에서 크리스마스를 보내고 있던 선제후와 만났다. 그보다 앞서 같은 달 8일에 선제후는 이미 카예탄의 요청을 거절하는 회신을 보냈다. 당시 밀티츠는 루터를 추방하자는 카예탄의 통고(교황의 칙령)가 있었다는 것을 몰랐기에(작센 지방에만 보고되어 있었다) 루터에 대한 선제후의 뜻을 헤아리고 있었다. 선제후 역시 루터의 의견을 철회시키지 못하면 그가 오래도록 바라던 금장미를 로마가 주지 않으리라는 점을 잘 알고 있었다. 밀티츠를 만나 선제후가 내놓은 이야기는 명확했다. 루터를 로마로 보낼 수는 없다는 것이었다. 이렇게 된 이상 밀티츠는 심리전을 폈다. 루터가 교황청에 알려졌다는 것을 레오 10세가 알게 되었다는 것, 테첼과 도미니크 교단 수도사들이 당치 않은 루터의 소식을 교황청에 전했다는 것, 카예탄이 자신(밀티츠)도 루터 편(같은 독일인이므로)을 들지 않겠는가 하고 의심하고 있다는 것 등을 그럴듯하게 말했다. 그러면서 밀티츠 본인은 진정으로 양쪽의 화해를 위해 왔다고 했다. 그는 그런 인상을 선제후와 그의 측근들에게 보여주기 위해 두 번이나 테첼을 소환하기도 했다. 물론 테첼은 루터파 때문에 생명의 위협을 느낀다며 소환에 응하지 않았다.

　선제후는 이런 밀티츠의 태도를 그대로 믿고 스팔라틴 궁정 신부의 집에서 루터와 밀티츠의 회담을 허락했다. 때는 1519년 1월 6일이었다. 그 자리에는 스팔라틴과 법률가 파비안 폰 파일리치Fabian von Feilitzsch, 그 밖에 궁정 관리가 동석했다. 다만 밀티츠와 루터 간의 대화는 처음부터 상대가 되지 않았는데, 한편은 깊이 없고 허영심 많은 정치가였고 다른 한편은 심각한 영적 투쟁을 겪은 유능한 신학자였기 때문이다. 두 사람은 이틀 동안 면죄부에 대해 토론했다. 그러면서 서로 화해하자는 데 의견을 모았다. 밀티츠는 교황청의 체면을 보아 루터가 양보해야 한다고 간청했다. 그리하여 루터는 자신의 양심이 허락하는 안에서 다음의 네 개 조항에 승낙했다. 첫째, 루터는 면죄부에 대해 더는 발언하지 않는다. 이 점은 루터의 반대편도 같다. 둘째, 루터가 너무 흥분해서 거칠게 행동했다는 점과 면죄부를 공격해 로마교회를 해쳤고 사람들이 로마교회에 반대하게 했다는 점을 해명한다. 셋째, 루터는 전단을 인쇄해 사람들이 로마교회에 머물러 있게 하고, 복종하는 신민이 되게 하며, 자신의 글은 교회의 위신을 위해 썼다고 변명한다. 넷째, 모든 문제는 잘츠부르크Salzburg 대주교에게 맡겨 그가 다른 공정한 사람과 함께 판결하게 한다.

　면담하는 가운데 루터는 면죄부가 마인츠 대주교가 낭비한 돈을 메우기 위한 사기 행위라는 점, 그것을 허락한 교황청도 잘못이라는 점 등을 밀티츠에게 알리려고 노력했다. 그리고 다음 날 회견할 때 루터는 교황에게 전달할 두 개 항목에 관한 자세한 해명문을 밀티츠에게 건넸다. 하지만 밀티츠는 이 문서를 교황에게 전하지 않았다. 왜냐하면 이것을 전했다가 루터와 교황이 직접 화해라도 하면 자신이 공적을 세울 수 없기 때문이었다. 이

해명문에서 루터 자신은 열심히 교회의 명예를 보전하려고 노력했는데도 자신의 학설이 잘못 알려져 교황청에서 의심하고 있다고 했다. 그리고 이제 와서 전 독일에 퍼져 있는 자신의 저서를 회수하는 것은 불가능할 뿐만 아니라 독일에는 고명하고 학식 있는 사람이 많으므로 이제 그것을 철회해 보았자 되레 교회의 명예만 손상시킬 뿐이라 했다. 교회를 두려운 탐욕 속으로 빠뜨린 사람은 루터 자신이 아니라 그 반대자라고 지적했다. 또한 루터는 그 반대자들이 말하는 것처럼 로마교회의 권력을 공격한 사람이 아니며, 예수 그리스도를 제외한다면 로마교회의 모든 권력을 인정한다고 했다. 반대자들이 침묵한다면 루터도 침묵을 지킬 뿐만 아니라 더 나아가 사람들에게 로마교회를 존경하도록 가르치겠다고 했다. 또한 교황은 탐욕, 즉 면죄부 판매로부터 교회를 보호해야 한다고 역설했다.

이런 해명문은 분명히 루터가 교황과 타협하기를 원하며 일정 부분 양보할 의사가 있다는 점을 충분히 보여주는 것이었다. 또한 정치적인 이유에서 교황과 화해하기를 원하고 있던 선제후의 생각과도 일치하는 것이었다. 루터의 진실성이 뚜렷이 드러난 이 해명문이 교황에게 제대로 전달되었다면 루터가 교회 개혁 운동을 멈추었을지도 모른다. 그러나 밀티츠는 교황에게 이것을 전하지 않았고 루터와의 회견을 거짓으로 보고하고 말았다.

밀티츠는 둘째 날 회견에서 앞으로 면죄부 문제는 언급하지 않으며 루터의 저서를 검토한다는 데 합의하고, 그날 저녁 루터를 초청해 그를 완전히 사로잡을 양으로 온갖 사교적인 말을 쏟아놓았다. 자신이 독일에 와서 만나본 사람마다 루터를 칭찬한다는 등, 루터는 젊고 용기 있는 교수라는 등, 로마는 루터에 대해 100년 동안 찾아볼 수 없었던 관심을 쏟고 있다는 등, 로마는 이런 불안한 상태로 지내기보다 1만 두카트Ducat(약 25만 달러)를 손해 보는 편이 낫겠다고 생각한다는 등 온갖 아첨하는 말을 했다. 이렇게 해서 밀티츠는 루터를 완전히 회개시켰다고 생각하게 되었다. 그는 자신이 정말로 교황과 루터 간에 화해를 성공시켰다고 여겼다. 그 뒤에 밀티츠가 어떤 보고를 교황청에 제출했는지는 자세히 알 수 없으나 아마도 낙관적인 거짓 보고서를 보낸 것으로 짐작된다. 이는 교황이 루터에게 보낸 1519년 3월 29일의 편지를 통해 알 수 있다. 당시 교황은 루터가 잘못을 저질렀고, 지금은 지극히 통회하고 있다고 진심으로 믿은 모양이다. 그러했기 때문에 교황은 루터가 로마로 오는 여비까지 주겠다고 했고, 루터를 "사랑하는 아들"이라고 부르는 등 다음과 같은 편지를 보낸 것이다.

> 그대가 우리 사절 앞에서 그대의 주장을 취소하기 두려워했지만, 그대가 로마로 오기를 원한다면 그리스도의 대리인 우리 앞에서 안전하고 자유롭게 진술할 수 있을 것이다. 이 글을 받는 즉시 우리에게로 올 여장을 차려라. 바라건대 그대는 모든 증오를 떠나 우리와 화해하는 마음을 가지고, 아무런 감정도 없이 성신에 충만하며, 또한 자비로 무장해 전능하신 하나님의 영광을 찬양할 수 있도록 하며, 우리는 그대 속에서 복종하는 자녀를 보고 그대는 우리에게서 인자한 아버지를 발견할 수 있도록 하라.

이런 교황의 편지는 루터의 완전한 굴복을 전제로 하는 것이었다. 교황의 편지는 선제후의 궁전으로 보내졌는데 선제후는 루터의 마음을 밀티츠보다 더 잘 알고 있었기 때문에 이 편지를 루터에게 전하지 않았다. 전한다면 루터는 초청을 거절할 것이 뻔한 노릇이고 앞으로 또 복잡한 문제가 일어날 것이기 때문이었다.

하여간 밀티츠는 루터와 회견하고 그냥 독일에 머물러 있었다. 그러던 중에 1519년 1월 12일 황제 막시밀리안 1세가 죽었다. 제위는 공석이 되었고 같은 해 6월 28일 카를 5세가 선출될 때까지 5개월 동안 모든 사람의 관심은 황제 선출에 쏠리게 되었다. 그렇게 루터의 문제는 일단 후퇴한 것 같았고, 또한 앞서 밀티츠가 교황청에 보낸 허위 보고도 당장 탄로 나지 않았다. 로마 교황청은 프랑수아 1세가 제위에 오르는 데 모든 관심을 쏟았고, 밀티츠의 화해 성공(허위 보고 때문에 교황은 그렇게 믿었다)에 대한 보상도 잊어버리고 말았다. 사실 밀티츠는 아우크스부르크에서 여러 달 묵으면서 교황청으로부터 무슨 보상이 내리기를 고대하고 있었다. 그동안 밀티츠는 루터를 코블렌츠Koblenz로 불러내 카예탄 앞에서 트리어Trier 대주교의 조사를 받게 하려고 했으나 1519년 5월 17일에 루터가 거절하면서 뜻을 이루지 못했다. 루터는 밀티츠를 "미친 사람"이라며 거절했지만, 선제후는 밀티츠만도 못한 사람이 독일로 오면 곤란하다고 생각해 자신이 직접 5월 27일 바이마르에서 밀티츠를 만나주었다. 밀티츠의 요구는 루터가 자기주장을 철회하게 하라는 것이었다.

교황은 6월 21일 오르시니Orsini 대사를 선제후에게 보내 그의 마음을 사려고 했다. 선제후가 택하는 사람에게 대주교의 모자를 준다고도 했고, 선제후에게 가장 중요한 주교구를 준다는 등의 조건을 제시했다. 그 대가로 선제후가 프랑스 왕을 황제로 지지할 것과 루터 문제를 무마시킬 것을 요구했다. 그러나 스페인의 젊은 왕 카를로스 1세가 제위에 오르려는 야망을 막을 길이 없음을 안 교황은 나중에 카를로스 1세를 지지하게 되었고, 오르시니를 통해 프리드리히 선제후에게 주려던 것은 아무것도 이행하지 않았다.

이런 외교적 상황에 무관심했던 루터는 선제후에게 자신의 주장을 철회할 수는 있으나 자신이 쓴 저서에 대해서는 분별없이 철회할 수 없다고 보고했다. 또한 설교나 강의를 맡는 대신 근신하려고 하나 하나님의 명령이라고 생각될 때는 그 명령에 복종할 수밖에 없다고 했다. 자신의 공정한 판결을 위해 가장 먼저 트리어 대주교, 그다음으로 나움부르크 주교와 잘츠부르크 대주교를 추천했다. 그리고 전임 교황 율리오 2세의 지나친 세속권에 대해서도 황제에게 주의를 환기시킬 의무를 느낀다고 했고, 로마는 테첼의 면죄부 악용을 알고 있어야 하며, 자신은 앞으로 면죄부 설교에 대해 관용적인 태도를 취할 수 없다고 밝혔다. 루터는 이보다 앞서 밀티츠와 회담한 뒤인 2월 말쯤 성인 숭배, 연옥, 면죄부에 대한 교회의 계율, 선행, 로마교회에 관한 자신의 의견을 발표했다. 그 내용을 간단히 요약하자면, 성인은 오직 중재자일 뿐 그 자신의 권능은 없다는 것, 면죄부와 연옥의 관계에 대해서는 연옥에서 고생하는 영혼은 살아 있는 사람들의 기도, 금식, 시혜로 도움을 받을 수 있으나 연옥의 영혼들이 겪는 고통의 정확한 성질과 신부의 어떤 행동이 효과를 나타내는지는 의심스럽다고 했다. 그리고 면죄부는 자유의사로 구매해야 하며 하나님의 명령인 선행과 비교하면 보잘것없는 일이고, 교회가 명령하는 금식이나 성인의 날을 지킨다는 외면적 계율도 내면적인 경건에 견줄 바는 못 된다고 했다. 또한 교황에 대해서는 그가 하나님의 계명을 지키는 한 숭앙하는 데 이의가 없으며, 선행은 사람이 거듭남으로써만 가능하니 「마태복음」 7장 18절의 "좋은 나무마다 아름다운 열매를 맺을 수 있다"라는 말과 같다고 했다. 그러므로 선행은 은혜로부터 나타나는 것이니 사람은 겉보다 속이 중한 것이다. 루터는 로마교회에 대해 끝까지 충성할 것이고 일시적인 부패를 이유로 교회를 분열시킬 생각은 없으며 교회가 난국에 놓여 있을 때는 더욱 교회에 충성하며 사랑으로 하나가 되어야 한다고 변호했다. 다만 교회의 이름을 빙자해 자신의 탐욕을 채우려는 악인들을 공격하는 것뿐이라고 했다.

이렇게 보면 루터는 끝까지 로마교회 안에 머물러 있으려고 했음이 분명하다. 하지만 테첼, 밀티츠, 카예탄 등의 탐욕과 치졸한 언동 때문에 루터의 분노는 더욱 커져갔고, 급기야 그가 전통적 교회로부터 이탈하게 만들었다고 하겠다.

신학 논쟁으로 판결

속권과 교권을 총동원해 위협·공갈·회유 등의 온갖 방법으로 루터 문제를 해결해보려고 했으나 아무런 효과가 없었다. 이제 남은 길이 있다면 신학상의 토론을 통해 옳고 그름을 구분하는 수밖에 없었는데, 그것은 바로 루터가 원하는 것이었고 교황으로서는 피하고 싶은 것이었다. 『성서』를 근거로 잘못됨을 지적하라는 루터의 주장에 교황, 추기경, 주교 이하 누구 하나 대드는 사람이 없었고 그저 무턱대고 철회하라는 말만 루터에게 강요했다. 그만큼 루터의 확신은 자신만만했고, 로마 교황은 수세를 면하지 못했다. 차라리 강압이나 하지 않았다면 루터는 침묵을 지켰을 텐데, 전통적 교회의 위신을 위해서도 위압적으로 대응할 수밖에 없는 형편이었다. 그러나 그럴수록 루터의 반발도 커져갔다.

이런 사정이었기에 그 당시 누구라도 루터를 이론적으로 굴복시킬 수만 있다면, 그는 기독교 사회의 챔피언이 될 뿐만 아니라 교황청으로부터의 영광과 보상을 동시에 받을 수 있었다. 그러나 신학 이론을 전개해 자신의 오류를 지적해달라는 루터 앞에 좀체 나타나는 사람은 없었다.

그러던 중 잉골슈타트 대학의 요한 폰 에크Johann von Eck(1486~1543)라는 사람이 루터의 신신학에 도전해왔다. 그는 이미 1518년 3월 「오벨리스키」라는 글을 루터에게 보내 95개조와 그의 인격을 공격한 적이 있었다. 그 글에서 에크는 루터를 향해 "광신적 후스파이자 이단적이며 선동적이고 무례하고 경솔하며 불학무식하고 교황을 모욕하는 인간"이라고 맹격했다. 루터의 말을 빌리면 에크는 "악담과 악의와 광기로" 그런 글을 썼던 것이다. 루터는 처음에 불살라 없애려고 했으나 마음을 바꿔 그것에 대한 반박문을 쓰기로 했다. 사실 반박문을 쓰면서도 루터는 한편 놀랐다. 왜냐하면 에크는 루터의 옛 친구였고, 탁발 수도사가 아니라 인문주의자이며 같은 독일인이었기에, 루터에게 동조할 사람이지 공격할 처지에 있던 사람은 아니었기 때문이다.

루터는 「아스테리스키」라는 이름의 반박문을 1518년 5월 19일 에크에게 보냈다. 그 편지에는 대학교수답지 않은 루터의 분노가 담겨 있다.

나의 면죄부 제의에 대한 반박문 「오벨리스키」를 분명히 받아보았소.…… 복음적 사랑의 정신에 따르면 친구를 비난하기 전에 먼저 경고하는 법인데, 그렇게도 내 앞에서 부드러운 말솜씨를 보여주던 당신이 내 등 뒤에서 공격하리라고 나같이 순진한 사람이 어떻게 생각할 수 있겠소? 당신은 "이웃에 평화를 말하나 속에는 악의가 있다"라는 『성서』의 말씀을 실천한 셈이오. 나는 당신이 이런 짓을 했다고 자인하지는 않을 것으로 알고 있소. 그러나 당신은 당신이 할 수 있는 일을 한 것뿐이오. 당신의 양심이 뭐라고 말하는지 보시오. 나의 의견을 알고 이해하기 전에 당신이 판단했다는 데 놀랐소. 당신의 이런 경솔한 짓은 아마도 당신만이 살아 있는 유일한 신학자라고 생각하고 다른 사람의 의견보다 당신의 의견이 제일이라고 믿을 뿐만 아니라 당신이 정죄하는 것은, 그것을 당신이 의식하지 못한다고 해도, 결국 당신 에크에게 불쾌하기 때문에 정죄하는 것이라고 증명하는 것이 됩니다.

당신이 내게 난폭하게 굴었기 때문에 나는 당신이 보낸 「오벨리스키」의 대답으로 「아스테리스키」를 보내 당신의 무지와 경솔을 자인하게 만들려고 합니다. 나는 악을 악으로 갚지 않기 위해 이렇게 당신의 글을 보내준 그 사람에게 내 글을 보냅니다. 내가 만일 공개적으로 내 글을 출판할 생각이라면 나는 좀 더 주의 깊게, 조용히 썼을 것입니다. 당신이 「오벨리스키」를 확신하듯이 나도 「아스테리스키」를 확신합니다.

당신은 당신의 길을 취할 것이요, 나는 당신이 원한다면 당신의 친구로 머물러 있을 것입니다. 그렇지 않으면 나는 당신의 공격을 막아낼 것입니다. 내가 보는 한에서 당신의 신학이라는 것은 스콜라 철학의 껍질 외에 아무것도 아니오. 만일 당신이 나와 싸우기를 원하고 나와의 우정을 파괴하면서까지 내게 대들 때 당신이 얼마나 힘들 것이라는 점을 알게 될 것이오.

원래 에크는 루터를 공격할 생각은 없었다. 아이히슈타트Eichstädt의 주교와 담화한 것이 「오벨리스키」라는 글로 정리되었는데, 그 사본이 에크의 적수였던 베른하르트 아델만Bernhard Adelmann(1459~1523)에게 들어갔고, 그것이 다시 적수의 친구 링크에게 전해졌던 것이다. 링크는 루터의 친구인 만큼 이것을 다시 루터에게 전하게 되었다. 결국 에크의 적수 아델만이라는 사람이 루터와 에크 간에 싸움을 붙여놓은 격이 된다. 그 뒤 쇼이를 통해 두 사람 간에 화해가 성립되었다고는 하나 감정이 좋을 리 만무했고, 더구나 에크가 도미니크 교단 사람이라는 데서 이미 루터에게는 적대적인 배경을 갖고 있는 형편이었다. 하여간 일은 묘하게 전개되어 화해가 성립될 만하면 그것을 자신의 공로로 세우는 사람이 나타났고 설상가상으로 싸움을 붙이는 사람도 나타나 루터의 일을 쉽사리 해결하기는 어렵게 되었다. 이러던 중인 1518년 7월 20일에 루터는 주목할 만한 라틴어판 『십계명설교』를 출판하기도 했다.

이렇게 루터와 에크 사이에 잠시 휴전이 있었는데, 루터의 선배이자 동료 교수인 카를슈타트가 성급하게 루터의 신신학보다 더 과격한 379개조의 의제를 작성해 자유의지론, 예정론, 면죄부 등에 관해 에크와 반대되는 이론을 전개했다. 카를슈타트의 작업은 루터의 만류로 잠시 보류되었으나 다시 405개조로 늘어나 『변해적辯解的 결론Apologeticae conclusiones』이라는 이름으로 1518년 7월 비텐베르크에서 출판되었다. 이것은 면죄부, 참회, 사죄에 관한 교황권의 제한 등 비텐베르크 대학의 신학을 대변하는 글이어서 루터에게 강경했던 도미니크 교단의 에크를 분개시켰다. 에크는 하나하나 따지면서 자신의 처지를 변호하는 글로 응수했다. 카를슈타트는 화해할 마음이 없었고, 에크의 글을 받자마자 1518년 9월 1일에 다시 응수하는 글을 보냈다. 카를슈타트의 글은 그리스도인의 평생의 참회를 주장하고 선행할 수 있다는 에크의 인간 자유의지론을 공격한 루터의 생각을 그대로 대변했다.

그때 루터는 아우크스부르크에서 카예탄과 만나고 있었다. 거기서 루터는 에크와 토론을 통해 시비를 가리는 데 합의했다. 토론 장소는 에르푸르트 대학이나 라이프치히 대학으로 의견이 모아졌는데, 전자는 루터와 카를슈타트의 모교이자 아우구스티누스 교단의 영향이 큰 곳이었고 후자는 도미니크 교단의 세력이 뻗친 곳이었다. 결국 에크의 의견을 따라서 라이프치히 대학으로 정하고, 장소의 알선을 대학 소재지의 책임 주교였던 아돌프 2세Adolf II(1458~1526)에게 의뢰했다. 아돌프는 그다음 해인 1519년 1월 11일에 토론회 개최의 뜻을 대학에 통고했다. 그러나 라이프치히 대학의 교수들은 신학 논쟁에 말려들기를 꺼려 제의를 거절했다. 더구나 비텐베르크 대학과 라이프치히 대학이 만일 서로 반대쪽에 서게 되면 사촌 간인 프리드리히 선제후와 게오르크 공(알브레히트계 작센 영주) 사이에 미묘한 정치적 관계가 생길 것도 염려했다. 그러나 게오르크 공은 이 토론회로 자신이 소유한 대학이 다른 대학의 주의를 끄는 데 커다란 만족감과 광영을 느꼈다. 그래서 1519년 2월 15일에 영주권을 발동해 대학에 압력을 가해 토론회의 장소 제공을 승낙하게 했다.

이에 앞서 에크는 토론회 장소 교섭이 끝나기 전에 그의 공격의 창을 좀 더 높은 사람(루터)에게 던지려고 했다. 1518년 12월 29일에 12개조의 논제를 작성하고 플래카드에 인쇄해 공고하도록 했는데, 루터는 한 달 뒤에 그것을 보았다. 거기에는 참회, 면죄부, 공덕, 연옥에 관한 에크의 생각이 적혀 있었는데 앞서 「오벨리스키」에서와 마찬가지의 주장이었다. 사람의 전생애가 참회의 생활이 될 수 없고, 의인은 의에 머물러 있는 한 지옥에 떨어지는 대죄를 범한다고 생각할 수 없으며, 다른 사람의 공덕으로 연옥의 영혼은 자유로워질 수 있고, 그리스도의 공덕은 교회의 보배가 되며, 면죄부를 통해 교황은 연옥에서 고생하는 영혼을 구원할 수 있다고 주장했다. 에크의 글을 본 루터는 결국 에크가 자신의 신신학에 도전해오는 것이라고 생각했다.

앞서 말한 것처럼 에크는 루터를 자신의 적수로 보았고 어디까지나 루터와 논쟁하는 것이 그의 목표였다. 에크는 이참에 루터를 이단으로 몰아세우고 스스로 로마교회의 대변자가 되겠다는 속셈을 품었다. 그것을 위해 루터를 고의로 교황과 대립시켜 궁지로 몰아넣는 방법을 취했다. 그는 교황 체제의 기원과 권한 문제를 들고 나왔다. 루터의 발언 중에 "그레고리우스 1세(재위 590~604) 시대에 로마교회는 헬라 교회를 지배하지 못했다"라는 것과 "그리스도 이후 8세기 동안 신자들은 교황의 지배하에 있지 않았다"라는 데서 약점을 잡은 에크는 로마교회의 베드로 기원설을 강조하고 베드로의 후계자인 교황은 "그리스도의 총대리자"라고 주장하면서 루터가 교황 체제의 기원과 권력을 잘못 가르치고 있다고 공격했다. 이런 식으로 먼저 교황의 기분을 나쁘게 만들어 결국 교황이 루터를 이단으로 몰아넣게 하는 작전을 취했다. 루터는 13개조 제의를 작성하고, 실제로 교황 권력은 1054년의 동서 교회 분리 이래 400년 넘게 교황의 냉혹한 교서로 작동한 것에 불과하다고 주장했다.

에크는 13개조의 명제를 인쇄해 1519년 3월 14일 루터에게 도전했고 루터 역시 5월 16일에 에크에 응수하는 글을 발표하면서 양자의 냉전은 열전으로 발전하게 되었다.

결국 이 논쟁은 카를슈타트가 불을 질러놓았다고 할 수 있다. 이 논쟁의 경과는 다음과 같다. ① 루터 대 테첼, ② 루터 대 카예탄, ③ 루터 대 밀티츠, ④ 카를슈타트 대 에크, ⑤ 루터 대 에크, ⑥ 루터 대 교황, ⑦ 루터 대 황제의 순서로 싸움은 발전해갔다. 그러나 정정당당한 싸움은 루터와 에크의 세기적 대결까지라고 할 수 있고, 마지막 단계인 교황이나 황제와의 싸움은 신념과 폭력의 대결이었으므로 매우 불공정한 싸움이었다. 이제 우리는 각각 중세와 근세를 대변하는 에크와 루터의 세기의 논쟁으로 들어가 보기로 한다.

카를슈타트 대 에크

루터와 에크의 논쟁에 앞서 에크와 카를슈타트와의 논쟁을 라이프치히 대학에서 1519년 6월 27일에 열기로 이미 약속되었다. 그것은 세기의 대결의 서곡이나 다름없는 논쟁이었다. 루터는 자신과 에크와의 논쟁이 혹시 실현되지 않을 경우에 대비해 미리 13개조의 논제를 작성한 뒤에 에크가 자신의 생각을 용납하지 않을 때 사람들에게 배포하려고 준비했다. 이 논제는 에크의 논제에 대한 주석과 역사적·교리적 변증을 적용한 것이었는데, 교황권에 대해 역사적으로 연구한 논문이었다. 루터는 교황권이 베드로에게서 기원했다는 「마태복음」 16장 18절에 근거한 주장은 『성서』에 대한 하나의 해석에 불과하며 역사적 근거는 없다고 보았다.

에크와의 논쟁에 대비해 루터는 『그라티아누스 교령집Decretum Gratiani』, 교회법, 교회사, 교황사 등 많은 책을 읽었다. 라이프치히에 먼저 도착한 쪽은 에크였다. 그는 라이프치히 고관들의 융숭한 대접을 받으며 자신에게 유리한 분위기를 조성했다. 루터는 그보다 이틀 늦은 1519년 6월 24일 금요일에 라이프치히에 도착했다. 루터 일행은 카를슈타트, 비텐베르크 대학 총장, 포메라니아Pomerania의 공작 바르님 9세Barnim IX(1501~1573), 멜란히톤, 암스도르프 등이었고, 마차 두 대에 나눠 타고 갔다. 마차는 200명에 가까운 비텐베르크 대학의 무장한 학생과 루터 친구들의 호위를 받으며 라이프치히에 도착했다. 카를슈타트의 마차는 시 근교에 이르러 진흙에 빠져 뒤집혔다. 나중의 일이지만 카를슈타트가 에크와의 논쟁에서 졌다는 느낌을 받았을 때, 마차가 전복된 사건에서 불길한 예감이 들었다는 이야기를 했다. 일행은 루터의 책을 낸 출판업자 멜리호르 로터Melchior Lotter의 집에서 머물렀다.

일요일인 26일에 에크와 카를슈타트의 논쟁 방법에 대한 타결이 있었다. 에크는 토론자들이 서로 자유롭게 대화를 주고받는 이탈리아식을 선호했고, 카를슈타트는 한 사람이 충분히 자기 의사를 표시한 뒤에 다른 사람의 논변을 듣는 독일식을 주장했다. 그리고 카를슈타트는 토론 내용을 인쇄해 발표하자고 했고 에크는 반대했다. 양자가 서로 양보하고 타협한 결과 토론은 카를슈타트의 주장대로 독일식으로 하고, 내용 발표는 에크의 주장대로 일반에게 하지 않기로 했다. 그리고 서기 네 명이 토론을 기록하고, 기록의 내용 중 네 명의 기록이 모두 일치하는 것만 공식 본문으로 채택해 중립적인 대학에 보내 판단을 받기로 합의했다. 토론 순서는 처음 에크가 공세를 취하고 카를슈타트는 수세를 하기로 했고, 그다음은 반대로 하기로 했다.

원래 루터는 이 토론에 참가하지 않기로 되어 있었다. 라이프치히 대학은 당시 한창 발전하고 있던 비텐베르크 대학을 견제하고 있었으며, 라이프치히 대학의 소재지인 작센 영주 게오르크 공은 당초 루터의 참여를 반대했던 것이다. 다만 에크가 카를슈타트를 논파할 자신이 있었으므로 그 여세를 몰아 루터까지 논파하려는 생각에서 루터도 토론에 참가하도록 주선하고 루터에게 행동의 자유도 보장했던 것이다. 에크나 그의 주변에 있던 사람들은 이 토론으로 신학적 진리를 사람들에게 알리기보다는 그저 에크의 승리에만 관심이 가 있었다. 에크와 카를슈타트는 6월 27일 토론을 시작했다.

에크와 카를슈타트는 풍채와 학문에서 많은 차이를 보였다. 에크는 루터보다 세 살 아래, 카를슈타트보다 여섯 살 아래이며, 슈바벤 지방 출생으로 잉골슈타트 대학에서 두각을 나타내고 있던 신학자였다. 그의 학력은 누구나 부러워할 정도였다. 12세에 하이델베르크 대학에 입학해 프라이부르크, 튀빙겐Tübingen, 쾰른Köln 등 여러 학교에서 유명 교수들의 교육을 받았다. 프라이부르크 대학에서 24세에 신학 박사 학위를 받았고, 재주 많은 변론가로 이름을 날렸다. 거구에 앞가슴이 넓게 틔었고 음성은 높아 교수라기보다 약장수의 언변을 보여주고는 했다. 그의 박학과 독설은 누구나 두려워했고, 냉소적 언변은 논쟁에서 둘도 없는 무기였다. 여기에 비해 카를슈타트는 에르푸르트 대학을 졸업했고 비텐베르크 대학의 교수였으며, 키는 작고 까맣게 탄 얼굴에 약하고 낭랑하지 못한 목소리의 보유자였다. 게다가 기억력이 약해 자주 참고서와 노트를 들여다보는 등 토론을 하기에는 불리한 조건만 구비하고 있었다. 더구나 성미가 급하고 도량이 좁은 탓으로 공세로 나오는 토론자를 물리치고 청중에게 호소할 수 있는 능력도 없었다.

토론회 의식은 27일 아침부터 시작되었다. 라이프치히 대학 교수, 시의 관리, 주요 성직자와 귀족, 일반 신부, 시민들이 대학 대강당과 토마스 교회에 모여 법률과 교수 시몬 피스토리스Simon Pistoris(1453~1523)의 사회로 미사 예배를 드렸다. 피스토리스는 유창한 라틴어로 집전했다. 토론은 성안의 플라이센부르크Pleissenburg 공관에서 진행되었다.

토론에 앞서 라이프치히 대학의 시학 교수 페트루스 모젤라누스Petrus Mosellanus(1493~1524)는 두 시간에 걸쳐 '신학 토론에 관한 방법과 기술'이라는 제목의 강연을 했다. 모젤라누스는 1518년 비텐베르크 대학에서 헬라어 강의를 맡은 적이 있었다. 그의 사전 강연은 루터와 같은 처지에 있던 사람들이라면 루터에게 유리한 강연으로 들렸을 것이다. 왜냐하면 모젤라누스는 모든 건실한 토론은 『성서』를 근거로 해야 한다고 했고, 성 바울은 다른 교부보다 훨씬 권위 있는 사람이라고 했다. 오리게네스Origenes(185?~254?), 바실리우스Basilius(329?~379?), 아타나시우스와 같은 동방(헬라) 교회의 교부는 히에로니무스, 아우구스티누스와 같은 서방 교회의 교부보다 신뢰할 가치가 있다고도 했다. 끝으로 베드로와 바울, 동서 교회의 교부들이 성서의 해석을 각기 달리했으나 서로의 우정에는 변함이 없었으니 이번 토론도 그런 높은 차원에서 이루어져야 한다고 역설했다. 이 같은 발언은 교만하고 담대하고 냉소적인 독설가인 싸움꾼 에크를 염두에 두고 한 말이었다. 모젤라누스는 루터, 에크, 카를슈타트 이렇게 세 사람이 벌인 토론의 경과를 기록해 후세에 남겼다.

27일 오후부터 에크와 카를슈타트의 토론이 시작되었다. 카를슈타트의 증인으로 멜란히톤과 루터가 정해졌다. 에크의 증인으로는 라이프치히 대학의 히브리어 교수 요하네스 켈라리우스Johannes Cellarius(1496~1542)와 요하네스 루베우스Johannes Rubeus가 정해졌다. 두 사람은 각각 자유의지와 은혜에 대해 토론했다. 인간의 선행은 인간의 자유의지에 따른 것인가 아니면 신의 은혜에 따른 것인가에 대해 서로 자기주장을 펼쳤다. 에크는 인간의 의지는 스스로 선행할 수 있는 것이라고 유창하며 웅변적인 말로 알기 쉽게 설명했다. 그러나 카를슈타트는 거듭나지(재생하지) 못한 인간의 의지는 선행을 하기에는 완전히 무능력하다고 했다. 왜냐하면 신의 은혜가 없으면 인간의 선행은 아직도 죄 많고 가치 없는 것이기 때문이다. 에크는 자신의 기억력을 최대한 이용해 압도적인 언변과 위세로 청중을 매혹했는데, 카를슈타트는 앞서 말한 것처럼 참고서와 노트를 들추기에 여념이 없어 그가 연설할 때는 청중의 반응도 아주 미미했다. 이런 분위기를 감지한 에크는 토론 중에 토론자가 말을 주고받는 형태인 이탈리아식으로 바꾸자고 제안했다. 그렇게 되면 토론자는 참고서나 노트를 보지 못하고 오직 기억에 의존해 말할 수밖에 없었다. 카를슈타트는 반대했고 비텐베르크 대학의 학생들은 분노했으나 일반 청중의 찬성을 얻어 에크의 주장대로 토론 방식이 바뀌었다. 그러는 바람에 카를슈타트는 곤경에 빠졌다. 에크는 뒤에 이어지는 루터와의 토론에서도 토론이 자신에게 불리하게 흐르면 슬쩍 말을 돌려 상대의 의견을 마치 자신의 의견인 양 위장하고 갑자기 말머리를 다른 데로 돌리는 등 언변이 강한 자신의 장점을 충분히 활용하는 모습을 보여준다. 말재주를 부리는 소피스트, 즉 괴변가라는 평을 받던 에크는 단번에 아홉이고 열이고 논의할 거리를 제공하는 식으로 토론을 끌고 갔다. 에크는 신학의 깊이에서 카를슈타트에 도저히 미치지 못했기에 신학자라기보다는 전쟁에 임하는 군인처럼 이기는 것만을 목적으로 했고 진리를 추구한다는 토론의 원래 목적에서 벗어나 있었다. 그리하여 당시 사람들도 에크를 아는 체하기 좋아하고 대담성과 허영심이 많은 사람이라 보았고, '건방

진 멋쟁이Keck Geck'라는 별명으로 그를 불렀다. 신학의 깊이가 없는 허울만 좋은 사나이라는 뜻이었다. 이에 비해 비록 언변은 좋지 못하나 『성서』에 근거해 믿음의 의로 얻는 신의 은혜가 인간의 의지보다 앞선다고 차근차근 이론을 전개하는 카를슈타트에게 참된 신학의 깊이가 있다고 적지 않은 사람들이 생각했다. 그러나 그보다 더 많은 청중은 에크의 자유의지론이 이겼다고 보았다. 결국 에크는 카를슈타트와 더는 토론할 필요를 느끼지 못했다. 그는 게오르크 공과 상의한 뒤에 카를슈타트와 토론을 중지하고 루터와 겨루기로 작정했다. 루터의 토론 참가를 꺼리던 게오르크 공은 에크의 승리에 만족해하며 루터도 같은 방법으로 패배시킬 수 있다고 예상해 토론을 허락했다. 루터는 처음에는 불쾌해했으나 결국에는 에크와 건곤일척의 승부를 겨루기로 마음먹게 된다.

루터 대 에크

루터와 에크와의 토론은 7월 4일부터 14일까지 같은 장소에서 진행되었다. 이 양자의 논쟁이야말로 세기적인 대결이었다고 하겠다. 이 라이프치히 토론을 기점으로 루터는 교황 제도에서 완전히 해방되었고, 처음으로 교황의 신권 기원을 부정했을 뿐만 아니라, 전체 공의회의 무오류설도 부정했다. 또한 이때부터 루터는 성서제일주의자가 되었고 그의 개인적 판단과 신을 향한 믿음을 주장했다. 이 라이프치히 토론은 중세와 근세의 대결이었다. 이로써 종교개혁의 배는 닻줄을 끊고 대해의 풍파와 싸우게 된 것이다.

루터와 에크는 토론을 하기 전에 먼저 설교를 통해 서로에게 맞서게 되었다. 에크와 카를슈타트가 사흘째 토론하던 29일 아침이었는데, 양쪽 청중의 압력에 못 이겨 사회자가 루터에게 설교의 기회를 줄 수밖에 없었기 때문이다. 루터는 「마태복음」 16장 16절의 베드로의 신앙고백에 대해 성교회에서 설교하기로 했다. 그러나 사람들이 입추의 여지가 없이 모였기 때문에 전날의 토론 장소로 옮겨 설교했다. 루터와 동시에 에크는 니콜라이Nicolai 성당에서 두 번이나 설교해 시민들이 각자에게 호감을 갖게 했다. 그리고 최근의 연구에 따르면 에크는 토론 기간 중에 푸거 가문에서 많은 원조를 받았다고 한다. 푸거 가문으로서는 에크가 이기도록 도와주어야 면죄부 판매량이 올라갈 것이고, 알브레히트에게 빌려준 돈도 쉽게 회수할 수 있기 때문이었다.

당시 루터와 에크의 풍채나 토론의 상황 등이 모젤라누스가 남긴 기록으로 알려져 있다. 루터는 넓은 어깨에 중간 키, 피골이 상접해 뼈를 셀 수 있을 만큼 마른 몸집이었다. 하지만 곧은 자세에 맑고 활기 찬 목소리는 멀리까지 들릴 정도였다. 그리고 카를슈타트와는 달리 풍부한 학식을 갖춘 그는 성구를 자유자재로 원용하고 히브리어와 헬라어로 성구를 해석하면서 유창한 라틴어로 토론했기 때문에 청중은 매혹되고 말았다. 고성을 내거나 이기기 위해 억지를 부리지도 않고 차근차근한 말솜씨로 열의 있고 독창성이 넘치는 토론을 전개했다. 이런 루터의 태도는 허영과 과장이 많고 피상적인 에크의 토론 태도와는 매우 대조되는 것이었다. 호사스러운 생활을 누리던 속된 종교인 에크와는 달리 영육의 고난 속을 헤매던 수도사 루터는 2주간의 토론을 계속했다.

때는 7월 4일 오전 7시, 라이프치히 대학 강당에서 루터와 에크는 서로 마주 보는 연단에서 변론을 하게 되었다. 연단은 청중의 좌석보다 높았다. 루터의 연단 위에는 성 마르틴의 초상이, 에크의 연단 위에는 성 게오르크의 초상이 걸려 있었는데 각각 두 사람의 수호인이라는 의미였다. 에크의 옆에는 라이프치히 대학 교수, 주요 수도원장과 성직자들이 앉아 있었고 루터의 옆에는 그의 일행과 법률고문, 작센 궁정 관리들이 앉아 있었다. 그 밖에 네 명의 서기와 개인적으로 온 기자가 30명 있었다.

그런데 루터의 변증을 들었어야 할 가장 중요한 인물들이 빠져 있었으니, 밀티츠나 카예탄 등이 보이지 않았고 그 밖의 도미니크 교단 사람들도 참관하지 않았다. 테첼도 없었다. 루터는 토론회가 개최된 바로 7월 4일에 테첼이 죽어 성 바울 수도원에 안치되었다는 사실을 모르고 있었다.

95개조 논제로 일약 유명해진 루터와 에크가 논쟁한다는 것 자체가 모든 사람의 관심의 초점이었다. 로마교회를 향해 이설을 제창하는 루터의 운명과 앞으로 일어날 사태에 대한 불안감을 안은 채 루터라는 인물과 그 논변을 보고 듣기 위해 많은 사람이 토론 장소에 모여들었다. 장내는 긴장감에 휩싸여 있었고 사소한 귀엣말까지 놓치지 않으려는 듯 청중은 깊이 주의하고 있었다. 더구나 비텐베르크 대학의 학생들은 대단히 흥분해 있었다. 앞서 에크가 카를슈타트를 이탈리아식 토론 방법으로 몰아세운 일로 비텐베르크 대학의 학생들은 술집과 에크의 숙소 주변에서 너무 시끄럽게 떠들고 시위했기 때문에 에크의 숙소에는 특별 경호원이 34명이나 배치되어 지켜야만 했다. 게오르크 궁의 궁정 신부 엠저는 토론을 시작하기 전에 루터에게 와서 청중의 감정을 흥분시키지 않을 정도로 임해달라고 부탁할 정도였다.

루터 자신도 지금이야말로 가장 중대한 순간이라는 것을 느꼈고 자신의 생애를 판가름하는 시간이라는 것을 알았다. 짐작하건대 차라리 피할 수 있었으면 어떨까 하는 생각마저 들었을 것이다. 왜냐하면 토론의 시작부터 로마교회의 정통 교리를 놓고 논쟁할 수밖에 없는 상황이었기 때문이다. 그것은 루터에게 심히 중대한 사태를 의미했다. 기존 체제의 개혁을 주장하는 사람은 현상 유지파가 일으키는 반동의 강풍을 맞게 마련이다. 토론의 방식은 한쪽의 말을 전부 듣고 기다렸다가 진행하는 독일식이 채택되었다.

루터: 처음 루터는 자신이 이 토론에 참가하게 된 이유를 간단히 설명하고, 다음으로 존경하는 마음에서 로마교회나 교황에 대해서는 토론의 대상으로 삼고 싶지 않다고 했다. 만일 삼는다면 복잡한 감정과 증오를 일으킬 것인데, 자신은 그 어느 것도 원하지 않는다고 했다. 더구나 과거에 루터 자신에게 반대했던 테첼이나 카예탄 등 도미니크 교단 사람들이 토론회에 있다면 자신의 생각을 그들에게 마지막으로 설명할 기회라도 되겠지만 지금 그들이 참석하지도 않았으니 의미가 없다고 했다. 사실 에크는 이 문제부터 끄집어내 루터가 교회와 교황을 비난하도록 유도하고 청중의 반대와 분노를 사게 해 루터를 완전히 곤경에 빠뜨릴 계획이었다. 루터도 그렇게 되는 것을 미리 염려해 이처럼 변명했던 것이다.

에크: 에크는 첫마디부터, 그간 루터가 자신의 논증은 교황의 판결을 받아야 하고 또 누구나 잘못되면 고쳐줄 의무가 있다고 해왔으면서 이제 와서 그 문제로 토론하기를 기피하는 것은 루터가 스스로를 책망하는 것이라 응수했다. 루터는 이미 여러 글을 통해 실베스테르 1세 교황 이전의 로마 교황은 다른 기독교 사회에 대해 우위를 갖지 못했다고 주장해놓고 이제 와서 이 문제에 대해 토론하기를 꺼리는 것은 부당하다고 했다.

에크는 성자와 교부들이 지상의 교회와 천상의 교회를 구별했다는 말로 첫 논지를 열었다. 지상의 교회는 지상의 악과 '전투하는 교회Church Militant'를 가리키는 것이며, 천상의 교회는 최후에 교회가 승리한다는 '승리의 교회 Church Triumphant'를 의미한다. 로마의 성직자 계급제도는 천상의 교회의 모형으로 신이 세운 왕국이자 거기에 진리와 통일이 있으며, 교황은 전투하

는 교회 안에서 하나님의 대리자이며 교회의 통일을 지탱하는 사람이라고
했다. 로마의 대주교, 즉 교황만이 이 왕국을 지배할 수 있다는 말이었다.
에크는 교부 타스키우스 키프리아누스Thascius Cyprianus(200?~258)가 교황 코르
넬리우스Cornelius(재위 251~253)에게 보낸 편지를 수용해 베드로가 앉은 자리
(그가 로마에 교회를 세웠다는 것)는 모든 가톨릭 국가가 보유한 사제 제도 통일의
근원이 된다고 했고, 베드로의 후계자인 교황은 기독교 사회에서 제일의
위치를 차지한다고 주장했다.

루터: 루터도 지상의 교회가 신권을 근거로 세워진 왕국이라는 점은 시인
했다. 그러나 왕국의 머리는 인간 교황이 아니라 그리스도라고 주장했다.
이것을 입증하기 위해 「고린도 전서」 15장 24~25절을 원용했다. 그리스
도는 모든 적이 그의 발아래에 굴복하기 전까지는 왕일 수밖에 없다는 것
이다. 그리고 이 세상이 끝나는 날 왕국을 하나님께 바치고 그리스도는 권
세에서 물러난다. 그리스도는 사도들에게 말하기를 이러한 위대한 사명을
위해 자신은 세상이 끝나는 날까지 그들과 같이 있겠다고 했다. 사도 바울
이 "사울Saul(바울의 본명)아! 사울아! 네가 왜 나를 핍박하느냐!"라는 말을 듣
고 회개한 것도 '전투하는 교회(지상의 교회)' 안에서의 그리스도의 활동이라
고 했다. 에크는 그리스도는 지상의 교회에서 물러나고 그의 대리를 교황
에게 맡겼다고 주장했으나, 루터는 「에베소서」 4장 15~16절을 원용해 "그
는 머리니 곧 그리스도라"라고 하고, 다시 「고린도 전서」 3장 22~23절을
언급하며 가톨릭 신자는 무슨 특수한 사람의 무리가 아니며 모두 그리스도
를 머리로 하고 있다고 했다. 에크는 앞서 위僞디오니시우스Pseudo-Dionysius
등 교부를 원용했는데, 그들은 교회의 머리가 필요하다고 한 것뿐이며 교
회의 머리가 그리스도가 맞는지 교황이 맞는지의 문제와는 관계가 없다고
반박했다. 그리고 몇 가지 의문을 제시했다. 만일 교황이 교회의 머리라면

첫째, 교황이 죽으면 교회는 어떻게 되는가? 둘째, 새 교황이 나오기까지 지상 교회의 머리는 누가 되는가? 셋째, 교황이 부재하는 동안에는 그리스도가 잠시 머리 노릇을 한다고 에크는 말하겠는가? 넷째, 인간 교황 대신 그리스도가 교회의 머리가 된다는 주장이 왜 부당한가?

루터는 다시 계속하기를 에크는 키프리아누스가 로마의 교황을 교회 머리로 가리켰다고 주장했으나, 그의 말은 각 관구의 우두머리를 의미한 것이며 로마 교황을 향해서는 다만 "사랑하는 형제"라고 인사했을 뿐이라 했다. 또한 감독(주교)을 뽑을 때도 키프리아누스는 신자들이 선출해야 한다고 솔직히 말했다. 루터는 다시 가장 거룩한 니케아 공의회도 감독에 대한 일반 선거를 지지했고, 성 아우구스티누스 주교는 스스로의 판단으로 자유와 권위의 특권을 누릴 수 있다고 판단했다. 왜냐하면 주교는 다른 사람으로부터 판단을 받을 수 없고 또한 남을 판단할 수 없기 때문이다.

루터는 다시 사제 제도의 로마 기원에 대해 검토했다. 사제 제도는 서방 교회를 위해 '베드로의 자리Petri Cathedra'에서 기원했다고 에크가 주장하는데 거기까지는 동의할 수 있다. 다만 그렇다고 모두가 로마의 권위에 복종했는지 역사적으로 찾아보면 그렇지 않았다. 전체 교회를 놓고 볼 때 그 우위는 모든 교회의 모체인 예루살렘 교회가 차지해야 마땅하다. 만일 예루살렘 교회가 사제 제도의 통일의 근원이 된다면 에크의 주장은 전복된다. 에크가 원용한 히에로니무스의 말은 로마 교황의 직위를 뜻하는 것이 아니라 감독(주교)직을 뜻한 것이며, 그것은 로마, 콘스탄티노플, 알렉산드리아 등 초대 사도들이 세운 중앙 교회와 같은 권위에 있다. 또 로마 교황의 교서 Decretals 93에도 주교와 장로를 구별하지 않았고, 주교가 장로 위에 있어온 것은 관례를 따랐을 뿐이다. 루터는 아프리카 공의회의 별조 99의 결정을 원용해 수석 주교는 어디까지나 수석 주교일 뿐 다른 주교를 지배할 수는 없으며, 수석 주교를 전체 로마 교황이라 부를 수도 없다고 했다. 베드로가 예수의 수제자라고 해서 다른 제자를 지배할 수는 없다는 뜻이다. 끝으로 루터는 「누가복음」 22장 26~27절을 원용했다.

> 너희 중에 큰 자는 젊은 자와 같고 다스리는 자는 섬기는 자와 같을지니라.……
> 나(예수)는 섬기는 자로 너희 중에 있노라(이것과 같은 표현이 「누가복음」 14장
> 11절에도 있다. "무릇 자신을 높이는 자는 낮아지고 자신을 낮추는 자는 높아지
> 리라").

이런 말씀이 예수가 사도들에게 건넨 말이며, 초대교회의 지도적 교훈이었다고 루터는 말했다. 그는 현재의 교황이 높아지고 지도자가 되겠다는 마음과 정신 자세를 못마땅하게 생각했다.

에크: 지상의 교회와 천상의 교회의 머리는 그리스도라는 루터의 말에 대해 에크는 특유의 냉소적 어투로 슬쩍 태도를 바꾸어 반反그리스도인이 아닌 이상 그리스도가 교회의 머리라는 것은 삼척동자도 아는 사실이라고 둘러댔다. 그러면서 지상의 교회에서 교황이 그리스도의 대리자라는 말에 이미 교회의 머리는 그리스도라는 뜻이 포함되어 있다고 했다. 또 신자는 어느 파에도 속하지 않는다는 「고린도 전서」 3장 4절 이하의 내용도 히에로니무스의 주장대로 베드로가 교회의 머리로 선택받았다고 해석해야 한다고 했다. 그리스도가 죽으면 교회의 머리는 누가 되겠느냐 따위의 질문은 이런 유식한 청중 앞에서 관심을 가질 필요조차 없는 문제라고 슬쩍 피해버렸다. 키프리아누스가 교황을 형제라 부른 것은 교황에게 글을 보낼 때 항상 쓰는 말이며 사도들도 그렇게 불렀다고 하면서, 그 문제에서 루터가 보인 오해를 지적했다. 루터가 제기한 초대교회의 주교 선출에 대해서

는 에크는 모르는 체 지나갔다. 또 에크는 동방교회는 기독교회에서 추방되어 있고, 성 베르나르St. Bernard of Clairvaux(1090~1153)도 이슬람 세력의 공격으로 동방의 대주교구는 모두 없어져 로마가 대주교구가 되어야 한다고 말했다며 로마교회의 격을 높였다. 아프리카 공의회도 자만하는 자는 만유萬有(지배) 주교가 될 수 없다고 한 것일 뿐이며 로마의 수석 주교를 부정한 것은 아니라고 했다. 교황 그레고리우스 1세가 자신을 종 가운데 종이라 부른 의미와 같다고 했다. 결론적으로 키프리아누스, 디오니시우스, 히에로니무스 모두가 교황 제도를 초대교회부터 시작된 신성한 기원을 가진 것으로 보았다고 했다. 이후 5일 동안 교황우위론에 대한 토론이 이어졌으나 양자의 의견 차이는 대개 첫날 오전에 진행된 토론에서 모두 드러났다. 에크는 전통주의자로서 『성서』와 교부를 로마교회와 일치한다고 해석했고, 이로써 현재 존재하는 로마교회의 이익을 도모했다.

루터:『성서』는 그 자체로 명백한 것이며 다른 것과 비교할 수 없고『성서』를 해석하는 데는 원리에 근거해 문법적·역사적 방법을 통해 설명해야 한다고 주장했다. 교황우위론이란 400년의 역사밖에 되지 않는 역사적 발전의 결과이며『성서』에는 없는 내용이라 했다. 『신약성서』를 연구하면 예수는 모든 사도들에게 그의 감독제를 세웠다는 사실을 알 수 있다. 베드로가 특별한 지위가 있다고 해도, 「사도행전」은 분명히 예수가 모든 사도들에게 큰 사명을 똑같이 부여했다는 것을 알려주고 있다. 또 로마교회가 다른 교회에 비해 우위라고 하지만 헬라 교회와 동방의 여러 교회는 로마교회의 지배를 받은 적이 없다고 했다. 로마교회가 정통이라는 주장에 대해서도 루터는 히에로니무스를 인용하면서 어떤 교황은 콘스탄티누스 1세가 아리우스Arius파에서 선임했다고 반박했다. 동방교회는 많은 성인과 교부를 배출했고 또한 시기적으로도 로마교회보다 앞섰는데 어째서 분열자라

고 할 수 있겠는가? 만약 교회에 분열자가 있다면 오히려 뒤에 세워진 로마 교회가 아니겠는가? 동방교회는 로마교회의 우위를 인정한 적이 없다. 이어서 토론의 초점은「마태복음」16장 18절을 해석하는 데 집중되었다.

> 너는 베드로라. 내가 이 반석 위에 내 교회를 세우리니 음부의 권세가 이기지 못하리라.

에크: 에크는 교부들과 교회법을 원용해「마태복음」16장 18절의 문구를 그대로 지지하고 베드로라는 반석 위에 교회를 세웠다고 주장했다. 베드로가 세운 로마교회는 다른 교회의 상위에 있으며, 그리스도의 후계자인 베드로와 베드로의 후계자인 역대 교황의 우위는 분명하다고 했다.

루터: 루터는「마태복음」16장 18절은 그 전후를 보며 해석해야 한다고 주장했다.『성서』의 모든 문구는 전 복음적인 빛에 비추어 설명해야 하며, 베드로 위에 교회를 세웠다는 말은 그 사람 위에 세웠다는 뜻이 아니라 베드로라는 인간의 "주는 그리스도요 살아 계신 하나님의 아들이다"라는 신앙고백 위에 세운 것이라 했다.『성서』의 전후 문맥을 통해 보면 다른 사람들은 예수를 세례 요한, 엘리야Eliyah, 예레미야라고 불렀는데 베드로만 사람을 말하지 않고 자신의 신앙을 고백한 것임을 쉽게 알 수 있다. 예수도 베드로의 신앙고백에 만족해 베드로에게 말할 수 있는 모든 찬사를 주었다. 루터는 다시 아우렐리우스 암브로시우스Aurelius Ambrosius(340~397)의 "반석 위에"라는 말의 해석을 원용했다.

> 이 문구에서 주께서 뜻하신 것은 베드로의 '그리스도요 살아 계신 하나님의 아들'이라는 고백의 말이었다고 본다. 이런 신앙 위에 교회가 세워진 것이다. 그러

므로 그리스도는 그 자신 위에 교회를 세우신 것이다.

루터는 다시 사도 바울과 베드로의 증언을 원용했다. 「베드로 전서」 2장 4~5절에서 베드로는 예수를 "하나님께는 택하심을 입은 보배로운 산生 돌石이신 …… 예수께 나아가 너희도 산 돌 같이 신령한 집으로 세워지고"라고 말했고, 바울은 예수를 "이 닦아둔 것 외에 능히 다른 터를 닦아둘 자가 없으니 이 터는 곧 예수 그리스도라"라고 했다. 상황이 이렇게 되니 에크는 『성서』도 교부도 모두 원용할 수 없는 난처한 처지에 처했다.

에크: 에크는 여러 면으로 불리해졌다. 그래서 루터를 후스와 같은 이단자로 몰아세우려고 했다. 마침 루터가 "헬라 교회에서 많은 순교자를 냈는데 어째서 이단인가", "나지안주스의 그레고리우스Gregory Nazianzen(329?~389, 381년 콘스탄티노플 공의회 의장)가 로마교회의 사치와 세속적인 경향을 공격했다고 그를 분열주의자이며 보헤미아인이라 볼 수 있는가?"라고 했을 때 에크는 '보헤미아인'이라는 말에서 구원의 신호를 얻은 듯 곧 루터의 말이 보헤미아인 후스와 같다고 몰아갔다. 이것은 토론회 이튿날에 있었던 일이다. 루터를 후스로 몰아세우면 청중의 감정이 더욱 반反루터로 기울 것이라는 속셈에서였다. 에크가 이렇게 생각한 데는 라이프치히 대학의 역사와도 관련이 있는데 원래 프라하 대학에 유학하던 독일 학생들이 체코의 후스파 학생들과 민족적 대립 끝에 독일로 귀환해 세운 대학이기 때문이다. 그래서 라이프치히 대학에서는 보헤미아인이라는 말만 나와도 적개심이 절로 우러날 판이었다. 에크는 루터의 주장이 로마의 우위를 거부하는 등 위클리프나 후스의 것과 같다고 지적하면서, 후스와 위클리프가 이미 교회의 단죄를 받지 않았느냐고 경고했다. 체코인에 대한 독일의 오래된 민족적 편견이 에크의 말을 통해 소생했다. 라이프치히 청중의 반응은 흔들렸고 그

런 덕분에 에크는 한숨을 돌릴 수 있었다.

루터: 루터는 에크처럼 재능 있는 사람이 어째서 보헤미아인을 회개시키지 못했는지 알 수 없으며, 왜 사람들이 형제의 사랑으로 그들의 오류를 지적해 다시 교회 안으로 돌아오게 하지 못했는지 알 수 없는 일이라고 했다. 자신은 후스의 분열주의를 옹호할 생각이 없다고 하면서 많은 헬라 교회의 성인과 순교자가 로마교회의 지배를 받지 않고 천당에 갔다고 했다. 그리고 잠시 생각한 끝에 후스의 교리가 모두 이단적인 것은 아니며, 어떤 것은 근본적으로 기독교적이고 복음적이라고 했다. 루터의 이 말이 떨어지자 토론장 안은 소란해졌다. 게오르크 공은 "염병할 녀석"이라고 장내가 떠나가도록 고함을 질렀다. 그러고 나서 두 팔로 좌우 옆구리를 짚고 고개를 양옆으로 흔들었다. 잠시 뒤 장내가 다시 조용해지자 루터는 후스의 주장이 모두 이단은 아니라는 점을 설명했다. 후스가 말한 것 중 한 가지 참된 것이 있는데, 그것은 로마교회가 다른 교회보다 우위라고 믿는 것이 구원받는 데 근본이 될 수 없다는 말이라고 했다. 이것을 입증하기 위해 루터는 바실리우스와 그 밖의 많은 헬라 교회의 주교들이 그런 신념 없이도 구원받은 점을 지적했다. 진리는 오직 『성서』에서만 발견되는 것이며 교황은 『성서』에 따라서 판단을 내릴 권리가 있다고 했으며, 동시에 자신은 교회의 분열을 막기 위해 교황권을 존경하고 숭앙할 용의가 있다고 했다.

에크: 에크는 다시 루터가 헬라 교회의 성인들을 들추며 자신의 이단설을 가리려 한다고 비판했다. 에크는 아리우스도 이단을 행할 때 『성서』를 원용했다고 주장했다. 루터 역시 후스처럼 교회의 분열을 꾀하며 교회, 공의회, 교회법의 모든 권위를 부인하는 사람이라고 공격했다. 토론이 이렇게 흐르면서 이론 공방은 날아가고 인신공격만 남게 되었다.

루터: 루터는 지금 에크가 자신을 후스파의 보호자라도 되는 듯 허위 사실

로 공격하고 있다고 항의했다. 에크가 토론은 하지 않고 재판관처럼 행세한다고 비난했다. 선제후의 법률고문 한스 폰 데어 플라니츠Hans von der Planitz(1473~1535)는 사회를 맡은 율리우스 폰 플루크Julius von Pflug(1499~1564)에게 인신공격과 정죄하는 말을 삼가도록 선언해달라고 했다. 루터는 다시 로마교회의 우위론을 강력히 부정하면서 예루살렘 교회는 로마교회보다 20년이나 앞섰는데 어디가 우위이며 누가 수석 주교냐고 따졌다. 실제로 루터는 로마교회의 권위를 의심했고, 교황의 『성서』 해석의 권위도 의심했다. 사회자는 토론이 위험한 수위에 이르렀다고 느꼈는지 교회와 공의회에 대한 성급한 판단은 삼가라고 거듭 경고했다.

에크: 에크는 공의회의 무오류설을 주장했다. 공의회는 단지 사람의 집합체가 아니라 정식으로 소집되고 권위가 주어지는 회의이며 성령에 따라 지도되는 것이기에 오류가 있을 수 없다는 등의 장광설을 늘어놓으며 루터에게 반박할 시간적 여유를 주지 않았다.

루터: 7일 아침에도 에크는 루터를 공격했다. 루터는 잠시 독일어로 이야기하겠다고 양해를 구했는데, 청중이 가진 일부 오해를 풀기 위해서였다. 그는 독일어로 에크가 자신을 후스파로 모는 것을 비난하며, 자신은 교황이 가진 사실상De facto의 권력을 인정한다고 했다. 루터는 교황의 권력이 문제가 아니라 그 근원이 문제라고 하면서, 예컨대 독일 사람으로서 신성로마제국 황제의 권력을 의심할 사람이 어디 있겠느냐고 반문했다. 황제의 권력에 신적 근원이 없더라도 누구나 존경하지 않는가? 루터는 로마 교황권도 그렇다고 했다. 그 뒤부터 다시 라틴어를 쓰며 토론을 이어갔다. 에크는 1439년 피렌체 공의회 때 헬라 정통 교회의 대표자가 로마 교황을 "그리스도의 참 대리자"라고 불렀던 것처럼 루터 역시 그렇게 해달라고 했다.

이렇게 양자의 토론은 한고비를 넘어 연옥, 면죄부, 참회(고행) 등에 대해 토론했으나 이런 논제는 청중의 흥미를 끌지 못했다. 연옥 문제는 현실의 문제가 아니었으며, 면죄부에 대해서는 모두가 그 폐단을 느끼고 있었기에 에크의 의견도 루터와 거의 같았다. 12일부터 14일까지 진행된 토론에서는 참회에 대해 논쟁했는데 에크는 『성서』의 네 가지 의미를 아전인수 격으로 해석해 자기 이론에 유리하게 몰아갔기에 루터는 에크와 토론할 필요를 더는 느끼지 못했다. 루터는 비꼬는 말로 에크가 『성서』에 투철하기가 마치 물이 물속으로 흐르듯 깊이 파고든다고 했고, 또한 에크가 『성서』에서 도망가기를 악마가 십자가에서 도망치듯 한다고 했다. 자신은 『성서』의 권위에 따라 장래의 판단 기준을 삼고 싶다고 했다.

에크는 에크대로 청중을 향해 루터를 비꼬아댔다. 루터는 성격이 너그럽지 못하고 급하며, 신학자로서 무게감이 없고, 교부의 저서보다 『성서』를 택하며, 마치 제2의 델포이Delphoe 신탁처럼 자신만이 『성서』를 해석한다고 생각한다며 냉소했다. 결국 토론의 마지막에는 욕설이 오가는 사태까지 번졌다. 이렇게 라이프치히 토론은 2주일을 완전히 소비한 셈이었다.

누가 이겼나?

이 논쟁의 승자는 누구인가? 루터인가, 에크인가? 두 사람 모두 유능했으나 이해와 기술에서 차이가 많았다. 루터는 깊은 신학적 지식을 가진 학자였지만, 에크는 로마교회의 전통적 규범과 패턴에 맞추어 이론을 전개하는 등 다분히 선전적인 분위기를 풍기는 인물이었다.

에크는 『성서』를 네 가지 의미 중 자기 의도에 맞는 것을 골라 이해했으나 루터는 전체적인 맥락에서 이해했다. 에크는 공의회, 교황의 교서, 교부들의 저서에서 기독교를 이해했으나, 루터는 『성서』를 통해 기독교를 이해했다. 이런 차이는 나란히 가는 두 평행선과 같아 끝까지 가도 서로 만날 길이 없었다. 결국 최후의 판가름은 청중의 반응에 맡기는 수밖에 없었다. 저속한 청중은 풍채가 좋고 교황과 도시의 고관들이 지지하는 위의당당威儀堂堂한 에크가 이겼다고 보았고, 양식 있는 청중은 루터의 신신학이 이겼다고 보았다.

토론회의 참관자였고 또 첫날의 강연자였던 모젤라누스 교수는 어떤 서한에서 에크에 대해 다음과 같은 평을 남겼다. 에크의 이해가 그의 기억력만큼 좋았다면 부족함이 없었을 텐데 그렇지 못해 논제를 빨리 이해하지도 못했고, 정확히 판단하지도 못했다고 평했다. 에크는 토론할 때 성서의 구절과 그 밖의 많은 인용문을 들었으나 선택과 고려 없이 마구 끌어다 썼기 때문에 거짓이고 궤변인 것이 많았다. 그는 많은 기록을 제시하며 청중을 속였다. 청중은 대부분 무지했다. 어떤 때는 토론의 흐름을 슬쩍 다른 데로 돌리기도 했고, 때로는 상대의 의견을 마치 자신의 의견인 양 위장해서 자신이 이긴 것처럼 분위기를 만들었다.

비텐베르크 대학의 스코투스Scotus 학파인 암스도르프 교수도 에크를 두고 스콜라 철학에 관한 지식도 미약하고 『성서』에도 정통하지 못했다고 기록했다. 요컨대 그는 토론의 논객으로서 자격을 구비하지 못했다. 판단과 분별없이 마음과 기억 속에 있는 것을 마구 쏟아놓아 진리를 추구하기보다는 마치 기억력을 자랑하는 것 같았다고 평했다. 멜란히톤 역시 에크에 대해 비판적인 글을 남겼다.

이와는 반대로 루터에 대한 평판은 높고 훌륭했다. 에크의 동조자들 중에서도 학식과 분별이 있는 학자들은 루터의 신신학에서 깊은 감명을 받았고 그의 재능에 경탄했다. 1518년 400명가량이던 비텐베르크 대학의 학생 수가 그다음 해인 1519년 600명 수준으로 증가한 것도 루터의 영향이 매우 컸다고 짐작된다. 그것은 동시에 종교개혁을 향한 관심이 성장하고 있었다는 반증이기도 하다. 토론장에서 기록을 맡았던 요한 그라우만Johann Graumann(1487~1541) 같은 사람은 뒤에 비텐베르크 대학에서 공부하고, 라이프치히의 성 토마스St. Thomas 학원장을 지냈으며, 프로이센에서 복음주의자가 되었다.

평소 루터에게 반감을 보이던 게오르크 공의 주치의 하인리히 슈트로머 Heinrich Stromer(1476~1542)는 1519년 7월 19일 스팔라틴에게 다음의 글을 보냈다.

> 마르틴의 신학 지식이 얼마나 깊고 겸손한지 주목할 만합니다. 그는 내가 믿기에 불후의 인간이라 생각합니다. 그는 근본적이고 건전한 진리를 강조했습니다. 관계없는 자료는 모두 제쳐놓았고, 『성서』와 교부들의 저서만 원용했습니다.

토론에서 환영사를 맡았던 피스토리스는 그의 부친에게 "루터는 제일 학식이 많은 토론자였습니다. 그는 에크를 이겼습니다"라는 글을 보냈다. 피스토리스의 평대로 루터는 놀랄 만큼 『성서』를 잘 기억하고 자유자재로 구사했으며 번역에 대해 시비를 가릴 만큼 헬라어와 히브리어를 능숙하게 사용하며 설명해나갔다.

이처럼 루터가 보여준 깊은 생각과 학식은 맑은 그의 음성을 통해 모든 사람에게 깊은 감명을 주었다. 비텐베르크 대학의 교수들은 위의당당한 동료를 그들의 자랑으로 여겼다.

논쟁의 승부와는 상관없이 라이프치히 토론은 루터의 사상과 행동에 커다란 전환을 가져왔다. 이 세기의 대결로 루터의 운명의 주사위는 던져졌다. 이로써 루터의 신신학은 홍수에 둑이 터지는 맹렬한 기세로 펴져나갔다. 우선 루터의 신학 사상이 발전했다. 교회는 보이지 않는 예수 그리스도의 몸이자 영교한 곳으로 이해되었다. 『성서』만이 신자의 신앙과 교리의 유일한 지도가 된다고 믿었다. 그리고 죄, 은혜, 의로움, 교황권 등에 대한 루터의 이해는 자연히 로마교회와 달라졌고, 이를 계기로 장차 루터는 로마교회에서 이탈하는 방향으로 나아가게 되었다. 교황 제도는 인간의 손으로 지배되는 제도이며, 공의회도 인간이 운영하는 이상 잘못될 수 있다는 확신은 더욱 굳어져 로마교회와 대립하게 되었다. 루터는 『성서』의 권위를 되찾고 복음을 설교함으로써 로마교회 안에 있는 인간들이 각자의 약점과 잘못됨을 깨우치게 하는 것을 자신의 사명으로 느꼈다. '오직 『성서』만이sola Scriptura'라는 사상은 더욱 굳어졌고, 교황이야말로 반그리스도가 아닌가 내심 의심하기 시작한 것도 라이프치히 토론 이후부터의 일이다.

그러면 루터와 에크가 진행한 토론에 대해 이른바 중립적인 대학들은 어떤 판결을 내렸을까?

루터와 에크의 논쟁은 전 유럽적이었기 때문에 그만큼 그 우열정사優劣正邪를 판가름하는 데 신중하지 않을 수 없었다. 토론의 마지막 날인 14일에 플루크는 루터와 에크에게 판단자를 고를 것을 요구했고, 두 사람은 에르푸르트 대학과 파리 대학에 의뢰하기로 합의했다. 여기서 논쟁이 두 가지 발생했는데, 하나는 두 대학의 교수가 전부 참가하느냐 아니면 신학과 교회법에 관계된 교수만 참가하느냐는 것이었다. 다른 하나는 루터는 젊은 교수들만 판단에 참가하게 하자고 했고(젊은 사람들만이 루터의 신신학을 이해할 수 있었으니까), 에크는 반대했다. 결국 에르푸르트 대학에서는 신학과 교회법 박사가 참가하고, 교회법 학자가 없는 파리 대학에서는 신학 박사만 참가시키는 데 합의를 보았다. 그리고 양자가 속한 단체인 아우구스티누스 교단과 도미니크 교단은 공식 결의에 참가하지 않기로 했다.

토론회가 끝난 뒤 에크는 라이프치히에 더 머무르면서 각계의 융숭한 대접을 받았다. 그는 쾰른, 루뱅, 파리 대학에서 다시 루터와 토론할 용의가 있다고 게오르크 공과 프리드리히 선제후에게 통지했다. 그리고 로마 교황청으로부터 세 개 교구의 재판관에 임명받았고 게오르크 공 등에게서 많은 선물을 받기도 했다. 에크에 비해 루터는 적의로 가득 찬 분위기에서 기분이 몹시 상해 돌아왔다. 하지만 『성서』를 중심에 두고 중세의 암운을 걷어치웠다는 점에서 보면 루터가 성공한 셈이다.

에르푸르트와 파리 대학에서 판단이 내려지기에 앞서 두 사람의 지지자들 간에 논쟁이 벌어졌다. 토론 내용이 출판되지 못했기 때문에 루터와 에크는 서로의 친지에게 편지를 써서 그 내용을 알렸는데, 그런 만큼 두 사람 주변에서 논쟁이 일어나게 된 것은 당연한 일이었다.

먼저 멜란히톤과 에크 사이에 논쟁이 일어났다. 라이프치히 대학 교수 루보이스와 비텐베르크 대학 교수 요한 아이제르만Johann Eisermann(1486~1558) 사이에도 말싸움이 생겼다. 1519년 8월 중순에는 루터가 쓴 『면죄부 해명서Resolutiones disputationum de indulgentiarum virtute』의 수정판이 나왔다. 라이프치히 토론 이후의 자신의 신학적 주장을 첨가했다. 여기에 대항해서 에크는 『베드로의 수위론De Primatu Petri』을 발표했다. 이렇게 싸움은 확대되어갔다. 대도시의 인문주의자들은 대개 루터 편에 가담했다. 이들은 루터에게서 새로 일어나는 국민적 영웅을 보았다. 그런 반면 에크는 바보가 되고 독일인의 웃음거리가 되었다. 인문주의자들이 루터를 지지하고 나서자 제일 크게 놀란 사람은 다름 아닌 에크였다.

상황이 이렇게 되자 에크는 파리 대학이 편견을 갖도록 책동하는 수밖에 없었다. 게오르크 공은 파리 대학에 보낼 토론 내용의 사본 발송을 고의로 지연시켜 10월 4일에야 보냈다. 에크는 라이프치히의 호흐스트라텐에게 글을 보내 파리 대학에 영향력을 행사해달라고 부탁했고, 프랑스의 프랑수아 1세에게도 글을 보내 파리 대학이 에크의 의견을 지지하도록 부탁했다. 또한 에크는 자신의 친구 폴 드 시타디니Paul de Citadinis의 친구 에티엔 드 퐁세Étienne de Poncher(1446~1524)를 통해 파리 대학의 신학과 교수와 접촉했다. 교황에게는 루터는 후스파와 같으니 신속히 조치하라고 했다. 라이프치히 토론을 시작할 때 어떤 상황에서도 로마가 루터에게 반감을 갖지 않도록 하기로 약속되어 있었는데도 에크의 행동은 달랐다.

그러면 어째서 에크는 이렇게도 파리 대학의 결정에 신경을 썼는가? 그 이유는 크게 두 가지가 있다. 첫째, 파리 대학은 중세 이래 이단을 판가름 하던 곳이자 14세기 때 아비뇽 유수 사태를 수습했으며, 공의회를 개최해 교회 분규를 안정시킨 대학이었다. 더구나 토마스 아퀴나스 이래 정통 신학의 요람지이자 학문의 어버이로 자타가 공인하던 곳이었다. 둘째, 프랑스 교회는 필리프 4세 이후 갈리아주의Gallicanism가 발전해 로마 교황의 간섭에서 벗어나 있었다. 당시 프랑스의 프랑수아 1세도 교황 레오 10세와 화약을 맺은 뒤 자국 안의 주교와 수도원장 임명권을 행사하고 있었다. 그리고 파리[소르본(Sorbon)] 대학은 전체 공의회는 교황보다 우위라는 이론을 견지하고 있었고 프랑스 왕과 교황 사이의 중재자로 명성이 높았기 때문에 반드시 교황을 지지할 것이라는 보장이 없었다. 더구나 최근에 면죄부 판매를 반대하는 설교가 있기도 해서 경우에 따라 루터 편에 가담하지나 않을까 하는 의구심 때문이었다. 이 두 가지가 에크와 교황이 파리 대학의 결정을 주시하게 만든 이유다.

파리 대학은 서두르지 않았고 위원 24명을 선정해 검토하기로 했다. 참고로 에르푸르트 대학은 12월 29일에 판단을 거절한다고 발표했다. 그러는 동안 스위스 바젤의 출판업자 프로벤이 1518년 10월까지 루터가 쓴 모든 글을 단권으로 출판해 그의 신신학 사상은 더욱 주목을 받았다. 프로벤이 출판한 소책자는 1520년 3월에 4판까지 팔려나갔다. 로마 교황에게 헌상된 이 소책자의 서문을 쓴 볼프강 카피토Wolfgang Capito(1478~1541)는 루터를 선지자 다니엘Daniel에 비유하면서, 루터의 사명을 "모든 신학자를 혼수상태에서 깨우는 것"이라고 썼다. 그리고 "누구보다도 바울을 선택할 것"을 권했다. 아울러 "토마스 아퀴나스처럼 그리스도를 지상으로 끌어내리지 말고 그리스도의 복음을 이 지상에 가르치라"라고 첨부했다. 이런 글을 접한 에크의 지지자들은 분개를 참지 못했다.

파리 대학이 신중하게 검토하고 있을 때 예상치도 않게 쾰른 대학과 루뱅 대학에서 먼저 루터를 정죄하는 판결이 내려졌다. 루뱅 대학은 쾰른 대학에 소책자를 보내며 루터 문제를 상의했다. 그러자 쾰른 대학은 1519년 8월 29일 루터의 잘못을 8조목으로 지적해 발표했다. 즉, 루터의 선행, 『성서』 해석 방법, 참회 성례식, 교회의 보배, 연옥, 교황의 우위 등에 대해 고발하고 정죄했다. 쾰른 대학은 루터의 저서를 불태우고 그를 문초해야 한다는 내용의 글을 작성해 루뱅 대학에 보냈다.

1519년 11월 9일에 루뱅 대학도 루터를 이단적이라고 공식 결정을 내리면서 15개 조목을 들어 정죄했다. 루터의 선행관, 성인 공덕관, 면죄부 사상, 성찬식, 고해, 원죄, 공의회의 권위 등에 관해 고발했다. 루뱅 대학의 결정은 최근의 연구에 따르면 만장일치로 내려진 것이라고 한다.

파리 대학은 1521년 4월 15일에 공식 결정을 내렸다. 루터를 104개 항목을 들어 이단이라고 판결했다. 카타리파, 발데스, 위클리프, 후스 등 역대 이단들의 이름을 나열하고 맨 마지막에 루터의 이름을 올려 정죄했다. 루터를 향해 『성서』에 근거하지 않고 자기 개인의 철학에 근거한 이론을 말했다고 했다. 다음은 파리 대학이 루터의 이론에 대해 반박 이론을 붙인 일부 사례다.

루터: 성례전의 발명은 최근의 일이다.

파리 대학: "성례전은 최근에 사람이 발명한 것이며 그리스도가 제정한 것이 아니다"라는 루터의 주장은 경솔하며 비그리스도적이고 명백히 이단적이다.

루터: 양종 배수兩種 拜受 성찬을 금하는 것은 비그리스도적이고 폭군적이다(당시 가톨릭은 일반인에게 빵만 주고 포도주는 금했다).

파리 대학: 이 주장은 허위이며 교회 분열적이고 비그리스도적이며 이미 단죄된 이단자 후스의 추종자들에게서 얻은 이론이다.

루터: 성례전의 모든 효력은 믿음에 의존한다.

파리 대학: 이는 『신약성서』의 성례전에서 이탈한 것이며 이단적이다.

루터: 그리스도는 죄인에게 공포심을 일으켜서 강제적으로 참회하게 한 적이 전혀 없다.

파리 대학: 이 주장은 힘(force, 설복력)이라는 표현을 강제(constraint, 억제)라는 뜻으로 해석한 것인데(『성서』에서도 곧잘 그런 뜻으로 해석되지만) 이단적이다.

루터: 하나님은 항상 모든 죄를 사해주고 용서해주시는 데 돈을 요구하시는 것이 아니라 거룩한 생활을 요구하신다.

파리 대학: 이 주장은 신학 박사가 내린 교훈으로는 적합하지 않을 뿐만 아니라, 신자의 믿음을 허무하게 하고, 자신의 죄를 갚기 위해 하는 가치 있는 행위에 대한 신뢰를 어리석게 만들기에 이단적이다.

이상의 판단은 파리 대학의 모든 교수가 참석한 자리에서 공식적으로 결정된 것이었다. 다만 라이프치히 토론과 교황의 수위권에 대해서는 한마디도 언급하지 않아 에크와 그의 지지자들이 느낀 감정은 미묘했다. 그러나 대체로 자기편을 지지한 것으로 판단한 로마 교황청은 파리 대학의 결정에 만족스러워했다.

파리 대학의 결정 소식은 루터가 도피하기 전까지 그에게 알려지지 않았다. 루터가 보름스 제국 의회로 떠나기 바로 전날 그런 결정이 내려졌기 때문이다.

루터는 이 소식을 바르트부르크를 나설 때 들었고 파리 대학의 교수들을 향해 맹렬히 비난을 퍼부었다. 1521년 7월 13일 루터는 파리 대학의 교수 중 그 누가 사도들에게 견줄 수가 있느냐는 식으로 맹공을 가했다. '대학의 어머니'라던 파리 대학이 이제 '이단의 어머니'가 되었으니 프랑스 왕은 경하해 마지않을 것이라고 했다. 이제 파리 대학의 결의를 보았으니 "너 궤변자여, 교황당인 쾰른, 루뱅, 라이프치히야, 지금 좋다고 춤추고 기뻐하라"라고 했다.

멜란히톤도 파리 대학에 냉소적인 글을 보냈다. 그렇게 고명한 교수들이 인간의 권위에서 탈피하지 못하고 『성서』의 근본 진리로 되돌아가지 못한 데 놀랐다고 했다. 『성서』의 문구는 한 줄도 인용하지 않고 어떻게 루터를 고발할 수가 있는지 비난했다. "누가 파리 대학 박사들을 그리스도 교회의 권화權化로 생각하겠는가?"라고 하면서 파리 대학 교수들이 교회를 위해 봉사할 좋은 기회를 놓친 것을 유감으로 여긴다고 했다. 파리 대학 교수들은 멜란히톤의 글을 불태우고 그 글을 인쇄한 사람도 투옥한다고 위협했다. 멜란히톤은 파리 소르본의 이름은 소르바Sorba에서 나온 말인데, 소르바는 사해死海에서 나는 열매로 익으면 먼지가 된다고 했다(다만 이 부분은 멜란히톤이 오해한 것으로 소르본은 파리에 대학을 세운 사람의 이름에서 따온 것이다).

파리 대학 교수들은 마지막으로 『성서』해석에 관해 다음과 같은 의견을 제시했다. ①『성서』는 모호하다(알기 어렵다). ②『성서』는 그대로 읽어서는 안 된다. ③『성서』는 마스터(선생), 특히 파리의 마스터가 해석해야 한다. ④ 교부의 글도 모호하다. ⑤ 교부의 저서도 그대로 읽어서는 안 된다. ⑥ 교부의 저서도 마스터, 특히 파리의 마스터가 해석해야 한다. ⑦ 명제집도 모호하다(예컨대 롬바르두스의 『12세기인』 같은). ⑧ 명제집도 그대로 읽어서는 안 된다. ⑨ 명제집도 오직 마스터, 특히 파리의 마스터가 해석해야 한다. ⑩ 그러므로 파리 대학은 『성서』 해석의 제일가는 지도자다. 왜냐하면 루터나 멜란히톤에 반대하는 파리 대학의 결의는 명백하며 누구나 이해할 수 있기 때문이다.

이런 유치한 논법에 대해 비텐베르크 대학 교수들은 냉소와 멸시를 퍼부었으며 에크조차 실망했다. 에르푸르트 대학처럼 파리 대학도 잠잠했다면 차라리 종교개혁을 억제하는 데 더 효과적이었을지 모르는데, 그만 루터나 멜란히톤의 개혁 사상에 불을 지른 결과가 되고 말았다.

애초부터 루터와 에크가 토론으로 승패를 가린다든가 아니면 서로 타협점을 발견할 수 있다든가 하는 것은 모순된 일이었다고 하지 않을 수 없다. 왜냐하면 두 사람의 처지가 완전히 정반대였기 때문이다. 두 사람이 다 같이 개방된 사회생활을 했더라면 서로 의사도 소통하고 타협점도 발견할 수 있었을 텐데, 중세는 폐쇄적인 봉건사회였고 또한 아리스토텔레스 철학과 그 위에 건설된 스콜라 철학이 판치던 사회라서 새로운 이데올로기가 싹틀 수가 없었다. 일말의 가능성이라면 차라리 혁명적인 기세로 몰아치는 운동만이 있을 수 있었기에 사상의 타협은 어려웠다.

우리는 에크와 루터 두 사람을 비교하면서 서로 다른 점을 발견할 수 있는 동시에 중세와 근세의 이념 차이도 찾아볼 수 있다. 다음과 같이 에크와 루터를 비교할 수가 있다.

우선 에크는 스콜라 철학자였는데 루터는 성서적 인문주의자였다. 에크가 고古신학에 얽매여 있을 때 루터는 신신학을 개척해나갔다. 다음으로 에크는 현실주의자였고 루터는 이상주의자였다. 전자는 실제를 중시했고 후자는 원리를 강조했다.

에크는 생애가 화려했던 만큼 외향적이었으나 루터는 고뇌하는 수도사로 내향적이었다. 에크는 제도를 존중했으나 루터는 제도보다 그 정신을 드높였다. 또한 에크는 완강한 전통주의자였다. 그는 예수의 말씀이 그대로 무지한 대중에게 전해진 것이 아니라 십자가상, 미사, 교회 의식 등 인간의 작위에 따라 전파되었으니, 이런 교회의 전통에 이미 하나님의 축복이 있는 것이 아니냐고 생각했다. 그러니 복음의 무기보다 전통의 권위가 더 효과적이라고 주장했다. 그러나 루터는 잘못된 전통 탓에 참된 신앙의 길이 막혔으며 이에 항거해 오직『성서』를 통해 직접 신과 영교해야 참된 신앙이 성립한다고 주장했다.

에크는 권위를 숭상했으나 루터는 진리와 양심을 강조했으며, 에크는 교황을 중심으로 하는 구심주의자였으나 루터는 각자 개인의 양심에 근거하는 원심주의자였다. 에크는 아직도 중세 전체주의와 실재론을 신봉했으나 루터는 근세 개인주의와 명목론을 강조했다.

이렇게 해서 에크와 루터는 영영 갈라서고 말았다. 에크는 중세의 말기를 대표하는 수구파로 남았고, 루터는 근세의 새벽을 알리는 개혁가가 되었다.

4장

최후의 단계를 넘어

1519~1521

1. 사명감에 굴곡은 없다

멜란히톤의 동역同役

필리프 샤프Philip Schaff(1819~1893)는 그의 방대한 『그리스도 교회사History of the Christian Church』에서 "교회의 창조적 시기에 하나님은 서로 도와주고 위로해주기 위해 같은 정신을 가진 지도자들을 결합하게 하신다"라고 썼다. 그러면서 16세기 종교개혁 때 독일에서는 루터와 멜란히톤이 서로 결합해 종교개혁을 수행했다고 서술하고 있다. 두 사람은 나이로 보나 성격으로 보나 차이가 있었고 학문을 대하는 자세도 대조적이었으나, 이런 상이점을 극복하며 서로 격려하고 도와주면서 종교개혁이라는 역사적 대과업을 성취했다.

루터를 독일의 종교개혁가Reformator Germaniae라고 한다면 멜란히톤은 독일의 스승Praeceptor Germaniae이라고 할 만큼 종교개혁을 통해 새로운 신앙인을 형성하는 데 중요한 역할을 한 인물이다. 이제 우리는 루터와 관련해 멜란히톤의 업적을 생각해보려고 한다.

멜란히톤[본명은 슈바르체르트(Schwarzerd)인데 '검은 흙'이라는 뜻이다. 멜란히톤은 슈바르체르트를 그리스어화한 이름이다]은 루터가 태어나고 14년 뒤인 1497년에 태어났다. 멜란히톤은 앞서 나온 히브리어 학자 로이힐린의 생질녀의 아들이다. 그는 튀빙겐 대학에서 박사 학위를 받은 헬라어와 라틴어 학자였는데, 독일어보다 헬라어와 라틴어를 더 잘했다고 한다. 그는 모교인 튀빙겐 대학에서 헬라, 로마 고전문학을 가르치고 있었다. 그의 학문이 널리 알려져 잉골슈타트나 라이프치히 등 여러 대학의 초청을 받았으나, 로이힐린은 모두 거절하고 멜란히톤을 비텐베르크 대학으로 보냈다. 여기서 그는 루터와 함께 동역同役하기를 주저하지 않았는데, 사도 요한처럼 조용하고 사려 깊었던 점이 사도 바울처럼 활동적이던 루터와 좋은 대조가 되었다.

그때 멜란히톤의 나이 21세였다. 이후 그는 루터의 문제가 시끄러워지고 자신의 신변에도 위험이 다가올 때도 끝까지 루터의 동역자가 되었다. 그는 죽을 때까지 비텐베르크 대학을 떠나지 않았고, 사후에 그의 유해는 비텐베르크 성교회 지하실에 있는 루터의 무덤 옆에 묻혔다. 생전에는 뜰을 가운데 두고 서로 이웃하며 살았고, 지금도 '루터의 집'과 '멜란히톤의 집'은 비텐베르크에 나란히 남아 있다.

멜란히톤은 학문으로나 도덕과 종교적 성품으로나 나무랄 데 없는 인간이었다. 그의 1581년 8월 29일의 비텐베르크 대학 취임 연설은 독일의 교양교육에 한 획을 긋는 것이었는데, 멜란히톤은 여기서 고전어 연구를 강조하고 이를 통해 『성서』를 이해시키려 했다. 『성서』 연구를 위해 헬라어 학습을 강조한 것은 종교개혁의 한 배경이 되었다. 그는 논리학, 윤리학, 히브리어 등도 강의했고, 비텐베르크 대학의 법규를 작성하기도 했다. 그의 강의실은 언제나 만원이었고 상하 귀족을 막론하고 인기가 높았다. 외국 학생들도 모여들어 한때 그의 연구실에서는 11개국의 언어를 들을 수 있었다고 한다. 멜란히톤의 이름이 높아지자 튀빙겐, 뉘른베르크, 하이델베르크 등의 대학에서 초빙했고, 덴마크, 프랑스, 영국에서도 초청했으나 모두 고사하고 비텐베르크 대학에서 종신했다. 루터의 권유로 1520년에는 결혼해서(멜란히톤은 독신 서약을 하지 않았다) 행복한 가정을 이루기도 했다.

멜란히톤은 비텐베르크 대학에 오면서 곧 루터와 친교를 맺었고, 그 뒤 줄곧 루터에게는 없어서는 안 될 좋은 동반자가 되었다. 멜란히톤은 선배이자 동료인 루터를 어버이처럼 따랐고, 루터 역시 멜란히톤의 학문이 자신보다 앞섰음을 인정하고 자신이 모르는 옛말을 그에게 묻기도 했으며 멜란히톤의 '성서 주석' 강의도 청강했다. 멜란히톤은 루터와 떨어져서는 살 수 없다고 생각했고 루터의 행복을 자신의 행복보다 중하게 생각했다. 루터는 루터 나름대로 멜란히톤의 첫 강의를 듣고 심취했으며, 그의 학문이 비범하고 경건하다며 사람을 만날 때마다 칭찬했다. 그의 조용하고 조직적인 사고방식은 진실로 프로테스탄트 신학의 건설자로서의 면목이 드러나는 것이었다. 루터교회의 상징인 『아우크스부르크의 신앙고백Confessio Augustana』도 멜란히톤이 작성한 것이다. 그는 평화적이고 양심적인 종교개혁가였으며 자신이 단언한 이상 종교개혁 운동의 성패에 절실하게 책임감을 느끼는 종교인이기도 했다. 루터가 일반 민중에게 개혁 사상을 불어넣었던 것처럼 멜란히톤은 독일 학계에 종교개혁 사상이 자리 잡게 했다. 성서신학에 인문주의적 문화를 조화시킨 그의 공적은 에라스뮈스나 로이힐린의 그것보다 더 높이 평가되는 것이다. 무엇보다 루터의 『성서』 번역에 멜란히톤은 많은 도움을 주었고, 루터가 가톨릭의 공격을 사방에서 받을 때 루터를 위해 필봉을 가다듬었던 것은 종교개혁 운동에 커다란 힘이 되었다.

루터의 사상 전개

루터는 라이프치히 토론 이후 보름스 제국 의회에 출두하기까지 근 2년 동안 바쁜 나날을 보냈다. 우선 일요일이나 축제일에는 빼놓지 않고 교회나 수도원에서 설교했는데 17개월 동안 설교를 모두 116번 행했다. 루터 당시에는 주로 설교는 수도사가 하고 신부는 미사를 집전했다. 한편 많은 저서도 집필했다. 그는 95개조 논제를 발표한 뒤부터 라이프치히 토론에 이르는 2년 동안 자신의 사명을 뚜렷이 깨달았고, 한편으로는 신에 의지하면서 다른 한편으로는 악과 싸워야 한다는 결의를 더욱 굳혀갔다. 그리하여 교수로 재직하는 동안 첫 번째 중요한 저서 『갈라디아서 주석Galatians』을 출간했다. 인쇄술의 발달은 루터 개인을 위해서도 다행스러운 일이었다. 인쇄술은 종교개혁 사상을 전파하는 데 천군만마의 응원을 얻은 것보다 나았다. 루터의 저서는 출간되기가 무섭게 팔려나갔다.

『갈라디아서 주석』은 사도 바울의 사명과 이신칭의를 강조한 서간을 주석한 것인데, 1516년 10월 강의를 시작해 1519년 봄에 완성한 것이다. 「갈라디아서」 1장 1절에서 "사람들에게서 난 것도 아니요, 사람으로 말미암은 것도 아니요, 오직 예수 그리스도와 그를 죽은 자 가운데서 살리신 하나님 아버지로 말미암아 사도가 된 바울"의 사명감을 강조하면서 자신의 종교개혁에 대한 사명감에 견주어보았다.

『갈라디아서 주석』은 신의가 율법 준수보다 앞선다는 것을 강조하고 로마교회의 의식과 계율보다 복음에 나타난 하나님의 의를 믿는 것이 무엇보다 중요하다는 루터의 사상을 밝힌 책이다. 루터가 만든 신신학의 첫 열매라고 할 수 있는 저서였고, 사도 바울의 신학을 학자만이 아니라 일반인에게도 널리 알린 책이기도 했다.

더구나 프리드리히 선제후가 그때 58세로 쇠약해져 8일간이나 병상에

누워 죽음의 환영을 그리고 있을 때, 루터는 14통의 위문의 글을 보내 선제후를 위해 정신적인 성단을 만들어주었다. 다행히 병에서 회복되자 선제후는 일요일과 축제일을 위한 설교집을 써달라고 루터에게 부탁했다. 선제후는 그것을 보면서 명상하겠다고 했다. 루터가 1519년에서 1521년 사이에 많은 저서를 남기게 된 것도 선제후의 권유에 힘입은 바가 컸다. 독실한 가톨릭 신자였던 선제후는 루터의 신신학에 지극히 관대했고 음양으로 루터를 보호해주었을 뿐만 아니라 격려까지 했다.

이런 피난성避難城을 가진 루터는 그의 신학 사상을 문자 그대로 두려움이나 거리낌 없이 발전시켜갔다. 그는 95개조에 근거해 설교집 등 많은 저서를 출간했다. 앞으로 그의 주요 저서에 관해 구체적으로 언급하겠지만, 이 수년 동안 루터가 행한 설교와 저술한 소책자에서 이미 그의 신사상이 전개되어가고 있었다는 점을 먼저 살펴보겠다.

루터는 이미 오래전부터 로마교회의 성례전 제도에 의심을 품고 있었고, 95개조를 발표하면서도 인간의 전 생애를 통해 참회가 있어야 한다고 주장했다. 그리고 참회에서의 고해, 사면, 고행과 같은 것에 반대하고 성례전, 교회 등에 대한 루터 자신의 사상을 전개했다.

우선 성례전이라면 루터 자신이 그것을 통해 교육을 받았다. 구원의 중간자로 성례전이 필요하고 신부는 신과 인간의 연결자로 생각해왔다. 그러나 루터가 『성서』를 연구한 결과 성례전은 대부분 초대교회 사람들이 만들어낸 것으로 밝혀졌고, 성례전은 참된 믿음이 있는 자에게 주는 어떤 내적 선사의 거룩한 약속으로 해석되었다. 성례전은 신자의 믿음 여하에 따라서 의의가 있는 것이다.

루터는 또한 참회, 세례, 성찬식을 제외한 나머지 네 개의 성례전에 반대했다. 죄culpa에 대해서도 하나님만이 용서할 수 있으니, 교회는 교회법으로 벌을 주기보다 형제의 사랑으로 죄를 용서해주도록 노력해야 한다고 했다. 『독일 크리스천 귀족에게 보내는 글』을 쓰기 전에 루터는 벌써 만인사제주의를 확신하고 신자는 누구나 신 앞에서 사제가 된다고 주장했다. 이런 사상은 최근에 가톨릭 교회에서도 말하고 있기에 더욱 주목할 만하다. 이제 가톨릭에서도 교회의 근대화를 위해 평신도라도 수동적인 태도를 버리고 주교적 책임이 있다는 것을 자각해야 한다고 말하고 있다. 죄에 대한 고백도 하나님 앞에서 두려워 떨며 하는 것이 아니라 하나님을 향한 사랑으로 해야 한다. 왜냐하면 그리스도를 따라 신자는 이미 하나님의 자녀가 되었기 때문이다. 고백자는 그리스도의 상처에서 자신의 죄에 대한 슬픔을 느껴야 한다. 내적 참회의 슬픔은 사랑이다. 신부의 사죄 선언 없이 내적 참회만으로도 죄는 사해진다. 고행이란 그리스도의 십자가를 항상 지는 것이며, 그리스도를 따르려는 결심과 소망이다. 세례는 죄를 씻었다는 상징이며, 사람이 감사한 마음으로 참회하는 생활을 하겠다는 하나님과의 약속을 지키는 동안에 하나님이 죄를 용서해주신다는 일종의 성약聖約이라고 했다. 그리스도를 향하는 절대적 신앙 없이 죄의 사함을 받는다는 것은 돈 없는 주머니와 같은 것이다. 빵만이 아니라 포도주도 평신도에게 주어야 하며(성찬식 중에 평신도에게 포도주를 주었다가 혹시 불상사가 있을까 해서 헬라 교회는 7세기부터, 로마교회는 12세기부터 평신도에게 빵만 주었다) 빵과 포도주가 화체化體가 되는 것이 아니라 그리스도가 나타남의 거룩한 표시로 성찬식을 이해해야 한다고 했다.

특히 직업에 대한 루터의 사상은 중세적 관념을 일소해냈다. 중세는 신부와 평신도를 구별했는데 루터는 만인사제주의를 설교하면서 직업에 대한 성·속의 우열을 가리는 데 반대했다. 열심히 묵주를 굴리고 미사를 올리는 것도 자신이 맡은 직업에 매일 충실하다는 전제가 없는 한 별 뜻이 없다고 했다. 신은 사람들 각자에게 직업을 주었으며, 직업은 그 일을 완수하게 하기 위한 신탁이다. 누구나 자신의 직업에 소명감을 느끼는 자는 성직자와 마찬가지라고 했다. 루터의 직업에 대한 신성 관념은 프로테스탄트의 인생관인 동시에 사회적 차별을 타파하는 원리가 되었다.

루터는 당시 사회의 가장 큰 골칫거리였던 고리대금 문제에도 큰 관심을 기울였다. 불쌍한 형제들에게서 고리를 받는 것은 『성서』의 관점에서 죄악이라 했다. 가만히 앉아 놀고먹는 것은 아름답지 못한 일이며, 놀면서 고리대를 받아 사는 것은 사회의 기생충이나 다름없고, 정당히 일하고 보수를 받는 것이 옳다고 했다. 루터는 연 6퍼센트의 이자가 옳으며 물가 상승을 감안한다면 7~8퍼센트까지는 받을 수 있으나, 지금처럼 연 40퍼센트에서 60퍼센트까지 받는 것은 사람들을 속이고 고생시키는 일이라 했다. 채권자는 채무자의 지불 능력을 고려해야 하며, 농민에게서 이자를 받는 정도는 수확량에 따라 매년 조절해야 한다고 했다.

모든 재물은 신에게 귀속되어 있으므로 돈으로 빈민을 속이는 일을 방지하는 것이 교회의 의무라고 했다. 루터의 이런 사상은 중세 교회가 강요했던 이자 금지론의 잔재라고 하겠다.

중세 대금업은 유대인이 도맡아서 했다. 그러나 15세기 후반부터 상업과 무역이 발전하면서 금융업의 발달을 추진했고 자본가들은 자연스레 대금업에 관심을 기울이게 되었다. 이들은 로마 교황으로부터 대금업의 승인을 얻기 위해 돈을 물 쓰듯이 쓰며 로비했다.

1514년 이래 에크는 푸거 가문의 앞잡이가 되어 이자를 받는 것을 정당화하려고 노력했다. 볼로냐, 빈Wien, 라이프치히 등지에서 에크가 이자 문제로 논쟁할 때 푸거 가문은 찬반 양쪽에 돈을 대주기도 했다. 이렇게 보면 라이프치히 토론에서 로마 쪽의 대변자였던 에크는 이자 문제에 대해서는 비정통적이었고, 신신학 토론에서 가장 이단적이었던 루터가 이자 문제에 대해서는 가장 가톨릭적이었다는 것은 흥미로운 대조점이다. 루터는 자본가의 고리대금으로 재산을 몰수당하고 곤경에 처한 사람을 외면하는 교회는 그만큼 타락한 증거라고 했다. 이런 루터의 후진적인 태도에 대해 베버나 트뢸치 같은 학자는 루터가 농민의 아들로 태어나 상업과 사업관에 밝지 못했던 데서 원인을 찾으려고 했다. 그러면서 이자를 금지하기보다 "(이자를) 어떻게 사용하느냐?"를 문제로 본 칼뱅의 생각이 훨씬 근대적이고 자본주의 정신에 가깝다고 평했다. 다만 루터의 이런 경제사상은 당시 수탈당하는 농민에 대해 그가 도덕적 양심을 굳게 지켰기 때문이라 하겠다. 루터는 1527년에 프란체스코 수도원에 서민금고를 만들어 빈민을 원조하자는 아이디어를 낸 적도 있다.

고행에 대해서도 루터는 종교가 정신적으로 변하고 개인이 직접 신과 관계를 맺게 된 이상 선행이 곧 신앙이라 했다. 그리스도의 죽음으로 더는 하나님과 화해할 필요가 없게 되었다는 복음을 믿는 것이 선행이다. 그러므로 가톨릭 교회에서 가르치는 인간의 노력, 즉 순례, 금식, 특별 미사 등은 표면적이며 형식적이다. 기독교 신자는 그날그날 자신이 맡은 일을 신앙심으로 충실히 수행해나가면 된다. 다시 말하면 일상생활을 믿음으로 충실하게 살아가는 것 자체가 선행이다. 제일 큰 죄는 복음을 의심하고 예수의 십자가 공로보다 자신의 인간적 공적을 내세우는 일이다. 그것은 그리스도의 죽음의 의의를 부정하는 결과를 낳기 때문이다. 누구나 사회조직 안에서 어떤 직업에 종사하든지 귀천 고하를 막론하고 그리스도와 함께 충실하게 일하면, 그것이 곧 선행으로 하나님을 기쁘게 하는 일이라고 했다.

믿음의 의로움을 발견한 루터는 그 빛에 따라 신신학을 완성했고, 교회관에도 커다란 변화를 불러일으켰다. 지금까지 교회의 중요한 자리는 칠

성례전이 차지하고 있었으나 이제 루터에 의해 복음이 칠성례전을 대치하게 되었다. 이것은 적어도 1514년의 '탑의 발견' 이후부터 싹트기 시작한 사상으로 로마교회와 분열한 뒤에 나타난 것은 아니었다. 루터의 인의론 Rechtfertigungslehre에 따르면 교회는 외적인 것보다 내적인 것이며, 영혼의 결합으로 이해되는 것이었다. 교황 제도에 신성한 기원이 있는 것은 아니며 눈에 보이는 교회를 통일하기 위한 정부 정도로 볼 수 있는 것이다. 그런 만큼 교회가 그리스도와 직접 영교하는 내적 교회를 사람들의 눈으로부터 가리는 일은 있을 수 없는 것이었다. 루터는 교회를 '외양적 건물', '로마교회 제도(헬라 정통 교회도 같다)', '예수 그리스도의 내적 몸'이라는 세 가지 의미로 해석했다. 이 중 루터가 생각한 정당한 교회는 두 번째 의미가 아닌 세 번째 의미인 '그리스도의 몸身 된 교회'였다. 교회는 그리스도의 정신에 따라 결합한 곳이며 영혼의 공동체다. 인간의 결단에 따른 것이 아니라 그리스도의 의지에 따라 만들어진 공동체다. 루터에게 교회는 외적인 제도가 아니라 신자를 의미했다. 그것도 어떤 일정한 단체에 속한 신자가 아니라 그들에게 공동으로 작용하는 어떤 정신적 경향에 따라 결합한 신자를 의미했다. 교회가 '영적이고 보이지 않는 교회unsichtbaren Kirche'라는 말은 신자가 보이지 않는다는 뜻이 아니라 누가 진실로 그리스도인의 교회에 속해 있는지 볼 수 없다는 뜻이다.

다시 말해 루터는 영적이고 정신적인 교회를 강조한 것이며 외양적인 제도로서 교회를 뜻한 것이 아니었다. 외양적으로 장엄하고 조직적인 로마교회 제도에 사로잡혀 있던 당시 신자들을 향해 교회의 개념을 좀 더 심화한 것이었다.

후텐이 쓴 『로마의 삼위일체론』

루터가 신신학 사상을 전개하기 시작하자 가톨릭 쪽에서는 다시 루터를 나무라는 글을 내놓았다. 게오르크 공은 마이센 주교 명의로 성찬식의 '양종 배수론'에 대해 루터를 공박하는 글을 보냈으며, 마인츠 대주교 알브레히트는 루터에게 교회에 너무 오만한 태도를 취하지 말고 좀 경건하게 굴라고 했다. 아울러 루터의 글이 대중에게 흘러들어 전통적 교회의 모든 의식에 반대하는 현상이 일어날 것을 염려한다는 글을 보내왔다. 더구나 스팔라틴이나 다른 친지들도 루터에게 너무 논쟁적인 글을 쓰지 말고 좀 더 창조적인 책을 쓰라고 권유했던지라, 그 결과 내놓은 것이 『선행에 대한 설교Von guten Werken』였다.

이렇게 루터는 더는 문제를 확대시키려 하지 않고 있었다. 그런데 바로 이때 또 다른 공격이 가해져 루터는 더욱 로마교회로부터 이탈하고 말게 되었다. 이것은 마치 잠자는 범을 깨우는 식이었다. 라이프치히의 프란체스코파 수도사 아우구스틴 폰 알벨트Augustin von Alveldt(1480~1535)가 로마교회를 옹호하면서 루터를 공격하고 나섰다. 그는 루터를 향해 이단자, 소경, 사려가 없는 바보, 악마에 홀린 자, 뱀, 독 있는 파충류 등 온갖 악담을 퍼부었다. 또 다른 공격은 도미니크 교단의 프리에리아스로부터 들어왔다. 그는 루터가 라이프치히 토론을 할 때 제시한 13개조를 공박하며 로마 교황의 절대주의를 옹호했다.

이런 공격에 루터는 다시 격분했다. 그리하여 극단적인 언사를 동원해 프리에리아스에게 대항했다. 루터는 발라의 「콘스탄티누스의 기진장」의 위서 증명을 근거로 교황권은 인위적이라 반박했다. 인간이 만든 제도는 언제나 오류가 있는 법이며, 교황 제도는 '『성서』의 바빌론Babylon(『성서』를 잡아 가두었다는 의미)'이라 했다. 만일 로마주의자들이 광신적으로 날뛴다면 황제와 그 밖의 제후들은 무기를 들고 교황청이라는 이름의 지상의 역병과 싸우는 길밖에 없다고 했다. 또한 대화를 통해 문제가 해결될 시기는 지났고, 이제 오직 검으로 판결을 내릴 뿐이라 했다. "도둑을 교수형으로, 강도를 검으로, 이단자를 화형으로 처벌하는데 우리는 이런 지옥의 교사들(교황, 추기경)과 하나님의 교회를 부패하게 하는 로마, 소돔Sodom을 향해 무장하고 일어서 우리의 손을 피로 씻기를(「시편」 58편 10~11장) 왜 주저하고 있는가?"라는 과격한 말까지 내놓아 신학자로서는 지나친 표현이라는 후세 학자들의 비판을 받았다. 멜란히톤의 말처럼 루터는 개인적으로는 온순한 말을 썼으나, 복음에 손상되는 말을 들으면 극단적으로 분노한 언어를 사용했다.

이렇게 보면 루터의 종교개혁 운동은 루터가 아니라 그를 반대하던 가톨릭 세력이 불에 기름을 붓는 격으로 루터를 자극해서 진행된 사건이라 볼 수 있다. 종교개혁은 이래저래 일어날 운명이었다고 할 것이다.

평신도 중에서도 루터 편에 서서 그를 격려하고 원조하며 로마 교황청을 공격해 종교개혁을 부채질한 사람들이 있었다. 그중 한 사람이 독일 기사이자 계관시인이며 인문주의자인 울리히 폰 후텐이었다. 후텐은 같은 기사인 프란츠 폰 지킹겐Franz von Sickingen(1481~1523)과 함께 루터 보호에 나섰던 사람이다. 후텐은 프랑스계 귀족으로 풀다Fulda 수도원에 있다가 에르푸르트, 쾰른 등 대학에서 인문주의를 공부하고 이탈리아를 여행해 많은 명사와 교유했다. 1517년에는 신성로마제국 황제 막시밀리안 1세로부터 시인으로서 계관을 받았고, 독일의 수석 대주교인 마인츠의 알브레히트의 성에서 요직을 차지하고 있었다.

르네상스 때 이탈리아에서 활동한 인문주의자들은 니콜로 마키아벨리Niccoló Machiavelli(1469~1527)나 프란체스코 페트라르카Francesco Petrarca(1304~1374) 등에서 볼 수 있듯 일반적으로 국민적·세속적이었다. 그런 반면에 북유럽의 인문주의자들은 대개 성서적 인문주의자로 종교에 깊은 관심이 있었다. 그런데 후텐의 인문주의는 종교가 아니라 독일을 향한 애국적인 경향이 강했다. 그는 독일에서 유일한 이탈리아적 인문주의자였다고 할 수 있다. 에라스뮈스 같은 사람은 인문주의에서 『성서』를 연구했고 그것을 통해 교회개혁의 길을 닦았는데, 후텐의 인문주의는 종교적 동기가 아니라 순전히 독일을 위한 애국적 발로에서 종교개혁 문제로 넘어갔다.

루터가 면죄부 문제로 세상을 놀라게 했을 때 스콜라 철학을 비판하던 후텐은 로마를 향해 공격의 화살을 날리기 시작했다. 그는 루터의 언행에 크게 감동하고 로마로부터 독일의 자유와 독립을 얻어내기 위한 애국심에 불타기 시작했다. 루터가 라이프치히에서 에크와 토론했다는 소식을 듣고 후텐은 마인츠에서 1520년 이른 봄부터 『로마의 삼위일체론Vadiscus oder die römische Dreifaltigkeit』을 쓰기 시작했다. 독일에 대한 로마의 죄악을 냉소한 글이었다. 후텐의 눈에 지금 로마 교황은 기원후 9년 게르만족 군대에 참패한 로마 장군 푸블리우스 바루스Publius Varus(B.C. 46~A.D. 9)의 후계자로 보였다. 후텐은 게르만족 장군 아르미니우스Arminius(B.C. 18~A.D. 19)와 바루스가 독일 베저Weser강 언덕에서 붙었던 싸움이 오늘날 독일인과 로마 교황과의 싸움으로 연장되었다고 생각했다. 후텐의 생각은 철두철미하게 민족적이었으나, 그 안에는 당시 몰락하기 시작했던 기사 계급의 울분도 다분히 포함되어 있었다. 후텐이 1522년 라인Rhein 지방 상부에서 교회 영주들과 싸운 것도 한편으로는 로마교회와 싸우면서 다른 한편으로는 몰락하고 있던 기사 계급의 부흥을 시도한 것이라 할 수 있다.

후텐의 『로마의 삼위일체론』은 1520년 4월 출간되었고, 그것이 비텐베르크에 유포되기는 4월 하순 무렵이었다. 루터는 이 극단적일 만큼 냉소적인 글을 매우 관심 있게 읽었다. 루터는 이 책에서 많은 용기를 얻었다. 루터는 그해 8월에 『독일 크리스천 귀족에게 보내는 글』을 완성했는데 그것은 후텐의 『로마의 삼위일체론』을 읽은 뒤였다. 그래서 루터의 글에 『로마의 삼위일체론』에서와 같은 문구가 많이 나오게 되었던 것이다. 후텐은 『로마의 삼위일체론』에서 옛 로마의 통령 바디스쿠스Vadiscus의 입을 빌려 '로마에는 어떤 세 가지가 어떠하다'라는 식으로 풍자했다. 그중 몇 줄을 옮겨보면 다음과 같다.

로마에는 권력 있는 세 가지가 있는데 교황의 권위, 성인의 유골, 면죄부 판매.

로마에 수없이 많은 세 가지는 매춘부, 신부, 율법학자.

로마에서 추방된 세 가지는 순진, 절제, 경건.

로마에서 누구나 즐기는 세 가지는 짧은 미사, 많은 돈, 사치스러운 생활.

로마에서 좋아하지 않는 세 가지는 일반 공의회, 성직자의 개혁, 독일인이 눈뜨기 시작했다는 사실.

로마인이 싫어하는 세 가지는 기독교 군주의 동맹, 백성에 대한 교육, 로마의 사기에 대한 백성의 각성.

로마에서 가장 가치 있는 세 가지는 아름다운 여인, 좋은 말[馬], 교황의 교서.

로마에서 가장 존귀한 대접을 받으면서도 없는 세 가지는 신앙심, 신앙, 순결.

로마에서 없애버린 세 가지는 양심, 신앙심, 서약.

로마에서 소송에 이기는 법 세 가지는 돈, 소개장, 허언.

로마에서 순례자가 가지고 오는 세 가지는 썩어버린 양심, 위장병, 빈 주머니.

로마에서 가장 두려워하는 세 가지는 독일 제후의 연합, 백성이 각성하는 것, 로마의 사기가 드러나는 것.

로마에서 옷을 잘 입는 세 가지는 신부, 융통성 없고 고집 세고 어리석은 자, 매춘부.

로마를 바로잡는 세 가지는 제후의 결단, 백성의 분노, 오스만제국군의 문전 쇄도.

샤프에 따르면 후텐은 로마에게 착취당하는 독일을 걱정해 독일의 총명을 가리는 세 가지로 "제후의 우둔, 학문의 쇠퇴, 백성의 미신"을 들었다고 한다. 여기서 후텐은 독일의 황제와 제후가 분개해 일어나 로마 교황청의 세력을 독일에서 추방만 한다면 교회와 국가의 모든 문제가 해결될 것이라고 생각했다. 지금이야말로 제후들이 일어날 때가 아닌가? 후텐은 그것을 노리고 이 글을 썼던 것이다.

루터의 3 대 저서

원래 루터의 개혁은 순수한 신앙에서 출발했다. 로마 교황이 주도해 교회의 부패를 모두 일소하리라고 기대했고 세속 군주나 그 밖의 세력이 교회를 개혁하기를 원하지 않았다. 루터는 후텐과 지킹겐의 원조를 제의받고도 조심스럽게 자신의 신앙이 허락하는 한에서만 받기로 했다. 루터는 로마의 폭군에 대한 후텐의 애국적인 분노를 충분히 이해했으나 그의 글에서 도덕적 엄숙과 종교적 깊이를 발견하지는 못했다. 정치적·군사적 열정보다 종교적 열정이 루터를 지배하고 있었기 때문에 정신적 싸움에 물리적인 힘의 개입을 원하는 후텐의 생각에 반대했다. 루터에게는 하나님의 말씀으로 교회를 개혁하려는 생각이 지배적이었다. 그래서 루터는 "폭력과 살상으로 보호되는 복음은 원하지 않는다"라는 뜻의 편지를 후텐에게 보냈던 것이다. 스팔라틴에게 1521년 1월 16일에 보낸 편지에는 "하나님의 말씀으로 세상은 정복되었다. 하나님의 말씀으로 교회는 보존되었다. 하나님의 말씀으로 교회는 다시 소생할 것이다. 반그리스도는 폭력 없이 하나님의 말씀으로 없어질 것이다"라고 썼다. 이것이 루터가 바라는 개혁이었다.

그런데 이제 루터는 『독일 크리스천 귀족에게 보내는 글』을 통해 세속 군주의 손으로 교회 개혁을 호소하게 되었다. 물론 세속 군주, 특히 새 황제 카를 5세에게 많은 기대를 걸었던 것은 누구나 생각할 만했으나, 제후들에게 적극적으로 교회 개혁을 추진하라고 호소하지는 않았다. 다만 세속 군주들에게 부탁하는 경우에도 루터는 군사력에 의존하지 않고 합법적이며 하나님을 경외하는 마음으로 하기를 원했다. 그러나 제후들이 교회개혁을 자신의 의무라고 느꼈을 때 과연 그 목적을 달하기 위해 무력을 사용하지 않을 수 있겠는가는 진지하게 고민해보아야 하는 문제였다. 실제로 그 뒤에 신구 교도 간의 무력 충돌이 있었고, 신교와 구교 제후 간의 무력 전쟁이 일어났으며, 결국에는 '영주가 영민의 종교를 결정한다Cujus regio, ejus religio'는 원칙이 국제적으로 형성되기에 이르렀다. 결과적으로 보면 루터가 생존을 보장받은 것도 프리드리히 선제후의 정치적 배경과 다른 제후들의 무력에 의존한 측면이 컸다고 할 수 있다. 또한 루터교가 성립된 배후에는 수많은 생명이 피를 흘렸다는 사실을 알아야 할 것이다.

루터는 종교개혁에서 가장 주목할 만한 저서 세 권을 발표했다. 첫째는 이미 언급한 『독일 크리스천 귀족에게 보내는 글』이다. 내용은 3부로 되어 있는데 1부는 모든 개혁을 막기 위해 세워진 교황의 '여리고Jericho'의 세 성벽, 2부는 로마 교황청의 부패, 3부는 부패 일소의 구체적인 방안 등으로 구성되어 있다.

옛날 이스라엘의 지도자 여호수아Jehoshua가 자신의 백성을 거느리고 가나안Canaan 지방을 찾아갈 때 여리고에 큰 성벽이 가로막고 있었다. 그처럼 지금의 로마도 3중의 큰 성벽을 쌓아 그 안에서 세상의 변화를 외면하고 있었다. 이 3중의 벽을 깨뜨려야 새로운 시대에 맞는 새 종교를 세울 수 있었다. 루터는 옛날 여호수아처럼 이 3중의 성벽을 무너뜨려야 했다. 3중의 성벽이란 무엇인가? 첫째는 성·속에 대한 절대적 지배권, 둘째는 『성서』

에 대한 독점적 해석, 셋째는 전체 공의회 개최권이다.

첫 번째 성벽은 성·속에 대한 교황의 절대적 지배권이었다. 루터는 유럽을 기독교도의 공동체라고 하면서 이 공동체의 목적을 달성하기 위해 신은 두 대리자를 두었는데, 그것이 교회와 국가라 했다(「로마서」 13장, 「고린도 전서」 12장에 근거했다). 또 루터는 '만인 신자 사제론萬人 信者 司祭論'을 주장해 누구나 종교를 개혁할 능력이 있다고 했다. 교황도 교황의 직위를 벗어버리면 일개 평신도에 불과하다. 황제와 제후의 권한은 정부에만 국한되지 않고 신자로서 그들은 그들의 영토 안의 교회와 백성들의 도덕성을 유지시켜야 할 책임이 있다. 교황이든 추기경이든 신부든 죄가 있으면 국가는 그들을 다스려야 한다. 사실 오토 1세 이후 독일 교회는 제후의 교회Eigen Kirche였고, 또 오토 1세는 성직자도 다스렸으며 로마 교황까지도 자신이 선호하는 인물로 선출했다. 이렇게 보면 교황권이 세속권 위에 있다는 말은 거짓이 된다. 한 사람은 성직에, 다른 한 사람은 정치에 각각 그 기능이 다를 뿐 모두 기독교 사회의 역군인 점에서는 같다. 그러니까 교회 개혁에 공동의 책임을 져야 하고, 교회가 제 역할을 못할 때는 국가가 협조하고 개혁해야 한다고 했다. 이리하여 1526년 슈파이어Speyer 제국 의회에서 '영주가 종교 결정권을 갖는다'라는 원칙이 세워지면서 첫 번째 성벽은 무너졌다.

두 번째 성벽은 교황이 최종의 오류 없는 『성서』 해석자라는 주장이다. 루터는 탐욕스럽고 이기적인 교황이 어떻게 성령의 손과 발이 되겠느냐며 공격했다. 인간 교황이 오류에서 면제될 수 있는가? 오류가 없는 분은 오직 신뿐인데 『성서』의 어느 구절에 교황이 신과 동등하다고 했는가? 고어古語를 배우고 역사와 고고학을 통해 『성서』를 연구한 사람은 탐욕에 눈이 먼 교황보다 『성서』를 해석하는 데 한발 앞서 있는 것이다. 누구나 성·속의 구별 없이 하나님의 말씀을 판단할 수 있다는 프로테스탄티즘을 무기

삼아 루터는 두 번째 성벽을 공격했다.

세 번째 성벽은 전체 공의회의 소집권은 교황만이 갖고 있다는 주장이다. 교황 그레고리우스 7세가 그런 교서를 발표한 적이 있었다. 그러나 루터가 고증한 바로는 그렇지 않았다. 1409년부터 1450년 사이에 열린 교회 개혁 회의는 황제나 파리 대학, 볼로냐 대학이 주도했고 교황의 소집권은 초대교회에는 없던 것이었다. 예컨대 325년의 1차 니케아 공의회는 콘스탄티누스 황제가 개최한 것이다. 만일 교황이 교회 개혁을 막는 데 그런 권리를 행사한다면 그는 악마와 반그리스도의 도구가 될 것이라고 루터는 공격했다.

2부 교황청의 부패에 대해 루터는 통탄했다. 루터는 옛 예언자처럼 로마를 향해 현대판 소돔과 고모라Gomorrah(『구약성서』에 나오는 죄악에 찬 고장)이자 신약을 잡아 가둔 현대판 바빌론(옛날 유대인을 잡아간 나라)이며, 그 위에 하나님의 진노가 있으리라고 경고했다. 당시 독일인들의 로마 교황청을 향한 통렬한 비판을 다음의 글에서 읽을 수 있다.

로마에서는 글로 표현할 수조차 없는 사태가 벌어지고 있다. 거기서는 사고팔고 바꾸고 속이고 으르렁대고 거짓말하고 사기 치고 강도질하고 도둑질하고 사치, 방탕, 악행, 그 밖에 하나님을 경멸스럽게 여기는 모든 일이 우글대고 있다. 안트베르펜과 카이로(Cairo)에는 이치와 정의가 있는데 로마에는 악마 자체가 있다. 로마에서는 모든 매관매직이 성행하고 있다. 누구나 돈만 가지고 로마에 가면 고리대금도 합법이 된다. 돈만 내면 수도원 서약도 사면받고, 신부가 결혼도 할 수 있으며, 음부(淫婦)와의 사이에서 난 아들도 적자가 되며 …… 모든 교회법은 가능한 한 많은 돈을 거두기 위해 만든 것 같고 …… 로마에서는 교황의 발에 키스하는 버릇이 있다. 교황은 그리스도보다 높으니 그 발에 키스하는 것은 은혜로운 일이다. 그런데 그리스도는 제자들의 발을 씻겨주지 않았던가? 교황은 마상 행진에 만족하지 못하고 사인교(四人轎, Sedia gestatoria)로 행차하기를 원한다.

루터의 이런 고발은 로마 교황에 대한 강력한 공격이었다. 이것은 당시 독일 귀족에게 심대한 영향을 끼쳤다. 2년 뒤 후텐과 지킹겐이 한결같이 보여준 모습은 루터의 이 글에서 크게 영향을 받은 것이다.

3부에서는 교회 개혁의 몇 가지 방안을 제시하고 있다. 교황의 삼중관 Tiara(현세, 영계, 연옥을 관장한다는 의미)을 없앨 것, 교황은 그리스도의 순수한 종으로 돌아갈 것, 추기경과 교황청 직원의 수를 감축할 것, 교황권의 행사는 종교적인 감시에 한할 것, 교황은 정치상 황제의 상위에 있지 않을 것, 순례와 독신 생활, 수도원을 엄중히 조사할 것 등을 말했다. 루터의 글은 전부 독일어로 쓰였다.

그다음으로 루터는 라틴어로 『교회의 바빌론 유수De Captivitate Babylonica Ecclesiae Praeludium』를 썼다. 1520년 10월 발표된 이 글은 성직자에게 보내는 것으로 세속의 귀족들을 상대로 발표한 『독일 크리스천 귀족에게 보내는 글』과 대조가 된다. 이 글은 앞서 로마 교황의 절대주의를 찬양한 알브레히트의 글에 대한 이론적인 반박이었는데, 루터가 이제부터 치를 교황청과의 싸움의 서곡이라 볼 수 있다. 가장 논란을 많이 일으킨 글로 로마주의를 뿌리째 뽑아버려야 한다는 기세로 엮은 글이다. 이를 위해 신학자와 성직자에게 보내는 형식으로 되어 있다. 독일 민족의 영혼이 외국 땅 로마의 노예가 되어 있고 현대판 바빌론에 유수되어 있다는 것을 알리는 데 목적을 둔 글이다.

루터는 『교회의 바빌론 유수』도 3부로 나누어 자신의 의견을 피력했다. 1부에서는 성찬식을 다루면서 이것의 세 가지 부당한 점을 지적했다. 첫째, 빵만 주고 포도주는 금지하는 것에 대한 부당성을 말했다. 평신도에게 포도주를 주지 않는 것은 빵을 주로 이야기한 「요한복음」 6장을 오해한 것이며 「고린도 전서」 11장 22~25절과 복음서에는 "모두 이것을 마셔라"라고 해서 양종兩種이 배수拜受되어야 한다고 주장했다. 신부들만 양종을 배수하는 것은 독단적이며 특권적이라고 비난했다.

둘째, 화체론化體論에 반대했다. 화체론은 포도주와 빵이 그리스도의 피와 몸으로 변한다는 의미인데, 루터는 성찬식을 할 때 술과 빵이 그리스도의 피와 살로 변하는 것 없이도 그리스도는 나타날 수 있다고 주장했다. 즉, 성찬식에서 성단의 빵과 술의 실체적 변화 없이 영교를 통해 그리스도는 나타난다는 것이다. 그리스도는 어떤 물질이나 장소에만 있지 않는 편재적遍在的 몸이기 때문이다. 그러니까 그리스도의 체현을 위해 물체가 변할 필요도 없고 그 물체가 꼭 있어야 할 필요도 없다. 그리스도는 영적으로 나타나는 것이다. 『성서』에는 물체가 변한다고 쓰인 곳이 한 곳도 없다(「마태복음」 26장 26~28절, 「마가복음」 14장 22~23절, 「누가복음」 22장 19~20절, 「고린도 전서」 11장 24~25절). 교황은 무슨 권위로 화체설을 조작하는가?

셋째, 미사를 희생으로 해석하는 데 반대했다. 이미 그리스도는 인간의 죄를 대신해 십자가에서 죽음으로써 자신을 희생했고 인간은 그 죽음의 공덕을 믿는 것으로 구원이 약속되어 있는데, 어째서 미사를 통해 그리스도가 다시 희생해야 할 필요가 있겠는가 하고 반대했다. 사실 술과 떡이 그리스도의 피와 살로 직접 변화하고 미사가 십자가 희생의 반복으로 해석된다면, 미사의 신력神力은 위대할 것이고 이 신력을 좌우하는 신부의 권위는 신적인 것이 된다. 이렇게 하려고 신자의 자유를 구속하는 많은 부가 조건과 해석이 나타난 것이다.

2부는 세례에 관한 것인데 루터는 세례를 재생의 방법으로 해석했다. 츠빙글리나 칼뱅은 세례를 재생의 사인으로 해석했으나 루터의 해석은 로마교회와 일치했다. 그러나 로마교회는 세례를 받은 뒤에도 많은 인간적인 노력을 요구했다. 하지만 루터는 세례를 받으면 신과 인간은 축복된 관계를 맺은 것이며 구원은 신으로부터 받은 은혜 덕분이지 인간의 공덕으로 얻는 것이 아니라고 했다. 루터는 성례전의 내적 힘이 아니라 하나님을 향한 믿음이 제일이라고 했다.

3부는 칠성례전 중 성찬식과 세례만 성서적이라고 하고 다른 안수按手, 임종, 도유塗油, 성직, 결혼, 고해 등은 필요 없다고 했다. 다만 참회는 신자의 일생을 통한 생활이기 때문에 어느 면에서는 인정되었다. 그러나 교황은 모든 인위적 제도를 만들어 인간의 영적 자유를 구속하는 데 주저함이 없다고 비판했다. 루터는 이 모든 구속에서 교리를 해방시켜야 한다고 주장했다.

루터의 세 번째 저서는 1520년 10월에 쓴 『기독교인의 자유Von der Freiheit eines Christenmenschen』다. 이 책은 밀티츠의 권고에 따라 교황 레오 10세에게 보내기 위해 썼다. 이것은 앞의 『독일 크리스천 귀족에게 보내는 글』, 『교회의 바빌론 유수』 두 저서보다 훨씬 부드럽게 서술된, 루터의 책으로는 가장 귀중한 것 중 하나가 되었다. 루터는 믿음의 의로움을 받은 기독교인에게는 자유가 온다는 점을 설명했다. 이 책에는 사도 바울에게서 얻은 루터의 두 가지 사상이 전개되어 있다. 먼저 「고린도 전서」 9장 19절의 신앙의 의로움을 얻은 기독교인은 자유로운 주인이라는 사상, 그다음으로 「로마서」 13장 8절의 기독교인은 사랑에 있어서 누구에게나 충실한 종이 된다는 사상이다.

첫 번째 사상에 대해 루터가 가장 단순한 말로 설명하기를, 신의 의로운 은혜가 죄인을 자유롭게 한다고 했다. 그리스도의 죽음에서 하나님의 의로움을 믿는 사람은 모든 죄와 허물에서 자유라는 것이다. 거듭난 인간은 정욕이나 욕망의 노예가 되지 않으며 율법에서 해방되어 복음에 따라 생활한다. 이런 내면적 자유는 로마가 그리스도 사회를 얽매고 있는 모든 외면적 율법에서의 자유를 의미하는 것이었다.

둘째, 하나님의 의로움으로 자유를 얻은 자는 누구에게도 예속되지 않는 자유인인 동시에 어느 누구에게나 봉사하는 사랑의 종이 되어야 한다. 자유를 통해 신과 정상적인 관계를 맺은 사람은 거듭난 사람이며, 그는 사랑의 눈으로 세상을 보아야 한다. 자신이 스스로 원해서 형제를 동정하고 사랑해야 한다. 그것은 인도주의자의 사랑이 아니라 죄 중에 잃은 자 속에서 신의 자녀를 찾는 깊은 사랑에서 나오는 것이다. 이런 사랑으로 기독교인은 그의 이웃의 운명을 개척할 수 있다. 죄에서 자유로운 사람은 사랑의 노예가 된다. 사랑의 노예가 된 사람은 이웃과 사회에 봉사할 책임이 있다. 여기에 프로테스탄트가 벌이는 사회 개혁 활동의 근거가 있다. 자유인은 남을 위해 사는 사람이다. 자신의 정욕을 죽이고 더 자유롭게 다른 사람을 섬긴다. 누구나 자신을 위해 사는 사람이 없고 자신을 위해 죽는 사람이 없다. 「로마서」 14장 7절처럼 우리가 살고 죽는 것은 오직 주를 위해서다. 주를 위하는 것은 잃은 양을 찾는 것, 죄 가운데 있는 형제를 구원하는 것, 약한 자를 보호하는 것이었다. 그리스도가 자신을 버리고 사람을 위해 봉사했듯이 거듭난 사람이라면 남을 위하는 일을 거부할 수 없다. 사람은 죄의 노예가 될 수 없고 사랑에서 자유인이 될 수 없다. 죄에는 극복할 수 있는 주인, 사랑에는 복종하는 노예, 그것이 '기독교인의 자유'다. 그런데 로마 교황은 그것과는 반대의 길을 걷고 있지 않는가?

2. 교서 「주여! 일어나소서」를 불사르고

「주여! 일어나소서」

루터가 앞에서 말한 3 대 저서를 쓰기 전부터 로마에서는 루터 문제를 다루고 있었다. 에크를 불러 루터에 관한 보고를 받았고, 동시에 독일의 상황이 중대하다는 보고도 받았다. 밀티츠는 다시 프리드리히 선제후를 만나 만일 선제후가 협조하지 않으면 작센 전역에 교황의 정지권을 발동하는 것은 물론이고 루터에게 추방령을 내릴 것이라고 위협했다. 그러나 선제후는 루터의 일에 대해서는 사태가 어떻게 돌아가는지 전혀 알지 못하는 체했다. 교황청 관리들은 1520년 1월 9일 회합을 열어 루터를 독일의 히드라Hydra(근절할 수 없는 괴물)로 규정하고 독일의 반란 선동자라고 공격했다. 그리고 프리드리히 선제후를 향해서는 참된 신앙의 적으로 간주했다. 교황 레오 10세는 루터 문제를 더 세밀히 다루기 위해 카예탄과 교회법의 대가 피에트로 아콜티Pietro Accolti(1455~1532)를 찾았다. 카예탄은 독일의 사정을 너무 잘 알고 있었기 때문에 루터 문제에 신중히 접근해야 한다고 주장했다. 그는 도미니크 교단에 루터가 잘못을 저질렀을지언정 이단은 아니라고까지 말했던 사람이다. 또한 루터가 구원의 근본 교리를 공격한 적이 없으니 그를 신중히 처리해야 한다고 했다. 그러나 카예탄에게는 과단성이 없었기 때문에 교황을 설복시키지는 못했다.

교황 레오 10세는 7명의 추기경에 의해 교황으로 선출된 뒤 1517년 새로 27명의 추기경을 임명하고, 그들에게 루터에 대한 기한부 교서 「주여! 일어나소서Exsurge, Domine」를 작성하도록 지시했다. 오르시니Orsini와 콜론나Colonna 두 가문이 이 작업에서 주도적인 역할을 맡았다. 문서는 1520년 2월 1일부터 작성되기 시작했는데 많은 의견이 오고 갔다. 루터의 저서를 재검토할 것인가? 루뱅 대학이 제시한 것으로 충분한가? 잘못된 부분만 정죄하는가 아니면 전부에 대해 하는가? 위원이 많으면 의견도 많고 일은 좀체 진척되기 힘든 법이다. 그래서 카예탄 중심의 소수의 제2차 위원 그룹이 소집되었고, 여기서 루터에게 다시 한번 철회할 기회를 주자는 쪽으로 결론이 났다.

그 뒤에 추기경 두 명, 에크, 어느 스페인인 네 명으로 다시 3차 위원회가 구성되어 쾰른 대학과 루뱅 대학에서 보내온 보고서를 면밀히 검토했다.

루터에 대한 결정을 내리는 데는 에크가 작성한 보고서가 결정적으로 작용했다. 1520년 5월 21일부터 6월 1일 사이에 교서를 최종 교정하기 위해 추기경 회의가 4차로 열렸다. 그들은 루터의 저서만 고발하는 것으로는 충분한 효과를 거두지 못할 것이므로 따로 교황의 '교서'를 내려 전 독일에 커다란 위압감을 주자고 교황에게 권고했다. 그리고 마지막에는 60일간의 여유를 두어 루터에게 재고의 기회를 주기로 했다. 교황의 교서 「주여! 일어나소서」에 대해 교황 법원이 1520년 6월 10일 서명했다. 동시에 루터의 저서도 소각할 것이 선언되었다. 교황의 교서를 들고 에크는 1520년 7월 18일 독일로 떠났다. 라이프치히 토론 이후 루터는 독일인 사이에서 국민적 영웅이 된 반면 에크는 철저하게 미움받았다. 독일의 유력한 귀족, 기사, 대도시 시민들도 모두 거만하고 야심만만한 에크에게 반감을 표출하고 있었다. 에크가 자신의 영달을 위해 동포를 팔아먹는 짓을 하고 있다고 생각했기 때문이다.

교황의 교서는 보통의 교서와는 달리 장중하고 당당한 장문으로 이루어져 있었다. 문장에는 교황 제도의 근본정신이 잘 드러나 있었고, 진리와 이단에 대한 주권적인 견해와 가부적인 슬픔과 엄중한 책벌이 깃들어 있었다. 마치 교황 혼자만이 진리의 권화이자, 진위 구별에 오류가 없으며, 사후 상벌의 주재라고 생각하는 듯했다.

교서 「주여! 일어나소서」는 「시편」 74편 22절의 구를 원용하면서 시작했다.

하나님이여! 일어나 주의 원통함을 푸시고 우매한 자가 종일 주를 비방하는 것을 기억하소서. 주의 대적(大敵)들의 소리를 잊지 마소서. 일어나 주께 항거하는 자의 떠드는 소리가 항상 주께 상달되나이다.

하나님의 종 레오 10세는 성 베드로와 성 바울, 모든 성인들에게 호소한다. 「시편」 80편 13절을 인용해 "숲속의 멧돼지들이 포도밭에 들어가" 어질러놓고 있으니 속히 일어나 대적해달라고 기원하는 것이었다. 교황은 독일에서 이단이 일어나는 데 슬픔을 금할 수 없다고 탄원했다.

이런 서문 다음에는 루터의 저서에 나타난 41개조 항목을 구체적으로 하나씩 정죄했다. 루터는 원죄, 색욕, 고해, 믿음의 의, 성찬식, 교회의 참보배, 면죄부, 파문, 교황권, 전체 공의회, 선행, 자유의지, 연옥 등에 대해 잘못 생각하고 있다고 했다. 다만 루터가 말하는 교리의 문제점을 구체적으로 지적하지는 않고 그저 왜곡되어 있다고만 했다. 그리고 교황은 자애 깊은 아버지인 듯 다시 한번 용서의 기회를 준다면서, 이 교서가 브란덴부르크, 마이센, 메르제부르크Merseburg 교구에 인쇄되어 붙은 뒤 60일 안으로 루터가 주장을 철회하라고 했다. 만일 철회하지 않으면 루터와 그의 보호자를 파문과 정지로 엄벌하겠다고 했다. 거기에는 상하 귀천의 구별 없이 일률적으로 처벌받게 되며 루터의 저서는 모두 소각되는 것이다. 누구도 루터의 저서를 읽어서는 안 된다. 루터와 그의 일파를 잡아 로마로 넘기면 보상이 있다는 약속도 덧붙였다.

교황의 위협과 공갈에 일반 시민들이 떨었다는 것은 당시 독일인들이 로마 교황에게 지적으로 얼마나 노예가 되어 있었는지를 말해주었다. 교황의 교서는 1520년 9월 29일 곧 인쇄되어 여러 곳에 붙었는데 퀼른, 잉골슈타트Ingolstadt, 마이센, 메르제부르크, 브란덴부르크 등에는 별문제 없이 지나갔다. 하지만 1년 전 에크가 이겼다고 했던 라이프치히에서는 학생들의 위협을 받았고 에크는 도망쳤으며 교서는 갈기갈기 찢겼다. 에르푸르트에서는 더욱 실패했는데 신학과 교수들은 '교서Bull'를 물에 던지면서 '물거품Bulla'이라며 빈정댔다. 이 교서가 비텐베르크 대학 총장에게 보내진 것이 1520년 10월 3일이었고 루터는 10일에 받아 보았다. 그것은 루터가 이단적인 주장을 강의하지 못하게 할 것과 만일 대학이 교황의 명령을 어기면 대학이 향유하던 모든 자유와 특권을 박탈하겠다고 위협하는 내용이었다. 그러나 교수와 선제후의 고문관들은 여러 이유로 교서의 공고를 거부했다. 이때 프리드리히 선제후는 카를 5세의 대관식에 참여하려고 아헨Aachen으로 가던 중이었다.

교서에 대한 반향

한편 교서가 비텐베르크 대학이나 선제후의 손에 전달되기 전인 1520년 3월 무렵에 이미 루터는 자신에 대한 교서문 초안이 작성되고 있음을 알았다. 후텐은 6월 4일 자로 루터에게 벌써 파문되었을 것이라는 편지를 보내고 있었다.

당신은 파문당했다는 소식이오. 정말이라면 당신은 얼마나 훌륭하오! 「시편」 94편 21~23절의 말씀인 "그들이 모여 의인의 영혼을 치려 하며 무죄한 자를 정죄하여 피를 흘리려 하나 …… 그들의 악으로 말미암아 그들을 끊으시리니 여호와 우리

하나님이 그들을 끊으시리로다"가 이루어지는 것이 아닙니까? 이것은 우리가 바라던 바입니다. 그것이 우리의 신앙이 될 것입니다. 나를 향해서도 음모가 진행되고 있다는 것을 알고 있습니다. 그들이 무력에 호소하면 무력으로 응수할 것입니다. 나도 정죄를 받았으면 좋겠습니다. 굳게 섭시다. 흔들리면 안 됩니다. 왜 이렇게 충고하는지 아십니까? 어떤 일이 있든 나는 당신 편에 설 것입니다. 우리는 공통의 자유를 옹호하지 않습니까? 학대받는 조국을 해방시킵시다. 하나님은 우리 편에 서십니다. 누가 감히 대적할 것입니까?

루터는 모든 것에 신을 신뢰하고, 되레 자신을 걱정해주는 요한 랑, 게오르크 스팔라틴, 유스투스 요나스Justus Jonas(1493~1555) 등에게 위로의 편지를 보내기도 했다. 모든 로마주의자들이 자신의 생명을 빼앗으려 하는데 신의 복음을 위해 자신이 죽어야 한다면 그럴 준비가 되어 있다고 했다.

한편 샤움베르크Schaumberg(1471~1534)는 만일 선제후의 마음이 변할 경우 프랑켄Franken 지방의 귀족 100명이 루터를 보호해줄 것이라 다짐했다. 이미 말한 대로 지킹켄은 루터를 위해 피난처를 제공하겠다고 했다. 후텐은 앞서의 글에서 루터를 로마로부터 독일 해방운동의 지도자로 생각했고, 무력에 호소해서라도 교황과 싸우려고 했다. 물론 루터는 무력의 도움을 원하지 않았다. 루터는 "하나님의 말씀을 위해 고생하는 것은 우리의 의무"라 했고 "이 싸움은 악마의 권세와 최후의 결판을 짓는 싸움이며, 그것이 하나님의 뜻"이라고 했다.

루터는 위험이 임박해오는 것을 느꼈다. 선제후 앞으로 루터를 지지하지 말라는 글이 빗발같이 쏟아졌다. 선제후는 받는 글마다 그때그때 루터에게 전했고 그의 회답을 요구했다. 그때마다 선제후의 알 수 없는 전략에 루터는 불안을 느끼기도 했으나 동요하지는 않았다.

주사위는 던져졌다.…… 그들과 나는 화해하지 않을 것이다. 교제도 하지 않을 것이다. 그들이 정죄하고 내 저서를 태우라고 하라. 나는 다시 보충할 것이다. 불이 있는 곳 어디에서나 나는 이단을 기른 교황의 교서를 모두 태울 것이며, 쓸데 없이 내가 취한 비굴한 태도에도 종지부를 찍을 것이다. 또한 더는 복음의 적에게 복종하는 이 직업을 가질 필요도 없다.

앞으로 선제후나 다른 귀족 기사들, 로마가 서로 어떤 정책을 취하든 루터는 그의 앞길을 환히 내다보았다. 만일 폭력으로 서로 부딪친다면 당연히 제2의 후스 전쟁으로 이어질 것이었다. 선제후는 자신은 잘 모르는 일이라는 것, 로마에 복종하겠다는 것, 루터는 중립 재판을 받아야 한다는 것, 지금 루터는 트리어 대주교와의 면담을 기다리고 있다는 것 등으로 로마에 회답했다.

독일 각지에서 루터에 대한 지지가 얼마나 높아지고 있는지를 교황청 정보원들은 세세히 관찰하고 있었다. 교황의 정보원들은 루터의 저서를 태워 루터의 죄를 폭로하라고 사람들에게 권했다. 하지만 마인츠에서는 교수형 집행인이 루터의 저서를 태우기를 거절했다. 그는 군중을 향해 이 책이 태우지 않으면 안 될 만큼 죄가 있느냐고 물었다. 사람들이 아니라고 하자 자신은 국법에 비추어 죄가 있는 것만 태운다고 했다. 그날 밤 그 집행인은 누군가로부터 죽도록 돌에 맞았고 격노한 군중은 마인츠 대주교의 저택을 포위했다. 대주교는 곧바로 도망쳤다.

교황의 교서가 프리드리히 선제후에게 전해진 것은 앞서 말한 것처럼 카를 5세의 대관식에 참석하려고 아헨으로 가던 도중이었다. 선제후의 발에 염증이 생겨 쾰른에 머무르고 있을 때인 1520년 11월 4일, 지롤라모 알레안드로Girolamo Aleandro(1480~1542)에게 전해 받았다. 루터를 처벌하든가 로마로 압송하든가 둘 중 하나를 택하라고 했다. 그러나 선제후는 회답을 신중하게 연기하고 스팔라틴을 통역 삼아(선제후는 라틴어를 몰랐다) 에라스뮈스를 만나 루터에 대해 의견을 물었다. 슬기로운 에라스뮈스는 선제후의 질문을 슬슬 피해가다가 궁지에 몰리자 다음과 같이 대답했다.

"루터는 두 가지 점에서 죄를 짓고 있습니다. 교황의 관冕을 두들겨 벗겨 버리고 수도사의 옷을 걷어찬 것입니다." 이 말은 루터가 교황의 권위를 거부한 것과 테첼의 면죄부 판매를 공격한 것을 의미한다. 그 뒤 에라스뮈스는 교황의 교서는 잔인해서 고결한 모든 사람을 해치고 있으니 그리스도의 온유한 목자로서는 있을 수 없는 일이라는 내용의 글을 스팔라틴에게 보내기도 했다. 그러나 에라스뮈스는 루터를 지지하는 어떤 글에 서명했다가 알레안드로로부터 공격을 받을 것 같아 뒤에 취소했다. 선제후는 스팔라틴을 비텐베르크에 보냈다. 이미 몇몇 학생은 교황의 교서가 두려워 대학을 떠나고 있었다. 그러나 루터의 강의실에서 학생 400명이 청강하는 것을 본 스팔라틴은 용기를 얻었다.

사실 교서를 붙이는 데는 많은 소동이 있었다. 앞서 언급한 사건들 외에도 교서가 붙으면 그것에 진흙을 발라 사람들이 읽지 못하게 한 경우도 있었다.

후텐은 루터의 저서가 소각된 데 대해 라틴어와 독일어로 쓴 다음과 같은 독설시를 발표했다.

오, 하나님이시어! 그들은 루터의 책을 태우고 있습니다.

당신의 거룩한 진리가 살해당하고 있습니다.

면죄부는 미리 팔리고

천국도 돈으로 결정됩니다.

독일인은 피 흘려(착취당해) 창백해졌고 통회(痛悔)는 하지 않아도 된답니다.

루터에 대해서는 비행이 극심하고 ……

오, 하나님이시어! 우리의 옹호자가 되어주소서.

저는 루터를 위해서는 돈도 아끼지 않고 생명과 피도 바치겠습니다.

독일의 많은 주교들은 책임지고 교서를 인쇄해 붙이라는 로마 교황청의 명령을 받았는데도 그렇게 하기를 꺼렸다. 알레안드로가 프리드리히 선제후에게 교서를 인쇄해서 붙이지 않았느냐고 묻자 선제후는 만일 그렇게 했다가 사람들이 소란을 피우면 더 큰일이라고 응수했다. 선제후는 에라스뮈스의 대답을 듣고 루터가 옳다고 더욱 확신하게 되었다.

이런 과정을 거치며 루터의 저항 정신은 더욱 높아만 갔다. 아마도 루터라는 사람은 차면 찰수록 더 높이 올라가는 공 같은 인간이었는지도 모른다. 자신의 생명에 위험이 다가오면 올수록 루터의 응전은 더욱 대담해졌다. 루터는 1520년 10월 대단히 난폭한 표현으로 두 편의 글을 썼다. 「에크의 신 교서와 사기」, 「반그리스도의 증오할 만한 교서에 항거하여」라는 글이다. 전자는 전체 공의회와 트리어 대주교 앞에 출석해 아직 자신의 주장을 밝히지 않은 때 에크가 가지고 온 교서는 허위라는 내용이었고, 후자는 만일 그 교서가 사실이라면 교황의 자리는 반그리스도의 자리라고 규정한 것이다. 다시는 교황의 명령에 복종하지 않을 뿐만 아니라 제일의 적으로 간주하겠다고 했다. 루터는 한편으로 교황청이 다른 해결책을 제시할 것이라 기대하고 있었다. 그래서 1520년 11월 17일에 독일의 모든 영주들에게 전체 공의회를 열어줄 것을 부탁했다.

교서를 불사르고

1520년 12월 10일 루터가 교서를 받은 지 꼭 60일 만에(교황이 여유를 준 기한이다) 비텐베르크에서 큰 사건이 벌어졌다. 그 전날 아침 일찌감치 멜란히톤의 의미심장한 글이 대학 게시판에 나붙으며 일어난 일이었다. 여태까지 멜란히톤의 글은 루터의 저서를 소각한 데 따른 반발이었다. 게시된 글의 내용은 대학의 박사, 마스터, 학생 등은 모두 시 동문 밖의 성십자가상 예배당으로 10일 오전 9시까지 모이라는 것이었다. 그곳은 엘베강가인데, 전염병으로 죽은 사람의 옷을 태우고 가축을 도살하는 장소였다. 대학의 전 학생들과 루터, 멜란히톤, 카를슈타트와 그 밖의 박사들, 그리고 거의 대부분의 마스터(한 명이 빠졌다)가 역사적인 그 장소에 모였다. 사람들이 다 모인 뒤에 마스터 중 한 사람인 아그리콜라가 장작에 불을 붙였다. 영겁의 불처럼 장작불이 이글이글 타오르기 시작했다. 그때 미리 준비되었던 책을 태우기 시작했다. 그날 아침 루터가 스팔라틴 궁정 신부 앞으로 보낸 편지에 따르면 교황들의 칙령, 교서집, 레오 10세의 교서, 에크와 엠저의 저서 등이 태워졌다. 루터는 일주일 전부터 이런 분서 계획을 세웠고 교황의 교서나 그 밖의 저서를 내용의 검토 없이 모두 태우기로 했다. 로마의 사절들이 자신의 저서를 선악 구별 없이 모두 태운 데 따른 보복이었다. 이런 분서는 동양에서는 진시황의 분서갱유焚書坑儒에서 볼 수 있고, 서양에서는 「사도행전」 19장 19절에서 볼 수 있듯 사도 시대에 있던 일이다. 다만 이때는 로마 교황이 루터의 저서를 먼저 분서했으므로 루터와 그의 동료, 학생들은 같은 행동을 취했던 것이다.

여러 책 중에서 루터가 가장 태우고 싶었던 것은 교황 권력의 근거가 된 『교회법대전Corpus juris Canonici』이었다. 그것을 태운 뒤에 루터는 가운 소매에서 레오 10세의 파문 교서 「주여! 일어나소서」의 사본을 꺼내 마지막으로 불에 던졌다. 그리고 "너 하나님의 진리를 파괴한 교서야, 원하건대 주님이 너를 불에 던져 사르시리라"라고 저주했다. 책을 다 태운 뒤에 사람들은 「신이신 당신을 찬양합니다Te Deum Laudamus」를 합창했다.

루터의 이런 극적인 행동은 세대를 거듭하면서 독일 학생에게 깊은 감동을 주었다. 특히 감동적인 사례로 1817년 10월 18일 독일 프로테스탄트 대학들이 모두 바르트부르크 산성에 모여 루터의 종교개혁 300년과 나폴레옹 1세로부터의 해방 전승 4년을 기념한 축제를 들 수 있다. 그때 하인리히 리만Heinrich Riemann(1793~1872)이라는 학생은 다음과 같은 연설을 남겼다.

때가 이르매 하나님은 진리를 말하고 교황청의 세속성을 전복하며 영적인 모든 속박에서 세계를 해방시키기 위해 아우구스티누스 수도원 방구석에서 한 인간을 택하셨다. 위대한 덕성과 개성을 가졌던 루터는 사람의 시비를 개의치 않고 절대적으로 하나님만 신뢰하고 경외하며 궐기했다. 그는 위대한 힘으로 로마교회의 성벽을 흔들었으며 신앙은 강제가 아니라 자유로워야 한다는 명제를 대담하게 내세웠다.…… 특히 독일 민족을 위해 『성서』를 번역했고 독일적인 종교의식과 무한한 금언옥귀(金言玉句)를 독일 민족에게 남겨주었다.

그러고 나서 조국의 자유에 반대되는 책, 봉건적 유물, 나폴레옹 1세의 법전 등을 태울 때 한스 마스만Hans Massmann(1797~1874)이라는 학생이 나타나 말했다.

때는 1520년 12월 10일, 비텐베르크 대학 교수 루터가 모든 대학생과 시민에 둘러싸여 모닥불을 피우고 로마 교황의 교서와 파문장을 "너, 우리 주님을 괴롭게 하고 하나님을 무시한 교서야, 영겁의 불이 또한 너를 벌하고 태울 것이다!"라고 외치면서 태웠다. 이렇게 루터는 신앙의 자유의 적과 반그리스도와 싸웠다. 그처럼 우리도 말이나 행동으로 조국을 부끄럽게 한 것, 또는 자유를 속박하고 진리와 성덕을 생활에서나 책자에서 거부한 모든 기념물을 불살라버리려고 한다.

이렇듯 독일은 민족적 위기의 국면에서 피히테와 함께 항상 루터를 불러낸다. 루터는 독일인에게 종교적 인물이 아니라 역사적·국민적 인물이 되었다. 그것은 마치 피히테가 철학자의 한계를 돌파해 국민교육자가 되었던 것과 같다.

책을 모두 태운 뒤에 루터는 그의 동료들과 함께 대학으로 돌아갔다. 하지만 학생들은 그에 만족하지 않고 오후 내내 교황을 야유하는 가장행렬을 했다. 어떤 학생은 교황의 삼중관을 쓰고, 교황 복장에 이륜마차를 타고 행진했다. 어떤 학생은 긴 교서의 사본을 날리고 있었다. 몇몇 학생은 히브리어로 만가輓歌를 불렀다. 행렬은 다시 책을 불태운 곳으로 돌아가서 교황의 삼중관이나 복장 등을 불에 던졌고 다른 교서나 책도 태웠다. 그다음 날에는 두 번째 가장행렬이 있었다. 교황과 추기경을 가장한 학생들의 행렬은 너무 광란적이어서 마지막에는 당국이 나서서 해산시키는 상황에까지 이르렀다.

학생들 역시 이런 사건이 루터에게 유리하게 작용하리라고는 생각하지 않았을 것이다. 상황은 점점 어려워졌다. 훗날 독일 학생들이 1817년 바르트부르크 축제에서 분서한 일이 보수주의자들의 눈에 프랑스혁명의 반복으로 보였던 것처럼, 1520년 루터의 분서와 학생들의 가장행렬은 로마와의 단절을 의미했다. 교황이 명시한 60일의 유예기간은 이것으로 종말을 고한 셈이다. 이제 남은 것은 정식 파문뿐이었다. 마치 19세기 독일 학생들에게 학원의 자유를 말살하는 카를스바트Karlsbad 결의가 내려졌던 것과

도 비슷했다. 모두가 예상한 대로 1521년 1월 3일 교황의 최후 파문서Decet Romanum Pontificem가 내려졌다. 관례에 따라 파문당한 루터의 목상과 서책은 6월 12일 화형이 예정되었다.

그러나 루터는 조금도 동요하지 않았다. 이미 충분히 파문을 예상하고 있었을 뿐 아니라 자신은 절대적으로 하나님의 사람이라는 신념이 있었기에 세상에서 오는 두려움은 문제되지 않았다. 교황의 교서를 분서한 지 한 달 뒤에 루터가 스승 슈타우피츠에게 고백하기를, 처음에는 두렵고 기도하는 마음으로 교서와 책을 태웠으나 지금 생각해보니 자기 생애에서 그 어느 행동보다 잘한 일이었다고 했다. 루터가 저서에서 보인 로마 교황을 향한 공격에 비하면 이번 분서는 가벼운 일이었으나, 이 한순간의 사건은 모든 사람에게 커다란 충격을 주었다. 분서라는 사실 자체가 일종의 극단적인 상징이 되어, 그냥 지나칠 수 없는 사건으로 비화한 것이다. 교실에서는 학생들에게 교황 제도를 뿌리째 뽑아야 한다고 가르쳤고, 교구 교회에서는 몹시 흥분된 어조로 로마 교황의 명령에 복종할 필요가 없다고 선언했다. 교서나 몇몇 책을 태우는 데 그칠 것이 아니라 교황청까지 없애야 한다고 했다. 교황의 명령에 전심전력으로 반대하지 않는 사람은 자신의 영혼을 잃어버릴 것이라고 경고했다. 지금 우리는 현세의 생명을 잃느냐 내세의 생명을 잃느냐의 둘 중 하나를 택해야 한다고 경고하고, 루터 자신은 잃어버린 영혼을 가슴 아파하기보다 차라리 현생에서의 죽음을 택할 것이라고 했다.

루터는 자신의 행동을 정당화하기 위해 교서를 태운 다음 날「왜 마르틴 루터 박사는 교황의 교서와 교황의 추종자들의 서책을 태웠는가?Warum des Papstes und seiner Juenger Bücher von Dr. Martin Luther verbrannt sind?」라는 글을 썼다. 이 글은 대단한 인기를 얻어 한 달 동안에 10판이나 거듭해서 찍었다. 원문은 독일어였으나 곧 라틴어로 번역해 출판되었고 그다음 해인 1521년 정월 말 무렵에는 영국 대사 커스버트 턴스톨Cuthbert Tunstall(1474~1559)을 통해 그중 일부가 영국 추기경이며 헨리 8세 시대의 재상 울지에게 전해졌다. 루터의 글이 영국에까지 들어갔을 때 독일에서는 이미 전역으로 전파되어 있었다. 루터는 글의 첫머리에 분서는 「사도행전」 19장 19절에 따른 것이라고 자신의 분서 행위를 변명하면서, 동시에 신학과 설교자로 서약한 박사에게 기독교인으로서 허위이자 유감스러우며 비그리스도적인 교리를 파괴하는 일은 의무라고 했다. 교황청이 자신의 책자를 태운 일은 순진무구한 백성의 심령에 해를 끼친 것이기 때문에 루터 역시 그의 저서에 반대되는 교황의 것을 태웠다고 했다. 결론에서 루터는 교황의 교서를 그대로 믿어서는 안 되며 하나하나 검토해 옳고 그른 것을 분간하라고 권유했다.

루터는 과거 2년간의 교서를 면밀히 검토하고 교황권의 오류를 조목으로 제시했다.

① 교황권은 신의 명령 밖에 있음, ② 교황권은 세속권, 즉 군주 제왕권보다 우위, ③ 로마교회는 전체 공의회보다 상위, ④ 세속 법의 지배, ⑤ 주교의 충성 서약을 받을 권리, ⑥ 악한 교황이라도 판단과 재판으로부터의 자유, ⑦ 신의 권능은 교황청에 있음, ⑧ 사도 베드로의 계승자인 교황의 우위, ⑨ 기독교회를 위한 입법권 소유, ⑩ 성직자의 금혼 요구, ⑪ 「콘스탄티누스의 기진장」에 따른 정치적 통치권, ⑫ 로마 황제권의 계승, ⑬ 모든 군주를 왕위에서 파면할 권리, ⑭ 군주에 대한 백성들의 서약과 정치적 의무 해제권, ⑮ 교회법을 복음과 동등하게 하는 권리, ⑯ 『성서』에 대한 유일한 해석자.

이렇게 교황권 개념의 잘못된 점을 열거한 뒤에 루터는 교황이 모든 인사의 판단에서 초월하고 만민을 재판할 수 있는 권리는 교회법에 근거해 있다면서 교회법이야말로 해악의 근원이라 했다. 교회법은 지상에서 교황을 신으로 규정하고 있으니 교황은 반그리스도와 같고, 최대의 해악은 가장 거룩하다는 교황청에서 생기고 있다고 비난했다. "악마 루시페르Lucifer는 하늘에서 나타나고 그리스도는 예루살렘에서 십자가형을 받았고 로마는 반그리스도를 산출한다. 교황은 『성서』나 토론을 통해 누구 하나 이겨본 적이 없고 그저 추방과 난폭과 사기로 사람을 못살게 굴고 있다." 그러므로 루터는 교황의 교서 따위를 태운 것은 한없이 정정당당할 뿐이라고 했다. "그들이 내게 한 것을 나도 그들에게 했을 뿐이다."

교서를 태운 뒤에 후텐은 「불평Conquestiones」이라는 팸플릿을 간행하며 황제와 제후에게 로마당을 향해 무장하자고 호소했다. 또 후텐은 1520년 12월 9일에 루터에게 편지를 보냈는데 거기에는 루터와 힘을 합쳐 작센 선제후를 움직여보자는 뜻이 담겨 있었다. 또 지킹겐도 루터를 보호해줄 것이며 그는 황제의 신임을 받고 있다고 했다. 그러나 황제 주변에는 "신부군대神父軍隊가 많다"라고 하면서 지킹겐의 말을 그대로 신임해야 할지는 알 수 없으나 그래도 지킹겐은 앞으로 닥쳐올 충돌에서 큰 도움이 되리라고 했다.

후텐과 루터는 로마라는 공동의 적을 대하고 있었으나 전자는 맹렬한 애국주의자였고, 후자는 독실한 신학자여서 서로 대처하는 방법이 달랐다. 루터는 열성적인 학자이자 설교자이자 교사였다. 그러므로 종교 문제에 대해 두 사람은 공통된 바가 없었다. 그런데도 인문주의자 후텐이 글에 "부디 항심恒心을 가지고 진리에 굳게 서라"라고 쓴 것은 루터에게 커다란 위로와 용기가 되었다. 후텐에게는 많은 동맹자가 있다는 것, 라인 지방에서 루터의 일에 큰 관심을 보이고 있다는 것, 그래서 라인 지방에서는 루터의 저서를 태우지 못한다는 등의 편지 내용은 루터에게 새로운 힘을 주었다.

더구나 라인 지방에는 앞서 언급한 형제단 학교가 있었고 위대한 인문주의자 빔펠링의 영도하에 로마에 항거하는 민족주의가 이미 각성되어 있었다. 이후 수년 동안 종교개혁에 유리한 인문주의 팸플릿이 출간되었고 루터의 열성으로 많은 인문주의자의 동정과 협조를 얻을 수 있었다.

3. 최후의 단계를 넘어

단기로 적진을 향해

사회가 격동기에 있을수록, 국제 관계가 다원화할수록 상황은 루터에게 유리하게 전개되었다. 왜냐하면 어느 한 지배 세력이 형성되지 않고 여러 세력이 서로 병립해 있는 한 루터의 개혁 운동은 어느 한 세력이 단독으로 진압할 수 없었기 때문이다. 말하자면 루터 문제는 로마 교황의 힘으로도, 신성로마제국 황제의 힘으로도 어쩔 수 없는 문제가 되었다. 그렇다고 루터의 영주 프리드리히 선제후가 공명정대하게 마음대로 다룰 수도 없는 문제였다. 이런 복잡한 정세 때문에 루터는 보름스 제국 의회로 소환되어 최종적으로 그의 생각을 증언할 기회를 얻었다.

선제후는 루터 문제가 불거질 때마다 그가 독일 안에서 공정한 재판을 받아야 한다는 생각으로 그때그때 넘겨왔다. 이때만 해도 대놓고 루터를 구해야겠다는 결단이 아직 서지 않은 상태였고, 다만 그런 방향으로 선제후의 심정이 기울고 있었을 뿐이다. 여기에 박차를 가한 것이 로마 교황의 사절이 루터의 저서를 태운 사건이었다. 선제후는 아무런 검토도 없이 루터의 저서를 모조리 태웠다는 것에 심히 유감의 뜻을 품게 되었다. 그리하여 자기 대학의 유능한 교수인 루터를 적극적으로 도와주어야겠다는 결심을 굳히게 되었다. 선제후는 루터가 자신의 의견을 진술할 기회를 얻기 전에는 단죄될 수 없다는 뜻을 카를 5세의 고문관인 시에브르Seigneur de Chièvres (1458~1521)와 헨리Henry of Nassau에게 전달했다. 고문관들은 앞으로 개최될 의회에서 황제와 독일 제후들 간에 외교전이 벌어질 것을 예견했고, 그때 작센의 프리드리히 선제후의 동향이 중요할 것이라는 점도 생각했다. 이런 경우에 외교 정책은 일방적이 될 수 없고 서로 타협하는 방법 밖에는 없다. 그리하여 1520년 11월 27일 고문관들은 루터를 보름스 제국 의회에 부르겠다는 카를 5세의 뜻을 선제후에게 전달했다. 그리고 다음 날인 28일 카를 5세는 앞으로 루터의 부당한 행동을 막기 위해 프리드리히가 보름스까지 루터를 동반하고 와서 많은 명사들 앞에서 직접 변명하게 하라는 글을 선제후 앞으로 보내왔다.

당시 카를 5세는 황제 대관식에서 서약한 독일 헌법을 지켜야 했다. 독일 헌법은 독일인은 공정한 대표의 판단을 통하지 않고서는 단죄할 수 없다고 규정되어 있었다. 이런 법률은 황제나 교황의 자의적인 행동을 제약하는 중요한 장치가 되었다. 카를 5세가 황제로서 취할 수 있는 그 밖의 길은 세 가지 정도 있었다. 첫째, 이미 루터는 로마로부터 파문당했으니 로마의 뜻에 따라 약식으로 정죄하는 것, 둘째, 중간노선을 취해 루터를 사사로이 만나 그를 설복시켜 로마에 순복하게 하는 것, 셋째, 루터를 보름스 제국 의회로 불러 그와 교황청 간의 논쟁점을 조사하는 중립적이고 권위 있는 사람들과 만날 기회를 주는 것이었다. 로마는 당연히 첫 번째 방법을 기대하고 있었으나 황제로서는 세 번째 길을 택할 수밖에 없었다.

이때 에라스뮈스는 루뱅 지방에서 루터 파문 교서의 공표를 방해하고 있었고, 후텐과 지킹겐 같은 행동파는 훈련받은 기사들과 시위하던 중이었다. 프리드리히 선제후와 그의 유능한 고문관 그레고르 브뤼크Gregor Brück

(1483~1557)는 보름스 제국 의회의 로마 사절인 알레안드로와 마리노 카라치올로Marino Caracciolo(1468~1538)가 아헨에서 황제로부터 루터 추방령을 얻으려던 계획을 막아냈다. 카를 5세의 고문관 장 글라피온Jean Glapion(1460~1522, 선제 막시밀리안 1세의 고해신부)과 시에브르는 아직 경험이 없는 20세의 황제에게 슬기로운 조언을 아끼지 않았다. 그리하여 황제는 루터가 공정한 재판을 받도록 조치하게 되었다.

한편 황제로부터 추방령을 얻는 데 실패한 알레안드로는 프리드리히 선제후에게 압력을 가하기 시작했다. 선제후가 미사에 참여했을 때 미사를 중단시키는 무례한 일도 저질렀다. 이런 일이 있을수록 선제후의 마음은 더욱 루터를 보호해주려는 쪽으로 기울었다. 쾰른에서 다시 카를 5세를 만난 선제후는 교황의 파문 교서에 대한 루터의 항의문을 보여주면서 루터를 보호해줄 것을 부탁했다. 또한 같은 독일인으로서 심문 없이 정죄하지 않겠다는 황제의 약속을 다시금 상기시켰다. 황제도 교황청에 대한 자신의 외교적 비중을 높이기 위해 루터 문제를 직접 다루려고 했으므로, 루터의 설명을 듣기 전에는 그를 정죄하지는 않겠다는 약속을 재확인했다.

그러나 이것은 어디까지나 카를 5세가 외교적 의례로 약속한 것이었고, 속내는 그렇지 않았다. 훗날 그가 제위에서 물러나 만년을 보내면서 루터의 안전을 보장해주었던 것을 후회했고, 콘스탄츠 공의회에서 황제 지기스문트Sigismund(1411~1437)가 후스를 화형에 처한 것처럼 보름스에서 루터를 화형시켰더라면 하고 유감스러워했다는 데서 알 수 있다. 그러나 오스만제국의 침입을 막기 위해, 그리고 프랑스와 싸우기 위해서는 프로테스탄트의 협조가 필요했기 때문에 루터에 대해 적극적인 탄압 정책을 취할 수가 없었다.

알레안드로는 황제의 곁을 떠나지 않고 보름스까지 함께 갔다. 보름스 시내의 공기는 심상치 않았다. 도처에 알레안드로를 냉소하는 시詩가 나부끼는가 하면 돈을 아무리 많이 낸다고 해도 냉방에서 자야 할 정도로 시민들은 교황의 사절을 냉대했다. 알레안드로가 거리를 지날 때마다 시민들은 이를 드러내며 격노했고, 책방이란 책방은 한결같이 루터의 저서를 보란 듯이 진열해놓고 있었다. 심지어 후광에 감싸인 성인의 모습으로 그려진 루터의 초상화도 눈에 띄었다. 시민의 9할은 루터를 찬양했으며, 나머지 1할은 로마는 망하라며 외쳐댔다고 알레안드로는 말했다.

루터의 교서 분서 사건과 『교회의 바빌론 유수』라는 책 때문에 황제의 기분은 몹시 상했고, 보름스로 루터와 선제후가 같이 오라는 명령을 취소하기에 이르렀다. 황제는 의회에서 루터와 만나고 싶지 않았고, 만난다고 해도 마인Main강의 프랑크푸르트 등 다른 곳에서 만나고 싶었다. 프리드리히 선제후는 1521년 1월 5일 보름스에 도착했고, 루터를 위해 싸우기로 결심했다. 처음에는 선제후도 결과가 우려되어 루터의 보름스행을 취소했으나 고문관 브뤼크의 주장대로 루터가 보름스에 출두하도록 이끌었다. 첫 번째 보름스 제국 의회는 1월 28일에 열렸고, 두 번째 의회는 2월 15일에 열렸다. 선제후는 브란덴부르크 변경백邊境伯에게 맹렬하게 달려들어 2월 19일에는 루터가 행동의 자유를 보장받으며 의회에 출두하는 데 동의하라고 강요했다. 선제후의 의중은 이 기회에 명백히 흑백을 가려놓자는 것이었다. 그리고 루터가 그의 저서에 대해 여전히 자신의 확신을 고수하는지 여부도 그때 확실히 알 수 있으리라고 생각했다. 만일 그때도 고집한다면 루터의 운명은 황제의 훈령에 따를 수밖에 없다고 생각했다.

사학자 토머스 린지Thomas Lindsay(1843~1914)에 따르면 당시 신성로마제국의 7명의 선제후들의 동향을 살펴보면 브란덴부르크 변경백, 쾰른 대주교, 마인츠 대주교가 로마 교황 편으로 알려져 있었다. 루터 편으로 생각되는

사람이 작센 선제후 프리드리히와 그의 영향을 받고 있던 트리어 대주교,
볼프강 궁중백작이었다. 볼프강은 줄곧 침묵을 지키다가 마지막에 루터를
위해 적극적으로 나선 선제후였다.

　이런 상황에서 알레안드로는 2월 13일 제국 의회에서 세 시간 동안이나
루터는 위클리프나 후스와 같은 이단자라고 장광설을 늘어놓았다. 그렇게
프리드리히 선제후와 브란덴부르크 변경백을 설득해 루터에 대한 공청회
를 열 것과 이를 위해 루터의 안전을 보장한다는 데 합의했으므로, 7명 선
제후의 의견은 모두 루터를 보름스로 부르는 데로 기울었다. 그리하여 2월
19일에는 선제후들이 독일어로 작성한 진정서를 황제에게 제출했다. 앞으
로 선제후들의 승인 없이 황제는 루터에 대한 칙령을 선포할 수 없고, 만일
루터의 변증을 듣기 전에 그런 일이 있으면 유혈 충돌이 있을 것이라 경고
했다. 그들은 루터의 안전을 보장해 보름스로 소환할 것, 루터가 쓴 저서의
내용을 확인하면서 신앙의 기본 조항을 부정하는 태도를 버리겠는지 확인
할 것, 교황청의 요구에 대한 루터의 답변을 들은 뒤 의회가 그에 대해 판
결을 내릴 것을 제의했다. 마지막으로 황제는 루터를 로마로 보내지 말고
독일에서 조치할 것을 탄원했다.

　이렇다 보니 황제는 비록 본심이 아니라도 루터를 보름스로 소환할 수밖
에 없었다. 2월 22일 황제는 교황의 권위에 대해서는 어떤 토론도 허락하
지 않는다는 조건으로 선제후들의 탄원대로 결정했다. 소환장은 3월 6일
루터 앞으로 발송되었다. 이미 황제는 루터의 파문을 의회에 제의했으나,
일이 이렇게 되어 황제의 제의는 거부되고 루터를 보름스로 소환하게 되었
다. 이리하여 알레안드로의 책략도 수포로 돌아갔고 로마 교황도 국제정
치적인 면에서 타격을 입은 셈이었다. 루터는 당당히 제국 의회에서 황제
와 여러 제후들 앞에 서게 된 것이다.

황제의 전령 카스파르 슈투름Kaspar Sturm(1475~1552)은 1521년 3월 26일에 비텐베르크에 나타났다. 그는 제국의 금경완장金鷲腕章을 하고 보름스까지 루터가 안전하게 여행하도록 보호하는 역할로 왔다고 했다. 작센 지방에서의 안전은 말할 것 없고 어느 곳에서나 안전 조치가 취해져 있었다. 비텐베르크 시장은 루터 일행인 암스도르프, 수도사 요한 페첸슈타이너Johann Petzensteiner(1487~1554), 제자 페터 사우벤Peter Sauven을 위해 여비로 260달러가량(1913년 현재 가치 기준) 주었다. 일행의 삼두마차는 도이링Duering이라는 사람이 제공했다. 비텐베르크를 4월 2일 떠나 뒤벤Düben → 라이프치히 → 나움부르크 → 에르푸르트 → 고타 → 아이제나흐 → 프랑크푸르트 → 오펜하임Oppenheim → 보름스 순서로 여행했다. 이 행렬은 마치 개선장군의 행진 같았다. 풍채가 당당한 황제의 전령이 선두에 있고 그 뒤로 삼두마차가 달리는 것이었다. 호기심이 많은 군중은 가는 곳마다 그들의 뒤를 따라왔다.

라이프치히와 나움부르크에서는 포도주 환영 파티가 있었다. 3월 26일에 바이마르에서 황제가 루터의 저서를 고발·정죄했다는 소식을 들었다. 황제의 전령이 "박사님! 그래도 계속해서 갈까요?"라고 물었을 때 루터는 "그렇소, 내가 추방령에 처해졌고 모두 그것을 알고 있으나 나는 가겠소. 황제의 안전보장을 믿고 있소"라고 대답했다. 사실 황제는 루터를 되돌아가게 하기 위해 일부러 루터의 저서를 정죄한 것이었다. 친구들도 여행을 중지하라고 권했으나 루터는 자신의 뜻을 굽히지 않았다.

에르푸르트에서 동료 교수 요나스와 합류했고 그곳의 대학교수, 시 평의원과 고관들이 루터 일행을 맞이했다. 4월 6일 루터는 10여 년 전에 떠났던 아우구스티누스 수도원에 들렀다. 다음 날 일요일에는 수도원에서 오직 그리스도의 믿음에 따라 구원받는다고 설교했다. 사람이 어찌나 많이 모였던지 발코니가 우적우적 무너질 정도였다. 에르푸르트에 머무르는 내내 루터는 이곳 대학의 위대한 졸업생 중 한 사람이자 아우구스티누스 수도원의 위대한 수도사로 대접받았다.

루터 일행이 마인강가의 프랑크푸르트에 도착했을 때 루터의 건강은 좋지 않았다. 보름스에 가까워지자 선제후와 스팔라틴의 걱정은 대단했다. 스팔라틴은 스스로를 무덤에 던지는 일이 없도록 하라고 루터에게 편지를 보냈는데, 이에 루터는 "비록 보름스에 악마가 지붕의 기왓장같이 많다고 해도 그 성안으로 들어가겠다"라고 회답했다. "지옥의 문일지라도 나는 그리스도의 인도로 보름스 성안으로 들어가겠다"라고 멜란히톤에게 편지를 쓰기도 했다. 루터는 자신의 양심을 걸고 한번 다짐한 결의는 조금도 굽힐 줄 모르는 인간이었다. 그렇기 때문에 그는 굳은 결의와 부동의 결단으로 중세적·역사적 타성을 격파했던 것이 아니겠는가?

오펜하임에서는 글라피온이 지킹겐에게 황제의 기사의 사령관 자리를, 후텐에게는 적당한 고관직을 주겠다고 미끼를 던져, 루터를 종용해 귀환시키려는 음모도 있었다. 또 다른 이는 루터에게 돌아가라며 정면에서 말하기도 했다. 그러나 루터는 뜻을 굽히지 않았다.

이윽고 루터 일행은 1521년 4월 16일 오전 10시 보름스에 도착했다. 탑 위의 감시인은 나팔을 불어 루터 일행의 도착을 알렸다. 100명의 기사가 호위에 나섰고 11시 무렵 성문에 이르자 몰려든 시민 사이를 겨우 빠져나와 성안으로 들어갈 수 있었다. 거리에, 담장 위에, 나뭇가지에, 들창 옆에 2000여 명의 구경꾼이 루터 일행을 맞이했다. 루터 일행이 숙소로 정한 성 요한 기사당騎士堂 앞에 마차가 이르자 한 수도사가 나타나 루터를 얼싸안고, 다음은 그의 옷깃을 매만지며 무슨 기적이라도 일어나기를 기대하는 몸짓을 했다. 그때 루터는 수도사 복장을 하고 있었다. 루터는 사방에서 몰려드는 무리를 깊은 눈으로 둘러보았다. 알레안드로나 카예탄이 말하는 이른바 '악마의 눈'으로 말이다. "하나님은 나와 함께 계시다"라고 루터가 말했다.

숙소에 들어간 뒤에도 시 고관들의 방문이 늦게까지 이어졌다. 숙소 밖에도 많은 사람이 서성대며 이단자로서, 또는 위대하고 대담한 인간으로서 착잡한 감정으로 루터를 단 한 번만이라도 보려고 했다. 이런 모든 사실은 무엇을 말하는 것일까? 그저 호기심에서 루터를 한번 보려고 했던 것일까? 일반 대중은 그러했을 것이다. 그러나 사회적 명사나 종교인은 루터에게서 어떤 새로운 시대를 예감하지 않았을까? 역사적 전환기에는 누구나 위대한 개성을 기대하게 된다. 루터는 그런 기대에 충족감을 줄 수 있었고 또 주었던 위대한 개성인이었다. 토머스 칼라일Thomas Carlyle(1795~1881)이 『영웅숭배론On Heroes, Hero-Worship, and the Heroic in History』에서 루터를 종교상의 위인으로 다루었던 것도 그런 의미에서 해석해야 한다.

내가 여기 서 있다

보름스 제국 의회는 5월 25일까지 여러 차례의 회합으로 계속되었다. 이 도시는 중세의 『니벨룽겐 노래Das Nibelungenlied』에 나오는 아름다운 전설의 도시였고, 신성로마제국 황제와 교황이 성직자 임명권을 두고 오랫동안 싸우다가 1122년에 서로 화해한 곳이기도 하다. 그러나 이제 루터의 증언을 듣는 제국 의회가 개최되는 장소로 더욱 유명해졌다. 그뿐만 아니라 1521년의 보름스 제국 의회는 중세와 근세, 과거와 미래가 자웅을 판가름한 곳으로 세계사적 의미를 가지게 된 제국의 자유도시였다. 이번 의회는 정치적으로 합스부르크 왕가와 프랑스 사이의 싸움을 정리하는 문제와 선거에 따른 황제의 장기 부재에 대비해 제국 섭정원을 항시적으로 설치하는 문제가 있었는데 이런 안건들도 모두 루터 문제에 압도되고 말았다. 루터가 이단인지 아닌지 판단하는 것이 이번 의회에서 가장 중요한 일이었다.

의회 장소는 보름스 성당 부근의 궁성이었는데 그곳에 카를 5세가 머무르고 있었다. 궁성 2층의 작은 방에 카를 5세, 선제후, 제국의 고관이 앉아 있고 그 주변으로 백작, 귀족, 기사, 시민 대표가 있어 제국 의회를 구성했다. 루터는 그런 위압적인 분위기 속에서 증언하게 되었다. 그나마 다행스러운 점은 그들 중에도 교리나 종교상의 이유는 아니더라도 정치적·애국적인 동기에서 루터의 개혁 운동을 동정하는 사람들이 있었다는 것이다.

루터는 보름스에 도착한 다음 날인 17일 오후 네 시에 궁정 장관 울리히 폰 파펜하임Ulrich von Pappenheim과 전령 슈투름의 인도를 받으며 황제 앞으로 안내되었다. 그동안 루터는 스팔라틴과 프리드리히 선제후의 궁정 장관들과 상의했으며, 비텐베르크 대학의 교회법 교수 슈르프가 루터의 법률 자문을 맡았다. 루터를 보려고 몰려든 군중 때문에 궁성 뒷문으로 안내되었다. 아래층에서 잠시 기다리다가 2층으로 이동했다.

이제 루터는 아무런 구속감을 느끼지 않고 인간 루터로 돌아가 최후의 대결에 임하게 되었다. 이미 슈타우피츠가 아우구스티누스 수도사의 서약에서 해면해주었으니, 루터는 "교단과 교황의 율법과 파문의 교서로부터 해방되었다"라고 말할 수 있었다. 여전히 루터는 수도복을 입고 수도사를 자처하고 있지만 이제 종교적 구속을 전혀 받지 않는 자유인이었다. 그렇지만 초라한 일개 수도사가 장엄하기 그지없는 황제 이하 고관들 앞에 나선다는 것은 긴장되는 일이 아닐 수 없었다. 루터가 나타날 때 장내 공기는 극도로 긴장되어 있었기에 더욱 그러했다.

2층으로 안내되어 올라갔을 때 파펜하임 장관은 심문자가 묻는 것 외에 다른 말은 하지 말라고 주의를 주었다. 이때 사회자 겸 루터의 심문자는 요한 에크Johann Eck였는데, 그는 트리어 대주교의 법무관으로 라이프치히에서 루터와 토론한 에크와는 동명이인이었다. 에크는 라틴어와 독일어로 질문 두 개를 루터에게 던졌다. 하나는 저 책은 루터 자신의 저서인가? 당시 루터의 앞 의자에는 알레안드로가 가져다둔 약 25종의 그의 저서가 놓여 있는 상황이었다. 다른 하나는 루터는 자기 책의 이단설을 취소할 용의가 있는가? 그때 루터는 지극히 작은 소리로 대답했는데, 정신적으로 대단히 위축되어 있었던 것으로 추측된다. 옆에 있던 법률고문 슈르프의 지시에 따라 루터는 "그 책의 이름을 읽어주시오"라고 대답했다. 책 이름을 듣자 모두 자신의 저서라고 시인했다.

그러나 두 번째 질문은 성질이 달랐다. 거기는 「시편」 강해와 주기도문 해석이 들어 있었고 '신앙과 영혼의 구원 문제'에 관한 것이었으므로, 두 번째 질문에 대한 답은 하나님의 말씀을 긍정하느냐 부정하느냐가 달린 문제였다. 루터는 당황했다. 모기 소리만큼 작은 목소리로 정확한 대답을 위해 시간적인 여유를 달라고 했다. 장내의 사람들은 루터가 겁을 집어먹고 자신의 이론을 취소하려는 것이라 생각했다. 교황청 관리들은 준비도 없이 무엇을 위해 제국 의회에 나왔을까 여기며 경멸에 가까운 착잡한 감정을 표출하기도 했다. 이때 루터는 정신적으로 압도된 모습도 없지는 않았으나, 용기가 부족했다기보다는 깊은 책임감에서 답변의 연기를 요청했을 것이라 추측된다. 황제는 관대하게 하루를 연기해 18일 오후 네 시에 대답하도록 했다.

그날 밤 루터는 답변을 위해 원고를 작성했다. 이 원고가 바로 바이마르 고문서고에 보관되어 있는 세계적으로 유명한 원고다. 또한 루터의 많은 친지가 기록을 남겨 그때의 모습이 상세히 전해지고 있다. 다음 날인 화요일 오후 네 시에 루터는 제국 의회로 행했다. 가는 중에 게오르크 폰 프룬즈베르크Georg von Frundsberg(1473~1528)라는 늙은 장군이 루터의 어깨를 툭툭

치며 "수도사님, 수도사님, 저나 저의 전우들이 격렬한 전장에서도 걷지 못한 길을 당신은 걷고 있습니다. 당신의 신념에 변함이 없다면 하나님의 이름으로 전진하세요. 용기를 내세요. 하나님이 도우실 것 아닙니까?"라고 격려했다. 오후 여섯 시에 좀 더 많은 사람이 모인 넓은 장소에 나타난 루터는 수도사 생활로 야윌 대로 야위었으나 전날과는 달리 빛나는 눈빛에 대담한 자세로 서 있었다. 이날 교황 사절단은 참석을 거절해 보이지 않았다. 루터는 전날의 질문에 대한 답변을 라틴어와 독일어로 했다.

우선 루터는 "황제 폐하, 여러 제후 각하 운운"하며 자신은 궁중 용어를 모르기 때문에 궁중에서 쓰는 어투로 대답할 수 없음을 용서해달라고 했다. 그리고 다음으로 심문자의 질문에 답했다. 청중은 물을 끼얹은 듯 정숙했고 루터의 목소리는 정확하고 맑아 한마디 한마디가 청중의 귓속으로 스며들었다.

루터는 자기 앞에 놓인 책을 두고 각기 다양한 분야에 속한 저서라고 했다. 몇몇 책은 순수한 기독교 윤리를 단순하고 복음적인 방법으로 다룬 것이며 그의 적들도 감히 비판하지 못하는데, 이런 저서를 어찌 정죄할 수 있느냐고 했다. 다른 몇몇 책은 교황청과 교황권의 부패와 폐단을 논한 것으로 누구나 찬동할 수 있는 내용이라고 했다. 지금 교황청이 물심양면으로 기독교 사회를 파괴하고 교회법을 통해 사람들을 노예화하는 것을 서술한 책이라 덧붙였다. 만일 이런 진리를 정죄한다면 그것은 독일인을 압박하는 자를 위해 들창문도 아닌 대문을 열어놓는 격이 된다고 했다.

마지막으로 몇몇 책은 복음의 적과 로마의 폭군을 옹호하는 자들에게 항거하는 글이며, 그리스도의 교훈을 보호하기 위해 썼다고 했다. 누구든 예언적·복음적『성서』에 따라 자신을 설복하면 기꺼이 이 저서들을 취소하고 누구보다 앞서 책들을 불에 던지겠다고 했다. 그리고 끝으로 하나님의 말씀을 정죄하는 일을 통치의 출발점을 삼지 말라고 젊은 황제에게 경고했다. 지금까지 한 말을 루터는 라틴어로 되풀이했다. 그는 시종일관 군건한 어투로 위를 쳐다보며 말했다. 황제와 고문관들은 협의하기 위해 잠시 방을 나갔다. 에크는 황제를 대신해 날카로운 목소리로 묻는 질문에 솔직하고 단도직입적인 대답을 하라고 했다. 지금 루터가 한 대답은 과거에 위클리프나 후스가 다 내놓은 이야기이며, 그들은 이미 공의회에서 단죄되지 않았느냐고 공격했다. 이때가 루터의 위기였다.

그러나 루터는 자기 양심에 대해서만 굴복할 줄 아는 사람이었고, 부당한 공격에는 더욱 군건한 태도로 타협 없는 결단을 내리는 인간이었다. 루터는 더는 주저할 것이 없으며, 로마 교황청과의 타협에 대한 어떤 미련도 가질 필요가 없다는 것을 깨달았다. 지금이야말로 로마와 영원히 이별하는 순간이라는 것을 직감했다. 그리하여 루터는 다음과 같이 명확히 대답했다.

황제 폐하와 여러 제후 각하! 솔직히 대답하라 하시니 단도직입적으로 말씀드리겠습니다. 신은 『성서』에 근거한 모든 증명이나 명확한 논거에 따라 반박되고 설복되지 않는 한 교황이나 공의회의 의견만을 믿지 않습니다. 왜냐하면 거기도 잘못이 있고 또 서로 모순되는 점이 있기 때문입니다. 신(臣)은 신이 인증한 『성서』의 말씀에 굴복해 있고 신의 양심은 하나님의 말씀에 종이 되어 있습니다. 양심에 어긋나는 행동은 평안하지도 못하고 위험한 것이므로, 신은 신의 주장을 취소할 수 없고 또 하려고 하지도 않습니다. 하나님이시여! 도와주소서, 아멘.

이로써 루터는 믿음이 온 세상을 이긴다는 것을 실증했다.

루터는 이 말을 라틴어로 되풀이하고서 온몸으로 땀을 흘렸다. 먼 후대의 사람들은 "여기 내가 서 있습니다. 나는 달리 할 바를 알지 못하겠습니다. 하나님이시여, 도와주소서, 아멘"이라는 말을 루터의 최후진술로 알고 있다. 그러나 이는 보름스 회의의 공식 기록에는 없는 말이다. 다만 위대한 인간이 위대한 역사적 순간에 서서 했음직한 말이 전설로 남아 전해진 것이다. 그리고 루터가 그런 말을 하지 않았다고 해도 그런 정신이 루터에게 있었던 것은 부인할 수 없다.

하여간 루터의 명확한 대답에 장내는 잠깐 소란해졌다. 에크는 개인의 양심보다 전체 공의회가 믿음의 안전한 안내자라는 점을 루터에게 납득시키려고 했기 때문에 토론은 계속되었다. 황제는 노성을 발하면서 그런 토론은 듣고도 남았다고 하며 자리를 떴다. 그것은 폐회의 신호이기도 했다. 장내에 있던 스페인 청중은 루터를 화형에 처하라고 했다. 루터는 퇴장한 뒤 친구들에게 둘러싸이자 팔을 높이 들고 "나는 관철했다. 나는 관철했다"라고 거듭 소리쳤다.

루터의 의연한 태도는 의회에 모여 있던 독일 황제, 제후, 귀족에게 깊은 인상을 남겼다. 그의 담대한 신앙고백에 감탄하지 않은 사람이 없었다. 프리드리히 선제후는 말할 것도 없고 가톨릭계 제후였던 에리히 1세Erich I(재위 1495~1540)도 루터에게 맥주를 권하며 노고를 치하했다. "오늘 에리히 공이 나를 기억했으니 공이 죽은 뒤에도 그리스도께서 공을 기억하시라"라고 루터는 답했다. 밤이 되자 숙소로 많은 사람이 루터를 찾았다. 그중에는 헤센의 젊은 방백 필리프 1세도 있었는데 뒤에 그는 열렬한 루터 지지자가 되었다. 귀족 외에 일반 시민의 지지도 대단했다. "누구의 아들인지 그 어머니가 복되도다"라는 말이 숙소 밖에서 들려왔다. 보름스에 왔던 영국 대사는 자국의 울지 재상에게 "독일 어디서나 사람들이 루터를 열렬히 지지하고 있다. 그는 교황의 압박을 받기는커녕 10만 백성이 루터를 위해 목숨을 바치기로 결심하고 있다"라고 보고했다. 황제의 숙소 문밖에는 "어린 왕을 모신 신민의 서러움이여!"라는 글귀가 붙어 있었다.

다음 날 황제는 선제후들과 루터 문제를 논의했다. 선제후들은 한목소리로 루터의 일에 의회가 서두를 필요가 없다고 답했다. 이에 카를 5세는 자신의 태도를 분명히 밝혔다. 자신으로서는 1000년을 이어온 기독교 사회의 증명이 잘못되었고 일개 수도사의 주장이 옳다는 것을 차마 인정할 수 없다고 했다. 그리고 루터에 대한 처분을 지금까지 연기한 것을 후회한다고 했다. 황제가 선제후들의 의견을 묻자 볼프강 궁중백작과 작센의 프리드리히 선제후를 제외한 나머지 네 명의 선제후는 사형을 요구했다. 카를 5세도 루터를 이단자로 규정하고 그를 진압하겠다고 했다.

그러나 일반 시민들은 후스의 화형 사건과 이에 따른 보헤미아 반란이 재연되지 않기를 원했고, 지킹겐 같은 기사와 귀족들 역시 폭동을 일으키겠다고 황제를 위협했다. 이미 지킹겐은 보름스 부근에 기사들을 집결시키고 있었다. 한편 마인츠 대주교 알브레히트는 프리드리히 선제후와 그 밖의 서너 명과 함께 루터와 다른 신학자들을 토론시켜 상황을 무마하려고 했다.

4월 24일 트리어 대주교의 숙소에서 브란덴부르크 선제후와 주교, 아우크스부르크 주교, 게오르크 공, 포이팅거 박사, 히에로니무스 베후스Hieronymus Vehus(1484~1544) 박사 등 10명이 나왔고, 루터 쪽에서는 슈르프, 요나스, 암스도르프가 나와 회합했다. 루터는 전체 공의회가 『성서』에 입각해 열린다면 거기서 결정하는 대로 복종할 의사가 있다고 했다. 브란덴부르크 선제후가 "『성서』에 근거해 증명되지 않으면 복종하지 않겠다는 소리인가?"라고 묻자 루터는 "그렇다"라고 대답했다. "그러면 어떻게 할 것이오?"라고 트리어 대주교가 묻자 루터는 「사도행전」 5장 38~39절을 인용해 대답했다. 즉, "이 사상과 이 소행이 사람으로부터 났으면 무너질 것이요, 만일 하나님께로부터 났으면 너희가 그들을 무너뜨릴 수 없겠고"라는 말인데, 루터의 언동이 하나님으로부터 온 것이면 그를 대적하는 것은 하나님을 대적하는 것이 되지 않겠느냐라는 뜻이었다.

　루터는 이제 참을 만큼 참았다고 생각했다. 열흘간 더 기다리고 토론해도 아무 소득이 없다는 것을 알게 되자, 프리드리히 선제후에게 자신의 귀환을 허락해달라고 간청했다. 선제후는 4월 26일부터 5월 16일까지 21일 동안 황제로부터 루터의 안전보장을 약속받아 보름스를 떠나게 했다. 루터는 황제와 여러 제후에게 많은 염려를 끼쳤다는 것과 안전보장을 해주었다는 데 답례의 글을 보내고, 4월 26일 오전 10시에 전령의 호위를 받으며 보름스 성문을 나와 귀로에 올랐다.

루터의 행방은?

　루터가 떠나고 나서 한 달 뒤인 5월 25일에 보름스 제국 의회는 정식으로 폐회했다. 황제는 그날 저녁 자신의 의견에 동조하는 선제후 네 명과 주교 기타 제후를 의회 회장으로 불러 보름스 제국 의회의 칙령을 승인했다. 이 칙령은 루터를 추방한다는 내용으로 지난 4월 30일 이미 정해진 것인데, 프랑스 군대가 네덜란드를 침범하고 스페인 국경도 넘는 일이 벌어졌고 또 지킹겐의 기사들이 보름스 교외에서 대기하는 사태가 생기자 발표를 미루어오다가 5월 26일에야 하게 된 것이다. 같은 날 보름스 성당에서 대미사를 마친 뒤 카를 5세가 라틴어와 독일어로 된 칙령에 서명했다. 다만 의회가 해산한 뒤에 칙령을 발표하는 것은 위헌이었다.

　이 칙령은 루터에 대한 불공평과 편견으로 엮여 있었다. 보수파 군주까지도 불평하는 교황청의 폐해에 대해서는 일언반구 언급이 없었다. 루터의 교리는 정부, 도덕, 종교의 파괴자라 주장하면서, 루터를 악마 수도사라고 했다. 황제는 교부들의 신앙을 보호하기 위해 루터를 제국의 영토에서 추방한다고 선언했다. 앞으로 제국의 신민은 누구도 루터와 상종해서는 안 된다. 루터를 체포해 제국 관리에게 넘겨주는 것이 제국 신민의 의무다. 루터의 추종자나 지지자도 루터와 같은 취급을 받게 되고 그들의 재산은 몰수된다. 루터의 저서를 인쇄하고 사고팔고 보고 가지는 사람은 처벌된다. 앞으로 누구도 교황, 로마교회, 성직자, 스콜라 철학 등에 대해 반대하는 글을 쓸 수 없다. 이 죄를 범하면 누구나 사형에 처한다. 처형된 이들의 재산은 그들을 칙령대로 처벌한 신앙이 두터운 사람의 소유가 된다. 칙령이 발표된 뒤부터 출간되는 저서는 어느 분야의 책이나 모두 교회 감독관의 승인을 받아야만 했다.

칙령이야 어쨌든 루터가 관여할 바가 아니었다. 알레안드로, 교황, 추기경은 카를 5세의 추방 칙령에 만족했겠지만, 그것은 행차가 떠난 뒤에 나팔을 부는 격이었다. 26일 칙령이 발표되기 이미 20여 일 전에 루터는 누군가에게 납치되어 살해되었는지 세상에서 자취를 감추고 말았던 것이다.

프리드리히 선제후는 보름스 제국 의회의 공기가 심상치 않다는 것을 감지하고 황제의 안전보장 기간이 끝나기 전에 루터에 대해 어떤 방도를 취해야 한다고 생각했다. 알레안드로의 온갖 계략 역시 루터의 생명을 노리고 있었다. 프리드리히는 루터의 피신과 은거를 위해 파비안 폰 파일리치와 프리드리히 폰 툰Friedrich von Thun과 상의했는데 툰은 세밀한 계획을 짰다. 루터가 보름스를 떠나기 전날 스팔라틴은 루터에게 그를 위해 안전한 장소를 마련하고 있다고 암시했다. 하지만 자세한 사항은 극비라서 알 수 없다고 말했다. 이 계획에는 바르트부르크 산성의 기사 한스 폰 베를레프시Hans von Berlepsch(1480~1533)와 알텐슈타인Altenstein 성의 관리자이자 품위 있는 기사였던 부르크하르트 2세Burghard II가 참여했으며, 선제후나 루터는 자세히 몰랐다.

루터와 그의 일행은 프랑크푸르트 → 프리트베르크Friedberg → 그륀베르크Grünberg → 헤르스펠트Hersfeld → 아이제나흐로 가는 길을 택했다. 그들은 4월 28일 프리트베르크에 도착해 라틴어로 황제와 제후에게 누구 못지않게 충성한다는 것, 그러나 영의 구원 문제에서는 사람보다 하나님에게 복종한다는 내용의 글을 썼다. 다음 날 29일에 루터는 이 서신을 황제의 전령 슈투름 편에 보름스로 보냈다. 이것은 루터가 비텐베르크로 돌아가는 중간 지점에서 숨기 위해 전령을 돌려보내려는 작전의 일환이었다. 이를 위해 보름스를 떠날 때 스팔라틴은 그런 서신이 있으리라는 것을 미리 전령에게 말해두었다. 이 편지를 아직 보름스에 남아 있는 스팔라틴에게 보내 그가 독일어로 번역해 돌리게 했다. 카를 5세가 서신을 보았는지는 알 수 없으나 제후들의 손에는 독일어 번역문이 전해졌다.

비텐베르크로 가는 중인 4월 30일에 헤르스펠트의 수도원에서 하루를 묵었는데 그곳 원장에게서 융숭한 대접을 받았다. 루터가 자신과 가까이하면 화가 미칠 것이라고 해도 원장은 열성적으로 루터에게 설교를 부탁했다. 황제는 루터에게 설교하는 것도 금지했으나, 루터는 그런 명령은 황제의 권한 밖이라고 생각해 설교를 했다.

5월 2일에 루터 일행이 아이제나흐에 이르자 두 갈래로 여로를 나누어 비텐베르크로 향했다. 요나스, 슈르프, 사우벤은 원래의 길인 고타 → 에르푸르트 → 비텐베르크로 향했다. 그런 반면 루터, 암스도르프, 페첸슈타이너는 길을 돌아 뫼라로 향했다. 그곳에는 루터의 큰어머니와 삼촌인 하인츠Heinz 가족이 살고 있었다. 그 길은 튀링겐 삼림을 통과하는 길이었기 때문에 복병을 두기에 적당한 곳이었다.

그날 밤 루터는 뫼라에서 친척과 같이 지냈고 떠나기 전인 5월 3일 일요일 아침에 마을 교회에서 설교했다. 친척들은 마차에 다른 말을 달아주었다. 뫼라에서 고타로 돌아가는 길은 발터샤우젠Walterschausen 삼림을 지나고 알텐슈타인 성을 지나 슈바이나Schweina로 넘어가야 했다. 친척 몇 사람은 어두울 때까지 마차에 동승했다. 마차가 알텐슈타인 성 근처에 다다랐을 때 루터는 친척들에게 이제 돌아가라고 권했다. 이윽고 동승자의 얼굴이 분간하기 어려울 만큼 어두워지자 네다섯 명의 무장한 기사가 삼림 속에서 뛰쳐나와 루터 일행을 포위했다. 페첸슈타이너는 마차에서 뛰어내려 숲속으로 도망쳤다. 그러자 루터는 암스도르프에게 "놀라지 마시오, 모두 우리 편이오"라고 속삭였다. 기사 한 명은 마차를 멈추고 마부를 때려 차 아래로 떨어뜨렸다. 다른 기사가 이름을 묻자 루터가 자신의 이름을 말했다. 그때 기사들은 루터에게 활을 겨누고 마치 죄인에게 항복을 요구하는 듯했다. 루터는 겁을 먹은 듯 차에서 내려 삼림 속으로 사라졌다. 암스도르프와 마부는 가던 길을 가도록 놓아주었다. 암스도르프가 너무나 분개했기 때문에 마부는 전혀 눈치를 채지 못했다.

루터는 삼림 속에서 기사 복장으로 갈아입었다. 그리고 말을 타고 빙글빙글 돌아 밤 11시 무렵 바르트부르크 산성에 도착했다. 거기서도 기사들은 루터를 거칠게 다루었기 때문에 수위병도 그를 알아채지 못했다. 루터는 조그마한 방에 갇혔다. 세상에는 루터가 튀링겐 삼림의 어느 지점에서 누군가에게 납치되었다는 것 외에는 아무것도 알려지지 않았다. 그만큼 루터의 납치는 극비리에 행해졌다.

그러나 바르트부르크를 찾는 사람의 눈에 행여 루터가 노출될 수도 있었다. 그래서 수도사 루터는 귀족 기사 외르크Junker Jörg로 변장하게 되었다. 머리털과 수염이 자랄 때까지 방에 갇혀 있었다. 그동안 루터는 기사가 갖추어야 하는 교양을 교육받았다. 1521년 화가 대★크라나흐는 수염이 난 기사 루터의 모습을 그릴 수 있었다.

이렇게 해서 루터는 죽음의 고비를 넘겼다. 그는 『성서』를 번역하고 종교개혁을 구상하면서 한동안 바르트부르크에 머물렀다. 하지만 밖에서는 별의별 소문이 떠돌고 있었다. 루터가 죽었다는 등, 어딘가 투옥되었다는 등, 학대받고 있다는 등…….

5장

루터주의의 성립

1521년 이후

1. 루터의 밧모섬

움직이는 밧모섬

사도 요한은 로마 황제 도미티아누스Domitianus(재위 81~96)의 박해를 받고 동지중해 해상의 밧모Patmos섬에 유배되어 「요한 계시록」을 썼다. 개혁자 루터 역시 신성로마제국 황제 카를 5세와 로마 교황 레오 10세의 박해를 피해 독일 내륙의 바르트부르크 산성에 숨어 『신약성서』를 번역했다. 요한은 명상과 묵상 속에서 예수가 재림하는 미래 세계를 보았으나, 루터는 현실의 추이를 관망하며 시국을 논하는 저술과 사색에 정력을 쏟았다. 요한은 밧모섬에서 고요히 정신생활을 하며 지낼 수 있었으나 루터는 바르트부르크 산성에 갇힌 사나운 짐승과 같아 언젠가는 스스로의 결단으로 뛰쳐나가야 할 사람이었다. 루터는 요한과 달리 현실 세계에 더 많은 관심을 갖고 교황, 기성 교회, 그 밖의 전통적인 권위자들과 싸울 준비를 하고 있었다. 루터의 바르트부르크 산성은 요한의 밧모섬이 아니라 앞으로 닥칠 운명을 헤쳐가기 위해 가져야 할 창과 칼과 방패를 만드는 움직이고 소리 나는 곳이었다. 실제로 루터는 그곳에서 펜과 종이를 들고 적들과 싸웠다. 보름스에서 루터는 뛰어난 결단과 지지자들의 믿음 덕분에 승리를 얻은 뒤 바르트부르크 성안에 은거했으나 그의 앞길에는 험난한 태산준령이 가로놓여 있었다. 앞으로 닥쳐올 비난과 박해는 얼마나 극심할 것이며, 자신이 불씨를 던진 복음주의 운동은 어떻게 전개될 것인지 참으로 예측하기 힘든 나날이었다. 루터는 한편으로는 적들의 공격을 방패로 막아내며 다른 한편으로는 창을 들고 돌진하는 양면작전을 취해야 했다. 루터가 "나의 밧모섬"이라 불렀던 바르트부르크 산성은 그의 격렬한 정신 활동을 위한 준비 장소가 되었다.

루터는 하루에 두 차례씩 음식을 가져오는 사람 외에는 아무도 만나지 않은 채 일체가 격리된 방에서 10개월 동안 지냈다. 가끔 들창 밖으로 튀링겐의 삼림과 농촌 풍경을 바라보며 앞날을 생각했다. 그의 거소는 높은 언덕에 있어서 산새가 지저귀는 소리가 들리는 등 새 동산에 사는 기분이었다. 제2차 세계대전 전까지 그가 있던 2층 방에는 테이블과 화가 대大크라나흐가 그린 루터의 초상화와 그의 부모, 멜란히톤의 초상화가 걸려 있었다. 방의 벽에 묻은 잉크는 스웨덴의 샤를 12세Charles XII(재위 1697~1718)가 방문했을 때도 있었다는 이야기가 있는데, 이는 허구다. 의학박사이자 루터의 전기를 쓴 마테우스 라첸베르거Matthäus Ratzenberger(1501~1559)가 16세기 말에 자신의 상상을 곁들여 쓴 이야기에서 나온 말이다. 『탁상담화』에도 잉크를 던졌다는 말은 없고 벽의 흔적은 자주 칠을 했기 때문에 남아 있을 뿐이다.

루터는 숲에서 사냥도 했다. 한번은 토끼를 사로잡아 옷 속에 넣었는데 그것을 개가 물어 죽였다. 이 일을 루터는 마치 교황과 사탄이 사람의 영혼을 죽이는 것처럼 여겼고, 그 뒤부터는 곰, 이리, 여우 같은 짐승을 사냥했다. 토머스 모어 경처럼 루터 역시 동물에 대해 끝없는 애정을 품었다.

이곳에서 루터는 향후의 여러 계획을 구상했다. 그는 루뱅, 파리, 로마가 자신에게 아무리 비난의 화살을 퍼부어대도 비텐베르크 대학만 흔들리지 않으면 복음주의 개혁 운동은 최후의 승리를 거둘 것이라고 굳게 믿었다. 로마에서 어떤 개혁을 기대하는 것은 이제 연목구어緣木求魚이며, 남은 길은 오직 루터 자신이 발 벗고 나서는 것이었다. 그는 은거 생활을 이어가는 중에도 연구하고 논문을 쓰면서 종교개혁 운동을 꾸준히 해나갔다.

바르트부르크에 머물던 1521년 6월 10일 루터는 「시편」 주석과 「누가복음」 1장 46~55절의 「성모마리아 송가Das Magnificat」를 완성해 스팔라틴에게 보내 출판하게 했다. 비텐베르크에 있는 지지자를 위해 「시편」 68편 "하나님이 일어나시니 원수들은 흩어지며……"를 설명했고, 다음으로 「시편」 37편 "의로운 자는 최후의 승리를 거둔다"라는 내용을 말하고, 복음의 승리를 역설했다. 루뱅 대학의 야코뷔스 라토뮈스Jacobus Latomus(1475~1544) 교수에 대한 반박문과 파리 대학이 발표한 104개조의 오류를 지적하는 글도 썼으며, 암브로시우스 카타리누스Ambrosius Catharinus(1484~1553)의 교황 제도 옹호론에 반박문도 썼다. 또 로마교회의 고해 제도를 반박하면서, 그것은 개인의 사생활을 노예화하기 위한 도구에 불과하며 『성서』에 없는 것이라고 했다. 신부나 주교가 신자의 고해를 이용해 신자의 양심에 예리한 발톱을 박고 종교적 공갈을 일삼아 재물을 빼앗는다고 했다. 1521년 9월에는 「고해에 대해 교황은 권능이 있는가」라는 글을 썼는데, 고요한 방에서 혼자 통회하는 것이 신부 앞에서 하는 형식적 고해보다 훨씬 가치가 있다고 했다.

루터가 없는 동안 마인츠의 알브레히트는 할레Halle에서 다시 면죄부를 팔기 시작했다. 프리드리히 선제후가 말렸기 때문에 루터는 공개적으로 비판하는 글을 쓰지 않았으나 사적으로는 1521년 12월 1일 알브레히트 대주교에게 글을 보내 "할레에서 면죄부를 팔면서 가난하고 순박한 신자의 돈과 영혼을 도둑질한다"라고 경고하고, 2주일 안에 회답하지 않으면 「할레의 우상에 항거하여」라는 글을 쓰겠다고 위협했다. 그러자 알브레히트에게서 다음과 같은 비굴한 항복의 글이 들어왔다.

> 존경하옵는 박사, 박사의 글은 잘 받았습니다. 박사가 걱정하시는 사태는 이미 사라진 것으로 생각합니다. 나는 하나님의 은총으로 경건한 제후로서 생활하렵니다. 나는 진흙과 같은 사람이기 때문에 하나님의 은총 없이 나 자신으로서는 아무것도 할 수 없기에, 항상 기도하고 있습니다.

그러면서 알브레히트 대주교는 그의 비서 카피토를 멜란히톤에게 보내 루터의 분노를 무마시켜달라는 비굴한 요청을 했다. 프리드리히 선제후의 만류도 있어 루터 역시 이 문제를 더는 들먹이지 않았다.

『신약성서』의 번역

루터가 은거 생활을 하는 동안 성취한 것은 크게 두 가지로 볼 수 있다. 하나는 로마교회에 적극적인 도전이 되었던 독신 생활에 대한 사상, 즉 수도사 서약에 관한 것이다. 다른 하나는 종교개혁의 발판이 되었던 『신약성서』의 번역이다.

먼저 독신 생활과 관련해, 원래 루터는 이 문제를 그리 심각하게 생각한 적이 없었다. 그런데 루터가 비텐베르크에 없는 동안 카를슈타트가 「디모데 전서」 3장 2절 "그러므로 감독은 …… 한 아내의 남편이 되며……"의 구절을 근거로 삼아 신부도 결혼해야 한다고 말했다. 또한 「디모데 전서」

5장 9절과 11절의 "과부로 명부에 올릴 자는 나이가 육십이 덜 되지 아니하고", "젊은 과부는 올리지 말지니"에 근거해 60세 이하인 사람은 수도원에 들여보내서는 안 된다고 했다. 이미 들어간 사람은 결혼시켜야 하며 세속에 이미 아내가 있으면 신부는 그와 결혼해야 한다고 주장했다. 그때까지 루터는 이 문제에 대해 깊이 생각해본 적이 없었는데 카를슈타트가 루터의 신사상이 전개되는 과정에서 커다란 계기를 만들어주었을 뿐만 아니라 독신 생활에 대한 루터의 관념에도 큰 영향을 끼친 것이다. 여기에 대해 루터의 생각은 두 가지로 나누어볼 수 있다. 하나는 사도 바울의 말대로 결혼은 본인의 자유의사에 맡기는 것이 좋다는 것이다. 다만 제 발로 와서 수도원 서약을 해놓고 제멋대로 파기하는 것이 옳다고 하기에는 좀 더 시간적 여유가 필요하다고 보았다. 지킬 수 없는 서약을 지키라고 하는 것도 무리가 아니냐는 멜란히톤의 반박도 당장은 받기 어려웠다.

그리하여 루터는 1521년 9월 9일 「서약에 관한 논제Themata de Votis」를 비텐베르크 대학 교수단에 보냈다. 의로움은 그리스도를 믿는 데서 오는 것이므로 수도원주의의 결정적 의의는 그것을 실행하는 정신에 있다고 했다. 루터는 이 문제에 대해 어디까지나 『성서』에서 증거를 찾으려고 했다. 복음이 선행으로 대치된다는 전제를 깔고 있기에 수도원 서약은 잘못이다. 성 베르나르처럼 그리스도의 공적을 신뢰하는 마음으로 서약한다면 잘못이라고 할 수 없다. 그리고 서약 자체에 항구적인 구속성이 있는 것도 아니니, '기독교인의 자유'에는 서약을 철회하는 자유도 포함되어야 한다는 글을 보냈다. 이 글은 당장 비텐베르크 동료들의 지지를 얻어 페터 사우벤, 필리프 멜란히톤, 요하네스 부겐하겐Johannes Bugenhagen(1485~1558) 등은 루터의 글을 세밀히 검토한 뒤 수도원 제도에 혁명을 일으킬 만한 글이라고 결론지었다. 수도사의 해방을 위해 다들 행동을 일치하자고 다짐까지 했다.

루터는 다시 1521년 11월 21일 「수도원 서약에 대하여」를 썼다. 그것을 편지에 동봉해 자신의 노부모에게 보내면서, 그리스도는 자신을 수도원에서 해제해주셨다는 것, 수도원 서약이 구원의 본질이 아니라는 것을 알렸다. 이 논문은 루터가 쓴 논문 중에서도 우수한 것으로 수도원의 이상은 믿음의 의로움에 정반대되는 것이라 했다. 수도라는 이름의 선행을 쌓아 영의 구원을 얻겠다는 발상은 세례를 통해 얻은 그리스도와의 약속을 거부하는 것이라 했다. 그것은 그리스도가 십자가 위에서 죽은 일이 헛되고 부족하다고 여기는 것이다. 청빈, 복종, 동정의 3대 서약도 『성서』에 없는 것이며, 신자는 수도사가 되지 않고도 성·속의 구별 없이 세상에서 얼마든지 생활을 성스럽게 실천할 수 있다고 했다. 신자가 이 세상에서 자신의 생업에 충실하게 임한다면 그것이 바로 수도 생활이라고 했다. 루터의 글은 당장 프리드리히 선제후를 놀라게 했고 스팔라틴은 이 글의 출간을 연기하려고 했지만, 그런 시도에 루터가 대단히 분노했으므로 곧 출간하게 되었다. 로이힐린이나 그 밖의 사람들이 수도원 제도의 불합리성을 말하지 않은 것은 아니었으나, 루터의 「수도원 서약에 대하여」는 가히 로마교회에 폭탄을 던진 것이나 다름없었다.

이렇게 되니 비텐베르크의 아우구스티누스 수도원을 뛰쳐나오는 수도사들도 생겼다. 과거의 서약을 취소하고 자유의 기쁨에 넘쳐 거칠게 행동하는 사람도 있었다. 그러나 루터는 이런 행동을 비판하면서 조용하고 질서 있게 나가기를 원했고, 수도사의 자제를 촉구했다. 그리고 아우구스티누스 교단의 총회장 링크에게 수도사들에게 자유로운 선택을 일임해 모든 일을 처리해나갈 것을 요청했다.

이런 사상에 대해 가톨릭 쪽 사람들은 루터가 장가가고 싶어 그런다고 비난했다. 그러나 루터는 1525년까지 4년 동안 결혼하지 않았다.

루터의 두 번째 성취는 1521년 12월 18일부터 1522년 3월 6일까지 수행한 『신약성서』의 번역이다. 이 일 덕분에 오늘날 사람들도 바르트부르크라고 하면, 루터의 『성서』 번역과 연결해 생각하는 것이다. 루터의 독일어판 『성서』는 독일의 문장어로 된 금자탑일 뿐만 아니라 전 유럽 기독교계에 커다란 업적이 아닐 수 없다. 루터 이전에도 많은 성서 번역가가 있었고, 특히 위클리프가 라틴어로 『신약성서』를 번역한 것을 비롯해 그 밖에 14명이나 되는 사람이 1462년부터 1522년까지 『성서』 번역에 종사했다. 그러나 헬라의 원어에서 완전히 『신약성서』를 번역해, 『성서』가 독일의 문장어로 최초의 지위를 얻었다는 점에서 루터의 번역은 의의가 크다. 사학자 카를 브루크만Karl Bruchmann(1902~1967)은 「루터의 성서 번역Luther als Bibel verdeutscher」에서 루터가 이전의 번역 성과와 전혀 관계없이 번역했을 가능성, 가톨릭 학자의 자료와 방법을 이용하며 번역했을 가능성, 과거의 많은 자료를 이용하기는 했으나 고전어에 능숙하고 독일어가 모국어인 루터가 거의 새로운 접근법으로 『성서』를 번역했을 가능성을 나열한 다음, 후자의 학설을 지지하는 학자가 가장 많다고 했다. 그만큼 루터의 번역에는 독창성이 깃들어 있다. "부겐하겐은 문법가이고, 나는 변증가이며, 요나스는 웅변가다. 그런데 루터는 혼자 이 세 가지 능력을 모두 가지고 있다"라고 멜란히톤은 말했다. 에라스뮈스는 "루터만큼 독일어로 쓰고 말하는 사람은 없다"라고 했고, 시인 프리드리히 클롭슈토크Friedrich Klopstock(1724~1803)는 "루터는 독일 민족의 말을 창조하는 데 도움을 준 사람"이라 했다.

루터는 『성서』 번역이 어려운 일이라 생각했고 아무런 준비도 하지 않았다. 다만 『성서』를 번역했으면 하는 생각만 하고 있었다. 물론 1517년부터 1521년 사이에도 「참회 시편」, 「시편」의 37, 68, 118편, 「성모마리아 송가」, 주기도문 등 단편적인 번역은 한 적이 있었다. 하지만 『성서』를 완역하기에는 그때까지도 루터의 헬라어 소양이 부족했던 것이 사실이다. 그러나 멜란히톤의 격려와 협조를 받으며 바르트부르크에서 번역을 시작한 지 불과 11주 만에 완성했다. 번역 작업이 완료된 즉시 멜란히톤은 인쇄를 하려고 비텐베르크로 돌아갔다. 이것은 1522년 9월 21일 출판되어 『9월 성서 September Bibel』라고 불린다.

루터의 독일어판 『성서』는 놀랄 만큼 팔렸다. 책값은 10~15달러(1913년 현재 가치 기준) 정도였을 것으로 보이며, 1522년부터 1534년까지 106판이나 찍었다고 하니 1판에 2000부라고 가정하면 20만 부 넘게 팔린 것으로 추정된다. 이렇게 『성서』는 전 독일에 퍼졌고, 독일인들은 비로소 『성서』를 직접 읽으면서 루터의 복음주의가 무엇인지 알게 되었다. 로마교회가 요구하는 의식이 『성서』에 근거하지 않는다는 것도 알게 되었다. 루터의 신 신학이 『성서』에 기본을 두었다는 것도 깨달았다. 이리하여 루터의 개혁 운동에 많은 사람들이 공명하게 되었다. 인쇄된 『성서』 책자가 널리 보급되지 않았다면 종교개혁은 불가능했을 수도 있다. 인쇄술의 발달은 종교개혁을 위해서라도 진정으로 감사한 일이었다.

여기서 우리가 높이 평가할 점은 루터의 『성서』 번역은 샤프가 『그리스도 교회사』에서 쓴 것처럼 처음부터 끝까지 사랑과 열성을 쏟은 작업이었다는 것이다. 『성서』를 만든 인쇄업자와 출판업자는 많은 돈을 벌었으나 루터는 한 푼도 받지 않았고 달라고도 하지 않았다. 그는 명예나 돈을 생각해서 『성서』를 번역한 것이 아니라 오직 그리스도를 향한 사랑에서 이런 고된 작업을 수행했던 것이다.

2. 급진과 보수

급진 개혁가들

잔잔한 못 가운데 돌을 던지면 그 파문은 대단하다. 루터가 침체해 있던 로마교회에 한번 복음의 돌을 던지니 그것은 비단 종교계만 아니라 사회 전체에 커다란 혼란과 동요를 불러일으켰다. 루터가 비텐베르크를 떠나 바르트부르크에 있는 동안 비텐베르크나 그 밖의 지역에서는 뜻하지 않은 사태가 벌어졌다. 교회와 사회에서 루터가 생각하지도 않고 원하지도 않았던 급진적인 개혁 운동이 일어나기 시작했다. 우선 종교계를 살펴보면 일찍이 루터와 함께 라이프치히에서 에크와 논쟁했던 카를슈타트가 루터가 없는 동안 종교개혁 운동의 지도자를 자처하고 나섰다. 그는 아직도 가톨릭 신앙에서 한걸음도 벗어나지 못한 평신도들을 자극해 급격하고도 철저한 개혁을 시도했다. 그는 성찬식에서 떡만 받는 자는 죄를 범하는 자라고 하면서 1521년 크리스마스 미사에서 떡과 포도주를 같이 베풀었다. 독신 생활도 공격했는데, 그 때문에 1521년 11월 초에 아우구스티누스 수도원의 수도사 40명 중 30명이 수도원을 이탈하는 사태가 벌어지기도 했다. 그리고 아내와 자녀가 없는 사람은 신부가 될 수 없다고까지 하면서 카를슈타트 자신도 1522년 1월 10일 결혼하고 말았다.

카를슈타트는 성화聖畵를 우상이라며 배격했고 "오르간은 극장이나 궁중에서 연주하는 것"이며 "성당 안의 성상은 잘못된 것"이라는 과격한 발언을 해 시민들은 교회 안의 우상적인 것을 모두 파괴하고 말았다. 그는 또한 금식일에도 고기와 계란을 먹어도 된다고 했다. 그리스도만이 주인이며 그 밖의 모든 존칭을 부정했고, 「마태복음」 11장 25절에 근거해 하나님은 어린애에게 나타나시며, 「창세기」 3장 19절을 인용해 학생들은 공부할 필요 없이 땀 흘려 농사지어 먹으라고 했다. 그는 신부복도 벗어버리고 평복으로 갈아입었으며 유아세례도 반대했다. 말하자면 카를슈타트는 일종의 광신적이고 신비주의적인 경향으로 흘렀던 것이다.

가장 극렬했던 개혁주의자는 아우구스티누스 수도원의 수도사였던 가브리엘 즈빌링Gabriel Zwilling(1487~1558)이었다. 그는 '제2의 루터'라고 불릴 만큼 열성적이었고, 미사와 수도원 제도를 맹렬히 공격하면서 그것들은 모두 구원의 장애물이라고 했다. 카를슈타트, 즈빌링과 그 추종자들은 루터가 처음으로 설교한 곳이기도 했던 아우구스티누스 수도원의 성단을 파괴하고 성유聖油도 태워버렸다. 수도사들을 향해 나가고 싶은 사람은 나가라고 했다. 그들은 성교회나 시교회에서 시위까지 했다.

이 과격한 개혁 운동에 박차를 가한 것은 작센과 보헤미아의 국경 지대인 즈비카우Zwickau에서 광신도 니콜라스 슈토치Nicholas Storch(1500?~1536)와 마르쿠스 스튀브너Markus Stübner가 1521년 12월 비텐베르크를 방문한 일이었다. 후자는 멜란히톤과 같이 공부한 사람이기도 했다. 그리고 몇 주가 더 지나자 천년왕국의 광신자이자 웅변가이며 뛰어난 선동가인 토머스 뮌처Thomas Münzer(1490?~1525)도 비텐베르크에 왔다 갔다. 이런 이유로 비텐베르크에서는 더욱 급진적인 개혁 운동이 전개되었다. 즈비카우는 1462년 발데스파 신자 27명이 화형당한 종교개혁의 온상지이기도 했고 후스파와도 관계가 있던 곳인데, 그곳에서 온 사람들을 대중은 예언자라 불렀다. 『성서』를 줄줄 외우고 꿈과 환상을 이야기하면서 천사 가브리엘은 물론이고, 하나님과도 대화를 나눈다고 주장했다. 비텐베르크 당국은 대단히 혼란에 빠졌다. 암스도르프나 멜란히톤도 어찌할 바를 몰랐다. 멜란히톤은 이런 사태 전개를 루터에게 알려주었다.

루터는 비텐베르크의 소식을 모두 들어 알고 있었다. 처음에는 자신이 없는 중에도 개혁이 착착 진행되는 데 만족했으나, 운동이 점점 난폭해지는 데는 놀라지 않을 수 없었다. 루터는 개혁을 질서 있게 진행해야 한다고 생각했다. 루터는 자신이 로마교회에 던진 돌이 복음이라 여겼고 그것이 교회의 권위에 얼마나 과격하고도 위험한 행동이었는지 스스로는 의식하지 못했는데, 사람들이 성상 등을 파괴하는 모습을 보고 난폭하다고 생각했던 것이다. 낡은 집의 기둥이 하나 꺾이면 들보고 서까래고 지붕이고 할 것 없이 모두 무너지게 마련이다. 물론 카를슈타트, 츠빌링, 츠비카우에서 온 예언자 등은 배가 지나간 자리에서 이는 물거품에 불과하며 로마교회의 1000년 전통을 흔들어놓은 당사자는 어디까지나 루터인 만큼 거대한 파도는 그가 일으킨 셈이다. 하여간에 자신이 보지 못하는 동안 사태가 위급하게 돌아간다고 느끼게 되니 루터는 비텐베르크로 돌아가지 않을 수 없었다. 선제후가 만류했으나 루터는 선제후보다 더 높은 존재인 신의 보호로 비텐베르크에 돌아간다고 했다. 만일 선제후가 무력으로 자신을 보호해주고 또 할 수 있다면 자신은 가지 않을 것이라고 했다. 검으로는 종교개혁을 결정할 수 없으며 또 해서도 안 된다고 생각했다. 인간의 도움과 협조 없이 하나님만이 이 일을 처리하실 것이니, 무엇이 두려워 비텐베르크로 돌아가지 못하겠느냐고 했다. 루터는 1522년 3월 6일, 기사 여러 명을 대동하고 바르트부르크를 떠나 비텐베르크로 돌아왔다.

그는 돌아오자마자 일주일 동안 여덟 번에 걸쳐 설교했다. 아무런 두려움 없이 개선장군처럼 설교했다. 루터는 설교에서 하나님의 말씀에 따라 개혁해야 하며 폭력은 피해야 한다고 말했다. 사도 바울도 아테네Athenae에서 우상과 신전에 둘러싸여 전도했지만 우상을 파괴하려 들지 않았다고 했다. 루터 자신은 하나님의 말씀을 가르치고 말했을 뿐 폭력은 쓰지 않았다고 했다. "만일 내가 폭력에 호소했다면 전 독일 땅은 피로 물들었을 것이다"라고 말했다. 성상을 상징으로 생각하면 잘못된 일도 아니다. 성상을 파괴하는 것이 관건이 아니라 그 정신이 문제라고 했다. 일월성신日月星辰을 숭배한다고 해서 그것을 하늘에서 떨어뜨릴 수 있겠는가? 변화를 추구할 때 강제적으로 해서는 안 된다고 했다. 이런 점에서 보면 루터는 전통주의 자이고 보수주의자였다. 술렁대던 비텐베르크는 루터의 설교로 조용해졌다. 사람들은 루터가 때마침 잘 돌아왔다고 생각했다. 그의 말에 전적으로 신뢰를 보냈다. 츠빌링도 자신의 잘못을 고백하고 그곳을 떠났다. 루터의 말은 결국 어린아이에게는 밥이 아니라 우유를 먹어야 한다는 것과 같았다. 급격한 변화는 믿음이 약한 자에게 시험이 되기 때문이다. 비텐베르크의 모든 사람이 루터의 설교에 순종했다.

그 뒤 루터는 보르나Borna, 알텐부르크Altenburg, 아일렌부르크Eilenburg, 츠비카우, 토르가우 등 여러 지방을 순회하며 설교했다. 프리드리히 선제후에게는 각 교회의 복음화 운동을 위해 영주의 통수권을 발동할 것을 요청했다. 국가적으로 작센 지방을 복음화해야 한다고 주장했다. 차차 루터는 보수화되고 있었다.

기사전쟁과 농민전쟁

종교적 급진 운동과 아울러 사회적 급진 운동이 일어났다. 1522년에 후텐과 지킹겐이 이끄는 기사들이 반란을 일으켰고, 1524년에는 뮌처가 주동한 농민전쟁이 일어났다. 루터가 만년으로 갈수록 보수주의로 기운 것은 이 사회적 급진 운동에 원인이 있었다.

종교개혁 시대에 대표적인 사회적 불만 계층은 몰락하고 있던 기사층과 농민층이었다. 먼저 기사 계층이 쌓아둔 불만이 후텐과 지킹겐의 반란을 통해 터져 나왔다. 기사들이 몰락하기 시작한 원인은 이미 언급한 것처럼

15세기 후기부터 시작된 유럽 사회의 급변에 있었다. 푸거, 벨저, 바르디 Bardi, 호치스테터 Hochstetter, 쾨르 Coeur 등의 거상 가문이 출현했고 시민사회가 팽창하면서 중세 이래 번성했던 기사와 농민층이 몰락하며 전통적 사회가 붕괴해가는 중이었다. 특히 신성로마제국의 기사 계급은 각 영방의 세력 확대와 용병 의존도가 늘면서 존재의 의의를 잃어가고 있었다. 더구나 시민계급이 경제력을 장악하면서 물가가 올라 생활력조차 잃어버린 기사 계급은 심지어 무역상의 화물차를 습격하는 신세로까지 전락했다. 그들은 또한 교회나 영주의 권위에 반감을 품고 중세 때 화려했던 기사 사회를 재건하려고 시도했다. 제후를 누르고 황제의 권위를 회복해 기사들의 정치적 입지를 만회하기를 원했다.

이런 정세에서 루터의 종교개혁 운동은 기사들이 품었던 불평불만의 배출구를 마련해주었다. 1522년부터 1523년까지 라인 지방 상부에서 지킹겐을 중심으로 하는 기사들이 반란을 일으켜 트리어 대주교령을 공격했다. 트리어 대주교는 선제후로서 종교계와 정계에서 중요한 위치를 차지하고 있었다. 지킹겐과 후텐은 이 대주교령을 공격하면 루터가 자신들의 편에 가담할 것으로 생각했다. 폭력으로 복음을 전파해 교황청의 압제에서 독일을 해방하자는 것이 그들의 표면적인 목적이었으나, 루터는 일체의 폭력을 거부했다. 이들은 트리어 대주교령을 포위했으나 볼프강 궁중백작과 헤센 방백이 트리어 쪽을 도와주는 바람에 지킹겐은 자신의 거성 居城 란트슈툴 Landstuhl 에서 전사했고, 후텐은 부상을 입은 채 스위스로 도망쳐 츠빙글리의 도움을 받았다. 반란에 참여한 기사들은 항복하고 무장해제를 당했다. 이들의 참패를 두고 루터는 "하나님의 옳고 훌륭한 심판"이라 했다. 이때 루터는 제후의 힘을 목격했을 것이고 제후의 힘을 통해 위로부터 강력한 복음화 운동을 수행한다면 종교적 폐단을 바로잡을 수 있다고 여겼을

지도 모른다. 이렇게 기사들의 반란은 루터를 보수주의로 기울게 하는 계기가 되었다. 앞서 말한 교회의 급진 개혁 운동과 함께 기사전쟁은 루터가 보수화하는 제2의 원인이라 할 수 있다.

　루터의 종교개혁은 뜻하지 않게 1524년부터 1525년까지 농민전쟁을 일으켰다. 이 같은 흐름을 한마디로 말하자면 신앙의 자유화가 농민들의 자유 의식을 고취시켰기 때문이다.

　농민이 일으킨 자유화 운동의 역사는 길다. 그러나 종교적인 이유로 농민해방 운동이 일어난 것은 14세기 위클리프의 종교개혁 운동에 뒤따라 일어난 영국의 농민 반란이었다. 위클리프를 추종했던 영국의 신부 존 볼 John Ball(?~1381)은 1381년 월터 타일러Walter Tyler(?~1381)의 농민 반란에 자극을 주었다. 또한 15세기 후스 전쟁 이후 독일에서도 농민 반란이 자주 일어났다. 1514년 뷔르템베르크Württemberg에서도 농민 반란이 일어났다.

　이런 반란은 앞서 말한 것처럼 상인층이 경제적 압박을 높여가고 영주와 지주의 횡포로 농민은 착취의 대상이 되면서 오랫동안 쌓여온 울분이 폭발한 것이다. 독일 동북 지방의 구츠헤어샤프트Gutsherrschaft하에서 농민은 농노 신세나 다름없었고, 독일 서남 지방의 그룬트헤어샤프트Grundherrschaft하에서도 농민의 생활은 말이 아니었다. 흉작이 된 해에는 살아갈 길이 없었다. 농민들은 세상에서 완전히 소외되었고 단지 교회를 통해 신앙생활에서만 동질성을 발견할 수 있는 계층이었다. 당시 농민은 완전히 별도의 인간들인 양 묘사되었다. 우둔, 미천, 불결, 음험, 완고, 대식, 대음이 농민의 특징이며, 그들은 자기들을 학대하는 사람을 미워하고 자기 자신들을 저주하는 것처럼 그려졌다.

　루터의 만인사제주의는 농민들에게 이상한 감정을 불러일으켰다. 사도들도 본래 미천하고 보잘것없던 인간들이 아니었던가? 루터는 순박한 농민이야말로 성서적 인간이라 했다. 직업 중에서 농민이 하나님을 제일 기쁘게 하는 직업이라 했다. 독일 화가 한스 베함Hans Sebald Beham(1500~1550)은 〈그리스도의 목장〉이라는 그림을 그렸다. 그리스도의 참된 양인 농민은 아무런 방해 없이 천국의 울타리로 들어가는데, 도둑인 신부나 수도사는 사다리를 놓고도 들어가지 못하는 모습을 묘사한 풍자화였다. 그렇게 팔자 좋은 농민이야 물론 없었겠지만, 이런 그림도 농민들에게서 어떤 반항심을 불러일으키는 정신적 분위기를 만들어주었다고 하겠다. 루터는 '기독교인의 자유'를 내적 자유로 보았는데, 농민들은 봉건적 구속으로부터의 자유라고 생각했다. 루터의 만인사제주의는 어느 특정한 사회 계급을 위해 말한 것이 아닌데도, 이 개념이 자제할 줄 모르는 일반 대중에게 전해지자 그만 잠재적인 다이너마이트가 되고 말았다.

여기에 직접 자극을 준 사람이 뮌처였다. 급진적 사상을 가진 그는 '하나님의 나라'는 점진적인 개혁이 아니라 폭력과 사회혁명에 따라 당장 성취해야 한다고 주장했다. 혁명을 할 때는 유혈도 동반하는 것이며 자신은 성신의 사자라고 했다. 자신은 구약시대의 예언자처럼 신의 계시로 말하고 행동하는 사람이라며, 모든 계급이 철폐되고 소유의 공동화를 꿈꾸고 있다고 했다. 그는 지금으로 말하면 공산주의 사상의 언저리에 근접했던 사람이라고 할 수 있다.

뮌처는 기성 교회를 파괴하는 방향으로 나아갔고, 관리가 그를 막자 무장단까지 조직하며 저항했다. 여기에 대해 루터는 「혁명 정신에 관해 작센 선제후에게 보내는 글」에서 뮌처의 계시종교를 배격하면서, 살인, 방화, 약탈, 무력 등으로 하나님의 나라를 건설한다는 설교는 악마의 설교라고 반대했다. 뒤에 뮌처는 도망쳤지만 그의 설교는 강도, 비적, 농민이 반란을 일으키는 원동력이 되었다. 1524년 3월부터 튀링겐 지방에서 농민 반란이 일어났고, 1525년에는 프랑켄, 헤센, 바덴Baden, 트리어, 잘츠부르크, 티롤 등 거의 전국적으로 반란이 일어났다. 농민은 곳곳에서 살인, 방화 등 잔인한 폭거를 행했다. 1525년 4월 농민군이 아이히스펠트Eichsfeld를 통과할 무렵이 반란이 가장 강성했을 때이며, 프랑켄하우젠Frankenhausen에서 6월 하순에 참패하면서 완전히 붕괴되었다.

우리는 독일 농민전쟁의 내용보다 그것에 대한 루터의 태도에 더 주목한다. 농민전쟁이 루터주의의 전개에 결정적인 영향을 끼친 것이 아닌가 생각하기 때문이다. 루터는 처음에 슈바벤 농민들이 내건 '교구 목사 선출권', '농노의 자유', '수렵권과 채벌권', '과중한 부역 반대', '게르만법 요구', '상속세 폐지' 등 12개 항목에 달하는 요구에 대해 긍정적인 태도를 보였다. 그것은 루터가 주장하는 복음주의의 현실적 방법이라 할 수 있었기 때문이다. 그러나 농민들의 무질서한 반란 사실을 알고는 1525년 4월『슈바벤의 농민들이 제시한 12개 조항에 관련된 평화로의 권면Ermahnung zum Frieden auf die zwölf Artikel der Bauernschaft in Schwaben』를 썼다. 루터는 '바인스베르크Weinsberg의 혈욕血欲'이나 '헬펜슈타인Helfenstein 백작 살해' 등의 사건이나 서남 지방 농민들의 난폭한 행동을 아직 전혀 듣지 못했기에 농민을 향해 "사랑하는 형제"나 "친구" 같은 표현을 사용했다. 그들을 설득해 평화적으로 사태를 해결하는 것이 성직자의 임무라 생각했고, 제후들은 앞서 루터의 복음주의가 전파되는 것을 방해했기에 이번 농민 반란은 그에 대한 징벌이라고까지 언급했다. 루터는 만스펠트 백작의 학교 건립 요청으로 멜란히톤과 아그리콜라를 대동하고 아이슬레벤으로 여행하며 부모도 만났고 농민 반란에 관한 정보도 들었다. 노르트하우젠Nordhausen에서는 농민을 상대로 설교하다 그들로부터 악의에 찬 질문을 받기도 했다. 바이마르에서 다시 설교했으나 이미 난폭함이 극에 달한 농민들의 귀에 설교가 들어갈 리 만무했다.

루터는「슈바벤의 농민들이 제시한 12개 조항에 관련된 평화로의 권면」에서 하나님은 사랑의 신이라는 점과 국가는 하나님의 나라 건설에 이바지해야 한다는 점을 밝히고 농민을 향해 폭력적 행동을 중지하라고 호소했다. 자신도 교황이나 황제에게 폭력으로 반항하지 않았으니, 농민이나 제후도 평화적 방법으로 하나님의 나라를 건설해야 한다고 요구했다. 하지만 농민 반란은 더욱 광적으로 변해갔고 제후들도 이를 어떻게 진압해야 할지 알 수 없었다. 농민은 하인리히 파이퍼Heinrich Pfeiffer(1500?~1525)나 토머스 뮌처의 지도하에 하르츠Harz 전역의 수도원을 약탈하는 등 난폭하기 그지없었다. 루터는 여행에서 돌아오자 5월 6일 『살육과 약탈을 일삼는 농민의 무리에 대항하여Wider die räuberischen und mörderischen Rotten der andern Bauern』라는 글을 썼는데, 성직자에게서는 보기 어려운 격노한 어조로 썼다. 루터는 격노하면 사람의 폐부를 찌르는 독설을 잘했다. 농민에게서 영웅 대접을 받던 루터가 농민을 비난하는 글을 쓴 것이다. 그는 농민에게 세 가지 잘못이 있다고 지적했다.

첫째, 농민은 정부에 대한 서약을 어겼다. 둘째, 농민은 도둑질과 살인을 저질렀다. 셋째, 농민은 그리스도의 형제라는 이름으로 자신의 죄를 가리고 하나님을 모독했다. 그러므로 농민은 체포되고 재판받아야 하며, 그들은 하나님의 이름을 욕되게 했으니 영육의 죽음을 받아야 한다고 썼다. 루터는 반란을 일으킨 농민을 "미친개"라 부르며 사람이 물리기 전에 개를 없애버려야 한다고 했다. 제후들은 하나님의 관리Amtmann다. 지금이야말로 검을 들고 정의와 질서를 위해 반란을 일으킨 농민을 진압해야 하며, 이를 위해 희생된 사람은 진정 복음을 위해 순교한 사람이 될 것이라고 말했다. 골방에서 기도하는 것보다 칼을 들고 나가 폭도를 진압하는 것이 천국으로 가는 길이라고 했다. 이런 이론은 "모든 권세는 하나님으로부터 나지 않음이 없나니"라는 「로마서」 13장 1~4절에 근거한 것이었다.

그런데 루터의 「살육과 약탈을 일삼는 농민의 무리에 대항하여」는 농민 반란이 진압된 뒤에 발표되는 바람에 마치 이미 죽은 송장을 찌른 격이 되었다. 더구나 가톨릭파였던 엠저가 루터의 이 책자 때문에 유혈 사태가 일어났다고 비난하는 등 상황은 참으로 혼란스러웠다. 제후들은 농민 반란을 무자비하리만큼 철저하게 진압했다. 루터는 이에 대해 패자에게 관대할 것을 당부하는 글을 써 제후들에게 보내기도 했다.

사실 이때 루터는 제후가 농민에게 내린 징벌이 그들이 저지른 죗값으로 적당하다고 보았다. 이런 루터의 처사는 가톨릭으로부터 도덕적 비난을 받았다. 16세기 중반까지 독일 서남 지방 농민의 9할이 루터파였는데, 루터의 이런 배신(?)으로 다시 가톨릭으로 돌아섰고, 오늘날 독일 서남 지방에 가톨릭교도가 많은 원인 중 하나가 되었다. 하지만 루터는 농민을 사랑했다. 그의 『탁상담화』를 읽어보면 루터는 압박받는 사람에게 항상 동정을 표시했다. 훗날 루터가 죽었을 때 독일 곳곳의 농민들은 그의 장례식이 열리는 곳을 향해 절을 하기도 했다. 농민은 루터의 복음 설교를 더 들어야 했고, 루터는 농민전쟁을 중지시키기 위해 더 노력했어야 했다. 트뢸치의 지적대로 루터는 사회과학에 진정 어두웠던 것인가? 그렇지 않으면 프리드리히 선제후의 보호와 지지를 받으면서 복음 전도의 유일한 방법은 제후가 가진 힘뿐이라고 여겨 제후의 편에 가담했던 것인가? 중세의 권위적 사상에서 아직 탈피하지 못했던 것인가? 개인이 가진 자유의사의 공통성에서 질서를 찾는 현대적 질서 의식에 무지하고 권력과 권위에 의존하는 타율적인 질서 의식만 가진 탓이었던 것인가? 농민전쟁에 대한 루터의 태도는 누구보다 농민을 사랑하고 동정해야 할 처지에 있던 그를 생각할 때 두고두고 아쉬움으로 남는다. 루터는 농민전쟁이라는 제3의 원인으로 더욱 보수주의로 기울었고, 반동에 가까울 만큼 자기 관념에 얽매이게 되었다. 루터는 스스로 의식하지 못하는 사이에 '독일의 교황'처럼 변해갔다. 그렇게 루터교는 독일의 가톨릭교가 된 것이다.

3. 루터주의의 성립

정치적 정세

앞서 언급한 것처럼 95개조를 발표할 때 루터를 강력하게 막았더라면 종교개혁 운동도 일단 후퇴했을지 알 수 없다. 하지만 그로부터 무려 4년이나 흐른 뒤 보름스 제국 의회에서 추방령이 나왔고, 시기를 놓친 문서는 그저 종잇조각으로만 남게 되었으며, 루터주의는 꾸준히 발전해갔다. 그러면 보름스 제국 의회의 추방령은 어째서 실행되지 못했던 것인가?

대체로 1521년부터 1531년까지 독일의 정치적 정세는 루터의 종교개혁 운동에 아주 유리하게 전개되었다. 루터에게 내려진 추방령의 실행을 저해하는 여러 사건이 일어난 것이다. 먼저 카를 5세와 프랑수아 1세의 싸움, 즉 합스부르크 왕가와 발루아 왕가의 경쟁으로 카를 5세는 여러 면에서 보름스 칙령을 강행할 수 없었다. 1525년 파비아Pavia 전투에서 프랑스의 프랑수아 1세가 패전한 뒤 포로가 되자 그는 이탈리아 북부 도시들에 대한 권리를 포기하고 카를 5세의 누이를 아내로 맞이했다. 그렇게 일단 평화가 성립되었으나 석방되어 프랑스로 돌아간 프랑수아 1세는 다시 카를 5세와 전쟁을 일으켰다. 나라 밖의 적을 상대하느라 카를 5세는 나라 안으로 루터를 지지하는 제후나 신교도들을 억압할 경황이 없었다.

그다음으로 오스만제국의 술탄 술레이만 1세Suleiman I(재위 1520~1566)의 유럽 침공이었다. 오스만제국의 군대는 1521년 당시 헝가리 영토였던 베오그라드Beograd를, 그다음 해에는 에게Aegean해의 로도스Rhodos섬을 점령했다. 그리고 1526년에 헝가리 왕이자 카를 5세의 의제義弟였던 러요시 2세 Lajos II가 오스만제국과의 전투 중에 사망했다. 이때 마자르Magyar족 헝가리는 술레이만 1세의 동의하에 마자르족 귀족 중 한 사람을 왕으로 세웠다. 그런데 이와 동시에 카를 5세의 동생 페르디난트Ferdinand(훗날 페르디난트 1세)가 헝가리의 왕을 선언하면서 헝가리 문제가 복잡해진 것이 카를 5세가 루터 문제에 신경을 쓸 수 없게 한 요인이 되었다. 1529년 오스만제국군이 오스트리아 빈을 포위했을 때 많은 루터파 교도가 나서 도시를 지킨 일도 루터파에 대한 카를 5세의 마음을 누그러뜨린 계기가 된다.

여기에 더해 유럽 정계 역시 1521년 교황 레오 10세가 사망하면서 복잡해졌다. 추기경은 두 파로 나뉘어 교황 선출 문제를 둘러싸고 싸웠다. 이탈리아 출신인 클레멘스 7세가 교황으로 있을 때는 그가 카를 5세를 배신해 그의 적들과 동맹을 맺는 바람에 황제의 관심은 루터보다 교황청에 더 집중되었다.

한편 신성로마제국의 내부 형세도 크게 변해갔다. 제국 관리 중에도 루터 지지파가 늘어갔고, 가톨릭 제후라고 할지라도 루터파를 억압하다가 황제의 권력이 강화되는 상황은 원하지 않았다. 그런 분위기 속에 1522년부터 1524년까지 세 번이나 열렸던 뉘른베르크 제국 의회는 실패로 돌아갔다. 첫 번째 의회의 성과는 오스만제국과의 전쟁에 제후들이 조건부로 원조를 제공하기로 했다는 것 정도였다. 두 번째 의회 때는 루터 문제를 잘못 다루면 내란이 터질 위험이 있다는 이유를 들어 제국 안에서 전체 공의회를 열도록 했고, 무역 관세를 4퍼센트로 하려던 황제의 시도도 제국 도시들의 거부로 좌절되었다. 1524년 1월 열린 세 번째 의회 때는 카를 5세의 끈질긴 압력에도 루터 문제의 심의는 다음에 열릴 슈파이어 제국 의회까지 연기되고 말았다.

카를 5세는 1526년 여름에 열린 슈파이어 제국 의회에서 다시 한번 보름스 칙령을 강행하려고 했다. 그러나 독일 북부의 루터파 제후는 물론이고 가톨릭 제후들도 칙령의 강행을 막았고, 다음에 있을 전체 공의회에서 다루기로 했다. 이리하여 루터는 정치적으로 황제의 탄압에서 벗어날 수 있었다. 그리고 무엇보다 중요한 것은 제국의 각 영방은 영내의 종교 문제에 대해서는 신과 황제에게 책임을 진다는 협정이 체결되었다는 점이다. 이 협정으로 종교에 대한 영방의 감독권이 강화되었고, 훗날 1555년 아우크스부르크 화의에서 통과된 '영방의 종교는 영주에 귀속된다'로 최종 실현되었다.

그런데 1529년 슈파이어 제국 의회가 개최되었을 때 카를 5세는 앞서의 협정을 무시하고 보름스 칙령을 다시 집행하려고 했다. 그러자 루터파 제후들이었던 작센 선제후, 브라운슈바이크 공, 브란덴부르크 변경백, 헤센 방백, 안할트 공을 중심으로 제국의 14개 자유도시는 결속해 황제에 저항했다. 그리고 1526년 가톨릭과 루터파 영주 사이에 맺은 협정은 쌍방의 합의 없이 폐기될 수 없다고 항의했다. 그들은 오직 신에게 복종할 뿐이라면서 프로테스탄트, 즉 '항의자'가 된 것이다. 이렇게 영주가 교회를 좌우하게 되니 교회는 영주의 '소유 교회'가 되었고, 이런 체제는 훗날 그 나라의 교회, 즉 영방 교회Landes Kirche로 발전했다. 이런 현상은 가톨릭이나 프로테스탄트나 마찬가지였다. 이런 결과는 루터가 생각하지 못한 일이었고, 더욱이 그가 죽은 뒤에 일어난 신구 교도 간의 전쟁은 그가 절대로 상상하지 못한 역사적인 사건이었다.

루터교의 중심지

루터주의는 처음부터 비텐베르크 대학을 중심으로 자라났다. 1517년 루터가 95개조 반박문을 발표한 이래 비텐베르크 대학은 성서적 인문주의로 대학의 교과과정을 개혁하면서 종교개혁의 본바탕이 되는 루터의 신신학을 수립했다. 루터, 멜란히톤, 요나스, 암스도르프, 부겐하겐 등은 참모격이 되고 대학은 종교개혁의 총본산이 되었다.

그러나 비텐베르크 대학의 발전에는 숱한 우여곡절이 있었다. 1517년부터 루터의 명성에 힘입어 여러 지방 출신의 등록 학생 수가 증가했다. 그러다가 1521년 보름스 칙령이 공포되자 특히 가톨릭 가정의 학생이 줄어들어 시간이 흐르자 결국 루터파 학생들만 등록하게 되었다. 그리하여 비텐베르크 대학은 자연스럽게 루터주의 대학이 되었다. 동시에 1525년을 전후해 학생 수가 급격히 줄어들었다. 그것은 급진 개혁파가 불러온 개혁이념의 분열, 농민전쟁에 따른 사회적·종교적 혼란, 마이센, 뷔르츠부르크Würzburg, 밤베르크Bamberg, 마인츠 등 가톨릭 영주의 관할하에 있던 학생들이 대거 대학을 떠난 데 원인이 있었다.

이렇게 되니 루터주의 대학은 로마교회의 원조를 받지 못하게 되었고, 루터교회에서 주는 원조에 따라 대학의 존속이 전적으로 결정되었다. 결국 루터주의 대학이 발전하기 위해서는 복음을 널리 전파하고 루터파 교회를 더 많이 세워야 했다. 이와 병행해 사람들이 『성서』를 많이 읽도록 하고 교역자, 즉 목사를 충분히 양성해야 했다. 루터는 1524년 「기상 신호」, 1530년 「어린이를 학교에 보내야 하는 의무에 관한 설교Sermon oder Predigt dass mann kinder sollen zur Schule halten」에서 복음주의 중등학교인 김나지움Gymnasium을 세우고 헬라어와 히브리어를 중점적으로 가르쳐 목사를 많이 양성해야 한다는 점을 역설했다. 종교개혁 초기에 루터 정신에 투철한 목사는 대단히 부족해 10개 마을에 한 명 정도에 불과했다. 그러나 루터가 호소한 결과 루터파 중등학교가 많이 들어서게 되었고, 그곳의 졸업생들이 비텐베르크 대학에 진학해 1540년대에 이르자 대학 운영과 교역자 공급에서 커다란 희망을 갖게 되었다. 이보다 앞서 1533년부터 1536년까지 요한 프리드리히 선제후의 원조를 받아 루터와 멜란히톤은 비텐베르크 대학에 새로운 규정을 제정하고 진정한 루터주의 대학으로 만들었다.

루터 등이 새로 만든 규정에 따르면 신학과는 네 명의 박사 학위 소지자가 운영하게 된다. 이들은 루터주의의 근본이 되는 「로마서」, 「요한복음」, 「시편」, 「이사야Isaiah서」 등을 잘 알아야 했다. 신학과는 연간 네 차례의 공개 토론을 치러야 하고 의문점이 생기면 총장과 학과장은 전체 교수회의에서 검토하게 하며 분쟁이 생길 때는 판관을 임명해 판정하도록 했다.

신학과에 지원하려면 먼저 대학의 교양학부를 졸업해야 가능하며 지원자는 교양학부에서 헬라어, 히브리어, 라틴어를 습득해야 한다. 그리고 신학 학위를 받는 절차도 이전과 달라졌다.

첫 번째는 비블리쿠스Biblicus다. 「요한복음」과 「로마서」에 통달해야 한다. 두 번째는 센텐세스Sentences다. 교리학과 해석학에 능숙해야 하며, 바울의 글, 「시편」, 「예언서」를 완전히 이해해야 한다. 세 번째는 포르마투스Formatus다. 공개 토론에서 신학 지식의 이해 정도를 보여주어야 한다. 네 번째는 소정의 과정을 마치고 6년간 더 공부한 뒤 '순수한 복음의 교리'를 체득해야 한다. 그런 뒤에야 박사 학위를 받을 수 있었다. 최종 박사 학위 후보자는 엄격하게 선정되었다.

1536년 비텐베르크 대학에는 네 개 학과가 있었는데 각각 교양학부, 신학 대학원, 법률학과, 의학과였다. 루터는 신학 대학원에서, 멜란히톤은 교양학부에서 각각 이름을 날렸다. 대학의 필수과목으로 라틴어, 헬라어, 히브리어 같은 고전어 외에도 수학, 물리학, 수사학, 교육학 등이 있었다. 멜란히톤은 고전어 교재를 많이 저술했는데, 그 뒤 100여 년간 유럽의 여러 대학에서 교재로 사용되었다. 부겐하겐은 번역으로, 요나스는 루터를 다방면에서 지원하며 각기 맡은 바 역할을 다했다. 그때는 교수에 대한 대우도 좋아 유능한 교수가 많았고 대학의 도서도 앞서 언급한 것처럼 3132권이나 있어 연구하기에도 부족함이 없는 수준이었다. 이렇게 비텐베르크 대학은 루터주의의 중심지가 되었고 종교개혁의 방향을 지시하는 책임을 맡았다.

루터교회의 조직

비텐베르크 대학에서 제공하는 신新교리와 목사만 준비된다고 교회가 새로워지는 것은 아니었다. 새 복음에 따라 교회를 건설하기 위해 루터는 좀 더 교회의 현실적인 문제를 다루어야 했다. 루터가 직접 각 지방 교회를 순회하며 복음주의에 철저한 목사를 임명하고 목사나 일반 신도를 위한 교재 같은 것도 마련해야 했다. 다시 말해 루터는 지금까지 수행했던 수도 성직자Regular Clergy, 즉 수도사의 역할을 넘어 세속 성직자Secular Clergy, 즉 신부의 임무도 감당해야 했다. 더구나 요한 프리드리히 선제후는 자기 영내의 교회에 책임감을 느끼고 있었고, 야코브 슈트라우스Jacob Strauss(1480~1530)나 니콜라우스 하우스만Nikolaus Hausmann(1478?~1538) 같은 사람이 지방 교회를 돌아본 뒤에 그 필요성을 선제후에게 진언했다. 루터로서는 세속 군주가 교회의 일에 간섭하는 것이 탐탁지 않았으나, 당시로서는 영주의 개입 없이 교회가 정상적으로 발전하기란 어려웠다. 그리하여 1528년 정식으로 교회 시찰Visitation이 시작되었다. 에른스트게 작센 지방을 다섯 개 구역으로 나누고 대학교수, 궁정 대표자, 영내의 저명한 성직자가 위원회를 구성해 영방 교회와 학교를 건설했다. 1529년부터 1545년까지 많은 시찰이 있었고 점진적으로 작센 지방은 루터주의로 개종되어갔다.

알브레히트계의 작센 지방도 게오르트 공이 죽은 뒤 그의 동생 하인리히 Heinrich(재위 1539~1541)가 영주가 되면서 루터주의로 기울었다. 부겐하겐은 독일 북부 지방의 교회를 책임지면서 그곳에 학교도 세웠다. 독일 서남 지방에는 요하네스 브렌츠Johannes Brenz(1499~1570)가 이미 작센에서 실행한 방법대로 루터주의를 전파했다. 에른스트계 작센 지방의 사례는 전 독일에 루터교회를 퍼뜨리는 데 모범이 되었다.

루터교회가 발전하면서 종교법 관련 문제가 생겨났다. 결혼, 이혼, 상속 등 법률적 분쟁 상황에 대비해 1539년 요한 프리드리히 선제후가 종교 법원Konsistorium을 설립했다. 지방에 예비법원을 만들었고 비텐베르크에 고등법원을 만들었다. 1542년 루터교회의 신헌법이 발표되었다.

그다음으로 교역자를 선정하는 문제가 대두되었다. 선발 기준으로 우선 루터가 밝힌 믿음의 의에 입각해 신신학의 기초적 지식을 익혀야 했고, 다른 재세례파再洗禮派나 그 밖의 교파와의 차이점도 알아야 했다. 또한 교역자는 거룩한 생활을 엄격히 수행해야 했다. 술집에 다니거나 도박을 하거나 부도덕한 죄를 범하면 가차 없이 면직과 감금 등의 제재를 받았으며, 끝내는 루터교회에서 추방되었다. 처음에 루터 신학은 매우 유동적이었는데 교회가 발전하면서 고정화되었고 교리화되어 루터의 본뜻과는 어긋나는 길로 나아갔다. 모든 것이 교리화되어 루터의 생동하는 신학은 후퇴했고, 결국 루터교회 역시 로마교회와 다를 바 없는 고착화된 종교로 변했다. 그 바람에 루터에 관한 연구도 오랫동안 교리화된 범위를 넘어서지 못했다. 최근에 와서야 인간 루터에 대한 연구가 시작되었다.

루터교회의 교역자는 일정한 안수례Ordination를 거쳐야 했다. 안수례를 거치면서 교역자는 목사로서 소명과 위임을 받았다. 처음에는 안수례도 없어 가톨릭 쪽의 경멸을 받았는데, 루터는 가톨릭과 같은 교리적인 이유에서가 아니라 인간적인 고려에서 「사도행전」 13장 3절 "두 사람에게 안수하여 보내니라"에 근거해 안수례를 열게 했다. 요한 프리드리히 선제후도 비텐베르크 대학과 시교회에 일정한 격식에 따른 안수례를 지지하고 전권을 위촉했다. 루터는 1537년 안수례에 관한 초안을 작성했다.

목사나 설교자 같은 교역자는 아무나 되는 것이 아니고 일정한 시험과 적부 심사를 거쳐야 했다. 도덕적 과오의 유무는 쉽게 알아낼 수 있었으나 신학적 자격 여부를 판단하기는 어려웠다. 적부 심사를 엄격히 하면 통과하지 못할 교역자가 대부분이었기 때문에 신뢰할 만한 목사나 감독 목사 등이 지방을 시찰하며 적합하지 않은 사람을 골라내야 했다. 1535년 이후 요한 프리드리히 선제후의 요구로 비텐베르크 대학은 후보자를 시험하고 시교회의 부겐하겐은 시험을 통과한 자에게 안수례를 열어주었다. 시험은 처음에는 형식적이었으나 차차 엄격히 치러졌다. 특히 1549년부터 1555년까지 멜란히톤이 제정한 시험 양식이 매우 까다로워 여기에 통과하기란 대단히 어려웠다. 시험을 통과한 자는 성단 앞에 나가 무릎을 꿇고 안수기도를 비롯해 일정한 의식을 밟는다. 안수례를 치른 목사는 지구 목사Pfarrer로 완전히 독립해 자신이 맡은 지역에서 자치권을 행사했다. 이 점은 신부가 주교의 대리로 되어 있는 가톨릭과 다르다. 지구 목사는 예배 인도자, 설교자, 집사 등 보조자를 둘 수 있었다. 목사의 봉급은 적었고 튀링겐 지방을 예로 들면 연봉이 200달러가량(1913년 현재 가치 기준)이었다. 그리하여 선제후는 목사가 농사와 목축을 하도록 허락하기도 했다.

교역자 중에는 정규 목사 외에 임시 설교자Not Prediger가 있었는데 대부분 직업을 가진 사람 중에서 선발했다. 1539년 비텐베르크 시교회에서 선임한 임시 설교자들의 직업 분포를 보면 상인 1명, 시 평의원 1명, 시청 서기 2명, 의류 상인 1명, 시민 10명, 마을 교사 3명, 석공 1명, 인쇄업자 11명, 묘지기 6명 등으로 구성되어 있었다.

슈위버트에 따르면 1537년 정규 교육 코스를 밟은 목사는 불과 8명이었고, 그다음 해에는 22명이었다고 한다. 1539년이 되어서야 110명으로 증가했다.

루터파 영방 교회에는 도시 목사와 농촌 목사, 두 종류의 목사가 있었다. 전자는 고등교육을 받은 교양 높은 사람들이었고, 후자는 대학을 나오지 못한 임시 설교자가 대부분이었다. 대개 도시 목사는 연봉 3000달러에서 3500달러가량(1913년 현재 가치 기준) 받았고 결혼 생활도 했으나, 농촌 목사는 임시 설교자와 마찬가지로 보수도 낮았고 귀족이나 농민들로부터 존경을 받지 못했으며 라틴어도 모르는 사람들이었다. 루터가 설교집을 쓴 것도 이런 농촌 목사들을 위해서였다.

이상의 목사들은 오늘날 개신교 목사들이 맡는 심방, 위문, 설교, 장례, 세례 등을 모두 담당했다. 자질은 다소 부족했지만, 그들이 루터교의 초석이 되었던 것은 두말할 것 없다.

이미 말했듯 루터는 설교집과 교리 문답집Katechismus도 작성했다. 설교집에는 교회용 설교집과 가정용 설교집이 있었는데 모두 임시 설교자나 교육을 충분히 받지 못한 설교자를 위한 자료였다. 이 밖에 루터는 하루에 서너 차례 시교회에서 설교했는데, 비텐베르크 부근에 사는 지방 목사들이 많이 와서 들었고, 그 목사들은 다시 자신들의 연고지로 돌아가 루터의 설교를 그대로 되풀이했다. 츠빙글리나 그 밖의 개혁가들도 루터의 설교집을 이용했다. 루터의 설교집에는 당시 영방 교회가 봉착했던 여러 어려운 문제에 대한 그의 의견과 판단이 들어 있었다. 교리 문답집도 대소大小 두 종류가 있었는데 대교리 문답집에는 설교와 암송의 중요한 자료가 포함되어 있었고, 소교리 문답집에는 어린 학생이나 가정을 위해 간결한 문답식으로 『성서』의 구절을 인용한 내용이 들어 있었다. 십계명, 사도신경, 주기도문이 교리 문답집에 들어 있는 핵심 자료였다. 문답집의 형식은 가톨릭에서 쓰는 것을 그대로 따랐으나 내용과 정신은 복음적이었다. 이것들은 모두 임시 설교자를 위한 참고서가 되었다.

무엇보다 『성서』를 당대의 독일어로 번역해 교역자는 물론이고 평신도도 누구나 쉽게 읽도록 한 것은 프로테스탄트의 앞날을 밝게 해주는 것이었다. 『신약성서』는 이미 출간되었으나 『구약성서』는 『신약성서』의 번역이 끝난 뒤 시작해 1522년 12월 '모세 5경'이 완료되고 1523년 여름 출간되었다. 그리고 매년 번역되는 것을 차례대로 출간해 1533년까지 『성서』의 '외전'을 포함해 『구약성서』 전부가 출간되었다. 그리고 1534년 『구약성서』와 『신약성서』의 합본이 출간되었다. 여기에 다시 수정에 수정을 거쳐 1546년 완전본이 간행되었다.

루터가 『신약성서』를 번역할 때 멜란히톤이 유력한 동역자였다는 것은 이미 말했다. 『구약성서』를 번역할 때는 암스도르프의 협조를 받았고, 그 뒤에는 히브리어 교수 마테우스 아우로갈루스Matthäus Aurogallus(1490~1543)가 루터의 자문에 응해주었다. 그 밖에 많은 친구와 유대인 언어학자의 도움을 받았다. 유능한 학자들이 일주일에 한 번씩 모여 함께 저녁을 먹으며 토의했는데 게오르크 뢰러Georg Rörer(1492~1557), 필리프 멜란히톤 등 많은 인사가 참여했다. 「욥기」를 번역할 때는 멜란히톤, 아우로갈루스와 공동 작업했으며, 「시편」의 경우에는 수정된 번역판을 네다섯 차례 내기도 했다. 당시의 회합에 관한 모든 기록은 현재 예나 대학에 보관되어 있다.

『성서』를 번역할 때 루터가 애먹은 부분은 「욥기」의 장엄한 문장에 어찌할 바를 몰랐던 일과「예언서」를 독일어로 흉내 낼 수 없었던 일이었다. 루터가『성서』를 번역할 때 몇 가지 기준으로 삼은 것은 다음과 같다.『구약성서』와『신약성서』를 하나의 통일체로 볼 것, 모호한 문구는 모두 복음의 빛에 따라 해석할 것, 즉『신약성서』의 복음은『구약성서』에 포함되어 있다는 것이다. 루터는 예수가 십자가에서 죽은 것을『성서』의 중심 테마로 삼았다. 복음은 신이 인류의 말을 통해 들려준 것이므로 보통 사람이 이해할 수 있는 말로 번역해야 하며, 그렇게 번역하려면 번역자가 원어에 능숙해야 한다. 루터는 16세기의 독일어로『성서』를 완역해냈다. 그 결과 많은 사람이『성서』를 읽게 되었고, 그에 따라 여러 이견도 생겨났다. 루터의『성서』번역은 훗날 많은 기독교 종파가 출현하는 배경이 되었다.

루터교는 발전하면서 여러 예배 의식도 갖추었다. 다른 급진적인 개혁가들은 교회의 장식, 오르간, 그 밖의 의식을 완전히 무시했으나 루터는 가톨릭 교회의 장엄하고 신비스러운 의식을 전부 거부하지는 않았다. 복잡한 가톨릭 미사에 갑자기 변화를 주면 신자들이 적잖게 혼란을 일으킬 것이라고 생각해 의식도 경건히 했고, 미사 의식도 종류를 줄이는 것에서 그쳤다. 성례전으로 성찬식과 세례를 채택했고, 만찬에서는 떡과 술을 신도들에게 주었다. 교회에 목사가 한 명일 경우에는 떡을 먼저 돌렸고 그다음에 포도주를, 두 명일 경우에는 떡과 포도주를 동시에 돌렸다. 환자에게는 따로 컵을 돌리기도 했다.

루터는 예배 의식에서 음악을 매우 중요하게 생각했다. 예전에는 루터가 음악을 전혀 몰랐다고 생각했으나, 최근 연구를 통해 그에게 훌륭한 음악적 재능이 있었음이 판명되었다. 당대의 음악가 하인리히 이사크Heinrich Isaac(1450~1517), 조스캥 데프레Josquin Deprés(1440?~1521), 루트비히 젠플Ludwig Senfl(1490?~1543), 요한 발터Johann Walther(1496~1570) 등과 교제가 빈번했고 음악에 대해 토론하기도 했다. 발터의 기록에 따르면 루터는 그레고리우스 성가를 깊이 이해하고 있었다고 한다. 루터는 광신도들이 음악을 경멸하는 것을 슬퍼했고 음악을 신학 다음으로 중시했다. 루터는 음악을 통해 복음을 널리 전파할 수 있다고 생각했다. 종교의식에 다채로운 음악이 가미되면서 루터 이후에 많은 작곡가가 나타났다. 즉, 루터는 새로운 음악 운동의 개척자이기도 했다. 루터는 직접 찬송가를 작사도 하고 작곡도 했는데, 그중 널리 알려진 곡이 지금 개신교에서 사용하는 1967년 판 『새찬송가』 585장이다. 시어도어 피니Theodore Finney(1827~1899)의 『음악의 역사A History of Music』(1935)에 수록되어 있다.

내 주는 강한 성이요
방패와 병기 되시니
큰 환난에서 우리를
구하여내시리로다

「내 주는 강한 성이요Ein'feste Burg ist unser Gott」라는 노래는 「시편」 46편에 근거해 지은 것인데, 종교개혁의 전위가前衛歌이기도 했다. 독일의 낭만파 서정시인 하인리히 하이네Heinrich Heine(1797~1856)는 이 노래를 "종교개혁의 라 마르세예즈La Marseillaise(혁명의 노래)"라고 불렀다. 루터교회는 '노래하는 교회'라고 소문났을 정도로 음악을 소중히 여겼다.

루터는 예배 의식에서 설교를 중심으로 삼았고, 설교는 복음에 나타난 그리스도의 말씀이 핵심이었다. 원래 초대교회는 예언자의 종교처럼 설교 중심이었으나, 중세 이래 무지한 게르만족이나 봉건적 농민 사회를 개종시키기 위해, 그리고 그들의 신앙을 유지하기 위해 미사를 중시해왔다. 아무리 무지한 사람이라도 장엄하고 신비스러운 시각적 미사를 통해 종교적 분위기를 경험할 수 있게 하기 위해서였다. 그러나 루터 시대는 르네상스의 시대이자 개인의 자각이 시작된 시대였고, 인간의 마음이 탐구와 탐험을 향해 기울었던 시대인 만큼 시각보다는 청각을 통해 『성서』의 말씀을 들어야 하는 때였다.

결론적으로 루터는 예배 의식을 설교 중심으로 바꾸어놓았다. 무엇보다 예수 자신이 산상설교로 하나님의 말씀을 계시했고 초대교회의 예배 의식도 설교가 중심이었다. 그러므로 전체 교회사의 관점에서 보면 종교개혁은 중세 미사 중심의 교회를 변혁시켜 설교 중심의 교회로 바꾼 데 그 의의가 있다고 하겠다. 프로테스탄트의 훌륭함은 실로 설교에 있다고 할 수 있다. 설교를 하는 자나 듣는 자나 모두 일정 수준의 지성이 필요했기 때문에 프로테스탄트는 가톨릭보다 지적으로 높은 수준을 유지할 수 있었다.

이뿐만 아니라 루터의 종교개혁은 근본적인 차원에서 의의가 있다. 교회를 형식상·내용상으로 개혁한 것만이 아니라, 개혁을 완성하려면 무엇보다 인간이 새사람으로 변화해야 한다는 것을 알았기 때문이다. 선한 인간이어야 선행을 할 수 있듯 거듭난 인간이어야 참된 기록자가 된다. 새로운 인간을 창조하기 위해 복음주의 중등학교를 세웠는데, 1525년 이후 많은 학교가 설립되었다. 가장 모범적인 학교가 1533년 비텐베르크에 설립된 라틴어 학교였다. 여기서는 십계명, 주기도문, 교리문답 등 기초적인 교육부터 라틴어 고전, 『성서』, 음악, 연설, 작문, 예배 의식 등에 이르기까지 모든 것을 가르쳤다. 같은 해 비텐베르크에 여학교도 세워 음악, 산수, 주기도문 등을 가르쳤다. 루터주의 학교에서 실시한 교육은 철두철미하게 복음주의적 교육이었다. 루터의 노력으로 종교는 개혁되었고 인간은 변화했다.

루터는 또한 성인을 위해 성인강좌Lectorien를 베풀었다. 법률가나 성직자가 강의를 맡기도 했는데, 루터가 만든 교육제도하에서는 사람은 나면서 죽을 때까지 교육받게끔 되어 있었다. 이런 점에서 볼 때 루터는 교육사敎育史적인 측면에서도 중요한 위치를 차지한다.

루터주의

루터가 교황과 황제의 압박을 받고 있을 때는 많은 사람의 동정을 받았으나, 그의 교리가 차차 퍼져가면서 적지 않은 반론이 그의 교리에 뒤따라 일어났다. 보름스 제국 의회가 열릴 시기까지도 루터를 지지했던 에라스뮈스 같은 사람들이 서서히 루터에게서 등을 돌렸다. 물론 멜란히톤 등 루터 주변 사람들은 여전히 루터를 지지했다. 우리는 앞서 루터의 신학이 언제부터인가 다분히 보수성을 띠게 되었다는 점을 이야기했는데, 루터를 향한 신학상의 반대 역시 이런 이유 때문이었다. 루터주의는 점점 더 도그마가 되어갔다.

종교개혁가들은 성서적 인문주의와 원시기독교로 돌아가자는 데 생각이 같았다. 하지만 로마교회의 권위를 부정하고 개인의 양심에 기초했기 때문에 그들이 주장하는 이론마다 생각이 다채로워 불일치가 생겨났다. 그들이 보인 이견은 『성서』의 어디에 중점을 두느냐에 있었다. 인문주의자 에라스뮈스는 산상설교에 중점을 두고 『성서』의 단순화와 합리화를 주장했다. 사회 개혁 또는 사회혁명을 주장했던 재세례파는 「사도행전」 2장 44~45절, 4장 32절을 근거로 사도 시대의 사회·경제 공동체인 부르더호프BruderHof를 회복해야 한다고 주장했다. 루터와 비텐베르크 대학의 교수들은 『성서』만을 강조하면서 『성서』만이 신앙과 도덕의 지침이 된다고 보았다. 『성서』와 그리스도, 그리스도의 죽음에 대한 열쇠는 바울의 「로마서」에서 발견된다면서 사도 바울의 서한을 강조했다.

그러나 이 세 그룹은 모두 어떤 대상에 대한 저항 의식을 공통으로 하고 있었다. 루터는 로마식 권위와 율법주의에 항거했고, 뮌처나 재세례파는 봉건적 계급사회에 항거했으며, 에라스뮈스는 로마교회의 무지와 미신주의에 냉소를 보냈다. 그중에서도 특히 루터는 저항 의식을 뿌리로 그의 모든 신학 체계를 형성했다. 루터에게 남과 타협하거나 조화를 이루려는 성향이 없었다는 점은 누구나 지적한다. 여기서 루터의 독선적인 경향과 다른 개혁가들의 비판을 받게 된 이유를 확인할 수 있다. 루터는 로마 교황청을 향한 태도를 교황과 반대쪽에 선 다른 개혁가들을 향해서도 그대로 보여주었다.

루터주의의 기본 성격을 당시 에라스뮈스와의 논쟁에서 찾을 수 있다. 원래 에라스뮈스는 겨우 루터와 논쟁할 만한 수준이 아니라 당대 유럽의 지성으로 세계적인 학자였다. 하지만 그가 한쪽으로는 루터, 다른 쪽으로는 교황과 황제 사이에 끼여 항상 모호한 태도를 보여주었다는 점이 루터의 비위를 거슬렀다. 또한 후텐이 스위스로 망명해 바젤에서 에라스뮈스에게 도움을 청했을 때 거절한 사실, 그 뒤에 취리히에서 츠빙글리가 후텐을 보호하고 있을 때 취리히 당국에 항의해 후텐을 취리히에서 추방하게 만든 에라스뮈스의 비겁한 행동이 그만 루터의 공격을 부르고 말았다. 루터는 신학상 신념이 약하고 확신이 없는 에라스뮈스는 자신에게 필적할 만한 인간이 아니라고 경멸하기까지 했다. 루터는 에라스뮈스의 신앙 없는 언어 연구는 무의미하다면서 신앙심과 경건함을 품은 연구로 나아가지 못하는 에라스뮈스는 마치 가나안을 바라보면서 모압Moab 땅에서 죽은 모세와 같다고 비판했다. 그러므로 에라스뮈스는 『성서』를 해석할 자격이 없으며 그런 사람의 주석을 보는 것은 시간만 허비할 뿐 신앙에 전혀 도움이 되지 않는다고 했다. 용기가 없으면 집안일이나 하는 것이 상책이며, 남이 하는 일에 지지하지 못하겠다면 차라리 침묵을 지키는 편이 낫다고 했다.

에라스뮈스와 루터는 인간 의지의 자유성과 노예성을 두고 근본적인 시각차를 드러냈다. 에라스뮈스는 1524년『자유의지론De Libero Arbitrio』을 출간하고 나서 교황, 영국의 헨리 8세, 게오르크 공 등에게 책을 보내면서 많은 반대를 예상한다고 했다. 루터는 에라스뮈스의 책이 자신이 말하는 믿음의 의로움과 정반대되는 이론이라 여기고, 거기에 대해 답변해야 한다고 생각했다. 에라스뮈스는 아담Adam의 범죄는 우둔한 인간의 도덕적 기능에서 나타난 것이며, 인간은 악을 피하고 구원에 이르는 길을 선택할 수 있다고 했다. 인간은 자기 의지로 자신의 생활을 변화시킬 수 있다고 보았고, 인간의 생애는 결국 하나님의 구원을 받도록 공적을 쌓기 위한 부단한 투쟁이라고 했다. 이스라엘 민족의 도덕적 타락을 경고하고 바른길을 걸을 것을 촉구한 여호와Jehovah의 말씀이나, 생명의 면류관을 위해 뛰어가라고 한 바울의 말이나 모두 인간 의지의 선택의 자유를 전제로 한 말이라 했다. 만일 의지의 자유가 없다면 도덕적 해이가 발생해 사람들이 자신의 행위에 책임지지 않으려 할 수 있다고 에라스뮈스는 지적했다.

그러나 루터는 이미 1514년「로마서」를 강의할 때 인간의 '자유의지론'을 거부한 적이 있었다. 루터는 사람을 구원의 은총과 신의 자비를 모르는 경우와 신의 구원 계획을 알고 있는 경우 등 두 부류로 나누고, 개종하기 전의 자연인은 그를 위한 그리스도의 고난, 십자가 위에서의 죽음, 죄를 모르는 의지의 자유가 없는 사람이라 했다. 루터는 1525년『노예 의지론De Servo Arbitrio』을 발표하면서「로마서」3장에 자기 이론을 집약시켰다. 즉, "만인은 죄 아래 있다는 것을 행하는 자 하나도 없다"라는 말을 원용해 인간은 신이 내리는 구원의 은총을 무상으로 얻는다고 역설하면서, 이런 거듭남 이전의 인간은 멸망당할 비참한 운명에 놓여 있다고 했다. 인간에게는 내적 자유와 외적 자유가 있는데 전자는 신의 은총을 알고 있는 사람에게, 후자는 신의 은총을 모르는 사람에게 있다. 의지의 자유가 없는 사람은 먹고 마시는 외적 자유는 있으나, 구원의 문제는 완전히 신의 자비와 은총에 달린 것이라 했다. 이스라엘 민족은 내적 자유를 가진 민족이자 신의 자비를 아는 사람들이었는데 하나님과 멀리한 것은 그들이 고의로 범한 행위 탓으로 에라스뮈스의 비유는 적합하지 않다고 했다. 루터는 또한 필연 necessitas과 강제coactio를 구별해 신의 자비를 알고 있던 유다가 예수를 배반한 것은 강제적으로 한 것이 아니라 유다 자신이 내린 선택의 자유에 따른 행위라고 보았다. 이스라엘이 바빌론으로 잡혀간 것도 그들의 고의적인 범죄의 결과라고 말할 수 있으나, 이것도 결국은 하나의 원대한 구원의 경륜經輪이 전개되는 과정에서 필연적으로 발생한 일이다. 신은 신이기 때문에 자유다. 오직 신만이 자유로울 뿐이며, 인간은 신의 은총 안에 들어가야 비로소 자유인이 된다. 그러므로 영의 구원은 로마교회가 강조하는 인간이 쌓은 공적에 달린 것이 아니며, 어디까지나 신의 자유로운 뜻에 속하는 문제다.

로마교회의 주장대로 인간이 구원받는 문제에서 인간의 공적이 유효하다면 그것은 인간 의지의 자유를 전제해야 한다. 이 지점에서 에라스뮈스는 로마교회가 요구하는 인간 선행의 이론적 근거를 부여한 셈이라고 볼 수 있다. 여기서 신은 강제적 심판의 신으로 이해된다. 그러나 "복음에 나타난 하나님의 의로움(독생자 예수를 세상을 위해 십자가에 버리신 것)"을 믿음으로써 의로움을 얻어 오직 "의인은 믿음으로 산다"라고 한 사도 바울의 말을 접한 뒤에 루터는 구원의 문제에서 인간은 완전히 무력하다고 보았다. 신을 믿게 되는 것도 신이 내린 은혜에서 비롯되는 것이다. 여기서 신은 심판과 정의의 신이 아니라 구원과 사랑의 신으로 이해된다. 결국 에라스뮈스와 루터의 생각 차이는 '신神 개념Gottesbegriff'의 차이에서 온 것이다.

　루터주의는 철두철미하게 신의 은혜와 은총을 강조한다. 그것은 로마교회가 강요하는 선행에 대한 반발이기도 했다. 사도 바울이나 성 아우구스티누스는 그들로서는 어쩔 수 없는 죄 가운데 있었으나 하나님의 은총으로 회심했다. 인간의 공적에 근거하지 않고 오직 하나님의 은총만으로 구원받았다. 사랑과 구원의 신이 바울과 아우구스티누스에게 다가와 그들을 구원한 것이다. 루터는 선행을 통한 구원이 아니라 무상으로 주는 은총의 구원을 역설했다. 이것이야말로 로마교회가 만든 모든 인위적인(루터는 그렇게 생각했다) 제도와 대립하는 신신학이었다. 루터의 신신학은 「로마서」, 「갈라디아서」 등 사도 바울의 서한에서 얻은 것이다. 여기서 종교개혁이 비롯되었다.

　1918년 카를 바르트Karl Barth(1886~1968)가 『로마서 주석Der Römerbrief』을 출간하면서 등장한 변증법 신학Dialektische Theologie과 루터 사이의 유사성을 찾으려는 시도는 우연한 일이 아니다. 두 사람이 모두 사도 바울의 서한에서 새 시대의 종교를 발견했으니 말이다. 바르트가 전통적·자유주의적·인간주의적·낙관적이던 유럽 사회가 제1차 세계대전으로 흔들리고 파괴될 때 구원에 대한 인간의 절대적 무력감과 신의 절대적 권위와 우위를 강조한 것이나, 바르트로부터 약 400년 전에 루터가 전통적 기독교 사회가 부패, 침체, 타락으로 인간을 구원하는 데 무력해졌다고 보고 인간 구원에서 신의 절대적 은총을 강조한 점은 서로 다를 바가 없는 것이다. 바르트는 인간의 의지와 노력으로 신을 인식하고 설명할 수 있다고 본 낙관적인 근대주의 신학에 반기를 들었다. 그러면서 그 방법이 직관이든 체험이든 간에 인간의 의지로는 신에 도달할 수 없으며 구원은 인간이 신을 향해 가는 것이 아니라 신이 인간에 다가옴으로써 나타난다고 주장했다. 이것은 루터가 로마교회의 선행, 성례전 같은 방법이 아니라 은혜와 자비의 신이 건네는 구원의 손길을 통해서만 인간은 구제된다고 말한 것과 다르지 않다. 인간이 절대적 허무에 직면해 신에게 구원을 청한다는 주장이나 형식적이고 인위적인 모든 선행, 공적, 성례전을 넘어 믿음의 의로움을 통해 구원에 이른다는 주장이나 모두 마찬가지다. 교회 제도가 인간의 능력보다 신의 은총과 권위를 강조한다는 점에서 루터와 바르트의 사상은 일치했다. 그리고 이 둘의 사상은 인위적으로 고착화되기 쉬운 기독교를 갱신하는 원천이 되는 사도 바울의 신앙에 근거해 있었다.

프로테스탄트의 신앙고백

루터주의의 앞날에는 숱한 고비가 널려 있었다. 앞에서 말한 여러 차례의 의회가 열렸고, 기사와 농민 반란도 겪었으며, 츠빌링이나 재세례파와의 대립도 넘어섰고, 에라스뮈스와도 끝내 결별했다. 게다가 울리히 츠빙글리, 요하네스 외콜람파디우스Johannes Oecolampadius(1482~1531), 마르틴 부처Martin Butzer(1491~1551) 같은 개혁 신학자들과 의견 통일을 모색해야만 했다. 16세기 종교개혁가들이 서로 물고 뜯는 바람에 개혁에 차질이 생겼기 때문이다. 그리고 '영주의 종교 결정권'이 가톨릭계 제후들이 주도한 1529년 초의 슈파이어 제국 의회에서 철폐되어 종교에 대한 영주의 책임이 없어진 것도 개혁파들이 의견을 일치해 가톨릭에 공동전선을 펼쳐야 할 필요를 일깨워주었다(영주의 종교 결정권은 1555년 아우크스부르크 화의 때 가서야 부활한다). 1529년 10월 4일 종교개혁가들은 마르부르크Marburg에 모여 '마르부르크 회담'을 열었다. 삼위일체, 동정녀 탄생, 십자가형, 원죄, 믿음의 구원, 믿음의 의, 하나님의 은사로서의 신앙, 성령의 역사, 세례, 믿음과 선행, 고백의 자의 성, 직업의 성화聖化, 성직자의 결혼, 양종의 성찬식 등 14개조에 합의를 보았다. 하지만 루터는 그리스도의 현존을 주장하고 츠빙글리 등은 상징적으로 해석한 성찬식에 대한 마지막 한 조항에 대해서는 좀체 이견을 좁히지 못해 서로 합치되는 점에만 서명했다. 이처럼 종교개혁가들도 지엽적인 문제로 갑론을박했던 스콜라 철학의 통례에서 벗어나지 못하는 모습을 보였다.

그다음으로 1530년 6월 25일 아우크스부르크 제국 의회에서 최후의 기회로 '프로테스탄트의 신앙고백[아우크스부르크 신앙고백(Confessio Augustana)]'을 선포하게 되었다. 이 의회는 가톨릭과 루터파 양쪽의 최후의 결판 장소이기도 했다. 카를 5세는 오스만제국군의 침입에 대항해 공동전선을 펴기 위해 교회의 분열을 극구 막으려고 했다. 일부에서는 루터파에 대한 무력 탄압을 주장했지만, 황제는 루터파에게 유화정책을 취해 그들이 이 의회에서 신앙을 고백하게 한 것이다.

루터는 이미 파문당한 처지라 아우크스부르크에 갈 수 없어 코부르크에 머물면서 사태의 추이를 지켜보았고, 멜란히톤이 대표로 나갔다. 고백의 내용은 지극히 양보적이고 화해적이었다.

'아우크스부르크 신앙고백'은 두 부분으로 구성되었다. 앞부분은 '마르부르크 회담'에서 논의된 15개조를 밝힌 뒤에, 그것을 수정하고 루터의 현존설을 적용해 루터파 제후들이 1529년 10월 16일 합의에 이른 '슈바바흐 Schwabach 17개조'가 포함되어 있다. 뒷부분은 1530년 3월 20일 선제후의 명령으로 멜란히톤과 요나스 등이 로마교회의 폐해에 대해 밝힌 토르가우의 여러 조문을 기초로 한 내용이었다.

앞부분은 신앙과 교리 문제에 대한 21개 조항의 고백이었는데, 기독론에서는 삼위일체론과 그리스도의 신인성神人性에 대한 고古가톨릭적 고백을 재확인했다. 인류학에서는 인류의 원죄, 자연인의 노예적 의지, 신의 은혜의 필요성, 죄의 원인과 성격에 대해 아우구스티누스의 신학을 본바탕으로 했으며, 일반적 복음주의를 강조해 로마교회와의 다른 점을 믿음의 의에 근거해 찾았다. 그리고 성례전, 고백, 사죄 선언 등에 관한 루터교회의 주장을 밝혔다.

뒷부분은 로마교회의 가장 큰 폐단으로 생각되는 점에 대한 여러 조항에 걸친 고백이었다. 포도주 잔을 평신도에게 주지 않는 것, 신부의 독신 강요, 미사의 희생적 의미, 의무적인 고해성사, 의식적인 축연과 금식, 수도원 서약, 주교의 세속권 등에 대해 반대 의견을 제출했다. 이 고백서는 결론으로서 「베드로 전서」 5장 3절의 "맡은 자들에게 주장하는 자세를 하지 말고 양 무리의 본이 되라"라는 베드로의 경고문을 첨부했다. 이 말은 로마교황의 원조인 베드로도 주교는 신자의 모범이 되어야 한다고 밝힌 점을 지적한 것이었다.

프로테스탄트의 신앙고백서는 6월 25일 주교 공관에서 황제도 참석한 가운데 낭독되었다. 장소가 주교 공관이었던 것은 전날 예정된 장소였던 시공회당에 사람이 너무 많이 모이자 일부러 장소를 변경해 청중의 운집을 막으려는 의도가 숨겨져 있었다. 그러나 방은 물론이고 행랑과 정원에도 많은 사람이 모였고, 작센 선제후의 궁정 장관 바이어가 독일어로 크게 낭독해 모든 사람이 다 들을 수 있었다. 황제 쪽에서는 라틴어로 낭독하게 하려고 했으나 요한 프리드리히 선제후가 지금 그들은 독일 땅에서 회의한다는 점을 상기시켜 독일어로 낭독하게 했다. 그러자 황제는 가톨릭 세력에게 반박문Confutatio을 쓰게 해 루터의 오류를 집어내도록 지시했는데, 루터와 라이프치히에서 토론하기도 했던 에크가 기초한 문장이 너무나 냉소적이어서 이를 다시 수정해야 했다. 가톨릭 쪽에서는 카를 5세에게 무력으로 루터파를 위협하고 이단적인 점을 철회하게 해달라고 은밀히 요구했다. 그러나 요한 프리드리히 선제후는 자신의 권리와 작위를 포기할지언정 자신은 하나님을 거부할 수 없다고 선을 그었다.

아우크스부르크 제국 의회에서 프로테스탄트는 태도를 굽히지 않고 끝까지 황제와 가톨릭 세력에 맞섰다. 아우크스부르크에서 프로테스탄트의 설교를 금지하자 브란덴부르크안스바흐Brandenburg-Annsbach 변경백 게오르크 공과 헤센 방백 필리프 1세가 지금 황제는 남의 양심에 대해 명할 권한이 있는 영지에 있지 않다고 담대히 경고했다. 그들은 프로테스탄트의 설교는 이단이 아니라고 주장했는데, 특히 게오르크 변경백은 카를 5세의 앞으로 나아가 황제의 눈을 뚫어지게 처다보며 "신이 하나님과 신의 복음을 거부하기 전에 차라리 폐하 앞에 무릎을 꿇고 신의 목을 내놓겠습니다"라고 말했다. 이때 황제는 당황해 미숙한 독일어로 "경애하는 공, 목을 자르다니, 목을 자르다니"라고 말했다.

아우크스부르크 제국 의회가 교회의 분열을 수습하는 데 실패하자 복음파들은 더욱 굳게 결속했다. 부처와 츠빙글리파는 진지한 태도로 루터와 화합하기 위해 나섰고, 드디어 1536년 5월 '비텐베르크 협정'을 맺어 양쪽은 서로 싸우지 않기로 약속했다.

그 뒤 루터파 제후들은 정치적으로도 보조를 맞추어 카를 5세와 로마교회에 대처해야 했다. 그들은 1537년 2월 '슈말칼덴 신조' 21개조를 작성하고 만토바Mantova에서 열리는 전체 공의회에 대비했다. 이 무렵 루터는 여생이 얼마 남지 않았음을 예감하고 자신이 죽은 뒤에도 길이 남을 수 있는 신조를 만들었다. 믿음의 의를 확인하고, 선행으로서의 미사를 배격하며, 세계 교회에 대한 교황의 수위권에 반대했다. 그리고 만토바 공의회는 루터파를 탄압하려는 회합이었으므로 참여하지 않았다. 루터파는 영방 교회로 점점 더 자리를 더욱 굳혀갔다. 이렇게 로마교회와 루터파 및 프로테스탄티즘은 영원히 갈라서게 되었다. 그 결과 발생한 것이 1546년부터 1547년까지 이어진 슈말칼덴 전쟁이었으며, 신구 교도는 피로 그들의 정의를 심판하게 되었다. 이제 프로테스탄티즘은 가톨릭과 세력이 막상막하가 되어 기정사실로 인정해야 할 정도로 커졌다. 국내외의 여러 복잡한 정세 탓에 루터파의 성장을 막을 수 없었고, 루터와 지지자들의 굳은 결의가 그런 정세의 틈을 타서 새로운 종교를 세우는 데 성공한 것이다. 이런 때 무력으로 탄압하는 것은 크고 작은 수많은 전쟁만 부르는 일이 되었다. 그러므로 결국 1555년 열린 아우크스부르크 화의는 영주의 종교 지배권을 재확인하고 신구 교도 간의 평화를 유지하는 자리가 되었다.

그러나 이것으로 신구 교도 간의 적대적 감정은 가라앉지 않았다. 해묵은 적대감은 독일과 열국 간의 세력 다툼과 겹쳐 1618년 다시 신구 교도 간에 국제적인 종교전쟁이 일어났다. 이 전쟁은 30년간 계속되었는데 1648년 독일의 베스트팔렌에서 평화 조약을 맺으며 결말을 지었다. 그러나 이 모든 전쟁은 루터가 죽은 뒤에 일어난 것이고, 또한 루터는 전쟁을 아주 미워했던 사람이었다. 그런데도 후세의 사람들은 전쟁을 통해 종교를 판가름했던 것이다.

한때는 이런 모든 오명을 루터가 뒤집어쓴 적도 있었다. 사람들은 만일 그가 종교개혁을 하지 않았더라면 종교전쟁도 없지 않았겠느냐고 루터를 나무랐다. 하지만 로마교회가 스스로 개혁하지 못하는 이상 종교개혁은 결국 누가 되었든 일으켰을 일이었다. 그렇게 크고 작은 전쟁은 불가피하게 일어났을 것이다. 왜냐하면 그때까지만 해도 종교적 관념이 사람들의 모든 정신을 지배하고 있었고 종교와 교회가 인간 생활의 전부였기 때문이다. 종교개혁으로 그들의 생활 테두리가 무너지게 되니 전쟁이 일어나지 않을 수 없었다. 현대인에게는 정치와 경제가 중요하다. 그러므로 오늘날 전쟁은 정치와 경제적인 이유로 일어난다. 그런 점에서 루터의 시대와 현대 간의 차이가 발견되기도 한다.

4. 결론

루터에 대한 평가는 시공을 달리해 다양한 각도에서 행해져 왔고 앞으로도 그럴 것이다. 종교개혁 당시 가톨릭은 루터를 이단자, 교회 분열자, 악마, 사탄 등의 이름으로 부르며 비난했고, 더 나아가 파문과 추방을 선언했다. 하지만 오늘날에 이르러서 루터의 종교개혁은 교회 일치 운동의 핵심으로 비치고 있다. 가톨릭에서 내는 잡지에 루터의 초상화가 실리는가 하면, 가톨릭과 프로테스탄트가 합동으로 종교개혁 기념식도 거행하고, 루터 심포지엄도 거행하며, 가톨릭 기념식에 프로테스탄트가 설교하는 모습도 볼 수 있다.

18세기 계몽주의 시대에는 교회 밖에서도 루터를 두고 샤를 몽테스키외Charles Montesquieu(1689~1755)는 "자유사상가", 요한 볼프강 폰 괴테는 "정신적 자유를 준 사람", 고트홀트 레싱Gotthold Lessing(1729~1781)은 "전통에서의 해방자"로 평가했다. 그런가 하면 19세기에는 마쉴레가 "자유의 회복자", 하인리히 하이네는 "혁명가, 당대의 혀와 검, 교황을 파면한 자"라고 불렀다. 요한 헤르더Johann Herder(1744~1803), 에른스트 아른트Ernst Arndt(1769~1860), 요한 피히테 같은 사람은 루터에게서 독일의 애국자, 국민 영웅을 보았다. 20세기에 이르자 막스 베버처럼 자본주의 정신과 결부시켜 생각하는 주장도 나왔고, 파퀴에르 코친Paquier Cochin처럼 제1차 세계대전과 루터를 결부시켜 그를 세계대전의 관념적인 책임자로 보는 주장도 나왔다. 나폴레옹 1세의 지배를 받을 때나 제1차 세계대전에서 패전했을 때는 국민적 구세주로 여겨지기도 했다. 보는 관점에 따라서는 양심과 종교의 자유를 회복시킨 루터를 향해 전제군주와 합작한 자라고 비판할 수도 있고, 종교개혁 이후 독일은 신구 교도 간의 극심한 대립으로 정치적 통일이 늦어졌기 때문에 루터를 향해 민족 분열의 책임자라고 비판할 수도 있다.

그러나 이 모든 일에 루터는 관여한 바가 없었다. 그는 오직 복음주의를 회복하고 양심적 종교를 세우는 데 그의 모든 주의를 집중했을 뿐이다. 루터는 교회의 부패와 타락에는 저항했지만, 사회적·정치적 부패에는 도전하지 못했다. 그에게는 정치적·사회적 경험이 없었고, 오직 수도원 방구석에서 각고의 노력 끝에 얻은 신에 대한 체험만 있을 뿐이었다. 이런 점에서 루터는 이스라엘의 아모스Amos 선지자와는 다르다. 아모스는 사회적 불의와 종교적 타락을 함께 경고했으나, 루터는 로마교회의 부패와 타락상에만 관심을 기울였다. 결국 루터는 독일이 근대사회를 건설하는 데는 크게 이바지하지 못했다. 이런 점에서 루터는 칼뱅과도 다르다. 칼뱅은 종교개혁을 통해 인간의 사회생활을 변화시켰다.

루터는 정치적·사회적 자유를 요구하지 않았다. 경제적 자유도 루터의 근본적인 관심사는 아니었다. 그러나 그는 양심과 종교의 자유를 회복시켜주었다. 정치적·사회적·경제적 자유에 앞서 종교적·정신적 자유를 찾아주었다. 유럽인들이 정신적·양심적 자유를 앞서서 확보했다는 역사적 사실은 서구 민주주의의 반석과도 같은 터가 되었다. 해럴드 래스키Harold Laski(1893~1950)도 서구 자유주의의 근거를 종교개혁에서 찾는다. 정치적·사회적 자유보다 종교적·정신적·양심적 자유가 앞섰다는 것은 물질보다 정신, 권위보다 양심이 우위라는 규범을 세운 것과 같다. 이 모든 역사적

성과는 결국 루터의 고심에 찬 인격 덕분이었다.

가톨릭 교회사가 요한 될링거Johann Döllinger(1799~1890)는 일찍이 『기독교회 재통일에 대하여Lectures on the Reunion of the Churches』에서 다음과 같이 썼다.

> 종교개혁의 내외적 힘의 일부는 종교개혁의 창도자이자 전파자인 그 사람의 인격 덕분이었다. 루터를 시대적·국민적 인물이 되게끔 한 것은 루터의 압도적인 위대성과 그의 다방면에 걸친 재능 때문이었다.……

학문적인 면에서 루터보다 나은 사람은 얼마든지 있었고, 교회 개혁의 필요성을 절실하게 느낀 사람도 성·속을 막론하고 많이 있었다. 하지만 루터만이 종교개혁에서 주도적인 역할을 담당하게 된 것은 그의 인격적인 위대함 덕분이었다.

일찍이 피히테는 '독일 국민에게 고함Reden an die deutschen Nation'이라는 그의 유명한 연설에서 종교개혁이 성공한 것은 "오직 영원한 힘에 감격한 한 사람의 지도자가 있어 그들을 인도했기 때문"이라고 했다. 루터는 독일인 중에서도 누구보다 정서Gemüt적이고 감격Begeisterung을 쉽게 받는 등 감성이 풍부한 인간이었다. 그 때문에 당시 누구나 다소간의 근심 정도로 여기던 면죄부에 대해서도 루터는 좀 더 심각하고 철저하게 심부까지 파고들어, 그것이 신앙생활의 근본을 파괴하고 있다고 보아 배격하게 되었던 것이다.

이제 우리는 루터라는 인간에 대해 몇 가지 장단점을 가려낼 수 있을 것 같다. 무엇보다 그에게서 느낄 수 있는 것은 성실성, 진지함, 친밀하고 매력 있는 개성이라 하겠다. 그는 교수를 하면서 진심으로 학생을 지도했고 강의 준비도 밤을 새우면서 준비했다. 루터의 수업에는 언제나 400명이 넘는 학생이 등록했다. 주변 인사와 친밀히 지냈으며 일반 민중과도 사귀었기에 서민층이 쓰는 독일어 어휘도 많이 알았다. 루터는 '하나님의 말씀의 권위 있는 해석자'로 많은 사람의 존경을 받았다.

루터는 투철한 창조적 정신의 소유자이기도 했다. 그렇기 때문에 사도 바울의 서한에서 아무도 발견하지 못했던 복음의 진리를 찾아낸 것이다. 루터의 극적인 재능, 맑은 음성, 사람의 폐부까지 꿰뚫어보는 눈, 이 모든 요소가 청중과 추종자를 사로잡았다.

루터는 누구보다 신념과 확신에 찬 인간이었다. 자신의 양심에서 비롯된 신념을 결코 굽힐 줄 모르는 사람이었다. 그렇기에 수많은 어려움을 이겨내고 종교개혁에 성공할 수 있었다. 자크 마리탱Jacques Maritain(1882~1973)은 『3인의 개혁자Three Reformers』에서 루터를 자아 중심주의자라 비판하며 자기 고집이 심하고 관용성이 없다고 했으나, 루터는 자기 양심과 자신이 영감받은 것을 거스르는 언행은 할 수 없었던 사람이다. 그는 에라스뮈스처럼 달걀 위를 걸으면서 아무것도 망가뜨리지 않겠다고 말하는 사람은 아니었다. 양심이 명하면 목숨도 던지는 용기가 나왔고, 상황이 그렇게 흐르면 "그가 내놓는 발언은 반半전쟁 수준"이 될 수밖에 없었다. 이것은 루터의 장점이기도 했고 단점이기도 했다.

무엇보다 루터가 신의 위대한 사람이 된 이유는 그의 천품이 단순했고 마치 어린애가 부모에게 의지하듯 신의 절대적인 보호에 의탁했기 때문이다. 그는 가식 없는 어린아이와 같은 심정을 품었기에 하나님을 발견할 수 있었다. 그리고 그 밖의 모든 것은 신에게 절대적으로 의지했다. 리히터의 말처럼 "그의 개성이 가진 능력, 외부 활동, 사상의 창조적 업적, 이 모든 것의 근원은 하나님과 조우한, 비밀이 가득한 그의 심부에 있었다". 그래서 사람들은 루터를 두고 "하나님의 사람"이라 불렀다. 다만 그런 이유로 루터는 인간적으로는 비사교적인 인간이 되었다. 그 덕분에 루터는 사랑도 많이 받았지만 미움도 많이 사게 되었다. 그러나 루터는 인간에게 약했고 사제에게 강했다. 그것은 종교개혁가의 진정한 모습이기도 했다.

한마디로 루터는 전통적 교회에 혁명을 일으킨 사람이었다. 스콜라 철학이 파괴되고 로마교회의 통일성과 세계성이 무너지면서 오늘날까지 얼마나 많은 신학 이론이 자유롭게 토의되고 연구 업적이 쏟아지고 있는가? 종교가 얼마나 심화되었으며 다원적인 사회에 적합한 다채로운 교파가 생겼는가? 이것은 확실히 종교상의 혁명이라 하지 않을 수 없다.

이제 루터는 자아에 대해서도 혁명적으로 도전했다. 가톨릭에서 요구하는 수도원 서약을 파기하고(이미 슈타우피츠가 루터의 수도원 서약을 사면한 바 있다) 결혼 생활에 돌입한 것이다. 카타리나 폰 보라Katherina von Bora(1499~1552)라는 수녀였다. 루터는 아직도 수도사복을 자랑삼아 입고 다녔고 보라 역시 수녀였으므로 가톨릭에서는 두 사람의 결혼을 온갖 말로 비난했다. 루터 자신이 결혼하고 싶으니까 신부도 결혼해야 한다고 주장한 것이며, 루터는 색정을 이기지 못하는 사람이라고 몰아붙였다.

그러나 루터가 1521년 「수도원 서약에 대하여」에서 신부도 결혼의 자유가 있어야 한다고 썼을 때 그는 아직 결혼할 생각이 없었다. 1522년 「결혼 생활에 대하여The estate of marriage」를 썼을 때도 결혼은 개개인의 선택의 자유에 맡길 문제로 보았고, 자신은 결혼을 생각하지 않았다. 1521년 제자 베른하르디가 1522년 동료 부겐하겐이 결혼했으며, 1523년 링크가 결혼할 때는 루터가 주례까지 섰다. 마인츠 대주교 알브레히트의 비서 카피토도 루터의 권유로 1524년 결혼했다. 이렇게 가톨릭 사제까지 결혼하고 주변 동료의 결혼식에도 참석했지만 루터는 독신 생활을 그대로 이어갔다. 그러다가 1525년 6월 13일 저녁 보라와 결혼했는데, 그때 루터의 나이가 42세였고 보라는 26세였다. 그러니까 신부의 결혼을 지지하는 글을 발표하고 나서 4년 만에 결혼한 셈이 된다. 그러니까 루터가 색정을 이기지 못해 42세에 결혼했다고 보기는 힘들다.

프로테스탄트 학자들은 보라와 결혼한 일도 자의라기보다는 주변의 객관적 상황에 따른 행동이라 추측한다. 원래 보라는 24세에 수녀원을 빠져나와 비텐베르크로 와서 루터 주변의 사람들의 보호를 받고 있었다. 보라는 이미 귀족 출신인 비텐베르크 대학의 학생 히에로니무스 바움가르트너 Hieronymus Baumgartner(1498~1565)와 연애한 경험이 있었다. 이 연애가 실패로 끝나자 상대가 암스도르프나 루터라면 결혼할 의사가 있다는 뜻을 자주 내비치곤 했다. 그러니까 루터가 처음부터 보라에게 마음을 두었던 것은 아니다. 루터의 명성으로 보아 그가 만약 결혼할 마음을 품었다면 좀 더 이름 있는 집안의 여성과 결혼했을 것이다. 사실 친구들도 그렇게 권했다.

그러나 보라의 수녀원 탈출에 루터 자신에게도 도의적인 책임이 있다는 점, 사제의 결혼에 대한 자신의 이론을 몸소 실천해야 한다는 점, 보라에 대해 동정심이 있었다는 점, 격무에 시달리는 루터의 생활 탓에 보조자가 필요했다는 점 등이 루터가 보라와 결혼하게 만든 동기였을 것이다.

루터는 결혼 생활에서 행복감을 느꼈으며, 20년 동안 3남 3녀의 자녀를 얻었다. 루터의 가정생활에 대해서는 아주 많은 에피소드가 있으나 여기서 더 다루지는 않겠다. 다만 그의 셋째 아들 파울 루터 Paul Luther(1533~1593)가 유능한 의사로 출세했는데, 파울의 후손이 1759년 사망하면서 루터의 후손 중 남계 쪽은 단절되었다는 것만 말해둔다. 최근에 발표된 루터 족보 연구에 따르면 그의 여계 쪽 후손이 1800여 명 있다고 한다.

루터는 1546년 2월 18일 새벽에 죽었다. 힘든 수도사 생활을 이어왔던지라 루터의 육신은 지칠 대로 지쳐 있었다. 40대부터 여러 병을 얻어 천식, 소화불량, 통풍, 류머티즘, 불면증, 귀울림, 담석증으로 고통받았다.

1545년 말 만스펠트 공의 가정불화를 중재하기 위해 만스펠트를 방문했는데(당시 사람들은 루터의 말을 거의 신적인 것으로 믿었다), 이때 루터의 건강은 극도로 악화되어 있었다. 1546년 2월 17일 만스펠트 공의 집안 문제를 겨우 해결 짓고 그날 저녁 휴식을 취했다. 이튿날인 18일 새벽 통증이 일어나면서 루터는 운명의 시간 앞으로 다가갔다. 두 아들과 동료들이 루터의 임종을 조용히 지켜보았다. 요나스가 "신부님, 그리스도의 이름과 당신이 가르치신 교리에 따라 죽고자 합니까?"라고 물었을 때 루터는 똑똑히 "야(Ja, 그렇다)"라고 대답했다. 모두들 그가 잠이 들었다고 생각했는데, 의사는 영원한 잠이라고 선포했다.

루터의 유해는 곧 비텐베르크로 옮겨져 성교회의 설교단 아래 매장되었다. 1547년 슈말칼덴 전쟁에서 승리한 카를 5세의 군대가 비텐베르크를 점령했을 때 페르난도 알바레스Fernando Álvarez de Toledo(1507~1582) 장군은 루터의 무덤을 파헤치자고 제안했다. 하지만 황제는 그의 말을 일축하면서, 자신은 "산 자와 싸우지 죽은 자와는 싸우지 않는다"라고 했다. 그 뒤로 오늘날까지 루터의 관과 유해는 이곳에 보존되고 있다.

극적인 위인은 많은 극적인 역사적인 업적을 일으키고 남긴 뒤 떠나갔다. 그에 대한 연구는 오늘날에도 일증월가日增月加하고 있다. 그러나 현대는 루터의 시대와는 다르다. 그 당시 루터의 음성을 우리는 그대로 들을 수는 없다.

루터는 미신과 의식주의를 비판하며 복음주의와 이신칭의를 주장했다. 루터 덕분에 신은 사랑과 구원의 신으로 이해되었다. 사람은 신에게 좀 더 가까이 다가갈 수 있게 되었다. 감히 쳐다볼 수도 없었던 정의의 신은 이제 자비의 신으로 변해 무지개 위에서 인간의 가슴속으로 모셔졌다. 하지만 외재적 신이 내재적 신으로 바뀌니, 그때부터 인간은 신을 두려워할 줄 모르고 제멋대로 주관적인 신 개념을 갖게 되어 결국 신의 부재에 이르고 말았다. 인간은 신에게 너무 접근했기에 이제 신 앞에 버릇없는 피조물이 되고 말았다. "신은 죽었다", "신 없는 종교" 등 무엄한 말을 늘어놓게 되었다. 이 모든 사태가 루터가 이끈 종교개혁과 관계없다고 할 수는 없을 것이다.

중세 시대의 신은 무지개 위에 있었기 때문에 인간에게 공포심을 일으키는 존재였다면, 오늘날의 신은 인간의 안에 있기 때문에 신에 대한 무감각이 증가하고 있다. 정의와 심판의 신이 가고 자비와 구원의 신이 오더니, 어쩌면 이제 다시 정의와 심판의 신이 요청될 수도 있지 않겠는가?

만약 루터가 살아 있다면 오늘날 우리에게 어떤 말을 해줄 수 있을 것인가? 교회의 일치인가? 여전히 인간의 선의가 낳은 윤리적 행위보다도 복음주의와 이신칭의만을 내세울 것인가? 비록 헛된 인간의 공적과 선행이라도 그것을 쌓고 또 쌓노라면 자신도 모르는 사이에 선인이 될 수도 있지 않겠는가?

틸리히는 『프로테스탄트 시대 The Protestant Era』에 다음과 같은 말을 남겼다. "과거, 현재, 미래를 통틀어 세계를 향해 프로테스탄티즘이 수행한 가장 중요한 기여는 교회든 국가든 정당이든 지도자든 간에 그 자체의 신격을 요구하는 그 어떤 권력에 대해서도 예언자적인 항거의 원리를 수립한 데 있다." 오늘날 루터가 우리에게 해주고 싶은 말이 있다면 그런 말이 아니겠는가?

책을 마치며

이 책은 루터의 종교개혁 450주년(1967년 10월 31일)을 기념하기 위해 1966년부터 그다음 해까지 2년 동안 숭실대학교, 단국대학교, 경희대학교의 사학과 학생들을 대상으로 강의한 노트를 중심으로 집필했다. 거기에 약간의 수정을 더한 것이 이렇게 결실을 맺은 것이다.

저자는 역사를 연구하는 사람이며, 루터나 기독교 등에 대해서는 깊은 지식이나 이해를 갖고 있지 않다. 다만 그간 수십 년 동안 교단에 서 있으면서 염원했던 종교개혁사를 이번 종교개혁 450주년을 전후해 루터를 중심으로 다루어보고자 했다. 이 책을 쓸 무렵 저자는 고독과 격분 속에 있으면서 저자 나름대로 원고 쓰기에 정열을 기울였다.

그러나 아무리 가진 정열을 다 기울였다고 해도 이 광대무변廣大無邊한 위인의 전모는 차치하고 그 일면이라도 제대로 그릴 수 있었는지 의문이다. 다만 부정과 부패와 독선과 타락에 찌든 당대 교회를 향한 저항의 종교개혁가로서 루터의 모습을 부족한 대로나마 더듬어보려고 했다.

아울러 루터 외의 종교개혁가들에 대해서는 언급하지 않은 책이기 때문에 아쉬운 점도 많이 있다. 여러모로 보아 이 책이 본의 아니게 루터교를 비롯해 일반 프로테스탄티즘이나 가톨리시즘에 누를 끼치는 책이 되는 것은 아닌지 조바심이 나기 그지없다. 독자 여러분의 너그러운 이해를 바랄 뿐이다.

끝으로 독일에 있는 문계연 군이 루터에 관한 도서, 기사가 실린 신문과 잡지, 『루터 연감』을 보내온 것을 감사하게 생각한다.

루터 연보

1483. 11. 10. 독일 작센안할트주의 아이슬레벤에서 태어나다.

1484. 온 가족이 만스펠트로 이주하다.

1497. 마그데부르크 학교에 입학하다.

1498. 아이제나흐 학교에 입학하다.

1501. 5. 에르푸르트 대학에 입학하다.

1502. 9. 에르푸르트 대학에서 학사 학위를 받다.

1505. 1. 에르푸르트 대학에서 석사 학위를 받다.

    7. 2. 뇌성벽력과 서약하다.

    7. 17. 에르푸르트의 아우구스티누스 수도원에 들어가다.

1507. 5. 2. 첫 번째 미사를 집전하다.

1508. 겨울 한 학기 동안 비텐베르크 대학에서 강의하다.

1509. 10. 에르푸르트로 돌아가다.

1510. 11. 로마를 순례하다.

1511. 에르푸르트에서 비텐베르크로 옮기다.

1512. 10. 비텐베르크 대학에서 신학 박사 학위를 받다.

1512~1518. 「창세기」, 「시편」, 「로마서」, 「갈라디아서」, 「히브리서」를 강의하다.

1516. 교황 레오 10세가 면죄부를 팔기 시작하다.

1517. 10. 31. 95개조 논제를 발표하다.

1518. 4. 26. 하이델베르크에서 토론하다.

    8. 7. 교황이 루터를 로마로 소환하다.

    8. 15. 멜란히톤이 비텐베르크 대학에 부임하다.

    10. 12~14. 아우크스부르크에서 추기경 카예탄과 회견하다.

    10. 30. 비텐베르크로 돌아가다.

    12. 망명을 준비하다.

    12. 18. 프리드리히 선제후가 루터의 추방을 거부하다.

1519. 1. 4~6. 밀티츠와 회견하다.

    1. 12. 신성로마제국 황제 막시밀리안 1세가 사망하다.

1519. 7. 4~14. 라이프치히에서 에크와 토론하다.

1520. 1. 후텐과 지킹겐이 루터를 돕겠다고 약속하다.

　　 5. 선행에 관한 설교를 하다.

　　 6. 15. 교황청이 60일 여유의 교서를 발표하다.

　　 8. 『독일 크리스천 귀족에게 보내는 글』을 저술하다.

　　 10. 『교회의 바빌론 유수』를 저술하다.

　　 11. 『기독교인의 자유』를 저술하다.

　　 12. 교황의 교서를 불태우다.

1521. 1. 27. 보름스 제국 의회가 개회하다.

　　 3. 6. 보름스 제국 의회에 소환되다.

　　 4. 17~18. 보름스 제국 의회에서 증언하다.

　　 4. 23~24. 보름스 제국 의회 위원회에서 증언하다.

　　 4. 26. 보름스를 떠나다.

　　 5. 2. 루터 추방령이 내려지다.

　　 5. 4. 바르트부르크 산성에 은거하다.

　　 12. 『신약성서』 번역에 착수하다.

1522. 3. 1~6. 비텐베르크로 돌아오다.

　　 9. 독일어로 번역한 『신약성서』를 출판하다.

　　 9~1523. 5. 지킹겐이 반란을 일으키다.

1523. 8. 23. 후텐이 사망하다.

1524. 5. 농민전쟁이 일어나다.

　　 9. 에라스뮈스가 『자유의지론』을 출판하다.

1525. 5. 5. 현자 프리드리히 선제후가 사망하다.

　　 6. 13. 카타리나 폰 보라와 결혼하다.

　　 12. 『노예 의지론』을 출판하다.

1526. 6~8. 슈파이어 제국 의회가 보름스 칙령(루터 추방)의 집행을 연기하다.

1527. 「내 주는 강한 성이요」를 작사·작곡하다.

1528. 『순방자를 위한 교훈』을 저술하다.

1529. 10. 마르부르크에서 츠빙글리와 그 밖의 종교개혁가들과 회담하다.

　　 10. 『독일어 교리 문답집』을 출판하다.

1530. 4. 아우크스부르크에서 회담하다.

1534. 독일어로 된 『구약성서』와 『신약성서』를 모두 출판하다.

1536. 여러 종교개혁가들과 비텐베르크 화의를 맺다.

1546. 2. 18. 아이슬레벤에서 사망하다.

　　　　2. 22. 비텐베르크 성교회 지하실에 매장되다.

1546~1547. 슈말칼덴 전쟁이 일어나다. 작센의 요한 프리드리히 선제후가 신성로마제국 황제 카를 5세에게 패하면서 비텐베르크를 상실하다. 요한 프리드리히는 선제후 지위를 박탈당하다.

1549. 작센의 요한 프리드리히가 뮐베르크에서 또 한 번 패하다. 요한은 근거지를 바이마르로 옮긴 뒤에 예나 대학을 설립하다. 비텐베르크 대학의 도서 3000여 권은 요한의 사유물이므로 예나 대학으로 옮겨지다.

1555. 아우크스부르크 화의가 맺어지다. 신구 교도가 종교적으로 동등함이 확인되다.

1618~1648. 30년 전쟁이 일어나다.

1648. 베스트팔렌 평화 조약으로 30년 전쟁이 종결되다.

참고문헌

국내 문헌

루터, 마르틴(Martin Luther). 1961. 『크리스찬의 자유』. 지원용 옮김. 컨콜디아사.

_____. 1963. 『탁상담화』. 지원용 옮김. 대한기독교서회.

베버, 막스(Max Weber). 1958. 『프로테스탄트 윤리와 자본주의 정신』. 권세원·강명규 옮김. 일조각.

지원용. 1960. 『마르틴 루터』. 컨콜디아사.

_____. 1961. 『루터의 사상: 신학과 교육』. 컨콜디아사.

_____. 1965. 『루터와 종교개혁』. 컨콜디아사.

_____. 1965. 『아우구스부르크 신앙 고백』. 컨콜디아사.

지원용 엮음. 1967. ≪루터연구≫, 제5호.

외국 문헌

1. 일반 교회사에 관한 것

Elton, Geoffrey Rudolf(ed.). 1958. *The New Cambridge Modern History*, Vol. II. Cambridge.

Grimm, Harold J. 1963. *The Reformation Era*, 8th Ed. N.Y.

Lindsay, Thomas Martin. 1936. *A History of the Reformation*, Vol. I. N.Y.

Ranke, Leopold von. 1839. *Deutsche Geschichte im Zeitalter der Reformation*. Köln.

Schaff, Philip. 1960. *History of the Christian Church*, Vol. VII. Michigan.

Smith, Preserved. 1920, 1960. *The Age of Reformation*. N.Y.

2. 마르틴 루터에 관한 것

Bainton, Roland Herbert. 1950. *Here I Stand: A Life of Martin Luther*, N.Y.

Blayney, Ida Walz. 1957. *The Age of Luther: The Spirit of Renaissance-Humanism and the Reformation*. N.Y.

Böhmer, Heinrich. 1951. *Der Junge Luther*, 4 Aufl. Stuttgart.

Erikson, Erik H. 1958. *Young Man Luther*. N.Y.

Fife, Robert Herndon. 1957. *The Revolt of Martin Luther*. N.Y.

Forell, George Wolfgang. 1960. *Luther and Culture*. Iowa.

Grisar, Hartmann. 1917. *Luther: seine Leben und seine Werke*.

Kleinhaus, Theodore J. 1956. *Martin Luther: Saint and Sinner*. Concordia.

Lau, Franz. 1959. *Luther: sammlung göschen*.

Lau, Franz(ed.). 1967. *Luther Jahrbuch 1967*. Hamburg.

Lilje, Hanns. 1965. *Martin Luther in selbstzeugnissen und Bilddokumenten*. Rowohlt.

Meissinger, Karl August. 1952. *Der Katholische Luther*. München.

Plass, Ewald M. 1948. *This is Luther: a character Study*. Concordia.

Ritter, Gerhard. 1949. *Luther: Gestalt und Tat*, 5 Aufl. München.

Schwiebert, Ernest George. 1950. *Luther and His Times*. Missouri.

3. 그 밖의 것

Holl, Karl. 1959. *The Cultural Significance of the Reformation*(trans. from German). N.Y.

Murray, Robert Henry. 1926. *The Political Consequences of the Reformation*. London.

Tawney, Richard Henry. 1926. *Religion and the Rise of Capitalism*. N.Y.

Tillich, Paul. 1960. *The Protestant Era*. Chicago.

Troeltsch, Ernst. 1913. "Renaissance und Reformation." *Historische Zeitschrift*.

_____. 1960. *The Social teaching of the Christian Churches*(trans. from German), Vol. II. N.Y.

Westin, Gunar. 1958. *The Free Church through the ages*(trans. from Swedish). Nashville.

지은이

김성식

1908년 평안남도에서 출생했다. 향리의 일신학교와 평양숭실학교를 졸업하고, 일본으로 건너
가 센다이시 도호쿠 학원과 규슈 대학 법문학부(서양사 전공)를 졸업했다. 1935년부터 평양숭
실학교에서 교편을 잡았으나 일제의 신사참배 요구를 거부하면서 1938년 학교는 폐교되고 그
와 동시에 해직되었다.

광복이 되자 남으로 내려왔고, 한국전쟁 중에는 해병대사령부 전사과에서 『한국해병대 전투사』
를 편찬했다. 1946년 고려대학교에 사학과를 창설하며 서양사학과 교수로 부임했다. 이후
1973년 정년퇴직할 때까지 고려대학교에서 학생들을 가르쳤다. 고려대학교 초대 교무처장,
한국사학회 이사, 국방부 한국전쟁사 편찬 자문위원을 역임했다. 정치교수라는 누명을 쓰고
1965년 말부터 1968년 초까지 해직 시절을 보냈다.

1965년 고려대학교에서 명예 문학박사 학위를 받았고, 1968년에는 고려대학교 사학회에서 『환
갑기념 논문집』을 증정받았다. 정년퇴직한 뒤에는 고려대학교와 경희대학교에서 명예교수를
지냈고, 1978~1979년 두 차례에 걸쳐 유럽과 미국의 고적을 답사했다. 1980년 숭실중·고
등학교 학교법인 이사장에 취임했고, 1984년부터 별세하기 전까지 ≪동아일보≫ 객원 논설
위원으로 활동했다. 1986년 서울에서 별세했다.

지은 책으로는 『대학사』(1950), 『독일학생운동사』(1957), 『역사와 현실』(1968), 『광복을 찾
아서』(공저, 1969), 『역사의 언덕에서』(1973), 『안정의 논리』(1977), 『내가 본 서양』(1979), 『역
사와 우상』(1980), 『쓴 소리 곧은 소리』(1986) 등 다수가 있다. 논문으로는 「프로테스탄티
즘의 전망」(1959), 「현대 프로테스탄티즘의 역사적 과제」(1963), 「루터와 그의 업적」(1967),
「종교개혁의 역사적 배경」(1968) 등 다수가 있다.

루터

ⓒ 김세창·김세옥, 2017

지은이 | 김성식
펴낸이 | 김종수
펴낸곳 | 한울엠플러스(주)
편 집 | 조일현·최진희

초판 1쇄 인쇄 | 2017년 9월 27일
초판 1쇄 발행 | 2017년 10월 13일

주소 | 10881 경기도 파주시 광인사길 153 한울시소빌딩 3층
전화 | 031-955-0655
팩스 | 031-955-0656
홈페이지 | www.hanulmplus.kr
등록번호 | 제406-2015-000143호

Printed in Korea.
ISBN 978-89-460-6391-4 03920

※ 책값은 겉표지에 표시되어 있습니다.